Die Weimarer Republik

Inhalt

Zum Thema 9

I
Darstellung

1 Die Konstituierung:
Revolution, Verfassung und Versailles 19

Chronologische Übersicht 19
»Frieden, Freiheit, Brot« – warum Massen zur Republik drängten 20
Tribüne der Revolution: Konstituante statt Reichstag 25
Polarisierung des Wahlkampfes und Koalitionsbildung 31
Preuß kontra Preußen: Fallstudie zu Neuordnungsgrenzen 38
»Versailles« und die republikanischen Symbolgehalte 44
Sozialprobleme der Realverfassung als Protestmotiv 52

2 Bewährungskonflikte:
Zwischen Kapp-Putsch und Republikschutz . . . 59

Chronologische Übersicht 59
Staatsstreich von rechts und republikanische Abwehr 60
Kurswechsel nach links: gestärkte oder andere Republik? 71
Erstes Protestvotum, noch keine »Abwahl« Weimars 75

Atempause im Inneren, mehr Druck von außen . 82
Anschläge auf die Republik und neuer Krisenzyklus 86
Demokratische Gegenwehr und versäumte Chancen 91

3 Wege in eine andere Republik: Von Cuno zu Hindenburg 97

Chronologische Übersicht 97

Die erste unparlamentarische Regierung 98
Vom Ruhrkampf und der Hyperinflation zu Stresemann 104
Zweierlei Maß: Sonderweg Bayerns, Exekution Sachsens 110
Das Nachspiel: Hitler-Putsch und Seeckt-Ermächtigung 115
Stabilisierungsdiktatur und Reichstagswahl im Mai 1924 119
Dawes-Zahlungsplan und »Bürgerblock« aus den Neuwahlen 126
Generationswechsel: Hindenburg als Nachfolger Eberts 132

4 Widerspruchsvolle Konsolidierung: Gesellschaft und Parteien im Richtungsstreit . . 137

Chronologische Übersicht 137

Trugbilder einer »relativen Stabilisierung« 138
Interessenformationen in einer Klassengesellschaft 142
Umverteilung nach oben, Absicherung nach unten 148
Außenpolitische Entlastung und innere Gewaltbändigung 152
Massenaufmärsche: »Reichsbanner« kontra »Stahlhelm« 156

Aufbegehren der Linken: Fürstenenteignung und Flaggenerlaß 162
Kulturelle Restaurationsversuche: Vom »Schund-« zum Schulgesetz 169
Reichs- und Preußenwahl 1928: Spätes Maifest der Republik? 173

5 Abmarsch nach rechts: Krise und Gegenreform zum Präsidialsystem . . 180

Chronologische Übersicht 180

Der Anfang vom Ende: Politisches Krisenhalbjahr 1928/29 181
Alibi des Systemwechsels: Finanzkrisenwinter 1929/30 185
Wegmarken der Etablierung des Präsidialkabinetts Brüning 191
Reichstagswahl 1930: Denkzettel einer Parlamentsauflösung 197
Ökonomisch-politische Krisenspirale in den Abgrund 203
Abschied von Weimar: Präsidentenwahl ohne Republikaner 209
Wege zur Diktatur: Papen-Regime und »Preußenschlag« 216

Nachbetrachtungen – jenseits von Weimar: Zwischenstationen ins »Dritte Reich« 223

II
Aspekte

1 Konstituierung »Weimars« 235
2 Selbstbehauptung einer Demokratie 255
3 Umformung der Republik 272

4 Spannungsfelder in Politik und Gesellschaft . . . 293
5 Zerstörung des Parlamentarismus 313

III
Quellen

1 Die Verfassung des Deutschen Reichs. 11. August 1919 335
2 Programm der Kommunistischen Partei Deutschlands. Oktober 1919 348
3 Görlitzer Programm der Sozialdemokratischen Partei Deutschlands. 14. September 1921 352
4 Programm der Deutschen Demokratischen Partei. Dezember 1919 356
5 Richtlinien der Deutschen Zentrumspartei. 16. Januar 1922 359
6 Grundsätze der Deutschen Volkspartei. Oktober 1919 362
7 Bamberger Programm der Bayerischen Volkspartei. Oktober 1922 366
8 Richtlinien der Reichspartei des Deutschen Mittelstandes (Wirtschaftspartei). 1926 368
9 Grundsätze der Deutschnationalen Volkspartei. 1920 370
10 Programm der NSDAP. 24. Februar 1920 374

Literaturhinweise 380
Verzeichnis der Karten und Abbildungen 387
Namenregister 389

Zum Autor 399

Zum Thema

Dies ist ein historisches Porträt der Weimarer Republik, das nicht lediglich als »Deutsche Geschichte 1918 bis 1933« zu lesen ist.[1] Wer die betrachtete Epoche zunächst nur damit eingrenzt, daß sie dem Kaiserreich nachfolgt und vom »Dritten Reich« abgelöst wird, vermeidet mit solchen äußerlichen Rahmendaten eine nähere inhaltliche Bestimmung. Darin liegt zugleich ein Ausweichen vor der Frage nach Beginn und Ende einer Weimarer Republik, als Episode der Befreiung aus obrigkeitlicher Staatsvormundschaft zwischen halbautoritären und volldiktatorischen Regimen von Kaiser Wilhelm II. bis zu Hitler. Letztmalig vor mehr als drei Jahrzehnten hat eine der meistgelesenen Darstellungen zu diesem Thema noch einige Überlegungen vorausgeschickt, die allerdings mehr Ratlosigkeit illustrieren als Klärung versprechen:

> Die erste deutsche Republik wurde am 29. September 1918, am 26. Oktober 1918, am 28. Oktober 1918, am 9. November 1918, am 6. Februar 1919 oder am 11. August 1919 geboren. Völlig exakt läßt sich das nicht festlegen. Am 29. September 1918 forderte die Oberste Heeresleitung den Waffenstillstand und die Parlamentarisierung der Reichsverfassung, am 26. Oktober 1918 stürzte Deutschlands heimlicher Regent Ludendorff, am 28. Oktober 1918 ersetzte die parlamentarische die konstitutionelle Regierungsform, am 9. November 1918 dankte der Kaiser ab und rief der Mehrheitssozialist Scheidemann die Republik aus, am 6. Februar 1919

1 Eine themenübergreifende Gesamtschau jener anderthalb Jahrzehnte enthalten sogar mehrbändige Werke nur in Ansätzen: Vgl. Winkler (1984–87) mit dem Schwerpunkt »Arbeiterbewegung« (Winkler, 1993, ist davon ein auf die allgemeine Republikgeschichte zentrierter Ausschnitt); ebenfalls dreibändig, aber mit dem Titelstichwort »Zwischen Demokratie und Diktatur« besonders um das Reich-Länder-Verhältnis gruppiert: Schulz (1987–1992).

trat in Weimar die Nationalversammlung zusammen, und am 11. August 1919 unterzeichnete der neue Reichspräsident Ebert die neue Verfassung.
Die erste deutsche Republik ist am 27. März 1930, am 30. Mai 1932, am 30. Januar 1933, am 28. Februar 1933, am 14. Juli 1933 oder am 2. August 1934 zugrunde gegangen. Völlig exakt läßt sich auch dieser Termin nicht festlegen. Am 27. März 1930 trat die letzte parlamentarische Reichsregierung zurück, am 30. März 1932 wurde der letzte Reichskanzler gestürzt, der wenigstens keine Reichstagsmehrheit gegen sich hatte, am 30. Januar 1933 zog Hitler in die Reichskanzlei ein, am 28. Februar 1933 wurden die demokratischen Grundrechte aufgehoben und der Terror legalisiert, seit dem 14. Juli 1933 durfte es keine Parteien mehr geben, und seit dem 2. August 1934, dem Tode Hindenburgs, existierte nirgendwo mehr eine Instanz neben oder gar über Adolf Hitler.
Um überhaupt Zeichen zu setzen, nimmt man gewöhnlich die nach außen markantesten und optisch auffallendsten Zäsuren und bestimmt den 9. November 1918 und den 30. Januar 1933 als Grenzpfähle. Dazwischen also liegt die Republik von Weimar.

(Heiber, 1966, S. 7)

Aus solchen Versuchen der Epochenbestimmung treten bis heute nicht gründlich überwundene Charakteristika der Geschichtsschreibung hervor: Zum einen wird die Entstehungszeit der Weimarer Republik in die letzten Kriegswochen des Kaiserreichs, teilweise gar bis zur Friedensresolution des Interfraktionellen Reichstags-Ausschusses vom Sommer 1917 zurückverlegt.[2] Zum anderen gilt Äußerlich-

2 Darauf beziehen sich Darstellungen zur Weimarer Republik, die bereits 1917 beginnen und auf diese Weise die Bedeutung der Revolution von 1918/1919 zugunsten einer Kontinuitätslinie aus dem späten Kaiserreich in den Hintergrund rücken: vgl. Dederke (1971) sowie Schulze (1994).

Detlef Lehnert

Die Weimarer Republik

Parteienstaat und Massengesellschaft

Philipp Reclam jun. Stuttgart

Umschlagabbildung:
Philipp Scheidemann ruft am 9. November 1918 von einem Balkon des Reichstagsgebäudes die Republik aus.
(Foto: Archiv für Kunst und Geschichte, Berlin.)

Universal-Bibliothek Nr. 17018

Gesamtherstellung: Reclam, Ditzingen. Printed in Germany 1999

ISBN 3-15-017018-4

ter zusammen, der nachfolgende Reichstag hingegen bereits wieder in Berlin.

Mit inhaltlich bestimmten Kriterien läßt sich das Ende dieser Weimarer Republik – nach Spurensuche in der Übergangsphase vom März 1930 bis August 1934 – recht eindeutig auf das Frühjahr 1932 datieren. Zwar hat die Verfassungskoalition seit Juni 1920 ihre Mehrheit im Reichstag verloren, sie aber in Preußen (mit 60 % der Bevölkerung) bis zum Wahldebakel am 24. April 1932 als politisches Gegengewicht zu konservativeren Reichsregierungen behauptet. Auch ein Reichspräsident Hindenburg geriet erst zum Totengräber der Weimarer Demokratie, nachdem man ihn am 10. April 1932, ausgerechnet mit dem Votum seiner verfassungstragenden Kontrahenten von 1925, wiedergewählt hatte: Daraufhin waren die Einsetzung des autoritären Kabinetts unter Franz von Papen im Mai, dessen nicht mehr um Mehrheiten werbende Reichstagsauflösung und der »Preußenschlag« im Juli 1932 nur mehr Ratifizierungsakte, die eine längst vollzogene Aufkündigung der Verfassungsloyalität besiegelten. Mit Papens »Kabinett der Barone« und den unparlamentarischen »Ratgebern« Hindenburgs aus Generalität, Ministerialbürokratie und Großgrundbesitz fand auch die gesellschaftliche Verfaßtheit des alten Obrigkeitsstaates ihre restaurative Nachinszenierung. Im Blick auf die endzeitliche Kanzlerdämmerung, von Papen über Schleicher zu Hitler binnen neun Monaten, bleibt grundsätzlich anzumerken: Was hatte das seit April 1932 überhandnehmende Intrigenspiel parlamentarisch unverantwortlicher »Ratgeber« und Interessenten im Umkreis eines greisen Reichspräsidenten Hindenburg noch mit einer »Republik« gemein, deren erster Verfassungsartikel die Grundnorm statuierte: »Die Staatsgewalt geht vom Volke aus«?!

Indem die Weimarer Nationalversammlung 1919 an der Wiege einer Republik stand, die 1932 in mehreren Akten regelrecht zu Tode gewählt wurde, ist zugleich den Veränderungen der Massenunterstützung während ihrer dreizehnjährigen Bestandsdauer mehr Aufmerksamkeit als sonst üblich zu widmen. Ein historisches Porträt dieser Republik kann auch nicht ohne Anleihen bei jenen Nachbardisziplinen geschrieben werden, die sich der *res publica* aus verschiedenen Blickwinkeln annehmen: einer politischen Wissenschaft der strittigen öffentlichen Angelegenheiten, der Publizistik als Lehre von der veröffentlichten Meinung und dem Öffentlichen Recht, das seinerseits als »Publizistik« im Sinne des *ius publicum* hervorgetreten war. In der Perspektive einer Republik-Geschichte läßt sich stärker als gemeinhin praktiziert auf meinungsbildende Tageszeitungen zurückgreifen; sie waren für zeittypische Ausprägungen der politischen Massenkultur wesentlich einflußreicher als Überlieferungen einer literarischen Elitenkultur.

Ein zugleich die Öffentlichkeit bewegender »Historikerstreit«, wie er jeweils für die Jahre vor 1918 und nach 1933, also um die Verantwortung für den Ersten Weltkrieg und erst recht die NS-Periode sowie deren »Bewältigung« geführt wurde, ist zur Weimarer Republik bislang ausgeblieben. Die beruhigende Selbstvergewisserung »Bonn ist nicht Weimar« hat statt dessen zum Verfließen deutlicher Konturen in den zahlreichen Überblicksdarstellungen beigetragen. Zwar fand das seinerzeit Maßstäbe setzende und immer noch lesenswerte Werk Brachers *Die Auflösung der Weimarer Republik* nach seiner Erstveröffentlichung 1955 hinsichtlich der Stufenfolge des »Machtverfalls« auch Kritiker. Eine bereits in der Titelschöpfung markierte Interpretation »Weimars« aus dem letztendlichen Scheitern ist aber leitmotivisch geblieben.[3] Dies wird schon aus den Proportionen vieler Geschichtswerke ablesbar; eine meist seit dem Börsencrash (Ende Oktober 1929) zu Beginn der Weltwirtschaftskrise datierte Endphase bis zur Kanzlerschaft Hitlers

3 Unter den bedeutendsten Studien tritt dies im Titel von Hans Mommsen (1990) zutage: *Die verspielte Freiheit. Der Weg der Republik von Weimar in den Untergang 1918 bis 1933.*

beansprucht häufig ungefähr die gleiche Textmenge wie die elf vorausgegangenen Jahre.[4]

Es kennzeichnet die ereignisreiche und wechselvolle Geschichte der kurzlebigen Weimarer Republik, daß ihre Phaseneinteilung stets wesentlich kleinteiliger ausfallen muß als hinsichtlich des Kaiserreichs und der Bundesrepublik. Sofern nach landläufigen politikgeschichtlichen Kategorien gegliedert wird, hatten die »Bismarckzeit« seit der Reichsgründung (1871–1890), die »wilhelminische Epoche« (1890–1918), die »Ära Adenauer« (1949–1963), die »sozialliberale Periode« (1969–1982) und zuletzt die Amtszeit Kohls (1982–1998) gegenüber »Weimar« jeweils zumindest ähnlichen oder sogar längeren Bestand. Wenn vor allem die Konjunkturdynamik und ihre gesellschaftlichen Konsequenzen als epochenbestimmend gelten sollen, ist das Kaiserreich recht prägnant in eine stagnative Phase seit dem »Gründerkrach« von 1873 und die expansive seit 1895 geschieden. Ebenso nach ungefähr zwei Jahrzehnten war mit einer Zäsur, der ersten Rezession 1966/67, die von hohen Wachstumsraten geprägte »Wiederaufbauphase« der Bundesrepublik abgeschlossen. Die gebräuchliche Einteilung der Weimarer Republik in die »Nachkriegskrise« (1919–1923), die »(relative) Stabilisierungsphase« (1924–1928) und die »Weltwirtschaftskrise« (1929–1933) wird sich hingegen auch sozioökonomisch als zu schematisch, in politischer und soziokultureller Hinsicht gar als teilweise irreführend erweisen.

Nach dem Kriterium, welchen Status die Republik mit ihren parteiendemokratischen und massengesellschaftlichen Fundamenten aufwies, soll die folgende Darstellung stattdessen fünf Entwicklungsphasen unterscheiden: Die Kon-

4 In beiden »Monumentalwerken« (Anm. 1), deren Schwerpunkte nicht durch Raumknappheit veranlaßt sein können, umfaßt die Endphase bei Schulz sogar mehr als zwei Drittel, bei Winkler knapp die Hälfte der Textseiten. Nahezu gleichen Umfangs sind die betreffenden Teile – wohlbemerkt für 132 Monate bis Ende Oktober 1929 und nur 39 Monate seither – in den umfangreichsten Monographien von Hans Mommsen (1990) und Winkler (1993).

stituierung der Republik vom November 1918 bis Anfang 1920 (I.) leitet über zu ihren Bewährungskonflikten, vom Kapp-Lüttwitz-Putsch im März 1920 bis zum Rücktritt der vorerst letzten republikanischen Koalitionsregierung im November 1922 (II.). Es folgt der Weg in eine teilweise schon andere Republik, von der ersten unparlamentarischen Regierung der Ruhrkampfperiode bis zur Wahl Hindenburgs im April 1925 (III.). Dieser Zäsur hat sich eine auf veränderter Grundlage vollzogene widerspruchsvolle Konsolidierung bis zu den Reichstagswahlen im Mai 1928 angeschlossen (IV.). Deren Ergebnisse, mit einem Erfolg der SPD und deutschnationaler Niederlage, konnten nach veränderten Rahmensetzungen jedoch keinen Weiterbau auf Weimarer Fundamenten bewirken; sie wurden vielmehr zum politischen Spannungsbogen für einen stufenweise voranschreitenden Abmarsch nach rechts aus der bereits umgeformten Republik (V.).

Mit einer Gliederung dieses Textes in den Überblicksteil einer möglichst kompakten Darstellung, die ihr vertiefend zugeordneten »Aspekte« und ausgewählte Quellen im Anschluß wird eine doppelte Zielsetzung verfolgt. Zum einen ist auf diese Weise eine gleichermaßen ereignis- wie strukturgeschichtliche Darstellung für ein breiteres Lesepublikum von längeren Zitaten, ergänzenden Daten und Fallstudien zu einzelnen Problemkreisen weitgehend zu entlasten; gleichzeitig ermöglicht aber die Wiederaufnahme des Phasenmodells der fünf Kapitel in den Aspekten die Anreicherung der Überblickslektüre mit diesen zusätzlichen Informationen und Erörterungen, die auch mittels zeitgenössischer Stimmen ihre besondere Anschaulichkeit gewinnen sollen. Die erste deutsche Republik war als »Weimarer« vor allem durch ihr Staatsgrundgesetz und deren tragende Parteienkoalition konstituiert; insofern sind diese Ausgangspunkte mit Quellen aus den wesentlichen Verfassungsbestimmungen und einer Gegenüberstellung von Programmaussagen der wichtigsten Parteien zu markieren.

Ansprache des Reichspräsidenten Friedrich Ebert vom Balkon des Weimarer Nationaltheaters am 6. Februar 1919

I
Darstellung

1
Die Konstituierung: Revolution, Verfassung und Versailles

Chronologische Übersicht

1918

9. November: Abdankung Kaiser Wilhelms II., Ausrufung der Republik in Berlin nach revolutionären Erhebungen in vielen Landesteilen.

10. November: »Rat der Volksbeauftragten« (je drei von SPD und USPD, mit den Vorsitzenden Ebert und Haase) wird als Revolutionsregierung gebildet.

15. November: »Zentralarbeitsgemeinschaft« von Unternehmerverbänden und Gewerkschaften (»Stinnes-Legien-Abkommen« u. a. mit Achtstundentag).

16.–20. Dezember: Rätekongreß legt mit großer Mehrheit den Wahltermin zur verfassunggebenden Nationalversammlung auf den 19. Januar 1919 fest.

28./29. Dezember: Rücktritt der USPD-Volksbeauftragten nach Protest wegen Truppeneinsatzes gegen rebellierende Soldaten an den Weihnachtstagen.

1919

5.–11. Januar: Berliner Straßenkämpfe im Gefolge der Absetzung des USPD-Polizeipräsidenten (sog. »Spartakusaufstand«, nach KPD-Gründung am 1. Januar um Liebknecht/Luxemburg, die am 15. Januar von »Freikorpssoldaten« ermordet werden).

19. Januar: Wahl zur Nationalversammlung: SPD wird stärkste

Partei (37,9 %), benötigt zur Mehrheit jedoch die DDP (18,5 %) bzw. das Zentrum (19,7 %).

11./13. Februar: Wahl Eberts zum Reichspräsidenten durch die in Weimar tagende Nationalversammlung, Bildung des Kabinetts Scheidemann mit den Parteien der »Weimarer Koalition« (SPD, DDP, Zentrum).

16./20./28. Juni: Ultimatum der Siegermächte zum Versailler Vertrag, Rücktritt des Kabinetts Scheidemann im Protest, Unterzeichnung des Vertrags durch das neue Kabinett Bauer (SPD, Zentrum) mit Billigung der Nationalversammlung.

31. Juli / 11. August: Nach Schlußabstimmung in der Nationalversammlung (262 Ja- zu 75 Nein-Stimmen) tritt die Weimarer Reichsverfassung (WRV) in Kraft.

1920

13./18. Januar: Blutige Zusammenstöße vor dem Reichstag bei USPD-Protesten anläßlich der zweiten Lesung des Betriebsrätegesetzes, das mit den Stimmen der Weimarer Koalition in dritter Lesung beschlossen wird.

»Frieden, Freiheit, Brot« – warum Massen zur Republik drängten

Auch jedes große historische Ereignis hat seine alltäglichen Hintergründe. Als 1789 die Bastille gestürmt wurde, konnten die über Brotpreise und Despotenwillkür empörten Pariser nicht ahnen, daß sie als Vorkämpfer für »Freiheit, Gleichheit, Brüderlichkeit« in die Geschichtsbücher eingehen sollten. Ebenso führte der Weg einer nach Mißernten aufkeimenden sozialen Revolte von 1848 nicht schnurgerade in jene Frankfurter Paulskirche, die mit vielen Professoren als Wortführern eine deutsche Einigung in parlamentarischer Freiheit schaffen wollte. Ganz ähnlich kamen Forderungskataloge revoltierender Massen gegen Ende des Ersten Weltkriegs zumeist ohne ein ausgetüfteltes Programm aus, wie es marxistisch geschulte Arbeiterführer auf

Parteitagen verkündet hatten. Statt etwa Vergesellschaftung der Großbetriebe, allgemeines und gleiches Wahlrecht sowie internationale Konfliktlösung durch den Völkerbund zu propagieren, hieß es auf Flugblättern schlicht und eingängig »Frieden, Freiheit, Brot«. Nach anfänglichem nationalen Taumel, auch gespeist aus Furcht vor der »Truppenwalze« des russischen Zarismus, hatte sich 1917 zunehmende Kriegsmüdigkeit eingestellt, noch verstärkt durch revolutionäre Friedensbotschaften aus Moskau und Petersburg. Auch war die Versorgungslage immer prekärer geworden; nach »Steckrübenwintern« verfingen Durchhalteparolen an der »Heimatfront« nicht mehr wie noch unter vorausgegangenem Wortgetöse deutscher Eroberungspläne. Schließlich lastete auf Millionen von Soldaten, in der Kriegsproduktion zwangsverpflichteten Arbeitskräften und bis hinein ins Wohnumfeld der einschnürende Druck eines militärisch-bürokratischen Obrigkeitsregimes.

Mit einer Initiative zum Waffenstillstand, gänzlich unvermittelt nach langjährigen »Siegfriedens«-Parolen und begleitet von ersten Schritten einer Parlamentarisierung, gelang der Obersten Heeresleitung (OHL) unter Paul von Hindenburg und Erich Ludendorff noch ein letzter Streich: Die Verantwortung für die Kriegsniederlage ließ sich nunmehr auf die Reichstagspolitiker abwälzen, die man zuvor lediglich für immer neue Kreditbewilligungen benötigt hatte. Überdies nährte der Kurswechsel von Frontberichten, die nur »tief in Feindesland« stattfindende Truppenbewegungen kannten, zum plötzlichen Eingeständnis der Kampfunfähigkeit das Entstehen von Legenden: War etwa durch pazifistische und revolutionäre Propaganda ein »Dolchstoß in den Rücken der kämpfenden Front« erfolgt? Oder hatten zumindest »Flaumacher« allzu früh aufgegeben und so die Chance zu »ehrenvollen« Friedensbedingungen verspielt? Doch gingen solche Unterstellungen an der Realität vorbei, wie das weitgehende Ausbleiben offener Revolten der Soldaten bis Oktober 1918 zeigte. Die militä-

Deutsche Kriegsgefangene bei Abbeville (Nordfrankreich),
1918

rische Führung verwechselte offenbar absichtsvoll deutsche mit russischen Verhältnissen. Nach Lenins Oktoberrevolution 1917 war es dort tatsächlich zur inneren Auflösung von Truppenformationen gekommen, weil z. B. Bauern-Soldaten rechtzeitig zur versprochenen Landaufteilung die Heimat erreichen wollten.

In Deutschland überführte erst die Regierungsinitiative zum Waffenstillstand eine weithin anzutreffende Kriegsmüdigkeit in Aktionsbereitschaft; nunmehr kam es zur Auflehnung gegen eigenmächtige Befehle von militärischen Kommandostellen. Da solche autokratischen Tendenzen in der Marineführung besonders ausgeprägt waren und sich die Matrosen durch ihre Offiziere stärker als im Landheer zurückgesetzt sahen, ging die Soldatenrevolte in den ersten Novembertagen von norddeutschen Küstenstädten aus. In der kurzen Woche bis zur Ausrufung der Republik am 9. November hatten sich diese Nachrichten vor allem mittels der Tagespresse über das gesamte Reichsgebiet verbreitet und auch die unzufriedene Arbeiterschaft mobilisiert. Die improvisierte Bildung von Arbeiter- und Soldatenräten war eine Organisationsform des Übergangs vom alten Obrigkeitsstaat, der seine Macht eingebüßt hatte, zum neuen Volksstaat, dessen Konturen erst schrittweise erkennbar werden konnten. Mit den gleichnamigen Revolutionsorganen in Sowjetrußland hatte diese Rätebewegung, entgegen vergeblichen Hoffnungen von Linksradikalen und übertriebenen Befürchtungen von »Bürgerlichen« und rechten Sozialdemokraten, nur wenig gemein. Die Soldaten entsprachen ohnehin einem Querschnitt der jüngeren männlichen Bevölkerung mit Ausnahme der adelig-großbürgerlichen Führungsschichten. In der Arbeiterschaft wurde die überlegene Organisationskraft der traditionellen sozialdemokratischen und gewerkschaftlichen Milieubindungen nach einer kurzen Phase von Orientierungsproblemen wieder erkennbar.

Nicht einmal dem Berliner »Vollzugsrat« der örtlichen Arbeiter- und Soldatenräte konnte es gelingen, den Rat der

Volksbeauftragten in einen mehr als nur lästigen Kompetenzstreit zu verwickeln. Der als Forum einer zunehmend organisierten Massenbewegung einberufene Reichsrätekongreß hat Mitte Dezember die internen Kräfteverhältnisse in aller Deutlichkeit abgebildet: Unter 427 (von insgesamt 489) Delegierten, die sich einer Gruppierung zuordneten und nicht z. B. einfach nur als »Soldaten« auftraten, war die SPD mit 292 gegenüber 94 der USPD weitaus in der Mehrzahl; auch die 31 linksliberalen Mandate übertrafen klar die 10 kommunistischen, denen noch weitere 10 USPD-Linke als benachbart hinzugefügt werden konnten. Insofern war es keine Selbstentmachtung, vielmehr Ausdruck gewollter Überleitung auf die parlamentarische Demokratie, daß für den 19. Januar 1919 als frühestem Wahltermin zur Nationalversammlung eine breite Mehrheit von etwa 400 gegen 50 votierte. Eine nahezu identische Ablehnungsquote des Februartermins, auf den sich SPD und USPD zunächst im Kabinett geeinigt hatten, unterstrich zudem: nur rund die Hälfte der vertretenen »Unabhängigen« war mit einer Parteistrategie einverstanden, die erst noch Zeit für eine »Sicherung der revolutionären Errungenschaften« vor Befragung des Volkes zu gewinnen trachtete.

Die mit der Bewältigung von Alltagsproblemen, insbesondere der prekären Lebensmittel- und Brennstoff-Versorgung belasteten Räteorgane waren also keine »bolschewistischen Totengräber« der gewonnenen Freiheit, sondern wirkten als Geburtshelfer einer Demokratisierung. Nicht von dem reichlichen Zehntel der Rätedelegierten, die einen Aufschub von einigen Wochen erstrebten, sondern von zwei grundsätzlicheren Alternativen gingen in der ersten Dezemberhälfte noch Gefahren für die Wahl einer Konstituante aus: Zum einen kursierten im Umkreis von Berliner Soldatenaktionen des 6. Dezember diffuse Pläne, den von Prinz Max von Baden mit der »Reichskanzlerwürde« bekleideten SPD-Vorsitzenden Friedrich Ebert zum Präsidenten von Gnaden des Heeres ausrufen zu lassen. Zum anderen verlangte wenige Tage später der Reichstagspräsident Konstantin Fehrenbach, mit Hinweis auf eine ihm am 26. Oktober erteilte Vollmacht und angebliche Forderungen der Siegermächte, die Einberufung »seiner« Abgeordneten. Mit beiden Varianten der Umgehung des eingeschlagenen Wegs zu einem Revolutionsparlament sympathisierten auch die OHL bzw. deren Stabsoffiziere. Während Ebert wenig Neigungen zu derlei cäsaristischer Machtübernahme zeigte, widersetzten sich neben sozialdemokratischen auch linksliberale Tageszeitungen dem Rückgriff auf überlebte Institutionen: »Daß der alte Reichstag heute nicht mehr die berufene Repräsentation des revolutionierten deutschen Volkes ist, darüber kann ehrlicher Zweifel nicht bestehen« (*Frankfurter Zeitung*, 12. Dezember 1918). Warum schien nunmehr sogar bei konservativen Strömungen eine frühere Distanz gegenüber dem Parlament vergessen, während sie links von der Mitte sich verstärkt artikulierte?

Tribüne der Revolution: Konstituante statt Reichstag

Das Reichstagswahlrecht von 1871 für alle Männer ab 25 Jahre hatte Bismarck ursprünglich, im Vertrauen auf die Junkerherrschaft über eine konservative Landbevölkerung, als Waffe gegen vorlaute liberale Stadtbürger geschmiedet. Im preußischen Dreiklassenwahlrecht, das 80–90 % der Aktivbürger nur mit drittklassigen Stimmrechten ausstattete, blieben seine konservativen Machtbastionen ohnehin rückversichert; über einen preußisch dirigierten Bundesrat der Landesfürsten konnte dieses System bis 1918 auf das Reich ausgreifen. Immerhin galt anfänglich das Reichstagswahlrecht, gemessen an Hürden erforderlicher Steuerleistungen im parlamentarischen Musterland Großbritannien, als durchaus modern. Ein breiter Strom ländlicher Überschußbevölkerung in gewerbliche Ballungsräume hatte aber, weil Beharrungskräfte die Stimmkreise unverändert ließen, in mehr als vier Jahrzehnten zu erheblichen Benachteiligungen der Hochburgen von SPD und Linksliberalen geführt. Noch gravierender mußte ins Gewicht fallen, daß im Herbst 1918 der letzte Wahltermin (Anfang 1912) kriegsbedingt fast sieben Jahre zurücklag. Allein die nunmehr zumindest 32jährigen Männer hatten also den inzwischen überlebten Reichstag überwiegend noch mitwählen können. Jüngere Männer, auf deren Schultern die Hauptlast der Kampfhandlungen lag, sowie Frauen, die an der »Heimatfront« zunehmend Kriegsproduktion geleistet und den Haushalt gegen drohende Wohnungskündigung und Kinderverelendung verteidigt hatten, blieben von politischer Teilhaberschaft an der beschworenen »Volksgemeinschaft« ferngehalten. Kein Wunder also, daß in der Presse über die Beseitigung des preußischen Dreiklassenwahlrechts hinaus auch eine neue Volksvertretung auf die Tagesordnung gesetzt wurde.

Nach dem historischen Vorbild der Französischen Revolution hatte sogar das weitläufige Rußland nach der Oktoberrevolution 1917 eine Konstituante gewählt. Deren Zusammentreten war allerdings von Lenins Bolschewiki, die in der Minderheit blieben, im Januar 1918 gewaltsam verhindert worden. Solche niemals widerrufene Rückbildung zum »umgedrehten Obrigkeitsstaat« bedeutete die folgenreiche Trennungslinie einer Kommunisten-Diktatur gegen die Traditionen der Sozialdemokraten in Mittel- und Westeuropa. An dieser Weggabelung in Richtung des politischen »Ostens« oder »Westens« ist noch im Herbst 1920 die USPD, nach der Juniwahl immerhin die zweitstärkste Reichstagsfraktion, in zwei nahezu gleich starke Hälften zerbrochen. Insofern bedeutete es doppelte Abgrenzung zum alten Obrigkeitsstaat wie zu einer neuen Diktatur, wenn bereits am 23. Oktober 1918 in der Erfurter USPD-Zeitung *Tribüne* die »sofortige Einberufung einer verfassunggebenden Versammlung« gefordert wurde, mit Mandaten »aus absolut freier Wahl aller über 20 Jahre alten Personen«. Das benachbarte USPD-Blatt *Leipziger Volkszeitung* präzisierte am nächsten Tag: »Diese Nationalversammlung hat eine Regierung des Volkes zu wählen, die allein und unumschränkt die Macht ausübt«, sie also keinesfalls mit Räteorganen sowjetischer Art teilen sollte. Auch im SPD-*Vorwärts* hatte schon am 23. Oktober die Nachricht über eine »deutsche Nationalversammlung Österreichs« gestanden, die einen früheren Revolutionsbeginn im zerfallenden Habsburger Vielvölkerstaat anzeigte. Das gewerkschaftliche *Correspondenzblatt* ließ sich aber davon noch in der am 2. November erscheinenden Ausgabe nicht beeindrucken: »In Deutschland ist der Reichsgedanke stark genug; er hat seine beste Stütze im Reichstag.« Dies besagte, daß sich der rechte Flügel der Sozialdemokratie kaum auf eine Revolution vorbereitet hatte, die vom linken Flügel bereits in Gestalt einer verfassunggebenden Nationalversammlung propagiert wurde.

Nichts ist für den Verlauf des Neuordnungsprozesses 1918/19 nachteiliger geworden als der rasche Bedeutungswandel, den ein ursprünglich revolutionär-demokratischer Ruf nach möglichst unverzüglicher Wahl der Konstituante durchlief. Zunächst hat er in folgerichtiger Eigendynamik die zögernde SPD-Führung erreicht. Für sie agierte öffentlich der zweite Vorsitzende Philipp Scheidemann, der am 9. November eine »deutsche Republik« ausrief und damit Karl Liebknecht (»Spartakist« und baldiger KPD-Mitbegründer) zuvorkam. Das politische Machtzentrum war um den anderen SPD-Vorsitzenden Ebert gruppiert, den Max von Baden am gleichen Tag, an dem er die Abdankung des Kaisers eigenmächtig verkündet hatte, zum Nachfolger als Reichskanzler ernannte. Bei der Regierungsübergabe wurde die »Ausschreibung allgemeiner Wahlen für eine Verfassunggebende deutsche Nationalversammlung« zugestanden, und Ebert konnte sich für die SPD damit »einverstanden erklären«. Ebenso war es nur konsequent, daß Preuß die Übernahme des Innenressorts mitsamt allen Verfassungsarbeiten davon abhängig machte, daß letzte Entschei-

Aufständische Matrosen vor dem Brandenburger Tor, Berlin, November 1918

dungen von einer volksstaatlichen Konstituante zu treffen waren und nicht wieder »durch unerforschliche Ratschläge gesetzt« werden konnten. Jenseits dieser originären Demokraten hat aber, noch über die anfangs einflußschwache rechtsliberale Deutsche Volkspartei (DVP) hinaus, sogar die am 24. November gegründete Deutschnationale Volkspartei (DNVP) wortstark verkündet: »Wir fordern die Rückkehr von der Diktatur einer einzelnen Bevölkerungsklasse zu der nach den letzten Ereignissen allein möglichen parlamentarischen Regierungsform« (zit. nach: Ritter/Miller, 1975, S. 74 f., 364, 297). Bei den Erben der alten Konservativen, in deren Kreisen man vor 1914 noch fabuliert hatte, der Kaiser müsse den ungeliebten Reichstag jederzeit »mit einem

Leutnant und zehn Mann« auseinanderjagen können, war dies ohne weiteres als Situationstaktik zu erkennen. »Im Namen der Demokratie darf nur [der] die Nationalversammlung fordern, der sein demokratisches Herz nicht erst in den Hosen entdeckte, in die es ihm am 9. November geraten war«, hielt der USPD-Politiker Rudolf Breitscheid solchen durchsichtigen Manövern entgegen (*Der Sozialist*, 5. Dezember 1918).

An dieser zunehmenden Defensive im öffentlichen Meinungsstreit trug aber jener radikale USPD-Flügel eine wesentliche Mitverantwortung, der nach vielzitierten Worten des Berliner Rätevertreters Richard Müller am 19. November in antiparlamentarische Schieflage geriet: »Wir müssen unsere Macht behaupten, wenn nicht anders, dann mit Gewalt. [...] Die Nationalversammlung ist der Weg zur Herrschaft der Bourgeoisie, ist der Weg zum Kampf; der Weg zur Nationalversammlung geht über meine Leiche« (zit. nach: Lehnert, 1983, S. 111). Neben unausgereiften Vorstellungen über ein Rätesystem spielten Befürchtungen eine Rolle, die eigene Partei benötige in Konkurrenz zur SPD längere Agitationszeit und die Revolution einer vorausgehenden Machtbefestigung. Im Ergebnis wurde in beidem das Gegenteil bewirkt, was beim *Vorwärts* (29. November 1918) den Spott über eigentümliche Bemerkungen in USPD-Organen zur mangelnden Reife von breiten Volksmassen wachrief: »Kann man sich etwas Komischeres vorstellen als einen ›Revolutionär‹, der Furcht vor dem Volk hat?« Die USPD hätte besser den Rat ihres namhaftesten Denkers Karl Kautsky berücksichtigen sollen, daß beim Hinausschieben des Wahltermins nur »der Glaube an unsere Macht für so viele unaufgeklärte Mitglieder der unteren Volksschichten« erschüttert werden konnte (*Der Sozialist*, 22. November 1918). Wer politisch Andersdenkenden mit Gewalt drohte, und sei es auch nur als rhetorische Entgleisung, konnte schwerlich noch als linker Bundesgenosse für eine demokratische Republik gelten; er trieb überdies den Gegenkräften, die ihre rechtsoppositionelle Distanz zur Neuordnung geschickter verkleideten, auch noch furchtsame Gemüter in die Arme.

Die linksradikale Behauptung, eine wirkliche Demokratie sei erst die proletarische Rätediktatur, hatte nicht mehr Überzeugungskraft als die rechtskonservative Lesart, nur eine nach sozialem Rang »wägende«, statt nach Köpfen »zählende« Ständekammer könne die Bevölkerung angemessen vertreten. Allerdings wird man einen in diesem Sinne kommunistischen Flügel der USPD zunächst auf höchstens 2 % Stimmengewicht der Gesamtbevölkerung begrenzt sehen dürfen. Einer herbeizitierten »bolschewistischen Gefahr« fehlte in Deutschland also die Massenbasis gegenüber den mitgliederstarken Parteien und Interessenverbänden, die sich im vorwiegend agrarischen Zarenrußland nicht annähernd so weitgreifend entfaltet hatten. Nach bereits 34,8 % bei den Reichstagswahlen 1912, erst recht nach dem Prestigegewinn der Regierungsübernahme war von einem Unterstützungspotential der Sozialdemokraten von über 40 %, in manchen Erwartungen auch bis 50 % auszugehen. In dieses Kalkül war auch die Mehrheit der USPD-Anhänger einzubeziehen, die ihren Parteinamen noch ernst nahm und sozialistische Ziele in einer demokratischen Republik verwirklichen wollte. Gerade die wichtigsten Köpfe der SPD vor 1914, neben Kautsky der spätere Finanzminister Rudolf Hilferding und der Vordenker des »Revisionismus« Eduard Bernstein, hatten als Kriegsgegner die USPD mitbegründet, blieben aber Sozialdemokraten und entschiedene Widersacher jeder Diktaturneigung. Ein mit seiner Warnung vor taktischem Gebrauch der Nationalversammlung zitierter USPD-Politiker wie Rudolf Breitscheid, zuletzt wichtiger Kooperationspartner für Gustav Stresemanns Außenpolitik, kam ursprünglich sogar aus der kleinen linksbürgerlichen Demokratischen Vereinigung. Deren Vorsitzender Theodor Barth war zuvor auch der geistig-politische Mentor für Preuß in einer Fraktion von Berliner Stadtverordneten gewesen, die sich »sozial-fortschrittlich« nannte und den Brückenschlag zwischen der SPD und dem etablierten Linksliberalismus herbeiführen wollte.

Der Gründungsaufruf einer Deutschen Demokratischen Partei (DDP) am 16. November mochte nach dem Willen einiger Initiatoren geradewegs als Wiedergeburt dieses Barthschen Demokratenvereins zur Massenpartei erscheinen. Unter den zahlreichen Erstunterzeichnern ragten etliche Namen besonders heraus: es fanden sich dort hochrangige Gelehrte wie der Physiker Albert Einstein und der Soziologe Alfred Weber, die bedeutenden Journalisten Hellmut von Gerlach und Theodor Wolff sowie Hugo Preuß als nunmehr verfassungspolitisch einflußreicher Staatssekretär des Innern. Zumal neben Wolff, als Chefredakteur des weltbekannten *Berliner Tageblatts*, auch dessen Großverleger Rudolf Mosse zu diesem Gründerkreis zählte, sprachen Zeitgenossen mit häufig abfälligem Unterton auch von der »Tageblatt-Partei«. Mit publizistischen und professoralen Honoratioren allein ließ sich aber im 20. Jahrhundert eine für Wahlkämpfe konkurrenzfähige Organisation nicht aufbauen. So drängten umgehend wieder Exponenten des Vorkriegsliberalismus, aus der 1910 vereinigten »Fortschrittlichen Volkspartei« wie auch vormalige Nationalliberale, in diese neue Partei, von der man sich Mandatschancen und politischen Einfluß versprach. Auch seitens gewerblicher Interessenverbände wurde anfangs die Unterstützung der vom Kaiserreich unbelasteten DDP als Rückversicherungsprämie gegen etwaige sozialistische Alleinherrschaft betrachtet.

Polarisierung des Wahlkampfes und Koalitionsbildung

Mit diesen Einschränkungen, die zum linken Rand hin wie am rechten Flügel nicht zu übersehen sind, hatten die offensiven Befürworter der Republikgründung ein »demokratisches« Profil auch im Parteinamen verankert: SPD, USPD, DDP. Gegenüber diesen Akteuren zur Linken bildeten sich auf der Rechten gleichfalls drei politische Formationen, die sich trotz prinzipieller Vorbehalte gegen die Revolution als Zugeständnis an die Zeitenwende immerhin »Volkspartei« nannten: D(eutsche)VP, D(eutsch-)N(ationale)VP und das zunächst als »Christliche Volkspartei« (CVP) agierende katholische Zentrum; als dessen bayerischer Seitenzweig hat die BVP ihre Namensgebung für die gesamte Weimarer Periode konserviert. Aus diesen historisch-politischen Spannungspolen zwischen originären »Demokraten« und nur strategisch auf den Boden der Republik tretenden »Volksparteilern« resultierten auch die agitatorischen Scheidelinien des Wahlkampfs. Nach endgültiger Terminfestlegung verblieb für die Stimmenwerbung zur Konstituante nur knapp ein Monat; dieser wurde auch noch von Berliner Straßenkämpfen, infolge der Absetzung des regierungsilloyalen USPD-Polizeipräsidenten Emil Eichhorn, und dem Mord an den KPD-Gründern Rosa Luxemburg und Karl Liebknecht überschattet. Diese erste prominente Blutspur der Nachkriegswirren ging auf das Konto von Angehörigen der Freikorps, die eine offene linke Flanke der SPD-Alleinregierung in der Hauptstadt verteidigen sollten. Dem Reichskabinett ist es auch in den kommenden Monaten wie dem geplagten Zauberlehrling in Goethes Versen ergangen, der sich dienend herbeigerufener Geister nicht wieder entledigen konnte.

Dieser lange Schatten der Weltkriegsfolgen, der selbst glühendsten Enthusiasten keine allzu glanzvollen Außen- oder Innenansichten des republikanischen Neubeginns eröffnete, legte sich auch über ein politisches Klima, das sich im wahlwerbenden Meinungskampf der Tagespresse artikulierte. Vom altkonservativen DNVP-Organ *Neue Preußische Zeitung* war die anfängliche Zurückhaltung längst aufgegeben worden. »Die Deutsche Republik – eine Schöpfung unserer Feinde« lautete drei Tage vor dem Wahltermin eine Titelzeile. Nach dem Übertritt der »jungliberalen« Strömung zur DDP hatte sich der klassische Nationalliberalismus auf großbürgerliche Besitzinteressen und den extremen Nationalismus der Alldeutschen verengt; diesen vertrat, neben der schwerindustriellen *Rheinisch-westfälischen Zeitung*, für die DVP in der *Täglichen Rundschau* (30. Dezember 1918) deren Chefredakteur im öffentlichen Deutungsstreit über die jüngste Zeitgeschichte: »Den Krieg haben wir nicht an die Feinde, sondern an die Sozialdemokratie und die Revolution verloren«. Wer aber den Schwerpunkt der Feindpropaganda mit einer Dolchstoßlegende bei den Rechtsparteien DNVP und DVP vermutet, wird durch folgendes Bild angeblicher linker Verschwörung gegen das Reich anderweitig belehrt, das zuvor in der *Kölnischen Volkszeitung* (16. November / 6. Dezember 1918) der rheinischen Zentrumspartei zu lesen war: »Es ist, als ob es hinterrücks aus den eigenen Reihen einen tödlichen Dolchstoß erhalten hätte und nun als starrer Leichnam an der Heerstraße läge«; nach den vier Kriegsjahren offenbare sich, »daß im November unsere Niederlage durch diesen Mord unseres Staates eigentlich erst erfolgte«.

Für eine Anbahnung der Weimarer Koalition gab es auch über die Vergangenheitsbewältigung hinaus im Wahlkampf keinerlei Anzeichen. Ganz im Gegenteil wollte das Hauptorgan der Zentrumspartei *Germania* einer liberalen Schulpolitik, die Gewissensfreiheit voraussetzte, umgehend kulturkämpferisch entgegentreten: »Gerade religiöse Erziehung verlangt Gewöhnung, und wenn nötig, Zwang an gewisse Übungen, denn religiös ist nur, wer auch gelernt hat, gegen sich streng zu sein, sich selbst zu Opfern aufzuraffen. Deshalb kann religiöse Erziehung den Zwang nicht entbehren.« Dieses Bekenntnis vom 18. Dezember widerlegt eindeutig Thesen, daß erst die antikirchlichen Erlasse des USPD-Kultusministers Adolph Hoffmann die Konfrontation mit den Zentrumskatholiken erzeugt und die Kooperation belastet hätten. Statt dessen war in diesen Wochen die Grundhaltung ihrer Hauptorgane einschließlich häufiger antisemitischer Entgleisungen durchweg rechtsorientiert.

Die Wahlparolen, es müsse »jede Partei den beiden sozialistischen vorgezogen werden« (*Germania*, 28. Dezember 1918), denen als den »finsteren Mächten des Umsturzes, der Zersetzung, der Vernichtung« mit »unerbittlichem Kampf« zu begegnen sei (*Kölnische Volkszeitung*, 18. Januar 1919), trafen die DDP kaum weniger militant: »Ihr könnt nicht die Demokraten wählen, denn das ist die Partei der Juden und Kriegsgewinnler« (*Germania*, 17. Januar 1919). Letztlich wollte der politische Katholizismus die Sozialdemokraten als »rote« gemeinsam mit DDP-Mandaten als die »rosaroten Parteifahnen« einreihen, zu denen Zentrum/CVP, DVP und DNVP als die »rechtsgerichteten Parteien« kontrastierten (*Germania*, 21. Januar / 23. Januar 1919).

Diese Trennungslinie, auch die DDP unter den »Linksparteien« zu vereinnahmen, wurde von der SPD überall dort nachvollzogen, wo regionale Stimmenkonkurrenz – wie im Rheinland – die polemische Abgrenzung zum Parteikatholizismus mobilisierte: »Nieder mit dem reaktionären Zentrum!« (*Rheinische Zeitung*, 15. Januar / 16. Januar 1919). In Stereotypen des Wahlkampfes sollte zwar beim Leserpublikum mit DNVP »Junkerherrschaft«, mit Zentrum/CVP »Pfaffenherrschaft« und mit DVP und DDP »Geldsackherrschaft« assoziiert werden. Doch blieb der solches abdrukkende *Vorwärts* (3. Januar 1919) auch einen Tag vor dem Urnengang noch um ein differenzierteres Urteil bemüht: So wurde argumentiert, daß eine neu konstituierte DDP zunehmend »in Gefahr geraten ist, aus einer wenigstens ehrlichen bürgerlich-demokratischen Partei, wie ihre Gründer sie wollten, zu einer bloßen Geldsackpartei zu werden«. Bereits kurz nach Vorliegen des verläßlichen Wahlergebnisses kündigte das SPD-Zentralorgan die Bildung einer »parlamentarischen Koalition« an, um »mit den bürgerlichen Demokraten zusammen eine arbeitsfähige Mehrheit zu schaffen« (*Vorwärts*, 24. Januar / 23. Januar 1919).

Die überregional beachtete demokratische Presse hatte sich bereits vor der Stimmabgabe auf ein sozialliberales

Wahlplakat der Sozialdemokratischen Partei Deutschlands, Berlin 1919

Bündnis festgelegt. Als bedeutendstes Sprachrohr des außerpreußischen Linksliberalismus grenzte sich die *Frankfurter Zeitung* (11. Januar 1919) deutlich von dem – häufig in Listenverbindungen auftretenden – »reaktionären Block« der DNVP, DVP und CVP ab. In der Terminologie Erich Dombrowskis für das *Berliner Tageblatt* (15. Januar 1919) waren besonders DNVP-Kreise die politischen »Reaktionäre«, die DVP vertrete primär »Großkapitalisten«, und die Zentrumspartei sei vor allem »Gegner jeder freien Geistesentwicklung«. Bei solcher Alternative der Rechten dürfe eine zukunftsgerichtete DDP nicht »einen neuen qualligen Pudding der Mitte« darbieten; sie müsse vielmehr, »zusammen mit der Sozialdemokratie, eine stramme demokratische Verfassungs-, Kultur- und Wirtschaftspolitik treiben«. Da sich die USPD nach dem Bruch in der sozialdemokratischen Regierung noch weniger als zuvor mit bürgerlichen Parteien verbünden wollte, erschien die Koalition von SPD und DDP als naheliegende Konsequenz. Mit 37,9 % Stimmen der SPD und 18,5 % der DDP stellte das Wahlergebnis vom 19. Januar 1919 dafür auch eine kompakte Mehrheitsbasis bereit: 240 Mandate gegenüber 183 einer breit gefächerten Opposition, davon zur Linken nur 22 der USPD, zur Rechten bescheidene 44 für die DNVP und 19 der DVP, aber stattliche 91 von Zentrum/CVP (Sonstige: 7). Unter regulären Funktionsbedingungen einer parlamentarischen Demokratie wäre es gewiß vorteilhaft gewesen, mit dem Zentrum eine starke und loyale Oppositionsfraktion anzutreffen, die in Zukunft regierungsfähig zu werden versprach.

Ohne denkbare Alternative mußte der großkoalitionäre Weg mit Einschluß des Zentrums trotz schwieriger Nachkriegssituation nicht bleiben. Zur Gründung der Bundesrepublik 1949, als in der öffentlichen Meinung eine Große Koalition aus CDU/CSU und SPD, die lediglich 60 % Wahlunterstützung repräsentiert hätte, sogar von einem breiteren Publikum erwartet wurde, hat bekanntlich Adenauer nur die eigene Stimme zur Kanzlerschaft verholfen. Es hätte sich die Zentrumspartei, allein schon zur Absicherung kirchlicher Freiräume, einer konstruktiven Verfassungspolitik auch dann nicht verweigern können, wenn ihr 1919 den Wahlkampftönen gemäß zunächst die Oppositionsfunktion zugefallen wäre. Sogar der mögliche Einwand, man habe eben nach 1945 aus Weimar gelernt, daß verfassungsloyale Opposition das unverzichtbare Gegenstück zur Regierung der parlamentarischen Demokratie bildet, kann gerade auch bedeuten: leider fehlte 1919 diese Einsicht noch, so daß krisenbedingtes Protestpotential überwiegend den Verfassungsgegnern ausgeliefert wurde. Allerdings blieben dem Zentrum, als politische Vertretung der katholischen Minderheit (relativ konstant bei 32,5 % der Bevölkerung) entstanden, kaum überwindbare konfessionelle Barrieren gesetzt, wenn es z. B. galt, mit einer etwaigen SPD/DDP-Koalition alsbald Unzufriedene an sich zu binden.

Aus dem Blickwinkel der SPD mochte es vorteilhaft sein, ohne einseitige Bündnisorientierung je nach Sachthema unterschiedlich verlaufende Schnittmengen mit DDP oder Zentrum umfassen zu können: In verfassungs- sowie kulturpolitischen Fragen überwogen deutlich Gemeinsamkeiten von sozialistischen und liberalen Demokraten. Hingegen fanden sich auf wirtschafts- und sozialpolitischem Gebiet viele Anknüpfungspunkte zwischen freigewerkschaftlichen und katholischen Arbeitnehmern. Da für die mandatsstarke SPD-Fraktion jeder einzelne Partner entbehrlich war, die konzertierte Aktion von DDP und Zentrum überdies wegen der Kulturschranke zwischen ihnen eher untypisch blieb, ließ sich bei taktischem Geschick auf beide Seiten auch Druck ausüben. Letzthin ausschlaggebend für die Bildung der sog. Weimarer Koalition war jedoch die Haltung der DDP-Gremien, die ein vielerorts mißtrauisch beobachtetes Experiment der Bindung an die vormals gefürchteten »Roten« nicht allein riskieren wollten. Gerade in der breiten Unterstützung, die über das linksliberale Potential der Vorkriegsära in Richtung nationalliberaler Kreise hinausreichte, entsprach die DDP der Nationalversammlung kaum mehr dem Profil ihres republikanischen Gründungsaufrufs. Das Beharrungsvermögen von Parteiapparaten und finanzkräftige Interessengruppen als Wahlfondsträger erklären zum Teil die geringe Tiefenwirkung, die ein öffentlich vielbeachteter Reformimpuls hinterließ.

Am spektakulärsten Fall einer Verweigerung auch des personellen Neubeginns lassen sich Hemmnisse eines demokratischen Aufbruchs in die Republik illustrieren: Keines der 75 DDP-Listenmandate überließ die Partei dem Innenressortchef Preuß, der mit dem Verfassungsentwurf den fraglos hochrangigsten Beitrag von linksbürgerlicher Seite in den Revolutionsmonaten geleistet hatte. Bei ihm handelte es sich auch keineswegs um einen praxisfernen »Quereinsteiger«, wie dies für das vorübergehende und gleichfalls mandatslose DDP-Engagement des bedeutenden Soziologen Max Weber zutraf. Immerhin war Preuß seit 1895 Berliner Stadtverordneter in der »Neuen Fraktion der Linken« und 1910 mit den Stimmen der SPD auch unbesoldeter Stadtrat geworden. Das erklärt mindestens ebenso den Rückgriff Eberts gerade auf seine Person wie begleitende Spekulationen, dieser publikationsfreudige Staatsrechtsprofessor, als über Jahrzehnte konsequenter Verfechter des werdenden »Volksstaates«, habe im Schreibtisch einen fertigen Verfassungstext bereitliegen. Tatsächlich sind von Preuß komplette Vorschläge zu einer Verfassungsreform aus dem Jahre 1917 überliefert, die ein Bekenntnis zum Vorbild der Frankfurter Paulskirche nicht scheuten. Das von ihm am 26. Oktober 1918 geprägte Stichwort einer »Improvisation des Parlamentarismus« betraf insofern nur solche Parteivertreter, die erst das Übergabemanöver der OHL zur Regierungsmacht trug.

Preuß kontra Preußen: Fallstudie zu Neuordnungsgrenzen

Als kurz nach der Wahl zur Konstituante erste Informationen aus einem kabinettsreifen Verfassungsentwurf an die Öffentlichkeit gelangten, wurde gegen angebliche Pläne einer »Zerschlagung Preußens« von interessierter Seite ein unerwartet heftiger Sturm der Entrüstung entfacht. Der Anteil, den auch preußische DDP-Gremien daran hatten und der ihn vermutlich die Mandatschance zur Nationalversammlung in seiner Heimatstadt Berlin kostete, brachte

Preuß nach einer Briefnotiz sogar bis zur Drohung mit einem Parteiaustritt. In der Sache konnten sich die unterbreiteten Vorschläge weniger spektakulär darbieten, als es aufgeregte Schlagworte wie eine beabsichtigte »Zerstückelung« des mit Abstand größten Teilstaates suggerierten. Die aus dem Kaiserreich überlieferte deutsche Landkarte entstammte nicht bloß nach Ansicht von Preuß, sondern geschichtlich unbestreitbar den Zufälligkeiten und der Willkür eines Zeitalters der Herrschaftsdynastien (vgl. S. 40 f.).

Als über viele Generationen »historisch gewachsen«, folglich weithin unverändert in eine föderale Republik einzubringen, konnten drei konsolidierte Mittelstaaten gelten: Sachsen, Baden und Württemberg. Schon Bayern, für dessen Kernbestand Gleiches zutraf, wies mit der in jeder Hinsicht weit entfernten Pfalz einen der beklagten »unzusammenhängenden Territorialfetzen« auf. Gänzlich unvereinbar mit Prinzipien eines halbwegs balancierten Föderalismus blieb ein Hegemonialstaat Preußen, mit über 60 % der Bevölkerung die Gründungsmacht des Reiches von 1871, gegenüber ohnmächtigen Resten an Kleinstaatlichkeit. Der Verfassungsentwurf sollte keine Neugliederung dekretieren, sondern ein Selbstbestimmungsrecht der Bewohner über ihre Zugehörigkeiten statuieren, das lediglich eine bestandsfähige Mindestgröße von zwei Millionen für die Selbständigkeit vorgab. Den Ansatzpunkt der öffentlichen Kampagne lieferte eine Übergangsregelung, bis zur Schaffung der »neuen Freistaaten«, für ein »Staatenhaus« als Zweite Kammer, die zu diesem Zweck insgesamt 16 Wahlterritorien aufführte.

Anhand der beiden profiliertesten Beispiele läßt sich die Konzeption veranschaulichen. Die zuvor ausgeprägteste Kleinteiligkeit früherer Hoheitsgebiete sollte nun integriert werden mit »Thüringen, bestehend aus den thüringischen Staaten: Sachsen-Weimar, Sachsen-Meiningen, Sachsen-Altenburg, Sachsen-Koburg und Gotha, den beiden Schwarzburg und den beiden Reuß, sowie dem Regierungs-

Die Länder des Deutschen Reichs

	Fläche in qkm	Einwohnerzahl (1933 in 1000)		Fläche in qkm	Einwohnerzahl (1933 in 1000)
Preußen*	292 776	39 934	Braunschweig	3 672	513
Bayern	75 996	7 681	Bremen	258	371
Sachsen	14 986	5 196	Anhalt	2 314	364
Württemberg	19 507	2 696	Lippe	1 215	175
Baden	15 070	2 413	Lübeck	297	136
Thüringen	11 763	1 659	Schaumburg-L.	340	50
Hessen	7 692	1 429			
Hamburg	415	1 218	Deutsches Reich	468 787	65 218
Mecklenburg-Schwerin	13 127	685	Saargebiet	1 912	826
Mecklenburg-Strelitz	2 929	111	(unter Verwaltung des		
Oldenburg	6 426	574	Völkerbundes)		

* mit den Provinzen Ostpreußen, Berlin, Brandenburg, Pommern, Grenzmark Posen-Westpreußen, Niederschlesien, Oberschlesien, Sachsen, Schleswig-Holstein, Hannover, Westfalen, Hessen-Nassau, Rheinprovinz, Hohenzollern

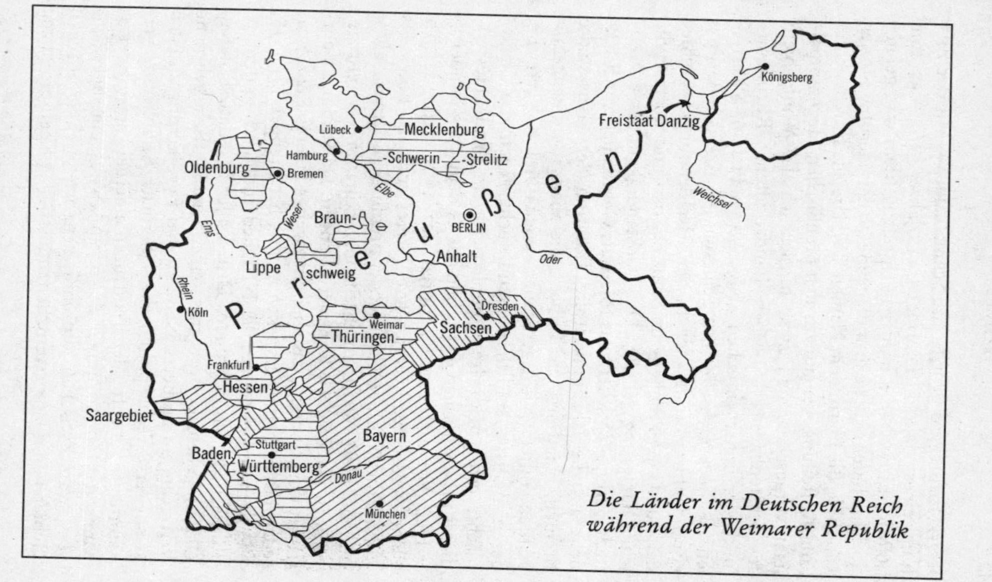

Die Länder im Deutschen Reich während der Weimarer Republik

bezirk Erfurt und dem Kreise Schmalkalden«. Mit der Bildung eines Landes Thüringen im Jahre 1920, das mit 1,6 Mio. Einwohnern immer noch relativ klein war, gelang tatsächlich der einzige grundlegende Neugliederungsakt der Republik, die hierin dem Namen Weimars alle Ehre machte. Eine Aufteilung war nur für den preußischen Hegemonialstaat vorgesehen, und zwar hinsichtlich der Wahlgebiete des Staatenhauses in sieben Landschaften: »Rheinland« (inkl. der linksrheinischen »bayerischen Pfalz«), »Westfalen«, »Niedersachsen« (mit Schleswig-Holstein), »Berlin«, »Brandenburg« (mit »den beiden Mecklenburg«), »Schlesien« und ein »Preußen« im Sinne der ost- und westpreußischen Ursprungsgebiete. Die Selbständigkeit der Hauptstadt Berlin im Staatenhaus folgte als Gegenstück zur Rücksicht auf die jahrhundertealte Tradition der Hansestädte Bremen, Hamburg und Lübeck, die aber zusammengefaßt wählen sollten. Nicht gerechnet »Wien« und »Österreich«, deren Beitritt letztlich ohnehin nicht gegen die Siegermächte erfolgen durfte, komplettierte ein Land »Hessen« dieses provisorische Gesamtbild aus 14 deutschen Ländern.

Der Vorwurf einer antipreußischen Tendenz solcher Pläne verdeckte divergierende Interessenlagen. Einerseits konnte die Wahlbevölkerung der preußischen Landschaften nur auf diese Weise zu ihrem unverkürzten Vertretungsrecht in der Zweiten Kammer gelangen. Da Stimmenmehrheit für ein »Land«, das aber ein zweites inneres Reich war, jeden Föderalismus ersticken mußte, hat Preußen bis 1918, wie nach dem Scheitern der Neugliederung auch in der Republik, lediglich ein rundes Drittel aller Mandate erhalten. Die umgekehrte Besorgnis, eine demokratisch gebotene Vertretung in größerer Nähe zu den Bevölkerungsanteilen könne erst recht preußische Übermacht etablieren, verkannte die zentrifugalen Tendenzen innerhalb eines Territoriums, das nichts weniger als »organisch zusammengewachsen« war: Zwischen altpreußischen ostelbisch-agrarischen Gebieten und neupreußischen industriellen Rheinprovinzen blieb nicht allein der strukturelle, vielmehr auch der kulturell-mentale Graben tiefer als etwa zwischen den benachbarten Mittelstaaten Baden und Württemberg. Darüber hinaus empfanden sich viele hannoveranisch-»welfische« Niedersachsen unter preußischem Hoheitszeichen fast so »heimisch« wie die Polen an der Ost- und die Dänen an der Nordgrenze, die ebenfalls nur überlegene Militärgewalt in diesen Großstaat »integriert« hatte.

Die Rechtsparteien DNVP und DVP wollten ohnehin nicht an Kerngehalten des »Preußentums« rütteln lassen. Noch stärker fiel ins Gewicht, daß sich in rheinischen Zentrumskreisen, unter maßgebender Beteiligung des Kölner Oberbürgermeisters Konrad Adenauer, eine partikularistisch anmutende »Los von Berlin«-Stimmung artikulierte. Deren kulturkämpferische und revolutionsfeindliche Attakken, die Berlin als so fern und fremdartig wie irgendeinen Vorort von Moskau darstellten, riefen SPD-Politiker auf den Plan, die um so weniger von dem ihrerseits übernommenen Gebietsbestand abzurücken geneigt waren. In der Abwehr von Neugliederungsplänen trafen sich liberal-konservative Bedenkenträger und das »Königlich sozialistische preußische Staatsministerium« – wenn man dies mit solcher politischen Ironie kommentieren wollte (*Die Weltbühne*, 6. Februar 1919, S. 133).

Ein angemessenes historisches Urteil wird jedoch eine Ausgangslage berücksichtigen, die für anschließende Verfassungsberatungen längst vorgeformt war. Wie Preuß es rückblickend selbst formulierte, hatte sich im Unterschied zu Entwicklungen »fester gefügter Nationalstaaten« in Deutschland »eine sehr dezentralisierte Revolution« vollzogen: »dem überkommenen Bestand der 25 Einzelstaaten entsprachen 25 Einzelrevolutiönchen; und eben dadurch wurde dieser Bestand in den neuen Zustand hinübergerettet« (Preuß, 1928, S. 158). Ein dermaßen ausgeprägter Regionalismus war nicht allein bei Interessenten der Selbsterhaltung, also Landesbehörden und Lokalpolitikern anzutreffen. Darüber hinaus zeigte sich ebenso in den Aktionsformen einer »zweiten Welle« von revolutionären Massenbewegungen nach den Wahlen zur Konstituante das Fehlen einer zentralisierenden Koordination. Was von den Berliner Märzkämpfen, über die Massenstreiks an Rhein und Ruhr im April bis hin zum blutigen Ende der Münchener Räterepublik in den ersten Maitagen im einzelnen geschah, muß folglich Darstellungen jeweiliger Regionalgeschichte vorbehalten bleiben. Ein Grundmuster war allerdings übergreifend ersichtlich: Die SPD verlor nicht allein wegen notwendiger Kompromisse in der offiziellen Weimarer Verfassungskoalition, sondern noch mehr angesichts inoffizieller »Ordnungskoalitionen« mit teilweise hemmungslos gewalttätigen Militärs zusehends Anhänger in Richtung der USPD. Solcher öffentlich wahrnehmbare, sich in der zweiten Jahreshälfte 1919 verstärkende Abstrom zur Linken hatte sein Gegenstück in der Rechtsabwanderung einer überaus heterogenen DDP-Wählerschaft der Gründungsphase. Dieser folgenreiche Trend kam nur deshalb nicht massiver zum Vorschein, weil nach Urnengängen der ersten Monate bis ins späte Frühjahr 1920 in keinem Land abgestimmt wurde.

»Versailles« und die republikanischen Symbolgehalte

Eine unterschwellig voranschreitende Erosion des Gründungskonzepts mußte die bürgerlich-demokratische Verfassungspartei am härtesten treffen; ihr fehlten die milieustabilisierenden Säulen des Masseneinflusses, die konfessionelle Bindungen beim Zentrum und gewerkschaftlich organisierte Arbeitnehmer für die Sozialdemokratie bereitstellten. Nicht zufällig wurde die Haltung zum Versailler Vertrag der Anlaß des Regierungsaustritts einer DDP, von der sich breite Schichten in Richtung der nationalistischen Propaganda abwandten, die neben DNVP- auch DVP-Zeitungen anstimmten. Das tiefe Entsetzen über im Mai 1919 bekanntwerdende Friedensbedingungen brach in einer deutschen öffentlichen Meinung auf, die seit dem Herbst 1918 illusionäre Erwartungen an einen milden »Wilson-Frieden« ohne Annexionen und Kontributionen geknüpft hatte: Mit seinen 14 Punkten stellte der liberaldemokratische US-Präsident u. a. statt diktierten Gebietsabtretungen ein Selbstbestimmungsrecht der Bevölkerung und den Verzicht auf umfangreiche Entschädigungsforderungen in Aussicht. Durch Beseitigung der Hohenzollern-Monarchie – als Symbol eines preußischen Militarismus – und klare Abwehrhaltung gegen den Sowjetkommunismus glaubten die republikanischen Kräfte ihre Vorleistung für eine gleichberechtigte Aufnahme in die Völkergemeinschaft der westlichen Demokratien zu erbringen.

Doch sperrte die amerikanische öffentliche Meinung sich zunehmend gegen ehrgeizige Pläne Thomas Woodrow Wilsons, über den vom Krieg heimgesuchten europäischen Kontinent hinaus eine Weltfriedensordnung mittels eines Völkerbunds zu installieren. Solche innenpolitischen Tendenzen eines Isolationismus schwächten die Position der USA bei den Pariser Friedensverhandlungen jedenfalls in dem Sinne, daß eine Führungsrolle unter den Siegermächten nicht durchzusetzen war. Der Tagungsort in der französischen Metropole symbolisierte nach außen hin die vorrangigen Interessen an der Eindämmung des künftigen deutschen Machtpotentials bei den unmittelbaren Nachbarn. Die französischen Verhandlungsziele unter dem republikanischen Ministerpräsidenten Georges Clémenceau bestanden zum einen in der Kontrolle des gesamten westrheinischen Territoriums; die Rücknahme von Elsaß-Lothringen, als deutsche Kriegsbeute von 1870/71, war darin ohnehin eingeschlossen. Zum anderen sollte ein möglichst starker polnischer Staat als östlicher Verbündeter etabliert werden, in gleichermaßen mißtrauischem Blick auf etwaige deutsche wie sowjetrussische Begehrlichkeiten. Die vorrangigen Sicherheitsbelange Großbritanniens waren hingegen bereits mit der Flottenauslieferung zum Waffenstillstand erfüllt, so daß sich eigene Interessen auf hohe Reparationsleistungen konzentrierten. Im Sinne der traditionellen Balancedoktrin für Kontinentaleuropa wehrte ansonsten die britische Regierung unter Premierminister David Lloyd George im Verein mit Wilson die französischen Maximalforderungen hinsichtlich deutscher West- und Ostgrenzen ab.

Da aber diese wichtigsten drei Siegermächte (unter 32 an der Pariser Konferenz teilnehmenden Staaten) die internen Meinungsdifferenzen diplomatischem Brauch entsprechend nicht offen austrugen, wurde in Deutschland der im Versailler Vertrag enthaltene Kompromißcharakter zumeist ignoriert. Die öffentliche Aufmerksamkeit konzentrierte sich auf einige überhart erscheinende Punkte: Verlust des oberschlesischen Kohlenreviers an Polen, Verbot des bereits erklärten Anschlusses der Österreicher, Reparationslasten in noch ungemessener Höhe – und vor allem der Artikel 231, der die umfassende Schadenshaftung aus einem »Angriff Deutschlands und seiner Verbündeten« begründete. Die im Vergleich mit den ersten Friedensbotschaften Wilsons nachvollziehbare Empörung über einen solchen »Diktatfrieden« verkannte die letztlich noch vermiedenen Gebietsabtretungen: Das Saarland war für 15 Jahre dem Völkerbund unterstellt – aber nicht Frankreich eingegliedert; aus Danzig wurde in ähnlicher Weise eine »Freie Stadt« – jedoch keine polnische; das Rheinland sollte für 15 Jahre entmilitarisiert bleiben – ohne über die Kontrolle des linksrheinischen Ufers und der Brückenköpfe hinaus zur französischen Einflußzone umgeformt zu sein. Im übrigen war nach vier langen Kriegsjahren der entfesselten Feindbild-Propaganda nicht allein die deutsche öffentliche Meinung eine Verständigungsbarriere. So hätte Premierminister Lloyd George im Falle des Nachgebens bei Reparationsforderungen die Aufkündigung der Kooperation seitens der Konservativen befürchten müssen; der zunächst als Kriegsheld gefeierte Clémenceau wurde von der nationalistischen Rechten, nachdem weitreichende Pläne auf der Pariser Konferenz gescheitert waren, geradewegs als nachträglicher Kriegsverlierer abgestempelt.

Als erster Regierungschef der Weimarer Koalition hißte Scheidemann, nachdem er am 9. November die Republik ausgerufen hatte, erneut die rhetorische Sturmflagge in der politischen Öffentlichkeit: Während einer am 12. Mai in die Aula der Berliner Universität einberufenen Parlamentssitzung verweigerte er den für »unannehmbar« erklärten Friedensbedingungen voller Pathos den Gehorsam: »Welche Hand müßte nicht verdorren, die sich und uns in diese Fesseln legt?« Dies mochte wie vorsorglicher Bannfluch gegen die Unterzeichnung eines »Diktats« klingen; über die inszenierte Geste des Augenblicks hinaus blieben jedoch ernsthafte Gründe, die sogar eingeschworene Pazifisten wie Ludwig Quidde (DDP) zum Nein führten: Warum sollten die republikanischen Parteien, bei Strafe der Unpopularität und eines Restaurationsklimas, den Opfergang für die unbestreitbaren außenpolitischen Sünden des kaiserlichen Regiments antreten? Konnte nicht gerade von Demokraten, die »militaristischer« Neigungen ganz unverdächtig waren, noch ein international glaubwürdiger Vorstoß unternommen werden, endlich den blutigen Teufelskreis jeweils erneuter Revanche für zurückliegende Kriegsdebakel zu durchbrechen? Die allerdings von ihrer jeweiligen nationalen Rechten bei weitem übertönten Proteste der britischen *Labour Party* und französischer Sozialisten gegen den Versailler Vertrag mochten als Ermutigung dieser Stimmen gelten, die im Chor der schlichten Parolen allzu leicht untergingen.

Am 16. Juni wurde von den Siegermächten, nach vergeblichem deutschen Widerspruch, ein zunächst auf fünf (dann sieben) Tage befristetes Ultimatum gestellt. Der Blick auf einflußreichste Befürworter der Unterzeichnung kann deren Porträt als gegen dumpfe Ressentiments stets mutige

Friedensbringer dementieren: Für die Zentrumspartei wurde zum Chefunterhändler seit Vereinbarung des Waffenstillstands der langjährige Fraktionssprecher Erzberger; im Krieg hatte er anfangs Eroberungspläne verkündet und 1917 nach Verschlechterung der Lage genauso energisch den neuen Kurs eingeschlagen. Ein nicht minder entschiedenes Ja zur Unterschrift kam vom Reichswehrminister Gustav Noske; dieser hatte sich zuvor im Einsatz von Militärgewalt gegen Unruhestifter von links seinen Namen als – wie er selbst den eigenen Ruf formulierte – »Bluthund« erworben. Besonderes Gewicht erlangte Noskes Votum auch deshalb, weil es sich auf klare Aussagen von Hindenburg und Wilhelm Groener stützen konnte, daß militärischer Widerstand chancenlos sein werde. Schließlich teilte diese Überzeugung der militärpolitisch Verantwortlichen auch Reichspräsident Ebert; ihn konnte man ohnehin regelmäßig auf der Seite derer antreffen, die sich wohlmeinend als besonnen und skeptischer gesehen ebenso als risikoscheu einstufen ließen. Unter demokratischen Kritikern des Unterzeichnens stand bewaffnete Gegenwehr nicht ernstlich zur Debatte. Vielmehr konnten politische Kalküle nur darauf spekulieren, daß maßvolle deutsche Gegenvorschläge vor einem erwarteten Truppeneinmarsch ins Rheinland die Siegerkoalition beenden sollten, da Wilson sonst kompletten Gesichtsverlust erleiden und seine Völkerbundpläne diskreditieren würde.

Angesichts heutigen Wissens um internationale und innenpolitische Konstellationen der Westmächte überwiegen in solcher Außenbetrachtung die Erwägungen zugunsten der Unterzeichnung. Die eintretenden Wirrnisse in der Nationalversammlung, die am 22. Juni zunächst mit 237 gegen 138 Abgeordnete nur unter Vorbehalt gegen die Alleinschuldklausel zustimmte, um dann einer ultimatumsbedrohten Regierung am Folgetag auch die bedingungslose Unterschrift zu gestatten, ergeben für die Innenansicht jedoch ein anderes Gesamtbild. Insbesondere die Beflissenheit, mit der sich DNVP und DVP, bis hin zur Ehrenerklärung für die »vaterländischen Gründe« der Mehrheit, um die Annahme besorgt zeigten, entlarvte ihr Nein als bequeme Flucht aus der Mithaftung. Damit vermochte sich, nach der OHL in den Tagen des Waffenstillstands, auch deren parlamentarische Gefolgschaft aus der Verantwortung für die Kriegsniederlage davonzustehlen. Unter immer stärkerem Konkurrenzdruck der DVP verweigerte sich ebenso die Mehrzahl der DDP-Parlamentarier einer unpopulären Annahme des Vertrags; somit verblieb die SPD mit dem Zentrum als Restkoalition. Das Kabinett Scheidemann war nach Stimmengleichheit in dieser Frage bereits am 20. Juni zurückgetreten. Zum Nachfolger als Ministerpräsident, mit Inkrafttreten der Verfassung am 11. August wieder »Reichskanzler« genannt, wurde der vormalige hochrangige Gewerkschafter und amtierende Arbeitsminister Gustav Bauer (SPD) von Ebert berufen.

Die parlamentarische Vollmacht zur Unterschrift gründete sich auf ein geschlossenes Ja-Votum der USPD, ganz überwiegendes der SPD und mehrheitliches im Zentrum. Daraufhin ließen sich mit »Versailles« agitatorisch einseitig jene politischen Kräfte belasten, die vom konservativ-nationalliberalen Elitenkartell in gleicher Abstufung bereits vor 1914 als »national unzuverlässig« diskriminiert waren. Da sie in Wirklichkeit aber gemäß vorherrschender Lagebeurteilung das Reich selbstaufopfernd vor der »Feindbesetzung« gerettet hatten, könnte ein nur selten bedachtes Fazit auch lauten: Wie im November 1918 der OHL hätte die Reichstagsmehrheit, auch um den Preis eines gewissen außenpolitischen Risikos, der Rechtsopposition im Juni 1919 den innenpolitischen Offenbarungseid nicht ersparen sollen, entweder die Unterzeichnung mitzutragen oder die schwere Hypothek möglicher Strafaktionen des Einmarsches auf sich zu nehmen. Es hat sich künftig, z. B. beim hälftigen DNVP-Ja zum Dawes-Plan 1924 und dürftiger Unterstützung des Young-Plan-Volksbegehrens 1929, dieser politische Erfahrungswert bestätigt: Ein nationalistischer Wortradikalismus der Rechtspartei konnte wie ein Kartenhaus zusammenfallen und statt dessen eine tiefsitzende Risikofurcht von Privilegierten in ganzer Blöße vorgeführt werden, sobald es über gefahrenträchtige Alternativen zum Schwure kam.

Im Hinblick auf die innenpolitischen Konsequenzen des Versailler Vertrags ist sorgfältig zwischen erst mittelfristig wirksamen Faktoren, die noch gesondert zu betrachten sind, und jenen unmittelbaren Reaktionen zu unterscheiden, die viel unterschwellig Wirksames zum Vorschein brachten. Eine Fallstudie des mit »Versailles« nur zutage geförderten Vorrangs der demokratisch-republikanischen oder traditionalistischen Bekenntnisse lieferte nach dem Zeugnis von Preuß (1928, S. 69 f.) die Kontroverse um die Verwendung der schwarz-rot-goldenen Fahne als Zeichen des Neuanfangs gegenüber den kaiserzeitlichen Farben schwarz-weiß-rot: »Keine der organisatorisch wichtigsten Bestimmungen der neuen Verfassung ist mit einem auch nur annähernd gleich lebhaften, ja leidenschaftlichen Interesse von der öffentlichen Meinung erörtert und umstritten worden wie die Frage der Reichsfarben; man vergaß fast die Bedeutung der fundamentalen Umgestaltung der ganzen Staatsordnung bei dem Streite um deren Symbol.« Anders formuliert wurde das für ein Massenpublikum schwer zugängliche Paragraphenwerk eines Verfassungsentwurfs über diesen Symbolkampf zum sinnfälligen Zeichen unterschiedlicher Grundorientierung verdichtet.

Die USPD-Fraktion der Konstituante hatte beantragt: »Die Reichsfarbe ist rot«; sie mußte sich von seiten der SPD entgegenhalten lassen, dies sei bereits als »Parteifahne« sowie als die Farbe der »sozialistischen Internationale« reserviert – innerhalb deren »auch die einzelnen ihr zugehörigen nationalen Gruppen ihre nationalen Farben« davon zu unterscheiden vermochten. Im Zusammenwirken von DNVP und DVP wurde vorgeschlagen: »Die Reichsfarben sind schwarz-weiß-rot«, womit sich die Erinnerung an »den ruhmreichen Krieg von 1870« und die aus ihm hervorgehende Reichsgründung verbinden sollte, d. h. eine auch symbolverbürgt gewollte Kontinuität zum »Obrigkeitsstaat«. Mit breiter Unterstützung der SPD und der Zentrumspartei entschied sich letztlich in namentlicher Abstimmung eine klare Mehrheit von 211 zu 89 für den Verfassungstext: »Die Reichsfarben sind schwarz-rot-gold.« Zuvor war den schwankenden Kräften innerhalb der DDP mit dem ausnahmsweisen Fortbestand der Handelsflagge ohnehin eine schwarz-weiß-rote Brücke gebaut worden. Dennoch votierten außer ehemaligen Nationalliberalen und den preußischen Freisinnigen auch die »National-Sozialen« um den Parteivorsitzenden Friedrich Naumann gegen den Farbenwechsel. Sein baldiger Nachfolger Carl Petersen begründete den Sinneswandel im Parlament mit dem Versailler Vertrag, in dessen Gefolge eine von Siegermächten beeinflußte »Weltpresse« den Fahnenaustausch propagandistisch mit folgendem Tenor nutzen werde: »Die Tatsache, daß sie die alte Flagge heruntergeholt haben, beweist ihr Schuldanerkenntnis an dem Kriege.« Lediglich süddeutsche Demokraten mit traditioneller Distanz zum Preußentum folgten dem linken Flügel, für den Quidde neben dem Vorbild der »Bewegung von 1848« auch zu bedenken gab, es sei nunmehr »schwarz-rot-gold ein Symbol geworden für die Verständigung zwischen Bürgertum und Sozialdemokratie« (*Verhandlungen der verfassunggebenden Deutschen Nationalversammlung*, Berlin, 2./3. Juli 1919, Bd. 328, S. 1244–46, 1225–31).

Mit einem Beitrag zum Inkrafttreten der Weimarer Verfassung bemühte sich Preuß (1926, S. 428), indem er die bekannten Dichterzeilen »Einigkeit und Recht und Freiheit« abschließend zitierte, um eine Interpretation weiterer Symbolgehalte der Republik: Die »nationale Einigkeit«, »politische Freiheit« und das »soziale Recht« bezeichnete er als »den wahren Sinn eines lange Zeit im Dienste der Gewaltpolitik arg mißbrauchten Liedes«. Noch bevor ein späterer Bundespräsident jene dritte Strophe zur offiziellen deutschen Nationalhymne erklärte, wurde so ein wohlbedachtes Zeichen gegen wilhelminische Anmaßungen eines »Deutschland über alles« gesetzt. Auf diese Weise konnte nochmals das Kontrastprogramm zur Vergangenheit einprägsam übermittelt werden: Die nationale Einheit galt es gegen partikularistische Tendenzen zu behaupten. Für die politische Freiheit wurde über den persönlichen Bewegungsspielraum hinaus eine Demokratie der Bürgerrechte mit aktiver Beteiligung am Gemeinleben erforderlich. Das soziale Recht war der Schritt über die Einheits- und Freiheitsrevolution von 1848 hinaus in ein 20. Jahrhundert, das nach dem Bürgertum nunmehr auch die Arbeiterschaft zu gleichberechtigter Teilhabe emanzipieren sollte: »Die deutsche Demokratie betont notwendigerweise und mit Recht das soziale Moment stärker als die westlichen Demokratien« (Preuß, in: *Berliner Tageblatt*, 25. Dezember 1919). Bewährte politische Institutionen der freiheitlichen Nationen endlich auch in Deutschland einzuführen, aber darüber hinaus das zunächst »formal demokratische Recht mit sozialem Geiste erfüllen« zu wollen (Preuß, 1926, S. 428) – so lautete dieses Weimarer Gründungskonzept.

Sozialprobleme der Realverfassung als Protestmotiv

Die am 31. Juli 1919 in der Nationalversammlung mit 262 Stimmen von SPD, DDP und Zentrum gegen 75 Stimmen aus DNVP, DVP und USPD beschlossene Weimarer Verfassung mußte jedoch verheißungsvolle Inhalte an der rauhen Wirklichkeit messen lassen. Das Stichwort »Versailles« erleichterte den Rechtsparteien fortan eine Verwendung des Schlagwortes »national« im ausgrenzenden Vorkriegssinne. Der Einsatz von Militärgewalt – seit den Berliner Januarunruhen bis über die Münchener Räterepublik hinaus – erstickte vielfach noch die politischen Freiheitsrechte unter einem inneren Belagerungszustand. Auch die Umsetzung des gesellschaftlichen Neuordnungsprogramms drohte, im Zeichen des politischen Machtkampfes der SPD mit einer zunehmend erstarkenden USPD, alsbald auf halbem Wege steckenzubleiben. Zwar konnte der von den Volksbeauftragten angekündigte Achtstundentag frühzeitig umgesetzt werden: Die bereits am 15. November 1918 getroffenen Vereinbarungen zwischen der freigewerkschaftlichen Generalkommission und den Arbeitgeberverbänden (»Stinnes-Legien-Abkommen«) übernahmen diese Regelung in eine beiderseits anzuerkennende Tarifautonomie; eine so weitgehende, für deren sämtliche Betriebe verbindliche Arbeitszeitverkürzung erfolgte sogar mit vollem Lohnausgleich. Angesichts der voraussehbar großen Umstellungsprobleme von Kriegs- auf Friedensproduktion konnte damit eine Massenarbeitslosigkeit der heimkehrenden Soldaten abgewendet werden. Deren vereinbarte Übernahmegarantie für den bisherigen Arbeitsplatz bedeutete aber zugleich die Entlassung vieler Frauen, die Tätigkeiten der zum Kriegsdienst eingezogenen Männer übernommen hatten.

Nicht ein von Lasten der Arbeitszeitverkürzung bedrückter DVP-Unternehmer, sondern der zu den »Revolutionären Obleuten« gehörende USPD-Volksbeauftragte Emil Barth prägte Ende November 1918 auf einer Berliner Rätetagung den vielzitierten Mahnruf: »Wenn die Revolution nur eine große Lohnbewegung gewesen sein soll, dann ist die Sache zu Ende« (*Leipziger Volkszeitung*, 28. November 1918). Über den Verweis auf vorgeordnete immaterielle Ziele einer gesellschaftspolitischen Neuordnung hinaus war darin auch ein klasseninterner Solidaritätsappell enthalten: Eine vorübergehend starke Position einzelner Berufsgruppen sollte nicht dermaßen ausgenutzt werden, daß angesichts insgesamt begrenzter Verteilungsspielräume einer Nachkriegsperiode letztlich sozial Benachteiligte dafür zu bezahlen hatten. Der berechtigte Kern dieser Warnung vor einer Mentalität der Selbstbedienung von einem gar nicht so reich gedeckten Tisch: die Gefahr einer beschleunigten Teuerung, war jedoch ihrerseits längst die Ursache eines tatsächlich bestehenden Nachholbedarfs der Lohn- gegenüber der Preisentwicklung. Den Masseneinkommen sollte es bereits im ersten Jahr der Weimarer Republik ähnlich ergehen wie dem Hasen in der Fabel beim Wettlauf mit dem Igel: So mächtige Sprünge konnten die Wochenlöhne der Arbeiter- und die Monatsgehälter der Angestelltenschaft gar nicht machen, um nicht doch wieder von der Inflation eingeholt zu werden. Gemessen am Index des Statistischen Reichsamtes hatte sich bis Februar 1920 bereits eine 8,5fache Entwertung der Mark gegenüber dem Friedensstand von 1913/14 vollzogen.

Die zugrunde liegenden wirtschaftlichen Antriebskräfte einer solchen Preis-Lohn-Spirale sind ebenso leicht im Grundsatz zu erkennen, wie es umgekehrt ein vergebliches Bemühen wäre, das genaue Ausmaß der Inflationsraten unter damaligen Verhältnissen erklären zu wollen. Für die Kriegsanleihen, mit denen zusätzliche Personal- und Sachkosten der Staatshaushalte finanziert wurden, bestand außerhalb imperialistischer Phrasen, die zu unterwerfenden Völkern alle Lasten aufzubürden versprachen, keine Dekkung. Anstelle einer produktiven Investition für die Zukunft, worauf sich auch Kreditdefizite langfristig solide fundieren ließen, bedeuteten Kriegsaufwendungen im Gegenteil die unproduktive Vernichtung auch vorhandener Wirtschaftsgüter der Vergangenheit. Sämtliche in Kriegshandlungen vergeudeten Ressourcen, die gleichwohl Kosten verursachten, standen im ökonomischen Kreislauf nicht mehr zur Verfügung; es blieb also notwendig ein Überhang von nicht durch marktgängige Gebrauchswerte balancierten Geldbeständen zurück. Anschaulich und zugespitzt formuliert: Niemand kauft mit Ersparnissen aus eigener Berufsarbeit freiwillig einem Soldaten anstelle des Wohnhauses, das er in den vier Jahren seines Kriegsdienstes hätte erbauen können, nunmehr ersatzweise die zurückgebliebenen Trümmer und Verletzungen seiner Fronteinsätze ab. Wenn aber im Verhältnis zum verknappten Angebot zu reichliche Geldmittel vorhanden sind, müssen die Preise beweglicher Waren in Richtung eines ungefähren Ausgleichs steigen; dies kann durch behördliche Festschreibungen nur gebremst, infolge der Auslagerung in »Schwarzmärkte« aber nicht in weitgehendem Umfange verhindert werden.

Neben Sachwertbesitzern, die Kreditanteile in zunehmend entwerteter Papiermark tilgen konnten, zählten auf der Gegenseite des ökonomischen Interessenkampfs die gewerkschaftlichen Organisationen ebenfalls zu den anfänglichen Inflationsgewinnern, denn auch für sie war die Ausgangslage vergleichsweise günstig: Die Preise für Waren des täglichen Bedarfs hatten sich bereits unter dem Streikverbot des inneren »Burgfriedens« in Bewegung gesetzt; insofern konnte die »große Lohnbewegung« nicht als Verursacher jenes ersten Teuerungsimpulses abgestempelt werden, den Engpässe bei der Versorgung mit Rohstoffen zusätzlich anheizten. Andererseits übten solche Lohnanpassungen im Verein mit dem Achtstundentag, der nicht binnen Monaten durch Rationalisierungsgewinne aufzufangen war, ebenso unbestreitbar einen Preisdruck auf Endprodukte aus; dessen Ausgleich durch weitere Einkommensfortschritte stärkte wiederum die Position der Gewerkschaften als Tarifvertragspartei. Nicht zu unterschätzen waren außerdem die veränderten Rahmenbedingungen einer demokratischen Republik, die auch bislang schwer erreichbaren Beschäftigten den Beitritt zu einer Gewerkschaft erleichterten. Formelle Hemmnisse für die Mitgliedschaft von Frauen, Jugendlichen und Beamten hatten beseitigt werden können, ebenso faktische der Angestellten und solcher Arbeiter, die bislang kleinen Betriebsautokraten auf dem Lande und in Kleinstädten bzw. den großen Fabrikimperien schutzlos ausgeliefert waren.

Gegenüber einem Vorkriegsstand des freigewerkschaftlichen Dachverbands mit 2,5 Mio. erreichte so der Allgemeine Deutsche Gewerkschaftsbund (ADGB) die Verdreifachung seiner Mitgliedschaft auf stattliche 7,3 Mio. bis Ende 1919. Die gleiche Wachstumsrate auf niedrigerem Ausgangsniveau erzielten die christlichen Gewerkschaften durch einen Anstieg auf exakt 1,0 Mio.; nicht ganz eine Verdoppelung gelang den liberalen Gewerkvereinen mit nunmehr knapp 0,2 Mio. Mitgliedern. Angesichts dieser Kräfteverhältnisse war zunächst die Entwicklung innerhalb des ADGB maßgebend (der seit dem Kongreß zur Jahresmitte 1919 diesen Namen trug). Bis über die Wahl einer Konstituante und die Regierungsbildung hinaus formierten solche gewerkschaftlichen Organisationen traditionsgemäß den wichtigsten gesellschaftlichen Rückhalt der SPD. In den Kriegsjahren war ihre Bedeutung gegenüber der Partei noch gestiegen, weil es im Zeichen des »Burgfriedens« keine politischen Wahlkämpfe gab, aber um so mehr sozialpolitische Aufgaben. Bei deren Bewältigung mußte auch eine massenferne obrigkeitsstaatliche Verwaltung zunehmend die Kooperation mit diesen Arbeiterorganisationen suchen; sie hatten ohnehin früher als die Partei revolutionäre Fernziele hinter greifbare Ergebnisse der Mitarbeit an bestehenden Verhältnissen zurückgestellt.

Gerade nach dem Integrationsschub der Kriegsperiode im Verhältnis zu Staats- und Regionalbehörden, ergänzt vom Paritätskonzept mit Unternehmerverbänden im Stinnes-Legien-Abkommen, konnten sich haupt- und ehrenamtliche Funktionsträger der ADGB-Verbände nur mühsam auf eine Revolutionsära umstellen. Vor allem für ein erwachtes Interesse an innerbetrieblicher Mitbestimmung, das mit dem Rätegedanken verbunden war, hatten viele Gewerkschaftsvertreter der SPD kein hinreichendes Verständnis, zumal sie um ihren überbetrieblich wirksamen Einfluß fürchteten. Auf diese Weise gelang einer USPD, der zur Wahl der Nationalversammlung vielerorts noch die eigene

Organisationskraft fehlte, auf betrieblicher Ebene schrittweise die Schaffung einer eigenen Infrastruktur, die sich als politische Operationsbasis des sozialen Protestes gegen ausstehende Reformen im Sinne einer Wirtschaftsdemokratie mobilisieren ließ. Mit rund 750 000 Mitgliedern bis Ende 1919, nach erst 300 000 im Frühjahr, konnte die USPD weit überproportional von den Politisierungsimpulsen des Weimarer Gründungsjahres profitieren. Infolge dieses zumindest teilweise aus deren Reihen erfolgenden Aderlasses stagnierte die SPD, obwohl sie beachtliche Neuzugänge verzeichnete, in diesem Zeitraum mit etwa 1,1 Mio. auf dem Vorkriegsstand.

Der spektakulärste Zusammenstoß der oppositionellen USPD mit der Weimarer Koalition unter einem gewerkschaftsnahen SPD-Kanzler betraf, nach dem Ende der Frühjahrskämpfe 1919, nicht zufällig das Betriebsrätegesetz. Zu dessen zweiter Lesung am 13. November 1920 im Berliner Reichstag, wo seit Ende September 1919 regelmäßig die Nationalversammlung tagte, hatte die USPD, inzwischen bei weitem die stimmen- und mitgliederstärkste Partei der Hauptstadt, eine Massendemonstration organisiert. Der vorgelegte Gesetzentwurf einer Regierung, die sich mit Wiedereintritt der DDP seit Oktober 1919 komplettiert hatte, räumte den Betriebsräten, zum Unwillen auch vieler Freigewerkschafter bei den wichtigen Personalangelegenheiten gar noch getrennt nach Arbeitern und Angestellten, nur begrenzte Kontrollrechte in den wirtschaftlichen Kernfragen der Unternehmensführung ein. Zur Umsetzung des Verfassungsauftrags, demzufolge über die Betriebsebene hinaus auch Bezirksarbeiterräte und ein Reichsarbeiterrat gebildet werden sollten (Art. 165 WRV), um Parität mit den öffentlich-rechtlich anerkannten Industrie- und Handelskammern zu erreichen, ist es überhaupt nicht mehr gekommen. Der öffentliche Protest war somit auch im Sinne gemäßigter Rätekonzepte durchaus begreiflich; doch lief er den Veranstaltern der USPD aus dem Ruder, indem einzelne

Gruppen von Demonstranten den Reichstag zu stürmen versuchten und die Aktionen damit in eine nicht von einer breiten Basis getragene antiparlamentarische Schlagseite abdrifteten.

Die Eskalationsdynamik mit letztlich 42 Toten und 105 Verletzten folgte einem Grundmuster, das bereits in den Frühjahrsmonaten 1919 vielerorts zu beobachten war und angesichts des Symbolgehalts für die Republik an diesem Blutvergießen vor dem Reichstagsgebäude erläutert werden soll: Auf den provozierenden Regelverstoß militant vorgehender Gruppen von Demonstranten folgte, auch ohne vorhergehende Warnung, der rücksichtslose Gebrauch von Schußwaffen einer überlegenen Staatsgewalt. Auch wenn die in solchen Konflikten stets vorgebrachte und damit an Glaubwürdigkeit nicht eben gewinnende Behauptung, daß erste Schüsse, mit nicht konkret nachgewiesenen Folgen, aus den Reihen der Demonstranten abgefeuert worden seien, einmal zutreffen konnte: selbst bei gefährlicher Bedrohung durch einzelne, nicht selten noch sehr junge Akteure konnte dies in einem demokratischen Rechtsstaat die Notwehr im Einzelfall, jedoch keinen Freibrief für Erschießungen von dermaßen vielen Mitläufern bedeuten, die sich keines Verbrechens schuldig gemacht hatten. Die Leichtfertigkeit, mit der neben Erben des Obrigkeitsregimes auch SPD-Politiker des rechten Flügels, allen voran der Reichswehrminister Noske und der preußische Innenminister Wolfgang Heine, solche Übergriffe außerhalb jeder Verhältnismäßigkeit der Zwangsmittel rechtfertigten, mußte nicht erst für radikalisierte Oppositionelle, sondern bereits nach Maßstäben liberal-humanitärer Zivilität als politisch-moralisch befremdlich empfunden werden.

Mit der Verhaftung des USPD-Vorsitzenden Däumig und z. T. über Wochen andauerndem Verbot zahlreicher Parteizeitungen, unter ihnen das Zentralorgan *Die Freiheit*, wurden verfassungsmäßige Schranken einer punktuellen Gefahrenabwehr erheblich überstrapaziert. Derartige Zustände, die einem militärischen Belagerungszustand wie bei inneren Unruhen der Kriegsjahre immer ähnlicher wurden, mußten auch dem zu Republikbeginn von Ebert unterzeichneten, »mit Gesetzeskraft« verkündeten Grundrechtskatalog geradewegs Hohn sprechen. Überdies wurden unter machtpolitischen Gesichtspunkten, auf die sich dafür verantwortliche Minister wie Heine und Noske zuweilen mit verächtlichem Unterton gegenüber papierenen Gesetzeslagen beriefen, weitaus gefährlichere Widersacher der parlamentarischen Demokratie zu wenig beachtet und teilweise gar zu Ordnungsrettern aufgewertet. »In diesem Sinne rufe ich der Regierung zu: der Feind steht rechts«, hatte Scheidemann, mit seinem bereits zur Republikgründung und gegenüber dem Versailler Vertrag gezeigten politischen Instinkt für das Gewicht von Massenstimmungen, am 7. Oktober 1919 einen mahnenden Appell in der Nationalversammlung formuliert. Dies wollten aber in Amtsroutine und Konfrontationslinien gegen den Linksradikalismus vergrabene Parteifreunde und Koalitionspartner nicht wahrhaben – bis es im März 1920 zur Inszenierung eines Staatsstreichs von rechts kam.

2
Bewährungskonflikte: Zwischen Kapp-Putsch und Republikschutz

Chronologische Übersicht

1920

10. Januar: Inkrafttreten des Versailler Vertrags (forcierter Heeresabbau).

13.–16. März: »Kapp-Lüttwitz-Putsch«, Generalstreik der Gewerkschaften zur Abwehr, danach Unruhen (Ruhrgebiet/Mitteldeutschland).

29. März: Steuergesetz zugunsten der Reichsfinanzen (Einkommensteuer von 10 % Eingangs- bis 60 % Spitzensatz).
6. Juni: Reichstagswahl: massive Verluste der SPD (auf 21,7 %), Gewinne der USPD (17,9 %), Minderheitskabinett Fehrenbach (Zentrum, mit DVP und DDP).
16. Oktober / 7. Dezember: Spaltung der USPD, Beitritt des linken Flügels zur KPD.

1921

5./10. Mai: »Londoner Ultimatum« mit 132 Mrd. Goldmark Reparationen, Bildung des Minderheitskabinetts Wirth (Zentrum, mit SPD und DDP).
26. August: Ermordung des ehemaligen Finanzministers Erzberger (Zentrum) durch rechtsradikalen Geheimbund.

1922

18. Januar: Amtsantritt des Kabinetts Poincaré mit dem »nationalen Block« in Frankreich, allmählich verstärkter außenpolitischer Druck.
16. April: »Rapallo-Vertrag« zwischen Deutschland und der Sowjetunion, im Streben nach Gegengewicht zu den Westmächten.
24. Juni: Ermordung des Außenministers Rathenau (DDP) durch rechtsradikalen Geheimbund, daraufhin Massenproteste.
18. Juli: Reichstagsbeschluß des »Gesetzes zum Schutz der Republik«.
24. September: Verschmelzung der (Rest-)USPD mit der SPD.
24. Oktober: Amtsperiode des Reichspräsidenten Ebert im Reichstag durch verfassungsändernde ⅔-Mehrheit bis Mitte 1925 verlängert.
30. Oktober: Mussolini als Führer der Faschisten wird nach deren »Marsch auf Rom« italienischer Ministerpräsident.

Staatsstreich von rechts und republikanische Abwehr

Der Konflikt eines traditionsorientierten Offizierskorps mit der republikanischen Neuordnung schwelte bereits seit den Monaten der Truppenrückführung. Zwar beschränkte sich, im Zeichen der Absprachen zwischen Ebert und Groener, die gewaltsame Konfrontation auf Einzelfälle. Auch war der Vorstoß des Rätekongresses im Dezember 1918, die Befehlsgewalt der Offiziere auf die Probe eines Vertrauensvotums der Mannschaften zu stellen, ins Heer also ein ihm fremdes demokratisches Element hineinzutragen, am Veto der OHL und darauf Rücksicht nehmender SPD-Volksbeauftragter gescheitert. Doch trafen insofern unangetastete Kommandostrukturen auf ein innen- wie außenpolitisches Umfeld, in dem Wohlverhalten der Regierenden von zahlreichen Militärs nicht etwa mit Loyalität erwidert, sondern als Schwäche ausgelegt wurde. Statt einem »Oberbefehl« des Kaisers war gemäß Art. 47 WRV nunmehr »die gesamte Wehrmacht« dem Reichspräsidenten Ebert unterstellt, der einst Sattlergeselle und danach Parteisekretär gewesen war. Dies wollten zu erheblichen Anteilen dem preußischen Adel entstammende Führungsoffiziere nur selten akzeptieren, so weit ihnen der langjährige SPD-Chef und sein Wehrminister Noske auch den Rücken gegen revolutionären Ungehorsam gestärkt hatten. Was die republikanischen Kräfte in der Entschiedenheit des Bruchs mit dem wilhelminischen Militarismus nicht riskierten, erfolgte mit fremdbestimmter Macht durch den Versailler Vertrag: Dessen Artikel 160 verlangte zum 31. März 1920, mit späterer Fristverlängerung bis 10. Juli, eine drastische Reduzierung der Gesamtstärke des Heeres auf 100000 Mann, davon höchstens 4000 Offiziere.

Ein ohnehin gespanntes Klima gegenüber der Weimarer Koalitionsregierung wurde mit Herannahen dieses Stichtags folglich von akuten Sorgen um die eigene berufliche Existenzgrundlage aufgeheizt. Die bis Januar 1920 auf etwa 250000 Mann abgebaute Reichswehr umfaßte immer noch beträchtliche Anteile der sog. Freikorps, die innenpolitisch gegen die revolutionäre Unruhe der ersten Jahreshälfte 1919 angeworben worden waren; in außenpolitischer Funktion hatten sie, unter Duldung der Westmächte, in den baltischen

Staaten an deren »antibolschewistischen« Kämpfen teilgenommen. Nach Erledigung dieser blutigen Söldner- bzw. Legionärstätigkeit im Nachkriegsjahr fanden nicht wenige Freikorpsleute weitere »gesinnungstüchtige« Beschäftigung als Landsknechte in anderem Wortsinne: auf den Gütern erzkonservativer ostelbischer Großagrarier, die so gewerkschaftlich aufbegehrende Teile der Landarbeiter entlassen und vorsorglich Waffendepots anlegen konnten. Vor allem dieses Regional- und Sozialmilieu bildete den engeren Bezugskreis für gegenrevolutionäre Verschwörungspläne, die sich um drei Namen von Republikverächtern gruppierten: Als den Niederungen der Tagespolitik entrückter Schutzpatron aus zerronnener spätwilhelminischer »Kriegsherrlichkeit« durfte Ludendorff nicht fehlen; er hat offenkundig seine Niederlage als OHL-Stratege im Haß gegen republikanische Erben überkompensiert. Zur regierungsamtlichen Galionsfigur wurde der ostpreußische Generallandschaftsdirektor Wolfgang Kapp, neben Großadmiral Alfred von Tirpitz Mitbegründer der eroberungsbesessenen »Vaterlandspartei« (1917) und dann Vorstandsmitglied der DNVP. In der Rolle eines dirigierenden Putschgenerals hatte Walther Freiherr von Lüttwitz, ranghöchster Kommandant für Nord- und Ostdeutschland sowie Architekt des Freikorpsaufbaus, die konspirativen Fäden gezogen.

Während Ludendorff in einer Scheinwelt des Militärregimes der ersten Kriegsjahre fortlebte und der Beamtenpolitiker Kapp die ständisch-restaurativen Gesellschaftsbilder der agrarkonservativen DNVP teilte, klangen die Nahziele des Generals Lüttwitz, die er im Widerstand gegen den Abbau »seiner« Truppen verfolgte, weniger verstiegen und somit bedrohlicher: Am 10. März konfrontierte er Ebert und Noske mit der Forderung, umgehend die Neuwahl zum Reichstag vorzunehmen und das Außenamt sowie das Wirtschaftsministerium mit »Fachministern« ohne Bindung an die Weimarer Koalition zu besetzen; außerdem verlangte Lüttwitz, über sein bisheriges »Gruppenkommando I« hinaus die gesamte Reichswehr zu befehligen. Die Kandidatur Hindenburgs für das Amt des Reichspräsidenten nahm in Plänen dieser Gegenrevolutionäre erstmals konkretere Gestalt an. Über die Vorbereitungen eines Staatsstreiches waren einige Informationen bis auf Regierungsebene durchgesickert. Um so mehr hätte es naheliegen müssen, den mit seinem ultimativen Auftreten dringenden Tatverdacht eines hochverräterischen Unternehmens hervorrufenden Putschgeneral und seine Gefolgsleute sofort zu verhaften. Statt dessen wurde dies Lüttwitz nur als Illoyalität ausgelegt und ihm die Verabschiedung nahegebracht, was am nächsten Tag in die Beurlaubung vom Dienst durch Noske mündete. Der abgewiesene, jedoch unbehelligt gebliebene Kommandoführer konnte somit in den ersten »Urlaubstagen« noch das weitere Vorgehen mit seinen Verschwörerkameraden absprechen.

Von der Terminsetzung eher zufällig, aber mit einer für die Atmosphäre rechtsgerichteter Tendenzen in der öffentlichen Meinung durchaus charakteristischen Verbindungslinie, wurde am 12. März 1920 das Urteil im »Erzberger-Prozeß« bekannt. Der kaiserzeitliche Innenstaatssekretär Karl Helfferich, im Jahre 1919 als DNVP-Vorsitzender amtierend, hatte eine Broschüre »Fort mit Erzberger!« verbreitet, die über politische Angriffe hinaus auch persönlich diffamierte. Insbesondere den Vorwurf einer Nutzung der politischen Funktionen für Geschäftsverbindungen wollte ein amtierender Finanzminister nicht unbeantwortet lassen, so daß Matthias Erzberger gegen Helfferich als Nebenkläger in einem Beleidigungsprozeß auftrat. Tatsächlich war der Zentrumspolitiker längst das auf der Rechten meistgehaßte Regierungsmitglied geworden. Zunächst versuchte man ihn zum Sündenbock für die Waffenstillstands- und Friedensbedingungen abzustempeln, weil er seit der »Friedensresolution« des Reichstags von 1917 daran mitwirkte. Daraufhin hatte Erzberger als Finanzminister eine umfassende Steuerreform – mit Heranziehung der Großverdiener und

Vermögensbesitzer – als vielleicht letztmöglichen Versuch einer Sanierung des kriegszerrütteten Reichshaushaltes vorangetrieben und damit zusätzliche innenpolitische Feindschaft von Privilegierten auf sich gezogen.

Nachdem gegen ihn schon 1919 unzählige Mordankündigungen kursierten, war Erzberger nach einem Prozeßtermin am 26. Januar 1920 durch Schüsse eines Jungadeligen verletzt worden. Das Urteil am 21. Februar gegen den Attentäter, nur 18 Monate Gefängnis für die Körperverletzung und nicht etwa langjährig Zuchthaus wegen Mordversuchs, ließ bereits richterliche Neigungen erkennen: weder den Ruf noch das Leben eines republikanischen Ministers für besonders schützenswert zu erachten. Am 24. Februar ließ sich Erzberger von seinen Amtsgeschäften entbinden, nachdem zwei Tage zuvor in der Rechtspresse über ihn, aus gesetzeswidrig beschafften vertraulichen Steuerakten berichtend, weitere Anschuldigungen verbreitet wurden. Zwar hatte Erzberger der gegen ihn betriebenen Vernichtungskampagne tatsächlich Nahrung verschafft, indem er die Förderung der Interessen einzelner Betriebe nicht immer uneigennützig gestaltete. Wie er sich als moderner Berufspolitiker nach veränderter Einschätzung der Kriegslage allzu geschmeidig vom eroberungsgeneigten Saulus zum friedensbringenden Paulus bekehrt zeigte, so stimmten die Einblicke ins Wirken eines geradezu skrupellosen Lobbyisten ebenfalls kaum mit dem Profil eines Finanzministers zusammen, der Verteilungsgerechtigkeit anstrebte. Die Verurteilung Helfferichs zu lächerlichen 300 Papiermark Geldstrafe, weil das Gericht seine Anschuldigungen als im wesentlichen begründet ansah und nur die Form der Beleidigung nicht durchgehen ließ, ihm aber »vaterländische Beweggründe« mildernd attestierte, kam allerdings einem indirekten Aburteilen Erzbergers gleich. Die spätere offizielle Rehabilitierung, da jedenfalls Vorwürfe der Steuerhinterziehung unbegründet gewesen waren, konnte als moralische Wiedergutmachung nichts mehr am Tatbestand ändern: Mit der Folge des endgültigen Rücktritts Erzbergers von seinen Ämtern noch am 12. März 1920 war durch Richterspruch sein politischer Totenschein, anderthalb Jahre vor einer physischen Vollstreckung seitens rechtsradikaler Attentäter, bereits ausgestellt.

Im Auftrieb des meinungsbildenden Rückenwindes aus dem Erzberger-Urteil sollte der Staatsstreich, nachdem dessen Vorbereitungen ohnehin erst zu diesem Zeitpunkt abgeschlossen waren, am 13. März mit dem Truppenaufmarsch nach Berlin inszeniert werden. Die Hauptparole gegen eine Regierung mit Erzberger (der gar nicht mehr amtierte) und eine mit den schwarz-weiß-roten Farben verbundene restaurative Tendenz kennzeichnete die von den Putschisten verbreiteten Aufrufe. Diese vermochte Kapp nur deshalb als »Reichskanzler« zu unterzeichnen, weil seine nun endlich angeordnete Verhaftung offensichtlich durch Sympathisanten im Berliner Polizeipräsidium mit einer Vorwarnung sabotiert wurde. Neben den Freikorpsverbänden des Heereskommandanten Lüttwitz wurde die gleichfalls zur Auflösung vorgesehene Marinebrigade des Korvettenkapitäns Hermann Ehrhardt zur militärischen Speerspitze des Umsturzversuches. Die späte Entschlossenheit in der Regierung zur gewaltsamen Abwehr auch der Putschisten von rechts traf auf Widerspruch des Truppenamtschefs, General Hans von Seeckt, der Einsatzbefehle für einzelne Kampfverbände gegen ihre Reichswehr-»Kameraden« als undurchführbar und unzumutbar erachtete.

Nunmehr rächten sich mit aller Deutlichkeit die militärpolitischen Versäumnisse in den ersten Monaten der Republik. Eine deutsche Revolutionsregierung hatte, im Unterschied etwa zur österreichischen, keine eigene demokratische »Volkswehr« geschaffen, die zur Verteidigung gegen kommunistische wie rechtsgerichtete Diktatur- und Aufstandsversuche gleichermaßen einsatzbereit war. Einseitig gegen »Spartakus- und Streikterror« angeworbene Freikorps versagten nunmehr ihre Dienste, wenn es sich um die republikloyale Bekämpfung eines angeblich für die »Rettung des Vaterlands« unternommenen Staatsstreichs handeln sollte. Den Regierungsmitgliedern, die gegenüber Attacken von links stets auf ihr Prestige bedacht waren und Vollmachten zum »Durchgreifen« erteilt hatten, blieb infolge der heeresamtlichen Befehlsverweigerung gegenüber dem Primat der republikanischen Politik die schwerste Demütigung nicht erspart: Die Mehrzahl der Regierungsmitglieder und der Reichspräsident ergriffen die Flucht aus Berlin zunächst nach Dresden, schließlich bis nach Stuttgart, wo man sich einem Landsknechtssturm unter dem Kommando von Erben des preußischen Militarismus besonders fern wähnte.

Nachdem weder die Militär- noch die Polizeigewalt in Berlin zur Verfügung stand, um sich der Putschisten zu erwehren, und die Regierung bereits den Weg des innerdeutschen Exils gewählt hatte, geschah am Einmarschtag des 13. März noch das inzwischen Unerwartete: Gleichzeitig mit der Kundgebung »An das deutsche Volk!«, die Kapp als »Reichskanzler« verbreitete, wandte sich die SPD-Führung mit einem Aufruf zum politischen Generalstreik an die eigene Anhängerschaft. Dort wurden ganz ausdrücklich die »schärfsten Abwehrmittel« zur »Erhaltung der Republik« und ihrer »Freiheit« gegen eine von den Putschisten angebahnte »diktatorische Regierung« propagiert. In solch eindeutiger Stoßrichtung war der Appell zum Massenstreik als politischer Notwehrakt vollauf gerechtfertigt; denn ein Rückgriff auf das staatliche Gewaltmonopol zur Niederschlagung des Umsturzversuchs war bereits sabotiert, und die militärische Besetzung von Regierungsgebäuden zeigte noch am gleichen Tage die nicht bloß formell ungesetzliche, sondern komplett gesetzlose Entschlossenheit der Putschisten. Daß sich die Ministerialbürokratien, ebenso wie andere Bereiche der Funktionseliten außerhalb Ostelbiens, überwiegend abwartend verhielten und sich nicht aktiv zu Diensten Kapps und seiner Gefolgschaft stellten, nahm dem

Bürger, Arbeiter, Parteigenossen!

Der Militärputsch ist da! Die Baltikum-Landsknechte, die sich vor der befohlenen Auflösung fürchten, haben den Versuch unternommen, die Republik zu beseitigen und eine diktatorische Regierung zu bilden

mit Lüttwitz und Kapp an der Spitze!

Bürger der Republik, Arbeiter und Genossen!

Wir haben die Revolution nicht gemacht, um uns heute wieder einem

blutigen Landsknecht-Regiment

zu unterwerfen. – Wir paktieren **nicht** mit den Baltikum-Verbrechern!

Deutsche Bürger, Arbeiter, Genossen!

Die Arbeit eines ganzen Jahres soll in Trümmern geschlagen, Eure schwer erkaufte

Freiheit vernichtet werden,

darum sind die schärfsten Abwehrmittel geboten. Kein Betrieb darf laufen, solange die Militärdiktatur der Ludendorffe herrscht! Deshalb

Legt die Arbeit nieder! Streikt!

Schneidet dieser reaktionären Clique die Luft ab!

Kämpft mit jedem Mittel um die Erhaltung der Republik! Laßt allen Zwist beiseite! Es gibt nur dieses eine Mittel gegen die Rückkehr Wilhelms II.

Lahmlegung des gesamten Wirtschaftslebens!

Keine Hand darf sich mehr rühren! Kein Proletarier darf der Militärdiktatur helfen!

Generalstreik auf der ganzen Linie.

Proletarier vereinigt Euch! Nieder mit der Gegenrevolution!

Die sozialdemokratischen Mitglieder der Reichsregierung
Ebert, Bauer, Noske, Schlicke, Schmidt, David, Müller

Der Parteivorstand der S. P. D.
Otto Wels.

Aufruf der SPD zum Generalstreik anläßlich des Kapp-Lüttwitz-Putsches am 13. März 1920

Staatsstreich gewiß auch die zuvor erwartete Durchschlagskraft in der Hauptstadt. Doch konnte es in einer demokratischen Republik weder der schmissigen Kameraderie von Reichswehrgenerälen noch einer geschmeidigen Dienstauffassung von höheren Beamten überlassen bleiben, ob neue »Reichskanzler« durch Eindringen von Putschtruppen in Amtsgebäude oder durch Wahlakte der Verfassungsorgane gekürt wurden.

Die Übernahme der Streikleitung dieses Abwehrkampfes der Republik durch Gewerkschaftsführungen folgte, über die Praxis solcher Aktionsform hinaus, dem erweiterten Verständnis einer parteienstaatlichen Demokratie auf massengesellschaftlicher Grundlage: Mit etwa 8 Mio. freigewerkschaftlichen Arbeitern, Angestellten und Beamten bestand – gemessen an gut 11 Mio. SPD- und USPD-Stimmen zur Reichstagswahl 1920, abzüglich nicht berufstätiger Familienangehöriger – weithin Deckungsgleichheit mit der sozialdemokratischen Wählerschaft. Insofern war der ADGB jedenfalls zu diesem Zeitpunkt nicht irgendeine fremde Kraft, die sich eigenmächtig in die höheren Sphären der Staatspolitik einmischte, sondern das sozialdemokratische Potential im besonderen Aggregatzustand der organisierten Handlungsfähigkeit auch zwischen Wahltagen – und wenn Putschtruppen einen Urnengang gar nicht zuließen. Was jedoch noch ausschlaggebender ins Gewicht fiel: nur über das Vehikel der freigewerkschaftlichen Massenverbände konnten SPD und USPD zumindest in der Abwehr einer Gewaltaktion von rechts noch in eine gemeinsame Waagschale des Machtkampfes fallen.

Am 13. März war auch noch ein offizieller DDP-Aufruf zu verzeichnen, der »Arbeitsruhe aus Protest« gegen den Kapp-Lüttwitz-Putsch empfahl. Dies konnte trotz etwas behutsamerer Ausdrucksweise tatsächlich ebenfalls nur politischer Generalstreik heißen. Eine ähnliche Haltung war in der katholischen Arbeiterschaft anzutreffen, selbst wenn manche Zentrumsoberen in derlei selbstermächtigtem Protestgebaren das Gottvertrauen vermißten. Den Initiatoren des Staatsstreichs war eine doppelte Fehlkalkulation unterlaufen: Eine rechts von der Mitte verbreitete Distanz zur Republik hatten sie als Bereitschaft zur Auflehnung überschätzt, hingegen bei den politischen Kräften von der Mitte zur Linken die Entschlossenheit unterschätzt, sonstige Differenzen in der Abwehr reaktionärer Gewalt zurückzustellen. So blieben diese Putschisten von rechts die Gefangenen ihrer einseitigen Milieuverhaftung, indem sie Meinungsprofile ostelbischer Eliten mit den Wünschen einer Bevölkerungsmehrheit verwechselten, so wie dies anschließend für linksradikale Gruppen der Arbeiterbewegung in deren industriellen Hochburgen zutraf. Ohne die erhoffte breite Unterstützung mußte der gesamte Umsturzplan, in der Konfrontation mit einem Millionen von Händen und Köpfen starken Generalstreik, wie ein Kartenhaus zusammenfallen. Schon zwei Tage nach dem Einmarsch in Berlin und der Gefangennahme etlicher Mitglieder der preußischen Regierung signalisierte Kapp die Bereitschaft zur Verständigung; zwei weitere Tage darauf, am 17. März, hatte er seinen Rücktritt zu erklären.

Entgegen selbstinszenierten Mythen von furchtlosen »Ehrenmännern« hatten Kapp und andere führende Putschisten nichts Eiligeres zu tun, als mit Hilfe falscher Pässe die Flucht aus ihrem geliebten Vaterlande anzutreten, um sich ordentlichen Gerichtsverfahren zu entziehen. In dieser Hinsicht war ihnen Kaiser Wilhelm II., der im niederländischen Exil weilte und sich dort von gegenrevolutionären Projektemachern besuchen ließ, als »Vorbild« bereits vorausgegangen. Der Staatsstreichgeneral Lüttwitz wurde von dem – für dringende Amtsgeschäfte in Berlin gebliebenen – Vizekanzler Eugen Schiffer, einem vormals kaisertreuen Nationalliberalen und zeitweiligen DDP-Politiker des rechten Flügels, sogar »ehrenhaft« in den Ruhestand verabschiedet, mit Gewähr für erworbene Pensionsansprüche. Gerade dermaßen eklatante Fälle der Ungleichbehandlung waren es, die wachsamen Kritikern das Eintreten für die Weimarer Republik nicht immer leicht machten: Während viele Anführer linksradikaler Aktionen, beginnend mit Liebknecht/Luxemburg im Januar 1919, »standrechtlich erschossen«, d. h., von selbsternannten Henkern ermordet wurden, erhielten Rechtsputschisten wie Lüttwitz noch jahrzehntelang (er verstarb 1942) allmonatlich ihren ungeschmälerten Verdienst-Orden aus der Staatskasse ausgehändigt.

Bei ihrem Abmarsch aus Berlin am 18. März hinterließ die frustrierte »Elitetruppe« der Putschisten mit ihrer Verkleidung »Hakenkreuz am Stahlhelm, schwarz-weiß-rotes Band – die Brigade Ehrhardt werden wir genannt«, auch noch eine besondere Visitenkarte. Begreifliche Unmutsäußerungen vom Straßenrand gegen deren »Deutschland über alles« grölenden Abmarsch erwiderten diese stolzen Frontkämpfer mit einem Kugelhagel auf Schutzlose, als dessen Opferbilanz 10 Tote und 30 Verletzte zurückblieben. So bot sich nicht allein in der Hauptstadt das Erscheinungsbild mancher Gruppen von gegenrevolutionären Soldaten dar, aus denen in bis zu fünf Jahren der Ausübung ihres »Kriegshandwerks« allmählich mehr als nur potentielle Mörder bzw. Totschläger geworden waren. Derartige Erfahrungen aus dem Frühjahr 1919 hatten auch die Gewaltbereitschaft der Republikgegner von links erhöht, die vor allem im Ruhrgebiet blutige Rache an Freikorps verübten und als »Rote Armee« von der Abwehr zum revolutionären Angriff überzuleiten versuchten. Mit dieser nicht minder aussichtslosen Radikalisierung wurde es regierungsilloyalen Truppen anderer Reichsteile leicht gemacht, sich der bedrängten Staatsgewalt nach bekanntem Muster als selbstlose Kämpfer gegen den »Spartakusterror« zur Verfügung zu stellen und damit etwaigen Hochverratsurteilen zu entgehen.

Kurswechsel nach links: gestärkte oder andere Republik?

Die ohnehin noch einflußschwache KPD hatte sich am 13. März zunächst geweigert, einen Arbeitskampf zur Wiederkehr einer verhaßten Regierung mitzutragen, um dann am nächsten Tag eine korrigierte Parole für weitergehende Kampfziele herauszugeben. Auch deshalb eröffnete die politische Streikaktion dem ADGB eine unverhoffte Chance zur organisierten Bündelung auseinanderstrebender SPD- und USPD-Verbandsgruppen. Mit diesem zusätzlichen Handlungsmotiv beschlossen die gewählten Führungsgremien der freigewerkschaftlichen Arbeiter, Angestellten und Beamten am 18. März einen umfangreichen Forderungskatalog; ohne dessen Annahme wollten sie eine bloße Wiederkehr der bisherigen Regierung, die einer Sammlung der Gegenrevolution allzu langmütig begegnet war, nicht unterstützen. Die betreffenden neun Punkte gingen der USPD nicht weit genug, der DDP und dem Zentrum bereits zu weit, und auch in der SPD blieben einige Bedenken gegen zu offensichtlichen Gewerkschaftseinfluß auf die Regierungsbildung. Unter dem Druck der angespannten Situation erfolgte dennoch eine rasche Einigung dieses breiten Spektrums von Befürwortern der Republik – mit der umgehenden Konsequenz, daß seitens der gewerkschaftlichen Führungsgremien am 20. März der Generalstreik für beendet erklärt wurde.

Das vom ADGB-Chef und altgedienten SPD-Funktionär Carl Legien am 17. März in eine noch offene Konfliktsituation geworfene Stichwort der »Arbeiterregierung« sollte in erster Linie die USPD einbinden. In den neun Punkten des am nächsten Tag aufgestellten Forderungskatalogs war es nachzulesen: Dieses zur aktuellen Integration nach links und erst recht in späterer Agitation von rechts verkürzte Schlagwort konnte als Gemeinsamkeit der Arbeiter, Angestellten und Beamten verstanden werden. Von irgendwelchen Neigungen zur »Diktatur des Proletariats« war bei einem gemäßigten SPD-Vertreter wie Legien keinesfalls die Rede. Allerdings meinten seine Gefolgsleute mit den genannten Arbeitnehmergruppen in der Tat vorzugsweise die immerhin acht Millionen freigewerkschaftlich organisierten unter ihnen, die als Stütze einer Kurskorrektur der Regierungspolitik bereitstehen sollten. Der Einzug von Legien selbst ins Reichskanzleramt, als erfolgreicher Streikführer mit einem Nimbus des Retters der Republik vor der Gegenrevolution, stand überhaupt nicht auf der Tagesordnung; seine besten Jahre in verbandspolitischer wie persönlicher Sicht hatte er längst schon hinter sich (er verstarb noch 1920).

Im Herbst 1920 war ohnehin die Wahl zum Reichstag geplant. Die Nationalversammlung hatte als »verfassunggebende« mit Rücksicht auf eine Konsolidierung der inneren und äußeren Verhältnisse, im zusätzlichen Seitenblick der Koalitionsparteien auf die Erosion ihrer Massenunterstützung, bereits länger als ursprünglich beabsichtigt getagt. Selbst bei Ausnutzung dieser Zeitspanne konnte nur die Bildung eines Übergangskabinetts erfolgen, das sich bald dem Urteil der Wählerschaft zu stellen hatte. Auf ihren jeweiligen rechten Flügeln bereitete DDP und Zentrum die Weimarer Koalition, hinsichtlich »antibürgerlicher« bzw. »gottloser« Neigungen der SPD, bereits manchen Erklärungsbedarf. Das Bündnis mit einer »halbbolschewistischen« USPD, um in der Sprache dieser rechten Mitte zu bleiben, kam überhaupt nicht in Frage, was in umgekehrter Blickrichtung auf eine »kapitalistische« bzw. »klerikale« Partei ebenso gesehen wurde. Sich für einige Monate gemeinsam mit der SPD in eine Minderheitsregierung ohne politische Handlungsvollmacht einzufügen, hätte für die USPD ein Verspielen ihres Positionsvorteils der linken Protestpartei beinhaltet. Für eine vorübergehende Alleinregierung der SPD, mit dem begrenzten Mandat, die Neuordnungsziele so weit als vor Neuwahlen möglich und nötig in

Angriff zu nehmen, fehlte dieser Partei offenkundig die politische Risikobereitschaft.

Insoweit aber eine handlungsfähige Grundlage der Regierungsbildung ausblieb, erschien die frühzeitige Ansetzung des Wahltermins vor der Sommerpause naheliegend. Mit solcher Nachricht ließ sich wenigstens ein Ventil für Unruhepotential schaffen, das mit dem Kapp-Lüttwitz-Putsch und seinen Nachwirkungen in weiten Kreisen der Bevölkerung verbunden war. Die am 27. März abgeschlossene Umbildung des Kabinetts mußte schon unter Gesichtspunkten des Wahlkampfes gedeutet werden. Die SPD wollte sich nach dem erzwungenen Rücktritt Noskes nicht weiter mit dem Reichswehrministerium belasten. Die Überlassung dieser Schlüsselposition an den innerhalb der DDP weit rechts stehenden Otto Geßler, begleitet vom Aufstieg des nicht republikloyalen Generals Hans von Seeckt zum Chef der Heeresleitung, erwies sich jedoch als Mißgriff. Das mehr bürokratische als politische Amtsverständnis des vormaligen Nürnberger Oberbürgermeisters Geßler eröffnete Seeckt den Spielraum, in den kommenden Jahren weitgehend geräuschlos die Formierung der Reichswehr zum »Staat im Staate« voranzutreiben.

Der Kanzlerwechsel vom Gewerkschafter Bauer zum bisherigen SPD-Außenminister Hermann Müller erschien unter dem Gesichtspunkt der ungelösten Probleme der Erfüllung des Versailler Vertrags nicht unplausibel. Allerdings wurde damit seitens der Partei mehr die politische Unabhängigkeit vom ADGB demonstriert, als dessen größere Mitverantwortung aus der Trägerschaft des Generalstreiks zu erreichen. Wird freilich das gewerkschaftliche Aktionsmotiv mitbedacht, die Gemeinsamkeiten der SPD- und USPD-Anhänger in den eigenen Reihen zu fördern, konnte eine Beteiligung an diesem unmittelbar in den Wahlkampf eintretenden Kabinett der Weimarer Koalition schwerlich diesem Zweck dienlich sein. Die Besetzung des seit dem Rücktritt Erzbergers verwaisten Finanzministeriums mit

Joseph Wirth bewährte sich über den konkreten Anlaß hinaus. Gleich dem Vorgänger einem reformkatholisch geprägten südwestdeutschen Zentrum entstammend, rückte dieser entschiedene Verfechter einer demokratischen Republik sowie der Koalition mit SPD und DDP nunmehr in die erste Reihe seiner Partei und zum führenden Kopf ihres linken Flügels auf. Zur Schärfung des Regierungsprofils konnte schließlich auch beitragen, daß als DDP-Vizekanzler dem nach rechts nachgiebigen Schiffer mit Innenminister Erich Koch(-Weser) immerhin ein wachsamer Verfassungspolitiker aus der Parteimitte folgte.

Zu einem wesentlichen Aktivposten der auf Reichsebene zwiespältig bleibenden Konsequenzen aus dem Kapp-Lüttwitz-Putsch entwickelte sich in der Folgezeit das seit dem 29. März amtierende neue preußische Staatsministerium. An dessen Spitze wurde der SPD-Politiker Otto Braun gestellt, der als Ressortchef für Landwirtschaft verstärkt den Unwillen der konservativen Großagrarier erregt und sich deshalb als einziger Minister vor den Putschisten rechtzeitig außerhalb Berlins in Sicherheit gebracht hatte. Damals konnte niemand vorausahnen, daß ihm – als besonderem Kontinuitätsfaktor der Republik – bis 1932 insgesamt acht verschiedene Reichskanzler begegnen sollten. Insofern war die Beauftragung gerade dieses auf der Rechten meistgehaßten Ministers mit der Führungsaufgabe des weitaus größten Landes eine durchaus mutige Entscheidung. Als profilierteste Ergänzung Brauns ist sehr rasch der neue Innenminister Carl Severing öffentlich hervorgetreten. Dieser gehörte zum rechten Flügel der SPD, da er zur Linksopposition hin auf hartem Kurs blieb und dabei im Regierungsstil auch nicht frei von autoritätsbewußten Gesten war. Als derart politisch unverdächtig und von den Koalitionsparteien der Mitte im Sinne eines zuverlässigen und standfesten Partners anerkannt, vermochte er immerhin die »Republikanisierung« des leitenden preußischen Verwaltungs- und des breiten Polizeidienstes künftig in beharrlichen Teilschritten voranzubringen.

Mit dem Rücktritt Noskes konnte der vom ADGB organisierte Generalstreik auf längere Sicht nur intern gewisse Erfolge verbuchen: Sein Abtritt von einer führenden Machtposition in Händen der SPD dürfte immerhin zur Entspannung des Verhältnisses gegenüber dem gemäßigten USPD-Flügel beigetragen haben. Mit Blick auf die SPD-Politiker Braun und Severing, was immer sonst über sie geurteilt werden mag, wären einem ADGB-Vorsitzenden Legien, wenn er länger als bis Weihnachten 1920 gelebt hätte, auch später wenig Zweifel gekommen, daß der politische Einsatz gegen den Staatsstreich von rechts im Ergebnis lohnend geblieben war.

Erstes Protestvotum, noch keine »Abwahl« Weimars

Gewiß hatte es den Kapp-Lüttwitz-Putschisten nur als Vorwand ihrer restaurativen Ziele gedient, der Nationalversammlung seit dem Abschluß der Verfassungsarbeit das politische Mandat abzusprechen. Eine »verfassunggebende« Tätigkeit durfte, mit einem so einzigartig breiten Votum der erwachsenen Frauen und Männer ausgestattet, ohne Zweifel auch noch die Ausführung einiger grundlegender Verfassungsaufträge einschließen. Darüber hinaus konnte es dem kommenden ersten Reichstag nur recht sein, wenn für existentielle Rahmenbedingungen der Republik, allen voran die katastrophale Finanzlage und die Umsetzung des Versailler Vertrags im Abbau der Reichswehrstärke, in der Konstituante bereits Weichenstellungen vorgenommen worden sind, die aufgestauten Problemdruck zu entlasten versprachen. Nach der Abwehr des Staatsstreiches von rechts und erneuten Unruhepotentials von links hätte es aber den Eindruck der Furcht vor der Wählerschaft hinterlassen, die für 1920 ohnehin geplante Reichstagswahl weiter hinauszuschieben, so daß eine Ansetzung auf den 6. Juni ohne politisch sinnvolle Alternative war.

Die Ergebnisse dieser Reichstagswahl, deren Beteiligungsrate nach der hohen Mobilisierung zur Konstituante knapp unter 80 % fiel, gehören zu den am meisten fehlgedeuteten Willensbekundungen des Stimmvolkes, weil häufig drei fragwürdige Maßstäbe gleichzeitig angelegt werden: Eine verheerende Niederlage der Weimarer Koalition wird zunächst im Vergleich mit dem ganz außergewöhnlichen Resultat der Wahl zur Nationalversammlung festgestellt. Darüber hinaus kann darauf hingewiesen werden, daß 1920 ungefähr die Kräfteverhältnisse der letzten Reichstagswahl des Kaiserreichs im Januar 1912 wiederhergestellt erschienen; offenbar konnte also die Kriegs- und Revolutionsära, mit Ausnahme der für die Republik nachteiligen Linksabspaltung von der SPD, keine nennenswerte Umorientierung bewirken. Schließlich lassen sich die Stimmenanteile von SPD, DDP und Zentrum auf 43,6 % zusammenzählen, was unter dem geltenden Verhältniswahlrecht nur 205 von 459 Reichstagsmandaten ausmachte. Wurde also mit der Weimarer Koalition die von ihr getragene Republik bereits am 6. Juni 1920 abgewählt, zugleich in das Parteiengefüge aus dem Kaiserreich zurückgewählt – und damit schon für spätere Wege in eine Diktatur die Vorauswahl getroffen?

Beginnen wir mit dem Argument der bemerkenswerten Kontinuität zum Reichstag von 1912. Dort hatten SPD, Linksliberale und Zentrum mit 243 von 397 Mandaten eine – nach Bildung der USPD-Fraktion immer noch vorhandene – rechnerische Mehrheit; diese begann seit dem Interfraktionellen Ausschuß und der Friedensresolution 1917 auch politisch artikulationsfähig zu werden. Nach Stimmenanteilen hatten es Konservative und Antisemiten 1912 auf 14,7 % gebracht, Nationalliberale damals 13,6 % erzielt und das Zentrum 16,4 %. Die Entwicklung bis 1920 beschränkte sich, während eine DVP (13,9 %) das nationalliberale Erbe wieder komplett beanspruchte, anscheinend darauf, eine DNVP (15,1 %) als nunmehr vereinigte Rechte, hingegen ein durch regionale BVP-Abtrennung (4,4 %) etwas geschwächtes Zentrum (13,6 %) in die Republik einzubringen. Die erheblichere Abschmelzung von den Linksliberalen (1912: 12,3 %) zur DDP von 1920 (8,3 %) ließ sich richtungsspezifisch mit dem immer noch deutlichen Gewinn der sozialdemokratischen Parteien aufrechnen (zusammen 39,6 % nach 34,8 %); die SPD präsentierte sich inzwischen als gemäßigter und somit z. B. für vormals linksliberale großstädtische Angestellte wählbar. Hingegen war bei der USPD eine Minderheit zur KPD (2,1 %) benachbarter und folglich nicht ohne weiteres der Vorkriegsopposition gleichzusetzender Meinungsprofile als wesentliche Veränderung zu berücksichtigen.

Eine solche politische Gesamtbilanz unterschlägt allerdings die weitaus komplizierteren und in den einzelnen Regionen höchst unterschiedlichen Wanderungen zwischen Parteilagern. Dabei ist auch der »Ringtausch« zu bedenken: gehen eine Million Stimmen von A zu B, von B zu C und von C zu A, ergibt dies keine Ergebnisveränderung, aber eine starke interne Umschichtung. Ferner hieße es wahrlich, Äpfel mit Birnen zu vergleichen, den Ergebnissen von 1912, an denen nur Männer bis zum Geburtsjahrgang 1887 teilnahmen und sich infolge des Mehrheitswahlrechts häufig für das »kleinere Übel« zu entscheiden hatten, jene von 1920 gegenüberzustellen, als zusätzlich die Frauen und Männer dreizehneinhalb neuer Jahrgänge gemäß dem Proportionalsystem wählen konnten. Um die ausgeprägteste Verzerrung des trügerischen Eindrucks der Stabilität aufzugreifen: Die Konservativen hatten in den ostelbischen Hochburgen sehr massive Abwanderungen der Unterschichten nach links zu verkraften, die aber für die DNVP im städtischen Raum auf Kosten liberalen Potentials ausgeglichen wurden.

Auch Zentrum/BVP konnten ihr Niveau allein deshalb gut behaupten, weil sie am stärksten, nämlich in der Größenordnung etlicher Prozente, vom Frauenstimmrecht profitierten (gefolgt von der lutheranisch geprägten DNVP).

Aus späteren Befunden ist anzunehmen, daß größte Anteile dafür nicht abweichendes Stimmverhalten von Ehefrauen erbrachte, sondern das Votum älterer Alleinstehender ohne Bewußtseinsprägung aus dem Berufsleben, statt dessen mit Empfänglichkeit für Kirchenbotschaften. Nicht einmal das Stimmgebiet ließ sich vom Kaiserreich zur Republik gleichsetzen, denn 1912 noch glatte 5 % für nationale Minderheiten (vor allem Polen und Elsaß-Lothringer) waren 1920 so nicht mehr anzutreffen. Folglich bedeutete z. B. ein minimaler Zuwachs der konservativ-nationalliberalen Rechten für 1920 leichte Verluste unter ihrer »deutschbewußten« Gefolgschaft; deren überproportionale »Verweiblichung« paßte auch nicht richtig ins politisch-ideologische Selbstbild hinein, das über ein klares Nein zum Frauenstimmrecht hinaus eher auf »mannhafte« Tugenden eingeschworen war. Die bei oberflächlicher Betrachtung vorzufindende Stabilität der großen Wählerblöcke von 1912 überdeckte somit regionale und soziale Verlagerungen sehr erheblichen Umfangs.

In jedem Falle wäre es geradezu lausig denkfaule politische Arithmetik, einfach nur die Stimmen und Mandate von DNVP, DVP und USPD (sowie KPD) zu addieren – und dann in der Tatsache, daß von diesen Parteien mit Nein zur Weimarer Verfassung abgestimmt wurde, den Beleg für eine 1920 erfolgte »Abwahl« der Republik von 1919 zu suchen. Zunächst hatte diese Opposition beider Flügel am 6. Juni auch keine Mehrheit, sondern 29 % auf der rechten Seite und 20 % auf der linken erzielt. Mit halbwegs ausgependelten Gewichten in den Waagschalen eines möglichen Kurswechsels war für Gruppierungen der linken und rechten Mitte die Situation nicht gar zu bedrohlich. Außerdem mußten der USPD mit DNVP und DVP nicht einmal Negativbündnisse zugetraut werden; man hatte es wohlbemerkt nicht mit unmittelbaren politischen Artverwandten von NSDAP und KPD der frühen 30er Jahre zu tun. Die noch unberücksichtigte BVP ließ sich trotz republikfeindlicher

Führung als gegenüber der preußischen Rechten neutralisierend einordnen; letzteres galt sicher für die restlichen neun Abgeordneten aus noch ausgeprägter regionalistischen »Hannoveranern« und südbayerischen Bauernbündlern.

Mit der Unterstützung einer »Arbeitsruhe aus Protest« hatte sich die DDP in der öffentlichen Wahrnehmung, um den Preis des Parteiaustritts etlicher früherer Nationalliberaler, wieder mehr im Sinne der ursprünglichen Kooperation mit der SPD profiliert. Im Unterschied zu vieldeutigen Unterstützungsmotiven von 1919, als der erste Gründerkreis sich beträchtlich links vom diffusen Zustrom einer neuen Mitglieder- und Wählerschaft befand, war 1920 ein auf den festeren Kern abgeschmolzenes Votum für die DDP ein klareres Ja zur Weimarer Republik. In anderer Weise betraf dieses verlagerte Außenprofil eine Zentrumspartei, die von rechts mit Erzbergers Außen- und Finanzpolitik gleichgesetzt wurde; sie rückte damit in so definierten Wahrnehmungsmustern fast schon in eine linke Mitte, auf jeden Fall aber in größere Nachbarschaft zur SPD als noch im polarisierten Wahlkampf zur Nationalversammlung. Mit ihrer Zwischenstellung, weder für den Putsch noch erst recht den Abwehrstreik offene Sympathien bekundet zu haben, gewann die DVP jene Bildungs- und Besitzbürger, denen Verstrickungen einer nordostdeutsch-agrarischen DNVP in den erfolglosen Umsturzversuch mißfielen. Wie rechtslastig sich eine DVP-Agitation, gegen äußere wie innere »Versklavung« durch Versailles und Staatsregulierung, aus der Weimarer Gründungsperspektive auch darbot, stand das nationalliberale Profil künftig mehr für eine wesentlich andere Republik als unmittelbar reaktionäre bzw. diktatorische Ziele.

Die politische Selbstisolation der DNVP wird noch deutlicher, insoweit 1920 als ihr Gegenstück einer »Putschpartei« zur Linken insgesamt nur die sektenhafte KPD zu benennen wäre. Die meinungsbreite USPD hatte, was immer Regionalgruppen zu weiteren Umsturzversuchen beitrugen, auf Reichsebene innerhalb des ADGB-Generalstreiks mit organisiertem Massenpotential an der gemeinsamen Verteidigung der Republik mitgewirkt. Allerdings bedeutete der USPD-Stimmzettel auch das Votum für eine wesentlich andere Republik, nicht allein den Abtritt von Ministern wie Noske. Aufs ganze betrachtet lag das politische Gravitationszentrum der USPD links von der Weimarer Koalition ungefähr in ähnlicher Distanz wie rechts davon bei der DVP. Zwar gingen aktuell die Wege eher auseinander, doch bestanden im Hinblick auf die jeweilige Anhängerschaft für die Zukunft, im Unterschied zur DNVP und KPD, teilweise nicht unberechtigte Hoffnungen einer Integrationsfähigkeit.

Von der DVP, deren inneres wie äußeres Richtungsprofil nach dem Kapp-Lüttwitz-Putsch deutlichere Konturen annahm, unterschied sich allerdings die USPD durch unvereinbare Standpunkte in den eigenen Reihen. Zumal 5,64 Mio. Stimmen am 6. Juni 1920 nicht mit den etwa 0,9 Mio. Parteimitgliedern gleichzusetzen sind, die im Herbst über Ja oder Nein zum Anschluß an die Moskauer Internationale entscheiden sollten, können nur Landtagsresultate zur Richtungsanalyse herangezogen werden. Besonders eignet sich für diesen Zweck die preußische Wahl am 20. Februar 1921, die (bei einer Beteiligungsrate von 77,4 %) für annähernd zwei Drittel der Reichsbevölkerung repräsentativ war. Ein an diesem 20. Februar 1921 ausgezähltes Verhältnis der 26,3 % SPD- zu 6,5 % USPD- und 7,4 % KPD-Stimmen gestattet einen ungefähren Rückschluß auf innere Neigungen, die am 6. Juni 1920 den USPD-Wahlzetteln nicht anzusehen waren. Nach dieser späteren politischen Offenbarung waren (von 18 % für die USPD im Juni 1920) etwa 5 % als kommunistisch-diktatorischer Flügel der USPD zu bilanzieren; weitere 5 % kehrten gegen solche Tendenz rasch wieder zur SPD zurück, sie hatten deren Regierungspolitikern zuvor wohl nur einen Denkzettel verpassen wollen; restliche 6–7 % (abgesehen von 1–2 % Resignierenden) hätten offenbar gern eine linkssozialdemokratische dritte Kraft behalten, die sich inzwischen ausdrücklich gegen den Anschluß zur KPD, nicht jedoch gegen den künftigen Zusammenschluß mit der SPD entschieden hatte.

Angesichts dieser klärenden Aufspaltung des USPD-Potentials läßt sich ein politischer Status der Weimarer Republik zu den stimmengezählten Bilanzterminen Juni 1920 / Februar 1921 ausweisen: Den zunächst bedenklich anmutenden 43,6 % Anteilen für SPD, DDP und Zentrum können demnach umstandslos zumindest 5 % durchaus originäre »Weimarer« Sozialdemokraten aus der USPD hinzugefügt werden; dies mußte unter Abzug von Splittergruppen für die laufende Gesetzgebungsperiode zu einer knappen Mehrheit bereits ausreichen. Darüber hinaus stand zur sozialdemokratischen Linken noch eine republikanische Integrationsreserve der USPD-»Zentristen« bereit. Auch dieses Richtungsspektrum war nach seinen Grundüberzeugungen vom demokratischen Minimalkonsens nicht auszuschließen. Sonst müßte dies ebenso voreilig, und zu Lasten der weiteren politischen Kreditfähigkeit der Republik, mit dem rechten Flügel von DDP bzw. Zentrumspartei geschehen, deren »Vorbehaltsdemokraten« sich 1920/21 allenfalls weniger offensiv artikulierten. Es verblieben zunächst »nur« etwa 7 % linke und 15 % rechte unbelehrbare Republikgegner, überdies etwa 20 % noch lernfähige, die sich von manchen Vernunftrepublikanern lediglich in einigen Schattierungen abhoben.

Weil aber in der USPD eine organisatorische Trennung von kritischen Sozialdemokraten und Befürwortern einer »Diktatur des Proletariats« noch bevorstand, war die republiktragende Mehrheit des Wahlvolkes für die Regierungsbildung nicht umsetzbar. Die Beteiligung an einem Minderheitskabinett der Weimarer Koalition oder gar deren Erweiterung zur DVP, die ihrerseits Bündnisse mit »Streikführern« auch nicht verkraftet hätte, erschien der SPD im Hinblick auf Chancen der Rückgewinnung von Teilen der USPD als nachteilig. Demzufolge hat zwei Wochen nach dem Wahltermin eine weitere Übergangsregierung, unter dem früheren Reichstagspräsidenten Fehrenbach als Kanzler, ihre Tätigkeit aufgenommen, die anstelle von SPD- nunmehr DVP-Minister aufwies. Die Präsentation des hochrangigen Richters Walter Simons im Außenamt und Groeners für das Verkehrsressort zeigte aber eine Tendenz, hinter solchen parteilosen »Fachministern« die Verantwortung der Parteien im parlamentarischen Regierungssystem zu verbergen. Außerdem konnte Groener, immerhin höchster Führungsoffizier zum Kriegsende nach dem Feldmarschall Hindenburg, geradewegs als technokratisch getarnter Verbindungsmann zur Generalität im Kabinett erscheinen.

Atempause im Inneren, mehr Druck von außen

Ein deutliches Zeichen der Stabilisierung nach dem Kapp-Lüttwitz-Putsch durfte schon bald von den Währungs- und Warenmärkten gemeldet werden. Im Januar 1921 blieb ein US-Dollar ebenso wie zuvor im Januar 1920 bei knapp 65 Mark, nachdem es im Januar 1919 noch 8,90 Mark und vor Kriegsausbruch die »klassischen« 4,20 Mark waren. Nicht wenige amerikanische Finanzstrategen hielten im Sommer 1920, zumal unter einer nunmehr »bürgerlichen« deutschen Regierung, den ersten Nachkriegszyklus bereits für abgeschlossen und trugen durch spekulative Ankäufe zur Stützung des äußeren Wertes der Mark bei. Doch auch der innere Wert hatte sich bemerkenswert stabilisiert, wie ein minimaler Preisanstieg des amtlichen Indexstandes zwischen Mai 1920 und Mai 1921 um lediglich 1,6 % illustrierte, der jeden gestrengen Inflationswächter vollauf befriedigen mußte. Schließlich war der Schuldenstand des Reiches, der nach Goldmarkwerten berechnet im letzten Kriegsjahr 1918 ruinöse 1190 % des Ausgangsniveaus von 1914 betrug, für 1920/21 auf inzwischen 110 %, d. h. tragbar erscheinende 10 % reale Mehrbelastung entwertet.

Unter so wenig revolutionären oder auch nur streikfördernden Rahmenbedingungen konnte sich die USPD klärend mit inneren Angelegenheiten beschäftigen: Eine Urwahl von Parteitagsdelegierten ergab im Oktober 1920, bei weniger als 30 % Mitgliederbeteiligung, die relativ knappe Mehrheit von 57,8 % Stimmen und 59,2 % Mandaten der Befürworter des Anschlusses an die III. Internationale. Deren 21 Bedingungen enthielten das kommunistische Prinzip des Moskauer Zentralismus. Nach dieser Richtungsentscheidung, die von einer Mehrheit der USPD-Wählerschaft erkennbar nicht gebilligt wurde, suchten die meisten Vertreter einer solchen politischen Linie bereits im Dezember den Weg des Zusammenschlusses mit der KPD. Die informierten Schätzungen zunächst von der USPD zur KPD übertretender Mitglieder schwanken zwischen 280 000 und 370 000, das waren gut 30 bzw. 40 % des zum Parteitag im Oktober registrierten Standes von etwa 900 000. Da in der Rest-USPD zum Frühjahr 1921 noch 340 000 gezählt wurden, hatte sich ungefähr ein Viertel der Mitglieder ganz zurückgezogen bzw. aus Irritation über den Spaltungskurs wieder der SPD angeschlossen.

Der beruhigte Inflationstrend bedeutete eine nunmehr verbesserte Grundlage für die ausstehende Regelung der Zahlungspflichten aus dem Versailler Vertrag. Zunächst hatten sich Mitte 1920 die Siegermächte auf die Verteilungsquoten der Reparationsleistungen verständigt, die nach Schadensumfang bemessen Frankreich 52 %, Großbritannien 22 %, Italien 10 % und Belgien 8 % zusprachen. Im Januar 1921 wurde Deutschland eine Gesamtforderung von 226 Mrd. Goldmark (d. h. nach Vorkriegswerten) präsentiert, die binnen 42 Jahren beglichen werden sollte. Zwar besetzten französische Truppen am 8. März einige Ruhrgebietsstädte, als von deutscher Seite die Annahme dieses Plans verweigert wurde. Doch führte der Widerspruch auf diplomatischen Kanälen immerhin zu einer Reduzierung der Gesamtschuld auf 132 Mrd., die mit Jahresraten von anfänglich 3 Mrd. Goldmark abzutragen waren. Die Überreichung der gemilderten Version des Zahlungsplans am 5. Mai in London verknüpften die alliierten Mächte mit einem schroffen Ultimatum bis zum 12. Mai, das keinen Verhandlungsspielraum offenließ.

Es wiederholte sich fast originalgetreu das Schauspiel des Regierungswechsels vom Juni 1919, nur mit dem zur Rechten verlagerten Unterschied, daß sich anstelle der DDP nunmehr die DVP, unter agitatorischem Wettbewerbsdruck der DNVP, unbedingt aus der politischen Mithaftung davonstehlen wollte. Nachdem im März auf mitteldeutsche Industriegebiete konzentrierte Aufstandsversuche einer KPD niedergeschlagen waren, die sich infolge der Verstärkung aus der USPD-Linken revolutionären Machtillusionen hingab, legte die gemäßigte USPD-Reichstagsfraktion ihre erste wichtige Bewährungsprobe als republiktragende Kraft ab: Nur weil am 10. Mai die 61 Mandate starke USPD gemeinsam mit SPD und Zentrum für die Annahme des Londoner Ultimatums stimmte, kam im Reichstag überhaupt eine Mehrheit von 220 zu 172 zustande. Weder eine in sich uneinige DDP mit 17 Ja-, aber 21 Nein-Stimmen, noch erst recht die wenigen Ja-Abweichler aus der DVP (6:51), der BVP (2:15) und der KPD (1:17) vermochten hinreichenden außenpolitischen Flankenschutz einer Regierungsneubildung bereitzustellen.

Mit diesem Reichstagsvotum ausgestattet, konnte eine Weimarer Koalition unter dem Zentrumskanzler Wirth, in solcher Entstehung von der USPD toleriert, ihre schwierige Tätigkeit aufnehmen. Einen weiteren außenpolitischen Nackenschlag mußte sie im Hinblick auf Oberschlesien einstecken: Dessen für Deutschland günstige Abstimmungsergebnisse vom März (fast 60:40) führten, nachdem polnische Aufstände von Frankreich unterstützt wurden, unter Beteiligung des Völkerbunds zu einem Grenzverlauf, demzufolge eine Auszählung nach Teilregionen die Übergabe des wertvollen Industriegebiets an Polen erbrachte. Nach dem

Reichsaußenminister Walther Rathenau

protestierenden Rücktritt des Kabinetts Wirth kam eine Neuauflage seiner Regierung, allerdings ohne DDP ungeachtet des zum »Fachminister« umdefinierten Otto Geßler, erst nach einer Drohung Eberts mit dem Rücktritt als Reichspräsident zustande. Seither wurde die Tolerierung seitens der USPD auch offiziell, indem sie am 26. Oktober zusammen mit SPD und Zentrum die Regierungserklärung billigte. Die Übertragung des Außenministeriums an Walther Rathenau, der als schreibfreudiger Konzernchef der AEG für einen Großunternehmer untypische Reformgedanken vertrat, konnte am 31. Januar 1922 die Einbindung der DDP über diese herausragende Persönlichkeit wieder verstärken.

Zu seiner ersten wichtigen Amtshandlung wurde die Unterzeichnung des Vertrags von Rapallo zwischen Deutschland und der Sowjetunion am 16. April. Darin war ein Verzicht auf gegenseitige Ansprüche enthalten, betreffend die russischen Kriegsschäden und Verstaatlichungen deutschen Eigentums unter dem Sowjetregime, ferner die Aufnahme unbeschränkter diplomatischer und die Vertiefung handelspolitischer Beziehungen. Die treibende Kraft dieser riskanten Entlastungsoffensive nach Osten war jedoch nicht Rathenau, der eine Verschlechterung des Klimas im Verhältnis zu den Westmächten und insbesondere Frankreich befürchtete. Vielmehr beabsichtigte aus politischen Gründen einer Machtbalance Kanzler Wirth, aus militärischen die Reichswehr einen Abbau der ideologisch begründeten Konfrontation mit der Sowjetregierung; diese wiederum hatte nach dem Ende des zerrüttenden Bürgerkriegs mit einer »Neuen ökonomischen Politik« mehr Effizienz statt reiner Lehre zu praktizieren und benötigte dafür äußere Entspannung sowie Wirtschaftskontakte. Die fast einmütige Zustimmung im Reichstag am 4. Juli zum Vertrag von Rapallo überdeckte die fortbestehenden Bedenken, die neben dem Präsidenten Ebert gerade die außenpolitischen Sachkenner vom Minister Rathenau bis zu Breitscheid von der USPD hegten.

Anschläge auf die Republik und neuer Krisenzyklus

Zur Situation im Juni 1919, als Prinzipiengründe auch vieler aktiver Friedenspolitiker gegen »Versailles«, jedoch realpolitische Erwägungen dafür sprachen, war inzwischen die Grundsatzfrage deutscher Vertragstreue in der Völkergemeinschaft hinzugetreten. Das Schlagwort der »Erfüllungspolitik« blieb vieldeutig; es meinte im Kern zwar korrekte Einhaltung sämtlicher Vertragspflichten, aber zumeist mit dem Hintergedanken, die Siegermächte allmählich dazu bringen zu können, deutsche Zahlungsraten mit Rücksicht auf internationale Wirtschaftskooperation zu ermäßigen und der Republik weitere Demütigungen vor den Augen innerer Gegner zu ersparen. Nicht zufällig in dieser zweiten

Phase verstärkten außenpolitischen Drucks ereignete sich eine Serie von Attentaten aus den Reihen eines rechtsradikalen Geheimbundes, der »Organisation Consul« um den Putschisten Ehrhardt. Beginnend mit dem Mord an Erzberger (26. August 1921) wurde zuletzt Rathenau am 24. Juni 1922 das Opfer von Revolverkugeln. Während den Mördern von Erzberger die Flucht gelang, wurden diejenigen Rathenaus nach knapp einem Monat von der Polizei gestellt, wobei ein Attentäter bei der Verfolgungsjagd tödlich getroffen wurde und der andere daraufhin Selbstmord beging.

Seit Annahme des Londoner Ultimatums war auch die einjährige Atempause der wirtschaftlichen Krisenentwicklung beendet. Das Ausmaß der Reparationsforderungen muß sogar die internationalen Währungsstrategen überrascht haben, jedenfalls stieg der Dollarkurs zwischen Juli 1921 und Juli 1922 von knapp 77 auf nahezu 500 Mark, d. h. ähnlich rasant wie schon 1919/20. Auch der Index des Statistischen Reichsamtes verzeichnete von Juni 1921 bis Juni 1922 eine wiederum drastische Jahresrate mit 3,55fachen Preisen (= 255 % Inflationsrate). Einmal aus ungedeckten Kriegsfolgelasten in erste Drehungen versetzt, wäre diese Inflationsspirale nur mit einem Währungsschnitt zu stoppen gewesen, der Geldbestände zu einem Stichtag anteilig entwertet. Das Ausmaß des Geldüberhangs war jedoch kaum exakt zu beziffern, überdies hätte eine zu radikale Inflationsbekämpfung die konjunkturelle Abwärtsspirale in Gang bringen können. Schließlich mußten die Zuteilungsraten solcher endgültigen Abwertungsverluste ein gesellschaftspolitischer Sprengsatz ersten Ranges bleiben – zumal unter dem massenpsychologisch negativen Vorzeichen, daß neben eigenen zugleich auswärtige Kriegsdefizite mühsam abgetragen werden sollten.

Tatsächlich hätte aber diese zweite Inflationsphase die besten Chancen geboten, die extremsten Ungleichgewichte in der Verteilung von Kriegslasten verfassungskonform zu korrigieren. Die erste Teuerungswelle bis ins Frühjahr 1920 hatte die Kaufkraft früher Kriegsanleihen und anderer ungedeckter Geldforderungen auf ungefähr ein Zehntel des realen Ursprungswertes reduziert. Ein noch tieferer Einschnitt war binnenwirtschaftlich, wie auch der sich anschließende Stillstand der Preissteigerungen für ein Jahr andeutete, weder geboten noch den betroffenen Millionen von Sparern zumutbar. Als mit der Hinnahme des Londoner Ultimatums im Mai 1921 die jährlichen Leistungsraten an Reparationen erstmals konkret beziffert werden konnten, legte der gewerkschaftsnahe Wirtschaftsminister Robert Schmidt bereits eine Woche nach Amtsantritt im Kabinett Wirth eine vertrauliche Denkschrift vor, die einen geschätzten Zusatzbedarf von bis zu 50 Milliarden Papiermark durch eine Vermögensabgabe auf alle Sachwerte decken wollte. Die vorgesehene Quote von 20 % auf Betriebe aller Wirtschaftszweige und Grund- wie Gebäudebesitz war im Sinne des Gleichheitsprinzips (Art. 109 WRV), nachdem sich jede Geldersparnis bereits zu etwa 90 % entwertet hatte, geradewegs überfällig.

An der verfassungsmäßigen Zulässigkeit eines derartigen Eingriffs konnte nach dem Wortlaut in Art. 153 WRV nicht der geringste Zweifel bestehen: »Eine Enteignung kann nur zum Wohle der Allgemeinheit und auf gesetzlicher Grundlage vorgenommen werden. Sie erfolgt gegen angemessene Entschädigung, soweit nicht ein Reichsgesetz etwas anderes bestimmt.« In Verbindung mit der Ausnahmeregel im übernächsten Satz: »Enteignung durch das Reich gegenüber Ländern, Gemeinden und gemeinnützigen Verbänden kann nur gegen Entschädigung erfolgen«, war klargestellt, daß gegenüber Privatleuten in besonderen Fällen sogar eine entschädigungslose Heranziehung von Eigentum durch Reichsgesetz, z. B. für die Gemeinschaftslasten aus dem verlorenen Krieg, erfolgen durfte. Beim privaten Haus- und Grundbesitz, der in seiner Vorsorgefunktion das unmittelbare Gegenstück zur Geldersparnis bildete, erschien insoweit die Eintragung derartiger Lastenausgleichs-Hypotheken im Sinne eines kleinen Schritts der Gleichbehandlung ohne weiteres sinnvoll und notwendig. Für Betriebsvermögen, dessen Rentabilität schon im Hinblick auf die Arbeitsplätze nicht zur reinen Privatsache erklärt werden durfte, hätte es zur Liquiditätssicherung vorzugswürdig sein können, die Eintragung von Goldmark-Lasten reichsseitig in Papiermark zu verzinsen und zu tilgen. Auf diese Weise hätten diese Sachwertbesitzer an dem Entwertungszyklus der zweiten Inflationswelle teilgenommen, jedoch mit besseren Anpassungschancen gegenüber der entschädigungslosen Variante.

Für die laufenden Erträge aus dem Hausbesitz war die annähernde Gleichstellung mit Geldersparnissen durch ein zum 1. Juli 1922 in Kraft tretendes Reichsmietengesetz, das entsprechende Kriegs- und Landesverordnungen ablöste, einstweilen gesichert; dabei hatten sozialpolitisch orientierte Zentrumsstimmen der SPD und USPD zur Mehrheit verholfen. Somit erhielten Vermieter ihre Nettoerträge, während Umlagen nach Realkosten erfolgten, in zunehmend entwerteter Papiermark; dies galt längst schon für die Sparer, deren angesammelter Kapitalbestände sich die meisten Mietshausbesitzer bei ihrer früheren Bankfinanzierung bedient hatten. Ein prominenter Konzernherr wie Stinnes profitierte sogar aus einer gezielten Spekulation auf weitere Inflationsdynamik. Den Ankauf in Schwierigkeiten geratener Betriebe finanzierte er über Kredite, die in zunehmend entwerteter Papiermark zurückgezahlt wurden. In der Stabilitätsphase 1920/21 ließen sich Kreditgeber nicht einfach als Spekulanten auf späterer Verliererseite einstufen – wie teilweise sogar Kriegsanleihezeichner, die vergeblich auf deutsche Siege gesetzt hatten. Von einer demokratischen Republik mußte erwartet werden können, daß sie den Einleitungssatz des Art. 109 ihrer Verfassung: »Alle Deutschen sind vor dem Gesetz gleich«, zumindest in dem Sinne gesetzgeberisch beachtete, daß nicht durch staatliches Handeln oder Unterlassen die Spekulation auf den kompletten Vertrauensverlust in die Landeswährung gar noch millionenfach prämiert wurde.

Das koalitionsinterne Hindernis einer über Mieteinkünfte hinausgehenden Erfassung der Sachwerte, mit der wenigstens zusätzliche Ungleichheit seit 1919 zu korrigieren war, lag in den Interessenbindungen von DDP und Zentrum begründet. Auf den geringen Anteil ihrer Wählerschaft, die auf Wohnungsvermietung wesentlich das Einkommen stützte, konnte man noch verzichten, zumal weitaus mehr Anhänger von niedrigen Mietkosten profitierten. Doch gerade das Beispiel jener »Wirtschaftspartei«, der sich zunehmend die organisierten Haus- und Grundeigentümer aus Protest anschlossen, mußte als Warnung dienen: wie gering eine Duldungsbereitschaft anderer Gruppen des selbständigen Mittelstandes gegenüber Solidaropfern einzuschätzen war. Über die im Kaiserreich gewohnt komfortable materielle Eigennützigkeit hinaus wirkten sich auch massenpsychologische Faktoren negativ aus. Wer nach außen hin keinesfalls an eine – gar noch vertraglich diktierte – Kriegsschuld des eigenen Landes glauben mochte, wollte auch nicht für die inneren Kriegsschulden einen angemessenen Beitrag entrichten. So ersparte die DDP ihrer Klientel der Gewerbetreibenden, das Zentrum dort stärker vertretenen Bauern vorsorglich die von Sozialdemokraten geforderte Vermögensabgabe, deren Erstauflage zum Jahresende 1919 bereits für Erzberger der Beginn seines Leidenswegs gewesen war. Mangels koalitionspolitischen Einvernehmens über Lastenverteilungen wurde die reparationsbedingt wieder auflebende Inflationsproblematik erneut vertagt – und damit ihrer ökonomischen Eigendynamik überlassen.

Demokratische Gegenwehr und versäumte Chancen

Mit Rathenau war der erste amtierende Reichsminister das Opfer eines Mordanschlags geworden, für den in Hetzkampagnen antisemitischer Kreise, mit fließendem Übergang von Deutschnationalen zu Rechtsextremisten, der »geistige« Nährboden bereitet wurde. Diesen Zusammenhang rückte Kanzler Wirth ins Licht der Öffentlichkeit, als er am Tag nach den Todesschüssen gegen deutschnationale Wegbereiter der Verleumdungen, mit aus solch berufenem Munde bislang unbekannter Entschiedenheit, im Reichstagsplenum ausrief: »dieser Feind steht rechts«. Bereits nach dem Mord an Erzberger hatten für drei Monate besondere Verordnungen des Reichspräsidenten zum Schutz der Republik bestanden. Nur einen Tag nach der Rede Wirths wurde am 26. Juni 1922 auf Ersuchen der Regierung eine Neuauflage dieser Notverordnung zum Schutz der Republik erlassen. Für den 27. Juni mobilisierte der weiterhin 8 Mio. Mitglieder organisierende ADGB, unterstützt von einer Welle der Empörung in der republikanischen Tagespresse, zu Massendemonstrationen gegen die Mörderbanden und ihr gesellschaftliches Umfeld. Eine weitere Verordnung am 29. Juni führte die für Mord vorgesehenen Strafen unabhängig von der Tatvollendung für alle Mitglieder solcher Verschwörerbünde ein, die gezielt eine Tötung von Angehörigen der Reichs- oder Landesregierungen vorbereiteten.

Mit dem »Gesetz zum Schutze der Republik«, das vom Reichstag am 18. Juli in dritter Lesung beschlossen werden konnte, erfuhren die präsidialen Verordnungen eine teilweise ergänzte Zusammenführung. Angesichts des verfassungsändernden Charakters einzelner Bestimmungen blieb dafür eine Zweidrittelmehrheit erforderlich; diese war nur mit gleichzeitiger Einbindung von USPD und DVP zu erreichen. Bereits am 14. Juli hatten SPD und USPD, ersichtlich aus Impulsen des gemeinsamen Protestes gegen den Rathenau-Mord, ihre Fraktionen in einer Arbeitsgemeinschaft verbunden; die Wiedervereinigung der seit 1917 getrennten Parteien erfolgte offiziell am 24. September. Mit zusammen 180 der – nach Ergänzungswahlen in Grenzregionen – mittlerweile 469 Abgeordneten hatte sich ein fast so großer Block der republiktragenden Linken wie in der Nationalversammlung formiert. Einen Tag nach ihrer Mitwirkung am Republikschutz konnte am 19. Juli die DVP von Zentrum und DDP in eine interfraktionelle »Arbeitsgemeinschaft der verfassungstreuen Mitte« aufgenommen werden. Diese blieb nur wenige Mandate schwächer als die sich vereinigende Sozialdemokratie; ihr gegenüber wollten sich die Mittelparteien, mit zusätzlich sorgenvollem Blick auf etwaigen Linksruck, zu einem politischen Faktor des inneren Gleichgewichts gruppieren.

Vor solchem Hintergrund einer gestärkten demokratischen Linken und verfassungsloyalen Mitte ging von den verbleibenden Republikgegnern anderer Reichstagsfraktionen im Sommer und Herbst 1922 keine akute Bedrohung aus. Die KPD hatte sich auf Sektenformat um ein Dutzend eigener Abgeordneter halbiert, seitdem der Streit über Moskauer Gewaltstrategien sogar die Parteivorsitzenden Ernst Däumig und Paul Levi im September 1921 zum Austritt veranlaßt hatte und ihnen bis Januar 1922 weitere Mandatare gefolgt waren. Während Däumig bald darauf verstarb, brachte Levi das politische Erbe Rosa Luxemburgs, einen linkssozialistischen Radikalismus ohne Bindung an Lenins Partei- und Staatsdoktrin, im April 1922 wieder in die USPD ein. Unter äußerem Druck des Republikschutzes trennte sich eine DNVP, die als zweitstärkste Partei für ideologisches Sektierertum zu viele Machtambitionen hegte, nunmehr von ihren völkischen Extremisten, die bis zum Jahresende ihr eigenes Grüppchen bildeten. Bei der BVP versteckten sich antirepublikanische Tendenzen hinter dem Konzept eines »Föderalismus«, das auch offene Mißachtung von Reichsgesetzen nicht scheute. Als durch bayerische Verordnung vom 24. Juli 1922 die Kompetenzen eines besonderen Staatsgerichtshofes für das Republikschutzgesetz verfassungswidrig auf Landesgerichte übertragen wurden, schritt die Reichsregierung nicht dagegen ein, sondern ließ sich am 11. August noch einen zweiten Reichssenat mit süddeutschen Richtern als partikularistisches Zugeständnis abhandeln.

Eben dieser 11. August 1922 sollte – nach Anfang Juli bekundetem Willen der Reichsregierung – genau drei Jahre seit Inkrafttreten der Weimarer Verfassung zum Staatsfeiertag werden. Die Gesetzesinitiative fand jedoch aufschiebenden Widerspruch von Länderseite im Reichsrat und blieb letztlich ergebnislos, zumal 1923 die innere und äußere Krisenlage vordringlicher wurde und 1924 die politischen Kräfteverhältnisse des Verfassungskonsensus wegbrachen. Eine andere symbolträchtige Besetzung des 11. August konnte Ebert eigenhändig vornehmen, indem er mit einem Aufruf zu diesem Jubiläumsdatum das »Deutschlandlied« zur Nationalhymne erklärte. Die schwarz-rot-goldene Botschaft von »Einigkeit und Recht und Freiheit« in dritter Strophe wurde darin freilich immer noch vom traditionell mehr schwarz-weiß-rot getönten »Deutschland über alles« der ersten Strophe überspielt. Gerade die Verbindung mit scheiternden Versuchen, den 11. August zum »verfassungspatriotischen« Feiertag zu erheben und so den Reichsgründungstag (18. Januar 1871) als festlichen Rahmen nationaler Rhetorik abzulösen, hinterließ den Eindruck mißratener Inszenierung: Noch so wohlmeinende Erläuterungen, daß man das eigene Land auch friedlich-versöhnend »über alles« lieben könne, wie andere Völker das ihre, wurden an Lautstärke bei weitem von deutschnational gemeinten »Deutschland, Deutschland«-Gesängen überdröhnt.

Wenngleich die Ermordung Rathenaus zunächst die Weimarer Republik im Inneren bei der Abwehr einte und festigte, traf sie mit dem Außenminister doch zugleich dessen »Erfüllungspolitik«. Aus diesem Grunde reagierte die internationale Finanzwelt mit einer schockartigen Flucht aus der Mark, die allein zwischen Juni und August fast zur Vervierfachung des Dollarkurses führte. Auch die Inflationsspirale der inneren Kaufkraft, die bislang »nur« Monatsraten bis maximal 20 % erzeugt hatte, zeigte sich fortan vollkommen durchgedreht: Nach amtlicher Statistik 30 % im Juli, 44 % im August, 72 % im September, 66 % im Oktober und 102 % im November 1922 ergaben zusammen für lediglich fünf Monate nicht weniger als eine 10,75fache Teuerung; für einen derartigen Sprung hatte der Index auf Vorkriegsbasis erstmalig fünfeinhalb Jahre bis Mai 1920 benötigt.

Solche Preisexplosionen verwandelten eine bislang noch erträgliche Zusatzbelastung der geldvermittelten Tätigkeiten des Alltags in dessen zunehmende Unkalkulierbarkeit. Eine Monatsrate von 9 % wie noch im Juni bedeutete für Wochenlohnempfänger, daß kurz vor der nächsten Auszahlung im Durchschnitt die Waren um 2 % teurer waren – dies war zumeist nur ein Ärgernis. Bereits die Septemberrate trieb aber den Kaufkraftverlust innerhalb einer Woche auf 16 % hoch – damit wurde ohne rechtzeitigen Teuerungszuschlag bereits die Existenzgrundlage von Normalverdienern erschüttert. Das war insofern der qualitative Sprung von der »nur« beschleunigten zur »Hyper«-Inflationsphase: Schon im dritten Quartal 1922 lebte man (und über den täglichen Einkauf besonders »frau«) nicht bloß in einer Inflationszeit, sondern eine derartige Hyperinflation ergriff ihrerseits Besitz vom Alltagsleben – indem die »geprägte Willensfreiheit« der baren Münze nach jeder durchschlafenen oder durchwachten Nacht bereits spürbar abgeschnürt war.

Dermaßen auf eine abschüssige Bahn geratene finanzwirtschaftliche Grundlagen hätten um so entschlosseneres und wohlbedachtes politisches Handeln erfordert. Zunächst mochte es noch den Anschein haben, als könne die breite Mehrheit des Republikschutzes einen innenpolitisch stabilisierenden Damm gegen die immer höheren Inflationswellen errichten. Erneut im Rückgriff auf dafür erforderliche DVP-

Stimmen wurde gemeinsam mit der nach der USPD-Integration erweiterten Weimarer Koalition am 24. Oktober 1922 ein verfassungsändernder Beschluß gefaßt, die Amtszeit Eberts bis Mitte 1925 zu verlängern. Der ohne aufreibenden Wahlkampf bestätigte Reichspräsident bedankte sich für diese breitere Unterstützung auf seine Weise, indem er den Koalitionären die Hereinnahme der DVP ins Kabinett nahelegte. Damit wurden offenbar zugleich stillschweigende Bedingungen von DDP- und Zentrumskreisen für die verlängerte Amtsperiode erfüllt, die ansonsten ein sozialdemokratisches Übergewicht befürchteten.

Die Berufung einer Expertenkommission für Lösungsvorschläge zu anstehenden finanzwirtschaftlichen und mit ihnen verbundenen reparationspolitischen Problemen griff am 26. Oktober erweiterten Koalitionen gewissermaßen voraus: Der Autor des marxistischen Standardwerks *Das Finanzkapital*, Rudolf Hilferding, von 1918 bis 1922 Chefredakteur des USPD-Zentralorgans *Die Freiheit*, saß dort u. a. mit einem relativ gemäßigten DVP-Industriellen wie Hans von Raumer an einem Beratungstisch. In den ersten Novembertagen traf sich in Berlin ein weiteres Expertengremium internationalen Formats, dem auch der Engländer John Maynard Keynes angehörte. Dieser herausragende Wirtschaftswissenschaftler hatte zuvor die kurzsichtige Reparationspolitik des eigenen Landes als künftige Gefahr für die Weltökonomie kritisiert. Gleichzeitig warf der sozialliberale Gelehrte aber der Reichsbank schwere Versäumnisse bei durchaus möglicher Inflationsbekämpfung vor. Deren Einbunkerung von weiterhin beachtlichen Goldreserven, statt mit ihnen markstützend einzugreifen, konnte gar einen außenpolitisch höchst gefährlichen Verdacht nähren: daß ökonomisch unbedarfte Regierungskreise und eine zielbewußte Schwerindustrie um Hugo Stinnes, der mit französischen Industriellen längst eigene Wirtschaftsabkommen geschlossen hatte, durch entfesselte Inflationsschübe die Vertragserfüllung unterlaufen wollten.

Eine noch den Inflationsboom spiegelnde Vollbeschäftigung – 1922 lag die Erwerbslosenrate mit 1 % so niedrig wie selten – hatte bereits das ursprüngliche Argument zugunsten des Achtstundentages untergraben, nicht Kriegsteilnehmer massenhaft in die Arbeitslosigkeit zu entlassen. Gerade mit einer permanent abwertenden Währung ließen sich inzwischen, trotz teilweise gestörter Handelsbeziehungen einer Nachkriegsperiode, wieder stattliche Exporterlöse realisieren. Wenn im Gesamtplan der Reparationsleistungen auch Sachlieferungen vorgesehen waren, konnte es plausibel erscheinen, daß für diese Zwecke verlorene Waren nicht erneut mit inflationären »Luftbuchungen« aus einer heißlaufenden Gelddruckmaschine gedeckt werden durften. Statt dessen war Unternehmern wie Arbeitnehmern ein gewisses Maß an Mehrarbeit ohne Einkommensausgleich aufzuerlegen. Dies jedenfalls blieb, neben energischer Haushaltssanierung gleichzeitig auf der Ausgaben- und Einnahmenseite, eines der zentralen Ergebnisse der Hilferding-Raumer-Kommission. Eine grundsätzliche »Festlegung des 8-Stunden-Tages als Normalarbeitstag« konnte die gewerkschaftlich-sozialdemokratischen Belange gegen die »Scharfmacher« aus dem Unternehmerlager absichern, die »Zulassung gesetzlich begrenzter Ausnahmen auf tariflichem oder behördlichem Wege« den von Arbeitgeberseite vorgebrachten reparationsbedingten Sonderlasten gerecht werden.

Dieses großkoalitionäre Kompromißprogramm sollte am 13. November von der Regierung, flankiert durch eine in Aussicht gestellte eigene Währungsstützung der Reichsbank in Höhe von 500 Mio. Goldmark, den alliierten Gesprächspartnern zusammen mit außenpolitischen Entlastungswünschen unterbreitet werden. Ausgerechnet zum vierten Jahrestag der Revolution am 9. November hielt jedoch Stinnes im Reichswirtschaftsrat, immerhin eine Verfassungskörperschaft der Tarifvertragsparteien (Art. 165 WRV), eine wirtschafts- und sozialpolitische Brandrede: Für einen Zeitraum von 10 bis 15 Jahren verlangte er unbezahlte Mehrarbeit von täglich zwei Stunden, also kompletten Rückschritt in die Verhältnisse des Kaiserreiches. Erst recht eine offene Provokation war die Forderung nach einem fünfjährigen Streikverbot in wichtigen Betrieben. Vom kooperativen Geist der »Arbeitsgemeinschaft« des 15. November 1918, die unter dem Eindruck der revolutionären Machtverlagerungen entstand, hatte sich dieser ehrgeizigste aller Konzernherren längst schon verabschiedet. Offenkundig wollte Stinnes, die unternehmerische Gunst der hyperinflationären Stunde vor Augen, den Eintritt der DVP in eine Stabilisierungskoalition mit der SPD in letzter Minute hintertreiben. Eine wirtschafts- und finanzstrategische Kraftprobe stand bevor, die über das weitere politische Schicksal der Republik entscheiden sollte.

3
Wege in eine andere Republik: Von Cuno zu Hindenburg

Chronologische Übersicht

1922

14./22. November: Rücktritt des Kabinetts Wirth, Bildung einer »überparteilichen« rechtsgerichteten Minderheitsregierung Cuno.

1923

11./13. Januar: Besetzung des Ruhrgebiets durch französische und belgische Soldaten, Beginn des »Ruhrkampfes« mit »passivem Widerstand«.

12. August: Sturz des Kabinetts Cuno nach Streiks, erste »Große Koalition« als Kabinett Stresemann (DVP).

26. September: Beendigung des »passiven Widerstands« im Rheinland, kurz vor dem Höhepunkt der Inflation.

29. Oktober / 3. November: Reichsexekution gegen die sächsische Linksregierung Zeigner (SPD), Verzicht auf Maßnahmen gegen die bayerische Rechtsregierung, Austritt der SPD-Minister wegen dieser Ungleichbehandlung.

8./9. November: »Hitler-Putsch« in München.

15. November: Währungsreform mit »Rentenmark« (= eine Billion Papiermark).

23. November: Minderheitskabinett Marx (Zentrum) mit DDP, BVP und DVP.

1924

4. Mai: Reichstagswahlen: DNVP (19,5 %) zieht gleich mit SPD (20,5 %), starke Gewinne der KPD (12,6 %) und der »Völkischen« (6,5 %).

11. Mai: Wahlsieg des »Linkskartells« in Frankreich, Kabinett Herriot.

29. August: Annahme des »Dawes-Plans« (Reparationsraten, Kredithilfe) mit notwendiger ⅔-Mehrheit im Reichstag (DNVP-Votum gespalten).

7. Dezember: Reichstagswahlen nach vorzeitiger Auflösung: SPD gestärkt (26 %), KPD schwächer (9 %), DNVP (20,5 %) behauptet (»Völkische« nur 3 %).

1925

15. Januar: Kabinett Luther (parteilos, rechtsbürgerlich) mit Zentrum/BVP, DVP, und erstmals drei DNVP-Ministern (Inneres, Wirtschaft, Finanzen).

28. Februar: Tod des Reichspräsidenten Ebert nach einer Rufmordkampagne.

Die erste unparlamentarische Regierung

Was sich zwischen dem 14. und 22. November 1922 ereignete, kam der Verabschiedung einer Weimarer Republik gleich, wie sie in deren Verfassung konzipiert war: der Rücktritt des Kabinetts Wirth und eine Kanzlerschaft von

Wilhelm Cuno, dem parteilos-rechtsbürgerlichen Generaldirektor einer großen Schiffahrtslinie. Wie konnte dies geschehen, wo alle Zeichen auf Festigung der parlamentarischen Demokratie hindeuteten? Denn nach der USPD-Integration zur »vereinigten« SPD hatte sich das Kabinett Wirth von einer nur tolerierten Minderheits- zur koalitionsgetragenen Mehrheitsregierung verwandelt. Da es schwerlich zur Eigenart der Zentrumspartei gehörte, den eigenen Kanzler zu stürzen, und die SPD nicht gleichzeitig Präsidentenamt und Regierungschef beanspruchen konnte, erschien das Kabinett Wirth für diese Wahlperiode gesichert. Selbst ein etwaiges Ausscheiden der DDP wie zuletzt im Herbst 1921, als das Justizministerium von Schiffer auf den seither mit großem Engagement für die Republik amtierenden Gustav Radbruch (SPD) überging, mußte an einer handlungsfähigen Regierungsmehrheit nichts ändern.

Ein auf bürgerlicher Seite artikuliertes Verlangen nach umgehender Einbeziehung der DVP, als Gegengewicht zum USPD-Spektrum, entsprach macht- und interessenbezogener, nicht aber verfassungspolitischer Logik. Wenn in der rechten Mitte eine Parallele zur Aufsaugung der USPD durch eine somit wiedervereinigte SPD ernstlich angestrebt gewesen wäre, hätte auch die DVP, mithin ihr Nein von 1919 zur Verfassung korrigierend, in der DDP aufgehen müssen. Die Nationalliberalen waren eine Hauptstütze des Kaiserreiches und nur vier Jahre nach dessen Ende als tragende Säule der Weimarer Republik noch wenig verläßlich. Ihre Mitwirkung am Republikschutzgesetz und der Amtszeitverlängerung Eberts mochte als Zeichen deutlicherer Abgrenzung zu rechten Antidemokraten gewertet werden; ob dies allerdings nicht bloß geschickte Parteitaktik der DVP war, konnten erst weitere Bewährungsproben ergeben. Schließlich war auch von der Rest-USPD, mehr als ein Jahr nach der Abspaltung des KPD-geneigten Flügels, erst noch ein zusätzlicher Verantwortungsbeweis mit Annahme des Londoner Ultimatums und anschließender Tolerierung des Kabinetts Wirth erbracht worden.

Mit dem Schlachtruf »dieser Feind steht rechts« hatte sich aber Wirth als ein Kanzler exponiert, der sich darin mehr nach dem Geschmack von Sozialdemokraten präsentierte. Hingegen irritierte, mit Ausnahme eines linken Flügels ihrer aktiven Gesinnungsrepublikaner, solche Entschiedenheit auch viele DDP-Abgeordnete. In der Person des Außenministers Rathenau war ohnehin der einzig verbliebene politische Kopf der DDP aus dem Kabinett herausgeschossen worden. Vielleicht hätte sich, falls die DDP nach vergeblichem Drängen auf Erweiterung um die DVP die Koalition beenden wollte, auch der »Fachminister« Geßler durch einen Politiker ersetzen lassen, der nach öffentlich verkündeten Einsichten des Kanzlers über die innere Bedrohungslage auch tatsächlich handelte. Diese Überlegungen müssen aber hypothetisch bleiben, weil sich im Hintergrund bereits einflußreiche Kräfte gegen Wirth zusammengefunden hatten. Dies waren vor allem ein selbst nach baldiger Kanzlerschaft strebender, überaus ehrgeiziger DVP-Vorsitzender Stresemann, die in seiner Partei rechts von ihm stehenden Großindustriellen um Stinnes – und der erst vor wenigen Tagen bestätigte Reichspräsident Ebert, ohne den kein Vorstoß der DVP zur Macht gelingen konnte.

Für Eingriffe in eine parlamentarische Mehrheitsregierung fehlte eigentlich dem Präsidenten, zumal im Falle seines Amtsauftrags aus eben diesem Reichstag, das verfassungsmäßige Recht. Weder durfte er die Kompetenz eines amtierenden Kanzlers antasten, im Rahmen der regierungsinternen Absprachen selbst die »Richtlinien der Politik« zu bestimmen (Art. 56 WRV), noch das Erfordernis mißachten, daß jedes Kabinett eines »Vertrauens des Reichstags« bedurfte (Art. 54). Während die Richtlinienkompetenz in Koalitionen zuweilen in der Schwebe blieb, war gerade letztgenannte Vertrauensgrundlage der Kern des parlamentarischen Systems. Zu dessen bestandskräftiger Entwicklung, nach Jahrzehnten eines Obrigkeitsstaates und in schwierigen Nachkriegszeiten, durfte es nicht ausreichen, wenn sich etwaige Mehrheiten aus Opponenten nicht auf den Wortlaut einer Mißtrauenserklärung einigen konnten. Vielmehr forderte der politische Wille zur Verfassung eindeutig den Vorrang einer regierenden Mehrheitskoalition, solange überhaupt die Möglichkeit und Bereitschaft dazu vorhanden war. Immerhin hatte Ebert im Oktober 1921 sogar die Rücktrittsdrohung eingesetzt, um ein möglichst handlungsfähiges Kabinett Wirth im Amt zu halten. Was erklärt seinen ebenso überraschenden wie folgenreichen Sinneswandel?

In vordergründiger Betrachtung wurde eine Kombination wirksam zum einen aus jenen Vorbehalten, die sich bei Ebert gegen Wirth seit dessen eigenwilligem Rapallo-Kurs aufgestaut hatten, zum anderen deren taktisch versierter Nutzung durch Stresemann. Letzterer konnte im Verein mit der Großindustrie dem Präsidenten den Eindruck vermitteln, daß seine DVP gerade wegen dieser mächtigen Interessenbasis für die Lösung der außenwirtschaftlichen Problemlagen als Ansprechpartner der Westalliierten unentbehrlich sei. Dabei mußte der offizielle Inhalt des Rapallo-Vertrags kaum wirklich anstößig sein. Immerhin folgten bis zum Februar bzw. Oktober 1924 auch Großbritannien und Frankreich diesem Schritt der Aufnahme diplomatischer Beziehungen mit der Sowjetunion. Bedenklich waren vor allem die begleitenden inoffiziellen Absichten der Reichswehr und der frühe Zeitpunkt, der besonders dem Kabinett Raymond Poincaré die Interpretation als feindseliger Akt erleichterte. Es gab allerdings, jenseits der komplizierten Außenbeziehungen und tiefschürfender innerer Motivforschung bei Ebert (dazu mehr im Teil »Aspekte«, Kap. 3), auch noch eine hintergründige Ebene der Parteistrategien.

So verfügte der Verfassungsautor Preuß aus den Führungsgremien der DDP über Insiderwissen, das pointierte Urteile gestattete. »Vergessen wir doch nicht: ihrem vorsichtigen Fühlunghalten mit der ›deutschnationalen‹ Rechten und ihrer geflissentlichen Betonung der bürgerlichen Klassensolidarität verdankt die ›Deutsche Volkspartei‹ ihre großen Wahlerfolge, durch die sie die Demokratie zersetzt und lange Zeit regierungsfähige Parlamentsmehrheiten unmöglich gemacht hat. In der Demokratie selbst sind in weiterer Folge die Elemente zur Einflußlosigkeit herabgedrückt worden, die mit besonderer Entschiedenheit das Prinzip der ursprünglichen Verfassungskoalition im Gegensatz zur ›bürgerlichen‹ Klassensolidarität vertreten.« Für solche Tendenzen im bürgerlichen Lager mußte gelten: »das wirkliche oder vermeintliche Wort: ›der Feind steht rechts‹ war der Anfang vom Ende der Regierung Wirth« (*Berliner Tageblatt*, 31. Oktober 1923). Aus berufener Feder, geschrieben in der weltweit meistbeachteten deutschen Tageszeitung, waren dies überaus kritische Anmerkungen zum parteidemokratischen Kurswechsel in Richtung DVP, nicht länger an der Seite von SPD und einem Zentrum unter Wirth.

»Der Feind steht nicht links und nicht rechts, er steht am Rhein; da steht er, der einzige, mit dem es nicht Friede noch Versöhnung gibt«; diese Worte sprach ein Universitätsrektor am 22. November 1922, als wollte er dem gerade verabschiedeten Reichskanzler Wirth öffentlich die Gründe für seine Entlassung mitteilen. Dieser Heidelberger Staatsrechtler hieß Gerhard Anschütz und wurde zum »Weimarer Kronjuristen« erklärt, weil er das einflußreichste Kommentarwerk zur Verfassung schrieb. Als Rechtspositivist galt Anschütz, wie bereits im Kaiserreich mit einem Standardkommentar zur preußischen Verfassung, als fachlich-sachlicher Interpret. Mit diesem Anspruch präsentierte er der überwiegend studentischen Zuhörerschaft angeblich nur »Gedanken, die ich, so wahr mir Gott helfe, nicht in die Verfassung hinein-, nur aus ihr herausgelesen habe«. Im Kaiserreich nationalliberal gesinnt, war Anschütz inzwischen zum DDP-Mitglied geworden, was sein Bekenntnis erklärt: »Unser Staat muß ein demokratischer, ein Volksstaat sein, oder er wird nicht sein.« Die aktive Beteiligung der Volksmassen an der Politik war für ihn aber wesentlich ein Mittel zur Stärkung des einheitlichen Nationalstaats und einer »Vaterlandsliebe«, die »selbst heilig ist, so auch der Haß, den sie fordert«, der gegen den »Erb- und Todfeind im Westen« gerichtet werden sollte – jenes Frankreich, das er nicht einmal namentlich erwähnte (Anschütz, 1923, S. 34, 31 f., 2). Auch für DDP-Intellektuelle wie Anschütz hatte Wirth »unpatriotisch« gesprochen, als er offenbar die innere Republik noch über die äußere stellte und deshalb ihren Hauptfeind nicht weit linksrheinisch »im Westen«, sondern politisch »rechts« lokalisierte.

Einem möglichen Einwand, daß betont negative Bewertungen des Übergangs zum Cuno-Kabinett aus der Kenntnis von Nachgeborenen über spätere Präsidialregierungen seit 1930 vorgeprägt und damit geradewegs »ungeschichtlich« seien, kann mit Zeitzeugnissen entschieden widersprochen werden. Nicht etwa nur im »stillen Kämmerlein«, wie es Preuß bei den konservativen Gegnern der Weimarer Republik beobachtete, sondern ganz öffentlich im Leitartikel des *Berliner Tageblatts* vom 24. Januar 1924 hat der Verfassungsautor seine alarmierende Bilanz für die weitere politische Meinungsbildung eingebracht: »Die Unterlassungssünden begannen schon gleich nach Verabschiedung der Reichsverfassung, weil man darin einen Abschluß sah, während es doch erst der Beginn des Werkes war. Aber seit der Bildung der ›bürgerlichen Arbeitsgemeinschaft‹ und der von ihr vorbereiteten Regierung Cuno sind innerhalb der Reichsregierung Anschauungen und Persönlichkeiten immer einflußreicher geworden, die auch unter Wilhelm II. ganz ministrabel und wohl geeignet gewesen wären, uns diesen herrlichen Zeiten sub auspiciis Imperatoris entgegenzuführen.« Mit letzterer sarkastischen Bemerkung wollte Preuß darauf hinweisen, daß es für die 1922 noch vorhandene Mehrheit einer republiktragenden Wählerschaft eine politische Zumutung war, bereits vier Jahre nach Kriegsende und demokratischer Revolution wieder von jenen Kräften regiert zu werden, die eine äußere wie innere Katastrophe am Ende des Kaiserreichs zu verantworten hatten.

Eine gegen die wiedererstarkte SPD formierte »Arbeitsgemeinschaft« unter Einschluß der DVP konnte somit als politische Handlungsplattform angesehen werden, die über Aushebelung der sozialdemokratischen Mitträgerschaft des Kabinetts Wirth zumindest indirekt den Weg zum Cuno-Kabinett gebahnt hatte. Ohne parteistrategische Akzentverschiebungen hätte allerdings weder der Zentrumspartei die Entziehung des Kanzleramts noch der SPD ein vollständiges Abdrängen aus der Regierung dermaßen widerstandslos von zielstrebigen rechtsliberalen Minderheitsgruppen zugefügt werden können. Die vereinigte Sozialdemokratie hatte sich voller Befriedigung über die zurückgewonnene innere Stärke unzureichend vergegenwärtigt, daß ihre – notwendig Kompromisse beinhaltende – Regierungsbeteiligung für den Bestand des Projekts Weimar nunmehr überlebenswichtig werden konnte. Andererseits regten sich, über konservative Mittelstandsgruppen hinaus, bei den christlich-nationalen Arbeitnehmern unter Wortführerschaft Stegerwalds in Konkurrenz zum freigewerkschaftlichen Block deutlichere Neigungen zu einer berufsständischen Überlagerung der parlamentarischen Demokratie. Mit der »volksgemeinschaftlichen« Rhetorik wurde dort innerverbandlich bereits an geistigen Brücken zu antiliberalen und antipluralistischen Ideologien der Rechten gebaut.

Vom Ruhrkampf und der Hyperinflation zu Stresemann

Nach Abschluß des Versailler Vertrags hatten sich die USA zunächst wieder aus der europäischen Politik zurückgezogen. Insofern war eine Entlastung Deutschlands vom außenpolitischen Druck des französischen Kabinetts Poincaré, soweit nicht »Rapallo-Mißverständnisse« in Richtung der Sowjetunion gepflegt wurden, nur von britischer Seite zu erwarten. In London machte sich aber während der zweiten

Jahreshälfte 1922 eine begreifliche Verstimmung über fehlende deutsche Initiativen zur Eindämmung der Hyperinflation breit. Dort konnte sich der Verdacht einstellen, der ungezügelte Währungsschwund solle als Verlust an Zahlungsfähigkeit ausgegeben werden. Das halbwilhelminische Profil der Regierung Cuno bedeutete schließlich auch keine Einladung an kritische Stimmen wie jene von Keynes oder der französischen Linken, in der öffentlichen Meinung auf einen moderateren Kurs gegenüber einem republikanischen Deutschland hinzuwirken. Ganz im Gegenteil fand die Regierung Poincaré zum Jahreswechsel 1922/23 den Anlaß, um die in Versailles nicht erreichten linksrheinischen Maximalziele erneut anzustreben: Nachdem von der zuständigen Reparationskommission ein Rückstand deutscher Lieferungen (Holz und Kohle) als Vertragsbruch bemängelt wurde, marschierten französische und belgische Truppen am 11. Januar 1923 in das Ruhrgebiet ein.

Der Rückfall in das Denken und Handeln der imperialistischen Vorkriegsperiode war in diesem Falle vom »nationalen« Kabinett Poincaré ausgegangen; es verfolgte außen- wie innenpolitische Prestigezwecke ohne Rücksicht auf die Langzeitfolgen eines solchen Gewaltaktes. Die Besetzung des Ruhrgebiets mit dem strategischen Ziel, das Industrierevier als Reparationspfand in Besitz zu nehmen und die Grenze an den Rhein zu verschieben, war undiplomatische Machtpolitik im Sinne aktiver Revision des Versailler Kompromisses der Alliierten. Was damals die angelsächsischen Regierungen am Konferenztisch nicht zubilligten, sollte nunmehr mit einem Truppenaufmarsch erreicht werden. Dies war sozusagen gallischer Wilhelminismus im Umgang mit einer nachbarschaftlichen Bevölkerung des Rheinlandes, die seit dem 19. Jahrhundert viele politisch-kulturelle Impulse aus Frankreich empfangen hatte und kaum einem Feindbild von »preußischen Militaristen« entsprach.

Im Gegenzug verkündete die Regierung Cuno bereits am 13. Januar auf einer Welle der öffentlichen Empörung, die einen Rückfall in die massenhafte Kriegspsychose des August 1914 mit sich brachte, den Beginn des »passiven Widerstandes« gegen die Besatzungsmacht. Das Kabinett wurde in dieser Verweigerung jeglicher Kooperation von den Abgeordneten des Reichstags nahezu einhellig unterstützt. Die französische Rheinlandoffensive nährte unbedachtsam auch eine deutschnationale Propaganda gegen die »Kriegsschuldlüge«. Denn 1923 sprach alles für jene defensive Position Deutschlands, die 1914 gegen anderslautende historische Tatsachen nur ein säbelrasselnd mobilisierendes Zarenrußland als französischer Verbündeter einer leichtgläubigen Öffentlichkeit vor Augen zu führen schien. In solchem Klima lief der »Ruhrkampf« nicht ganz so unblutig ab, wie es der »passive« Charakter des Widerstandes in unbegreiflicher Ignoranz gegenüber politischer Massenpsychologie glauben machen sollte. Für die Franzosen und Belgier wurden aber die greifbaren Ergebnisse ihres Vorstoßes zum Lehrstück für die alte Spruchweisheit, daß Bajonettspitzen nicht zum Sitzplatz taugen: Niemals zuvor fiel das Volumen deutscher Lieferungen, darunter sogar bezahlter, dermaßen gering aus wie in der Besatzungszeit, die insofern materiell auch ungeachtet des Truppenaufwandes kontraproduktiv blieb.

Umgekehrt führte der regierungsverordnete »passive Widerstand« von deutscher Seite volkswirtschaftlich unmittelbar in die Katastrophe. Ohne Lohnfortzahlung in solchem Verteidigungsfall waren die zwangsbeurlaubten Staats- und Industriebeschäftigten nicht bei »nationaler« Stimmung zu halten. Was im zweiten Halbjahr 1922 zur rechtzeitigen Inflationsbekämpfung mutwillig versäumt worden war, bewies nunmehr zunächst der beachtliche Stabilisierungseffekt massiver Verkäufe deutscher Goldreserven für März und April. Nachdem diese Monate nahezu teuerungsfrei blieben und für Mai/Juni erst wieder die seit Juli 1922 typischen Inflationsraten von 30–100 % verzeichnet wurden, schlug die ganze Dramatik des erhöhten Geldumlaufs ohne produktive Gegenwerte im Sommer 1923 als deutsche Selbstvernichtung der Mark durch: Für den Juli war eine Indexrate von 390 % zu registrieren, im August waren es bereits unvorstellbare 1457 %. Wenn also nunmehr die Kaufkraft der Mark von Wochenlohnempfängern am nächsten Zahltag auf etwa 30 Pfennige zerronnen war, als handele es sich um Polareis in der Äquatorsonne, verloren die ständig nachgedruckten Geldscheine endgültig ihre Funktion als verläßliche Regel- und Meßgröße der Wirtschaftskreisläufe.

Diese Zerrüttung der Existenzgrundlagen, vor dem Hintergrund fehlender Erfolge des »passiven Widerstands«, isolierte das Kabinett Cuno zunehmend in der öffentlichen Meinung. Als gar noch eine Streikwelle begann und der politisch unerfahrene Reichskanzler zuletzt nicht mehr als die Gefolgschaft des Industrieflügels der DVP vorweisen konnte, mußte er am 12. August zurücktreten. Mit dem unvergleichlichen inneren und äußeren Krisendruck erfolgte die Regierungsbildung innerhalb von nur zwei Tagen. Die Ernennung Stresemanns zum Reichskanzler einer Großen Koalition bedeutete einen Schritt in Richtung parlamentarischer Normalisierung, spiegelte aber noch immer eine außergewöhnliche Situation. Vor Cuno stellte den Regierungschef entweder die stärkste Partei der Koalition (SPD 1919/20) bzw. als Element des notwendigen Wechsels die nicht entscheidend schwächere an zweiter Stelle (Zentrum seit der Juniwahl 1920). Mit unvermeidlicher Ausnahme des ersten Kanzlers Scheidemann, der als Künder der Republik ohnehin ein geschichtliches Mandat erworben hatte, waren seine Nachfolger entweder unmittelbar zuvor Reichsminister in wichtigen Ressorts gewesen (Bauer, Müller, Wirth), oder sie brachten wie Fehrenbach als früherer Reichstagspräsident anderweitig hochrangigen Amtsbonus ein. Mit Stresemann trat nunmehr erstmals, wenn Scheidemann als »Nr. 2« der SPD hinter Ebert einzustufen ist, ein Parteiführer neuen Typs an die Spitze der Regierung, aus einer nur mittelgroßen Fraktion, die auch nicht in einer balancierenden Mitte, sondern auf einem rechten Flügel des Koalitionsspektrums angesiedelt war.

Nach Lage der Dinge konnte vielleicht gerade dieses ungewohnte Profil, mit der notwendigen Ergänzung, daß Stresemann wenige Tage zuvor im Reichstag das Festhalten an der Verfassungsordnung bekräftigt hatte, eine neue Chance für eine ohnehin von den Ursprüngen entfernte Republik bedeuten. Die Beendigung des passiven Widerstandes, die endlich am 26. September verkündet wurde, vermochte ein nationalliberaler Regierungschef mit etwas geringerem Risiko für seine politische Existenz zu verantworten als Repräsentanten der »Erfüllungsparteien« SPD, Zentrum oder auch DDP. Daß er in Personalunion mit der Kanzlerschaft zugleich das Außenministerium selbst übernahm, bestätigte diesen Vorrang eines Konsolidierens der Rahmenbedingungen. Für den Verzicht auf die Kabinettsspitze wurde die SPD als weitaus stärkste Partei der Koalition mit Schlüsselpositionen entschädigt, die sie insgesamt profilierter als zuvor besetzte. Zum Justizminister wurde erneut Radbruch berufen, ihm zur Seite der Innenminister Wilhelm Sollmann, seit 1920 in Köln der Chefredakteur des wichtigen Parteiorgans *Rheinische Zeitung* und Mitglied des Reichstags. Als Vizekanzler, zuständig für »Wiederaufbau«, kehrte der vormalige Ernährungs- und Wirtschaftsminister Schmidt als Verbindungsmann zu den Gewerkschaften ins Kabinett zurück.

Die eigentliche Sensation war jedoch die Übernahme des Finanzministeriums durch Hilferding, was die mit dem Sturz Wirths unterbrochene Pointe der Expertenkommission wiederbelebte: der »austromarxistische« Erforscher des *Finanzkapitals* an der Seite des Wirtschaftsministers Raumer aus der »erzkapitalistischen« DVP. Mit der Hilferding-Raumer-Formel, den Achtstundentag grundsätzlich festschreiben zu wollen, aber insbesondere reparationspolitisch begründete Ausnahmen zu gestatten, wurde sogar ein vorübergehendes Auseinanderbrechen der Koalition überbrückt. Der rechte Flügel der DVP hatte in den letzten September- und ersten Oktobertagen mit dem Angriff auf den Achtstundentag das Ziel verbunden, die SPD aus dem Kabinett zu verdrängen und eine autoritäre Regierung unter Einschluß der DNVP zu bilden. Tatsächlich reichte Stresemann unter solchem Druck am 4. Oktober sein Rücktrittsgesuch ein, als sich eine knappe Mehrheit der SPD-Fraktion nach gewerkschaftlichen Vorbehalten gegen Vollmachten für das Kabinett auch in der Arbeitszeitfrage entschieden hatte. Der Rücktritt in einer solchen Krisenlage wirkte offenbar wie ein heilsamer Schock auf die Streitparteien, denn bereits am nächsten Tag war eine Verständigung auf die seit einem Jahr angebahnte Kompromißlinie möglich. Aber deren weitsichtige Architekten Hilferding und Raumer wurden im zweiten Kabinett Stresemann durch rechtsstehende »Fachminister« ersetzt, womit der Vorstoß der Kreise um Stinnes eine deutliche Spur hinterließ.

Das gesamte wirtschafts- und finanzpolitische Konzept Hilferdings, eine Währungsreform mit Golddeckung der Mark durch Hypothekenlasten für Sachwertbesitzer zu fundieren, war ohnehin gegen die mächtigen Interessenten aus Gewerbe und Landwirtschaft nicht unverändert durchzusetzen. Weil die Agrarproduzenten die Lieferung ihrer Ernte zurückhielten, um sie nicht in entwertetes Papiergeld einzutauschen, schlug der DNVP-Stratege Helfferich eine »Roggenmark« vor, mit den Agrariern und Industriellen als Trägern des Bankinstituts. Der im Kabinett Stresemann bereits Mitte September gefundene Kompromiß verknüpfte die Gold- und Sachwertfundierung mit dem ständestaatlich anmutenden Einfluß der Interessenten, aber einer reichspolitischen Kontrolle der Bankengründung. Vor Abbruch des passiven Widerstands konnte eine Währungssanierung nicht erfolgen, so daß für die erste Hälfte des November noch eine Rekordinflation von 17886 % gemeldet werden mußte. Als »Rentenmark« (im Hinblick auf ihre Sachwertgrundlage) wurde die neue Währung im Tauschverhältnis

Inflationsgeldscheine

gegen eine Billion »Papiermark« per 15. November 1923 eingeführt – eine reichlich späte Vorweihnachtsgabe für ein inzwischen bettelarmes Volk der »Billionäre«.

Zweierlei Maß: Sonderweg Bayerns, Exekution Sachsens

Bereits in der Woche vor dem regierungsoffiziellen Abbruch des passiven Widerstands kamen aus Bayern drohende Ankündigungen: Dessen Landesvertretung in Berlin gab dem Reichskabinett zu verstehen, im Freistaat werde dieser Rückzug als »zweites Versailles« gedeutet, das eine »Auflösung des Reichs« nach sich ziehen könne. Wenige Tage darauf äußerte der bayerische Ministerpräsident Eugen von Knilling (BVP) in einer Rede ganz offen den Gedanken einer Abtrennung vom Reich. Solche Töne einer Landesregierung waren nur möglich, weil die Gefolgschaft der Kapp-Lüttwitz-Putschisten in Bayern tatsächlich die Grundlagen der republikanischen Neuordnung beseitigen konnte. Das einige Monate nach dem Konflikt um das Gesetz zum Schutz der Republik installierte Kabinett unter Knilling hatte die Formierung republikfeindlicher Privatarmeen geradewegs begünstigt. Bereits die Kopfzahlstärke des rechtsextremen »Deutschen Kampfbundes«, der seit dem 25. September neben seinem militärischen zusätzlich einen politischen Führer namens Adolf Hitler aufwies, übertraf weitaus die vorhandene bayerische Reichswehrdivision. Als Verbündete dieses völkisch-nationalsozialistischen Flügels präsentierten sich die rechtskonservativen »Vaterländischen Verbände«. Deren politischer Schutzpatron, der 1920/21 amtierende Ministerpräsident Gustav Ritter von Kahr, wurde vom Landeskabinett am 26. September 1923 zum »Generalstaatskommissar« ernannt und mit Sondervollmachten eines am gleichen Tage verhängten »Ausnahmezustands« versehen.

Zu den ersten Amtshandlungen dieses »Ordnungshüters« Kahr gehörte es, am 29. September den Landesbehörden jeglichen Vollzug des Gesetzes zum Schutz der Republik zu untersagen, außerdem den mit Haftbefehl des Oberreichsanwalts gesuchten Mordverschwörer Ehrhardt nach München in Sicherheit bringen zu lassen. Die zuständigen Justiz- und Innenminister des Reiches, die Sozialdemokraten Radbruch und Sollmann, verlangten in der Kabinettssitzung zwei Tage darauf, von der Reichsaufsicht gemäß Art. 15 WRV Gebrauch zu machen und den Staatsgerichtshof wegen dermaßen eklatanter Verfassungs- und Gesetzesmißachtung anzurufen. Mit dieser Auffassung fanden sie aber bei Koalitionspartnern kein Gehör, die mehr einen Austritt Bayerns aus dem Reich bzw. einen »Marsch auf Berlin« nach dem Vorbild Mussolinis fürchteten als die innere Demontage der Weimarer Republik. Immerhin wurde der bayerische Reichswehrkommandant wegen fortgesetzter Befehlsverweigerung, die er mit Gehorsam zuvörderst gegenüber Kahr begründete, am 20. Oktober seiner Funktion enthoben. Nunmehr beschritt die bayerische Landesregierung endgültig den Weg der gewaltbereiten Auflehnung, indem sie die Reichswehrdivision der eigenen Befehlsgewalt unterstellte – ein Akt des militärischen und staatspolitischen »Hochverrats«.

Dabei kehrte als besondere Provokation der abgesetzte General als »Landeskommandant« zurück und bereitete nunmehr mit Kahr den »Marsch auf Berlin« vor. Mit dieser Zielbestimmung waren bis zum 28. Oktober bereits rund 10 000 bewaffnete Putschisten an der bayerisch-sächsischen Grenze aufmarschiert. Im Nachbarland Sachsen amtierte seit dem 10. Oktober eine Koalitionsregierung aus SPD, mit ihrem Ministerpräsidenten Erich Zeigner, und KPD. Nach den Wahlen 1922 gab es für die weitaus dominierende SPD (40 von 96 Mandaten) nur Möglichkeiten der Mehrheitsbildung bis zur DVP oder KPD. Da sich die Moskauer Strategie zur Teilnahme an Landeskabinetten gewandelt hatte, um für den erhofften Fall einer revolutionären Situation im Staatsapparat auf Verbündete zu treffen, war die KPD am 16. Oktober auch in die Thüringische Regierung eingetreten. Dort stand die SPD mit ihrem Ministerpräsidenten August Frölich ebenfalls nur vor der Alternative einer Mehrheit bis zur (vor Ort weit rechtsstehenden) DVP oder mit der zuvor linksradikal auftretenden KPD. Diese organisierte in beiden Ländern ihre »Proletarischen Hundertschaften«, deren Schlagkraft aber im Vergleich mit den illegalen Truppenverbänden in Bayern gering einzuschätzen war. Auch deshalb erschienen sie dem Reichskanzler Stresemann und seinem Wehrminister geeignet, an ihnen das Exempel zu statuieren. Seit dem 22. Oktober 1923 erfolgte der Reichswehreinmarsch nach Sachsen, der eine Rücktrittsforderung gegen das Kabinett Zeigner und nach dessen Weigerung die Reichsexekution des 29. Oktober militärisch flankierte.

Mit gleichzeitiger Ernennung des (unter Cuno) ehemaligen Justizministers Rudolf Heinze (DVP) zum »Reichskommissar« wurde so die Regierung Zeigner im Rückgriff auf Art. 48 WRV für abgesetzt erklärt. Die Entwaffnung und Auflösung der »Hundertschaften« als linksradikale Parteitruppe lag dabei im berechtigten Ermessen eines das staatliche Gewaltmonopol sichernden Handelns, auch wenn dies um so mehr die Frage nach einer Duldung des republikfeindlichen Gewaltpotentials weiter südlich aufwerfen mußte. Doch es bestand inzwischen die akute Gefahr, daß sonst die bayerischen Freistaats- und sie begleitende rechtsradikale Truppen die benachbarten »Roten« eigenmächtig »hinwegräumen« und dann nach Berlin marschieren konnten. Wie schwach die Kommunisten für einen Bürgerkrieg ausgestattet waren, hatte sich bei einem Aufstandsversuch am 24. Oktober in Hamburg gezeigt. Außer dem Tod von 17 Polizisten und 24 Linksradikalen sowie dem erneuten Nachweis, daß sich breite Arbeitermassen nicht durch Moskauer Parolen zu aussichtslosen Putschabenteuern anstiften ließen, bewegte er nichts.

Darüber hinaus war aber ein ultimatives Verlangen nach Abtritt der sächsischen Landesregierung und somit eine auf deren Weigerung begründete Reichsexekution nicht verfassungskonform, wie Preuß am 30. Oktober im vielgelesenen liberalen *8-Uhr-Abendblatt* dem Kabinett Stresemann entgegenhielt: »Darin, daß die sächsische Landesregierung die Aufforderung zum freiwilligen Rücktritt nicht befolgt hat, kann eine Verletzung der Reichsverfassung nicht erblickt werden; denn zu solcher Forderung stand der Reichsregierung vor der Exekution kein verfassungsmäßiges Recht zu«. Das Argument der notwendigen Entfernung von Verfassungsfeinden aus Landeskabinetten hatte die Reichsregierung bereits verwirkt, »indem sie gegen die Aufnahme von erklärten Feinden der Reichsverfassung in die bayerische

Landesregierung keinen Widerspruch erhoben hat«. Insoweit durfte nicht wegen Verletzung der Reichstreue eingeschritten werden, zumal im Unterschied zu Bayern nur einzelne Landesminister verfassungsfremde Haltungen bekundeten. Wenn aber statt dessen eine gefährdete Lage der öffentlichen Sicherheit und Ordnung für den Eingriff bemüht wurde, hatte dies in rechtsstaatlich einwandfreier Konzentration auf die Unfriedensstifter zu geschehen, »aber Befehle eines Generals an eine Landesregierung oder eine Landesvertretung sind in einer bürgerlichen Republik ein Unding«. Wo solches Mindestmaß an politischer Zivilität nicht mehr gewährleistet erschien und man Antidemokraten von rechts um so langmütiger gegenübertrat, konnte es sich offenbar nur um eine andere Republik handeln, als sie 1918/1919 begründet und von 1920 bis 1922 verteidigt worden war.

Durch überlegene Reichsgewalt war der Konflikt in Sachsen rasch beigelegt, indem Zeigner auch innerparteilich zum Rücktritt veranlaßt und am 31. Oktober ein anderes SPD-Minderheitskabinett gebildet wurde. Nach einem Reichswehreinmarsch nach Weimar, erneut zugleich eine symbolträchtige Besetzung dieser »Kultur- und Verfassungsstadt«, der am 8. November erfolgte, verließen auch in Thüringen einige Tage später die Minister der KPD ohne Widerstand die Landesregierung. Die Ungleichbehandlung einzelner Länder und die Rückkehr des militärischen Belagerungszustandes aus den Kriegsjahren in die Innenpolitik konnten die Reichsminister der SPD nicht ohne Konsequenzen hinnehmen. Deshalb wurden, nach einer Fraktionssitzung am 31. Oktober mit kontroversen Erwägungen des außenpolitischen Pro und innenpolitischen Kontra der Kabinettsteilnahme, entsprechende Bedingungen für den Verbleib ihrer Minister gestellt: Aufhebung des militärischen Ausnahmezustands, Einleitung von Maßnahmen gegen Bayern wegen Verfassungsbruchs, Begrenzung der Reichswehr in Sachsen auf Hilfsdienste für Zivilbehörden und Entfernung von organisierten Rechtsradikalen aus dortigen Streitkräften.

Die Motivlage bei den im Konflikt wichtigsten Regierungskollegen war ähnlich wie in der SPD von widerstreitenden Zielen geprägt. Während Stresemann in außenpolitischer Hinsicht eine Mehrheitsregierung bevorzugte, ließ Geßler die SPD am 1. November wissen: ihr Rückzug könne der bayerischen Auflehnung die Propagandagründe gegen das »rote« Berlin nehmen und so der inneren Befriedung dienen. Für die Streitbeilegung hatten diese unterschiedlichen Strategien kein eigenes Gewicht mehr. Die übrigen Kabinettsmitglieder wollten am 2. November die Bedingungen der SPD-Minister ohnehin nicht akzeptieren, woraufhin am nächsten Tag deren Rücktritt erfolgte. Der ehemalige DDP-Innenminister Koch formulierte den Verlauf der Regierungskrise auf einer Vorstandssitzung am 11. November rückblickend mit dem treffenden Gesamturteil, letztlich sei die SPD »aus der Regierung hinausgedrängt worden« (*Linksliberalismus*, 1980, S. 502 f.). Die Neuorientierung der DVP unter Stresemann blieb darauf beschränkt, die SPD für unpopulären Realismus in der Außenpolitik einzubinden, ohne den innenpolitischen Einfluß des schwerindustriellen rechten Parteiflügels zu durchbrechen. Insofern konnte eine »Große Koalition« nur eine befristete Zweckallianz, aber kein tragfähiger Ersatz für das ursprüngliche Weimarer Verfassungsbündnis sein.

Das Nachspiel: Hitler-Putsch und Seeckt-Ermächtigung

In der Nacht vom 8. zum 9. November entwickelte sich in Berlin und München ein dramatisches Geschehen, bei dem eine spektakuläre Aktion zunächst nur als Farce ablief: Der Münchener Bürgerbräukeller, wo sich die »Vaterländischen« um Kahr gerade als bierschäumendes Publikum versammelt hatten, diente als Provinzbühne für den ersten »großen«

Auftritt Hitlers. Wie in einem billigen Western stürmte er mit pistolenballernden Gefolgsleuten den Saal, erklärte anwesende Mitglieder der Landesregierung für verhaftet und erpreßte Kahrs Beteiligung an der Putschaktion, indem sich Revolvermänner drohend vor ihm und seinen Vasallen aufbauten. Als spätwilhelminischer »Charakterdarsteller« durfte auch Ludendorff nicht fehlen, der in seiner Weltkriegsrolle eines militärischen Oberbefehlshabers des Reiches zurückkehren sollte, während Hitler eigenhändig politische Regie zu führen ankündigte. Eine dermaßen polternde Inszenierung hatte weder die rechtskonservativen Veranstalter noch ihr bürgerliches Publikum begeistert, so daß Hitler mit seiner Laienschar diese Nachtvorstellung ohne Beifallskundgebungen vorzeitig beenden mußte. Zum bitteren Ernst wurde diese politische Groteske allerdings tags darauf für die 16 Mitstreiter des NSDAP-Führers, die nach leichtfertig provozierendem Aufmarsch vor der Feldherrenhalle im Kugelhagel der bayerischen Polizei starben. Der weitgehend unblutige 9. November 1918 konnte in diesem Milieu seither vom »Märtyrertod« des 9. November 1923 zugedeckt werden, den ein vor seiner Verantwortung davonlaufender (aber zwei Tage darauf verhafteter) Hitler künftig zum Parteiritual verklären sollte.

Die wirkliche politische Tragödie der Republik fand, mit ersten Berichten aus München als Dialogvorlage, einmal mehr hinter verschlossenen Türen der Berliner Regierungsgebäude statt: Aus den Händen des Reichspräsidenten Ebert wurde dem Chef der Heeresleitung Seeckt der militärische Oberbefehl und die »vollziehende Gewalt« übertragen. Solche Abtretung präsidialer Rechte an Militärbefehlshaber hatte es auch schon in früheren Jahren gegeben. Damals waren aber tatsächlich massive bewaffnete Kämpfe zu verzeichnen; außerdem erfolgte dies 1919/20 in Absprache mit Regierungen der Weimarer Koalition, von der Ebert seine Machtstellung empfangen hatte. Immerhin hatte man aus dem Kapp-Lüttwitz-Putsch insoweit zivilisierende

Konsequenzen gezogen, daß 1921 bei der Märzaktion der KPD in Mitteldeutschland die preußische Polizei vorrangig eingesetzt wurde und Militärverbänden lediglich unterstützende Funktion zukam. Was zuvor gleichwohl bedenklich war, bewegte sich nunmehr deutlicher außerhalb des Verfassungsrahmens, wenn die rückblickende Beurteilung durch Preuß zu den außerordentlichen Maßnahmen gemäß Art. 48 WRV zugrunde gelegt wird: »Eine solche Befugnis gibt aber die Reichsverfassung ausschließlich dem Reichspräsidenten, ohne daß sie ihn ermächtigt, dieses Recht an andere Behörden, in Sonderheit an militärische, zu delegieren« (*Die Hilfe*, 15. Mai 1925, S. 225). Nicht minder eindeutig legte Art. 47 den Oberbefehl über die Reichswehr in die alleinige politische Verantwortung des Reichspräsidenten.

Mit diesen Amtspflichten war Ebert seit Jahresfrist durch verfassungsänderndes Sondermandat, insofern als Treuhänder des Reichstags betraut, dem er außerordentliche Maßnahmen stets »unverzüglich« vorzulegen und sie »auf Verlangen des Reichstags außer Kraft zu setzen« hatte (Art. 48). Allenfalls etwaige verfassungsändernde Zweidrittelmehrheiten konnten ihn auch ermächtigen, seine Kompetenzen abweichend vom Verfassungstext zu delegieren, nach welchem einzig die Vertretung durch den Reichskanzler bei eigener »Verhinderung« zulässig war (Art. 51). Entsprechend dem Fundamentalsatz »Die Staatsgewalt geht vom Volke aus« (Art. 1) mußte es sogar zweifelhaft sein, ob jede formal korrekte verfassungsändernde Mehrheit beliebige Vollmachtsträger einsetzen durfte, ohne die Verfassungsordnung in der Gesamtheit nach Art eines »kalten Staatsstreichs« zu durchbrechen. Denn eine in Art. 76 festgelegte Mindestquote von ⅔ Anwesenden, davon wiederum ⅔ Zustimmungsrate, konnte rechnerisch auch nur 45 % der gesetzlichen Abgeordnetenzahl bedeuten. Sie durften sich aber nach dem Willen der verfassunggebenden Nationalversammlung kaum ermächtigt betrachten, anstelle der parlamentarischen Demokratie etwa die Diktatur eines Reichswehrgenerals zu installieren.

Die verfassungspolitische Befremdlichkeit des Vorgehens von Ebert wird durch Seeckts illoyales Verhalten in den Vorwochen noch zusätzlich gesteigert. Statt im Sinne von Art. 47/48 seine Truppen als diszipliniertes Ordnungsinstrument unter der Oberbefehlsgewalt des Reichspräsidenten bereitzuhalten, hatte der Reichswehrchef am 24. Oktober eine politische Machtanmaßung unternommen, indem er Stresemann zum Rücktritt aufforderte und selbst die Kanzlerschaft mit außerordentlichen Vollmachten erstrebte. Der naheliegende Gedanke, daß ein dermaßen seine Kompetenzen überschreitender Kommandant der Heeresleitung unverzüglich seines Amtes zu entheben war, mußte inzwischen als graue Theorie angesehen werden, da für diesen Fall ein militärischer Staatsstreich drohte. Eben dies war ein definierendes Charakteristikum des vollzogenen Übergangs in eine andere Republik: Deren Verfassungsordnung war in Kerngehalten des Vorrangs der parlamentarisch-demokratischen Repräsentanten nicht mehr anwendbar, ohne Bürgerkrieg und Militärdiktatur zu riskieren, weil inzwischen unparlamentarische Nebenregierungen aus Reichswehr und Spitzenbeamten die regulären Institutionen ausgehöhlt hatten.

Als die sozialdemokratischen Forderungen auf dem Kabinettstisch lagen, konzipierte Seeckt am 2. November ein Schreiben an den bayerischen Staatskommissar Kahr, in dem er übereinstimmende Ziele, mit Ausschaltung der SPD von der Regierungspolitik, auch jenseits der bestehenden Verfassung bekräftigte. Mit ihrem Rücktritt kamen die SPD-Minister solchen Intrigen offenbar zuvor, jedenfalls fiel der am 5. November abgesandte Brief gemäßigter aus. Der schwerindustrielle Flügel der DVP um Stinnes unterstützte gegen den »eigenen« Kanzler Stresemann die Forderung Seeckts nach einer Regierung der politischen Rechten, also unter Einbeziehung der DNVP. Zwar lehnte Ebert dies, mit Rücksicht auf Stresemanns Außenpolitik, noch eindeutig ab. Doch ließ er den Reichswehrchef gewähren, als dieser zumindest mit Wissen des Präsidenten besondere Vorbereitungen für ein »Direktoriums«-Notstandskabinett traf; dieses sollte eine möglicherweise zu schwach werdende Minderheitsregierung ablösen. Wie das klägliche Scheitern des Hitler-Putsches, und mit dessen Ende auch einer konservativen Gegenrevolution aus Bayern, erneut zeigte, lag die Hauptgefahr für den inneren Bestand der Republik nicht in regionalen Gewaltstreichen von links- oder rechtsaußen. Der wirkliche Staatsnotstand hatte sich längst inmitten der Reichsgewalt festgesetzt: indem verfassungsmäßige Entscheidungsrechte von Präsident und Kabinett in politische Geiselhaft einer reichs- und landesbehördlich assistierten Reichswehrführung geraten waren, die zunehmend eigenmächtiger bestimmte, wo ein Notstand vorlag und ob bzw. wie er zu bekämpfen war.

Stabilisierungsdiktatur und Reichstagswahl im Mai 1924

Bereits unter der Kanzlerschaft Stresemanns hatte der Reichstag am 13. Oktober 1923 das erste »Ermächtigungsgesetz« verabschiedet, das mit verfassungsändernder Mehrheit dieser Koalitionsregierung besondere Vollmachten einräumte. Noch am gleichen Tage konnte, ohne zeitraubenden Vorlauf dreier Lesungen von Gesetzesvorlagen, eine Verordnung zur Erwerbslosenfürsorge vom Kabinett erlassen werden, die je 40 % Kostenbeteiligung von Arbeitnehmern und Arbeitgebern und 20 % aus Haushaltsmitteln vorsah. Die Situation hatte sich zuletzt dramatisch zugespitzt: Unter den im September noch immer mehr als sieben Millionen ADGB-Mitgliedern wurde im Oktober eine Arbeitslosenrate von 19 % verzeichnet, zum Jahresende waren es gar 28 %, während im Juli die Quote erst bei 3,5 % lag. Eine weitere Verordnung vom 27. Oktober kündigte den Abbau des Öffentlichen Dienstes um 25 % an, bis März 1924 sollten bereits 15 % abgewickelt werden. Mit der ungebremsten Inflationsspirale waren die Massenentlassungen im Staatsdienst und der Privatwirtschaft also nur aufgeschoben worden – und fielen nunmehr um so drastischer sowie folgenreicher aus. Damit wurde letztlich ein ökonomisch verheerendes historisches Urteil gegen die reparationspolitisch motivierte Untätigkeit der Regierungen in den Jahren 1921/1922 und erst recht im Ruhrkampf gesprochen.

Im Hinblick auf die anschwellende Massenarbeitslosigkeit und damit verbundene Schwächung der Gewerkschaften (sie verloren bis zum Frühjahr 1924 ein Drittel ihrer Mitglieder) ließ sich auch eine dritte Verordnung des 30. Oktober zur »politischen« Schlichtung von Tarifkonflikten rechtfertigen. Mit dem Bruch der Großen Koalition war jedoch die verfassungsgemäße Grundlage für weitere Maßnahmen entfallen. Statt mit unvereinbaren Begründungen versehene und deshalb nicht erfolgsverdächtige Mißtrauensanträge der linken und rechten Oppositionsparteien wie gewohnt leerlaufen zu lassen, verlangte Stresemann nunmehr ein Vertrauensvotum, das mit 231 gegen 156 Stimmen am 23. November erwartungsgemäß abgelehnt wurde. Nach dem Bayern-Sachsen-Konflikt und der Verhängung des Ausnahmezustandes ließ sich die SPD nicht mehr, wie noch Anfang Oktober, mit solchen Druckmitteln als Koalitionspartner zurückgewinnen. Wenn Stresemann den versammelten Auslandskorrespondenten voller Stolz verkündete, erstmals in der Republik sei eine Regierung »in offener Feldschlacht« im Parlament gefallen, war dies ein unzeitgemäßer spätwilhelminischer Prestigeanspruch, der seinen um so kleinlauteren Rückzug gegenüber den Militärgewaltigen um Seeckt überdecken sollte.

Die Nachfolge trat am 30. November, weiterhin mit Stresemann als Außenminister, ein um die BVP zwecks Aussöhnung mit Bayern erweitertes Minderheitskabinett unter dem Zentrumskanzler Wilhelm Marx an. Die SPD wollte ihm zunächst die Stimmen für die geforderte Neuauflage des Ermächtigungsgesetzes verweigern; denn mit offizieller Einführung der Rentenmark und dem Scheitern der Putschversuche war inzwischen der Höhepunkt des staats- und gesellschaftspolitischen Ausnahmezustands überschritten. Erstmals wurde daraufhin im engsten Kreis um den Reichspräsidenten ein Notverordnungsregime mit antiparlamentarischem Gepräge in Erwägung gezogen: demzufolge sollte der Reichstag aufgelöst, jedoch mit angeblicher Rücksicht auf fehlende politische Bewegungsfreiheit im besetzten Rheinland nicht innerhalb der verfassungsmäßigen Frist von 60 Tagen (Art. 25 WRV) neu gewählt werden. Von solchen Drohgebärden ging hinter verschlossenen Türen offenbar die gewünschte Wirkung aus; jedenfalls stimmte auch die Mehrheit der SPD-Abgeordneten dem zweiten Ermächtigungsgesetz vom 8. Dezember 1923 mit gut zweimonatiger Laufzeit zu. Nachdem die Regierung den Reichsbeamten die Heraufsetzung ihres Wochendienstes von 48 auf 54 Stunden auferlegt hatte, ermöglichte sie unter Rückgriff auf die Sondervollmachten kurz vor Weihnachten auch der Privatwirtschaft die Verlängerung der Arbeitszeit. Im Folgemonat ging bei den Unternehmerverbänden die freigewerkschaftliche Kündigung der »Zentralarbeitsgemeinschaft« ein, die längst ihrer Gründungssubstanz beraubt war.

Mit dem Ablaufdatum 14. Februar 1924 wurde neben etlichen Steuergesetzen zur Haushaltssanierung noch eine Verordnung erlassen, die Restwertquoten von 15 % für Inflationsgeschädigte in Aussicht stellte. Eine solche »Aufwertung« wurde aber hinsichtlich der Zahlungsraten bei Staatsanleihen bis zu einer noch unabsehbaren Abtragung der Reparationslasten aufgeschoben. Mit Ausnahme z. B. des Verbots öffentlicher Versammlungen, für das landespolitische Aufhebung zulässig war, erfolgte zwei Wochen später die weitgehende Beendigung des Seeckt ermächtigenden Belagerungszustandes. Nachdem aber die SPD eine Veränderung der Personalabbau- und Arbeitszeit-Verordnung beantragte, kam der Reichspräsident dem Parlamentsvotum zuvor und löste den Reichstag am 13. März auf Drängen der Regierung auf, die ansonsten einen neuen Verfall der stabilisierten Währung befürchtete. Zwar wären bis zum 5. August, d. h. tatsächlich noch im Juni vor den Sommerferien, ohnehin fristgemäß Neuwahlen erforderlich gewesen. Doch hatte die Verfassung das Auflösungsrecht für einen Präsidenten konzipiert, der »vom ganzen deutschen Volke gewählt« werden sollte (Art. 41 WRV) – und daraus ein Mandat ableiten konnte, im Konflikt mit einer Reichstagsmehrheit selbst das Volk zur Entscheidung anzurufen. Indem Ebert sein Amt dem Reichstag verdankte, war nach diesem Sinngehalt auch das Recht zweifelhaft, einen Mehrheitsbeschluß durch Auflösungsorder zu verhindern und ein so endgültig unparlamentarisch gewordenes, nicht einmal mehr toleriertes Übergangskabinett von demokratischer Kontrolle zu entbinden.

Was der Republik an radikalisierter Opposition bei Neuwahlen bevorstand, hatten Stimmabgaben in einzelnen Ländern gerade drastisch vor Augen geführt: In Thüringen erzielten (bei Rekordbeteiligung von 89,6 %) am 10. Februar ein rechtsbürgerlicher »Ordnungsblock« 48 %, die Völkischen 9,3 %, die KPD 18,4 %, während die SPD als einzige republikanische Liste nur 23,1 % erhielt. Nicht weniger katastrophal aus der Sicht einer Weimarer Koalitionsbildung fiel das Ergebnis eine Woche später in Mecklenburg-Schwerin bei ebenfalls stattlicher Teilnahmerate von 81,6 % aus: Mit 28,9 % DNVP und 19,3 % Völkischen war das rechte Spektrum noch radikaler, linksaußen gewann die KPD 13,6 %; lediglich 22,8 % SPD, 3,6 % DDP und 7,3 % DVP bedeuteten eine aussichtslose Minderheit. Die bayerischen Landtagswahlen am 6. April (bzw. 4. Mai in der Pfalz, insgesamt nur 71,8 % Wahlbeteiligung) bestätigten im eröffneten Reichswahlkampf zwar weitgehend die Führung der rechtskatholischen BVP mit 32,8 %, doch erreichte der »Völkische Block« unter Führung der NSDAP mit 17,1 %

schon die Stärke der SPD; hinzu kamen republikfeindliche 9,4 % für eine »Nationale Rechte« und 8,3 % der KPD. In München waren am 1. April – kein mißratener Scherz, sondern bitterer Ernst – die Urteile über die Putschisten des 9. November verkündet worden: Ludendorff wurde als unantastbarer Schlachtenlenker freigesprochen, der SA-Chef Ernst Röhm zu drei Monaten auf Bewährung und Hitler zu fünf Jahren Haft verurteilt, die jedoch nach dem Absitzen von sechs Monaten gleichfalls zur Bewährung ausgesetzt werden konnten. Das Gericht billigte den Angeklagten strafmindernd zu, beim hochverräterischen Gewaltstreich – sozusagen in geistiger Tateinheit mit der bayerischen Staatsregierung – die »Rettung des Vaterlands« beabsichtigt zu haben. In Verbindung mit den Propagandareden Hitlers in öffentlichen Gerichtsverhandlungen kam dies einer (abgesehen von lächerlichen 200 Mark Geldstrafe für ihn) auch noch kostenlosen Wahlhilfe gleich.

Wurden die Ergebnisse der Reichstagswahl 1920 stets zu negativ für die Republik interpretiert, gilt dies nicht mehr für ein tatsächlich krisengeschütteltes Votum der 77,4 % Abstimmenden vom 4. Mai 1924. Mit 19,5 % für eine radikal nationalistische und feindbildorientierte Propaganda betreibende DNVP, ergänzt um 6,5 % der »Deutschvölkischen Freiheitspartei«, konzentrierte diese republikfeindliche Rechte 26 % der Stimmen. Als Protestpotential traten weitere 6,9 % rechts der Mitte angesiedelte mittelständische und bäuerliche, konservativ-regionalistische oder völkische Splitterparteien hinzu. Wenn auch die BVP mit ihren 3,2 %, nach beginnender Mäßigung seit dem Hitlerputsch, diesem Spektrum hinzugefügt wird, erreichte die gesamte Rechte nicht weniger als 36,1 %. Auf der äußersten Linken machten 12,6 % der KPD und 0,8 % einer inzwischen sektiererisch gewordenen Rest-USPD zusammen 13,4 % aus. Mit 20,5 % der SPD, 13,4 % des Zentrums und 5,7 % der DDP vereinigten die staatsgründenden Koalitionsparteien gerade noch 39,6 % auf sich. Nicht einmal die zukunftsoptimisti-

Ergebnisse der Wahlen im Reich 1919–1933

	Nationalvers. 19. 1. 1919	1. Reichstag 6. 6. 1920	2. Reichstag 4. 5. 1924	3. Reichstag 7. 12. 1924
Wahlberechtigte in Mio.	36,766	35,949	38,375	38,987
Abgegebene Stimmen in Mio.	30,524	28,463	29,709	30,704
Wahlbeteiligung in %	83,0	79,2	77,4	78,8
Gesamtzahl der Mandate	421	459	472	493
DNVP	3,121 10,3% 44	4,249 15,1% 71	5,696 19,5% 95	6,206 20,5% 103
NSDAP (1924: NS-Freitheitsbeweg.)	–	–	1,918 6,5% 32	0,907 3,0% 14
Wirtschaftspartei / Bayer. Bauernbund	0,275 0,9% 4	0,218 0,8% 4	0,694 2,4% 10	1,005 3,3% 17
Deutsch-Hannoversche Partei	0,077 0,2% 1	0,319 1,1% 5	0,320 1,1% 5	0,263 0,9% 4
Landbund	–	–	0,574 2,0% 10	0,499 1,6% 8
Deutsches Landvolk	–	–	–	–
Deutsche Bauernpartei	–	–	–	–
Christlich-soz. Volksdienst	–	–	–	–
DVP	1,345 4,4% 19	3,919 13,9% 65	2,694 9,2% 45	3,049 10,1% 51
Zentrum (1919: Christ. Volkspartei)	5,980 19,7% 91	3,845 13,6% 64	3,914 13,4% 65	4,119 13,6% 69
BVP	–	1,238 4,4% 21	0,946 3,2% 16	1,134 3,7% 19
DDP (ab 1930: Deutsche Staatspartei)	5,641 18,5% 75	2,333 8,3% 39	1,655 5,7% 28	1,920 6,3% 32
SPD	11,509 37,9% 163	6,104 21,7% 102	6,009 20,5% 100	7,881 26,0% 131
USPD	2,317 7,6% 22	5,046 17,9% 84	0,235 0,8% –	0,099 0,3% –
KPD	–	0,589 2,1% 4	3,693 12,6% 62	2,709 9,0% 45
Sonstige Parteien	0,131 0,5% 2	0,332 1,1% –	0,930 3,1% 4	0,598 2,0% –

Bei den Wahlergebnissen der einzelnen Parteien ist links oben die Zahl der auf die jeweilige Partei entfallenen Stimmen in Millionen angegeben, rechts oben

4. Reichstag 20. 5. 1928	5. Reichstag 14. 9. 1930	6. Reichstag 31. 7. 1932	7. Reichstag 6. 11. 1932	8. Reichstag 5. 3. 1933
41,224	42,957	44,226	44,374	44,685
31,165	35,225	37,162	35,758	39,654
75,6	82,0	84,1	80,6	88,8
491	577	608	584	647
4,381 14,2% **73**	2,458 7,0% **41**	2,177 5,9% **37**	2,959 8,3% **52**	3,136 8,0% **52**
0,810 2,6% **12**	6,409 18,3% **107**	13,745 37,3% **230**	11,737 33,1% **196**	17,277 43,9% **288**
1,397 4,5% **23**	1,362 3,9% **23**	0,146 0,4% **2**	0,110 0,3% **1**	–
0,195 0,6% **3**	0,144 0,4% **3**	0,047 0,1% –	0,064 0,2% **1**	0,048 0,1% –
0,199 0,6% **3**	0,194 0,6% **3**	0,097 0,3% **2**	0,105 0,3% **2**	0,084 0,2% **1**
0,581 1,9% **10**	1,108 3,2% **19**	0,091 0,2% **1**	0,046 0,1% –	–
0,481 1,6% **8**	0,339 1,0% **6**	0,137 0,4% **2**	0,149 0,4% **3**	0,114 0,3% **2**
–	0,870 2,5% **14**	0,364 1,0% **3**	0,403 1,2% **5**	0,383 1,0% **4**
2,679 8,7% **45**	1,578 4,5% **30**	0,436 1,2% **7**	0,661 1,9% **11**	0,432 1,1% **2**
3,712 12,1% **62**	4,127 11,8% **68**	4,589 12,5% **75**	4,230 11,9% **70**	4,425 11,2% **74**
0,945 3,1% **16**	1,005 3,0% **19**	1,192 3,2% **22**	1,095 3,1% **20**	1,074 2,7% **18**
1,505 4,9% **25**	1,322 3,8% **20**	0,371 1,0% **4**	0,336 1,0% **2**	0,334 0,9% **5**
9,153 29,8% **153**	8,577 24,5% **143**	7,959 21,6% **133**	7,248 20,4% **121**	7,181 18,3% **120**
0,021 0,1% –	–	–	–	–
3,264 10,6% **54**	4,592 13,1% **77**	5,283 14,3% **89**	5,980 16,9% **100**	4,848 12,3% **81**
1,445 5,5% **4**	0,804 2,3% **4**	0,244 0,7% **1**	0,299 0,8% –	0,005 – –

der Prozentanteil, fettgedruckt darunter die Zahl der Mandate (jeweils bei Beginn der Legislaturperiode).

sche Addition der DVP mit 9,2 % (sowie 1 % »Splitter« im gemäßigten Mitte-Links-Spektrum) reichte für etwaiges Schönrechnen zu einer republiktragenden Stimmenmehrheit.

Ein als Krisenphänomen bei der Maiwahl 1924 erstmals verzeichnetes Anwachsen mandatsloser Splittergruppen auf mehr als 5 % bewirkte aber, daß für etwaige Neuauflagen der Großen Koalition von der SPD bis zur DVP noch die knappe Mandatsmehrheit von 238 gegen 234 Oppositionelle (172 rechts, 62 links) verblieb. Nach dem Ausschluß der Stinnes-Gruppe am 7. April, die zuvor in der DVP eine innerparteiliche Sonderorganisation formiert hatte, um die Koalition mit der DNVP zu erzwingen, konnten dafür erstmals auch tragfähigere politische Voraussetzungen gegeben sein. Das verheerende Wahlergebnis interpretierte aber die SPD wie 1920 als Hindernis zur Regierungsteilnahme, auch wenn es nunmehr keine USPD aus gemeinsamer Opposition zu integrieren galt. Statt dessen wollte die geschwächte DVP erreichen, daß sie nicht weiterhin von einer DNVP in bequemer Protesthaltung auszuzehren war. Von Stresemann und seinen bürgerlichen Mitstreitern wurde anstelle der Macht, die innen- wie außenpolitisch nicht hinreichend zur Verfügung stand, der Hebel dort angesetzt, wo sie mit ihm aus beruflicher Vorerfahrung am wirksamsten zu hantieren verstanden: am wirtschaftlichen Eigeninteresse von Widersachern innerhalb und außerhalb der Reichsgrenzen.

Dawes-Zahlungsplan und »Bürgerblock« aus den Neuwahlen

Auch ohne deutsche Inflationsspirale waren die europäischen Siegermächte von den ökonomischen Problemen einer Nachkriegsperiode nicht verschont geblieben, was jeweils einen innenpolitischen Richtungswechsel förderte. So hatten im Dezember 1923 die britischen Konservativen bei vorgezogenen Wahlen zum Unterhaus ihre Mehrheit verloren. Erstmals konnte die *Labour Party*, zweitstärkste Fraktion vor den Liberalen, unter Premierminister Ramsay MacDonald bis Oktober 1924 als Minderheitskabinett regieren. Der internationale Vertrauensverlust in die französische Politik seit der Rheinlandbesetzung fand seit Ende 1923 den Niederschlag in massiven Einbußen des Franc. Die Wahlen zur Abgeordnetenkammer waren von der Rechten offenbar gezielt eine Woche nach den Maiwahlen 1924 in Deutschland angesetzt worden; sie wollte von nationalistischer Gegenreaktion auf erwarteten Zuwachs der »militaristischen« DNVP samt ihren völkischen Anhängseln profitieren. Inzwischen konnte aber in der französischen Wählerschaft die bewährte nationale Trumpfkarte nicht mehr die inneren Schwierigkeiten ausstechen. Die Ablösung des Kabinetts Poincaré durch eine von den Sozialisten tolerierte linksbürgerliche Regierung unter Edouard Herriot ebnete den Weg zu einer Außenpolitik des Gewaltverzichts.

Letztlich entscheidend für den Neuanfang wurde aber die Wiedereinschaltung der USA in die europäische Stabilisierungspolitik, wobei Interessen an funktionierenden Absatzmärkten eine wichtige Rolle spielten. Bereits am 9. April 1924 hatte ein internationaler Ausschuß von Sachverständigen unter dem amerikanischen Bankier Charles G. Dawes, der im Folgejahr zum US-Vizepräsidenten aufstieg, einen die Londoner Beschlüsse von 1921 abmildernden Zahlungsplan vorgelegt. Mit Rücksicht auf die zerrütteten Finanzverhältnisse sollten Jahresraten von etwa zweieinhalb Milliarden Mark erst stufenweise bis 1929 erreicht werden. Überdies waren Starthilfen der Kreditgewährung vorgesehen, um den Wirtschaftskreislauf beschleunigt wieder in Gang zu setzen. Bei den bis Mitte August stattfindenden Verhandlungen erhielt Deutschland zuletzt auch eine verbindliche Zusage, daß innerhalb eines Jahres die über den Versailler Vertrag hinausgehende Rheinlandbesetzung zu beenden war. Allerdings galten fortan u. a. die Einnahmen aus der Reichsbahn als Pfandobjekt für die Reparationen. Dieser internationale Zugriff auf Reichseigentum, das in Art. 89 bis 96 WRV detaillierten Regelungen unterlag, bedurfte in der Umsetzung auf innerstaatliche Rechtsgültigkeit eines verfassungsändernden Reichstagsbeschlusses.

Gegen die Stimmen der DNVP war eine derartige Zweidrittelmehrheit nicht erreichbar; denn neben den Völkischen schied auch die KPD, nach ihrer »nationalbolschewistisch« gefärbten Wahlpropaganda gegen eine »Versklavung« an das US-Finanzkapital, für die Annahme des Dawes-Plans aus. Sämtliche in der DNVP hinter den Kulissen einflußreichen Wirtschaftsgruppen, von den Agrariern über Industrielle bis hin zu den Arbeitnehmern, mußten entgegen der nationalistischen Wahlagitation ihrer Partei ein vitales Interesse an Kreditprogrammen haben. Zumal die schmerzlicheren Zahlungsraten einige Jahre aufgeschoben waren, bekehrte sich diese vorwiegend materielle Belange vertretende Hälfte der DNVP-Fraktion erstmals in dem Sinne zur »Erfüllungspolitik«, wie sie auch Stresemann betreiben wollte: durch Abkommen die innere und äußere Lage konsolidieren, offensichtliche Verstöße gegen sie meiden, deren Vorteile konsequent nutzen, auf mittel- und langfristige Revision der gesamten Versailler Rahmenordnung hinarbeiten. Damit sollte wieder an eine interessen- und machtbewußte »Realpolitik« in einer Traditionslinie von der Bismarckära, unter Vermeidung des wilhelminischen Größenwahns, angeknüpft werden, ohne aber dem Fernziel deutscher Vorrangstellung auf dem Kontinent abzuschwören.

Die Schlußabstimmung im Reichstag zu teilweise verfassungsändernden Begleitgesetzen des Dawes-Plans am 29. August machte die innere Zerrissenheit der DNVP zwischen Ideologen und Interessenten offenkundig. Bei insgesamt 441 Abstimmenden war die geforderte Annahmequote mit 294 festgelegt; tatsächlich gab es 314 Ja-Voten, darunter 48 aus der DNVP, die insofern über die ⅔-Schwelle hinwegtrugen. In der politischen Öffentlichkeit daraufhin als »Fraktion Mampe halb und halb« verspottet (benannt nach einem vielbeworbenen alkoholischen Mischgetränk), war der Anspruch einer Gesinnungspartei einstweilen untergraben; statt dessen konnte sich die mitwirkende Hälfte als nunmehr außen- wie innenpolitisch deutlich geschäftsfähiger darbieten. Für solche Unterstützung seines Erfolgs als Außenminister hatte Stresemann den Ansprechpartnern in der DNVP allerdings die Teilnahme an der Regierung zugesagt. Da SPD und DNVP sich gegenseitig als Koalitionspartner ablehnten, waren also die innenpolitischen Weichen auf einen Rechtskurs gestellt. Der Widerstand seitens der DDP und von Teilen des Wirth-Flügels im Zentrum gegen die Aufnahme der DNVP ins Kabinett führte zu dessen Rücktritt und zur Ausschreibung von Neuwahlen für den 7. Dezember 1924.

Mit geringfügig höherer Wahlbeteiligung von 78,8 % ergab sich ein Spiegelbild der bereits erkennbaren wirtschaftlichen Konsolidierung, die in einem Rückgang der unter Gewerkschaftsmitgliedern registrierten Erwerbslosenrate auf 7,3 % im November zum Ausdruck kam. Davon profitierte am meisten die SPD mit nunmehr 26 %, zu Lasten einer auf 9 % reduzierten KPD. Die im Mai 6,5 % starken Deutschvölkischen erreichten im Dezember als »Nationalsozialistische Freiheitsbewegung« nur 3 %; die noch in Bayern konzentrierte NSDAP war darin weiterhin mit 4 der 14 – nach zuvor 9 von 34 – Mandaten deutlich in der Minderzahl. Statt von gesinnungsfesten Anhängern für den »nationalen Sündenfall« bei den Dawes-Gesetzen abgestraft zu werden, legte die DNVP noch um einen Prozentpunkt auf 20,5 % zu. Dies war ein klarer Beleg dafür, daß auch und gerade der rechtsgerichteten Wählerschaft das eigene Hemd der Wirtschaftsinteressen näher war als der nur geliehene Ausgehrock eines Publikums bei nationalistischen Festtagsreden. Ein gleichmäßig bescheidener Zuwachs für die Koalitionsparteien des Minderheitskabinetts beschränkte sich auf zusammen 2,3 %, was auf das Erfordernis der Anlehnung nach rechts zur DNVP oder nach links zur SPD verwies.

Zwar hatten die Weimarer Koalitionsparteien SPD, DDP und Zentrum mit insgesamt 232 von 493 Mandaten wiederum keine eigene Mehrheitsposition erreicht. Zusammen 216 Sitze rechts von ihr konnten aber nicht einmal rechnerisch eine Alternative bieten, weil die restlichen 45 der KPD für beide Varianten nicht zur Verfügung standen. Gegen die Neuauflage einer Großen Koalition, die mit 283 Mandaten eine starke Mehrheit bilden konnte, hatte sich die DVP festgelegt, dem Bündnis mit der DNVP widersetzte sich hingegen mehrheitlich die DDP. Einschließlich des Landbunds hatte die DNVP 111 Sitze, die DVP 51 und das Zentrum mit BVP 88, was auf dem Papier knapp ausreichte; gegen Vorbehalte einer gesinnungsrepublikanischen Minderheit der Zentrumsfraktion konnte sich aber letztlich nicht viel mehr als ein toleriertes Minderheitskabinett ergeben. Nachdem gleichfalls am 7. Dezember in Preußen ein neuer Landtag gewählt worden war, kündigte die DVP am 6. Januar 1925 eine dort seit Herbst 1921 bestehende Große Koalition auf und provozierte so eine dreimonatige Regierungskrise, weil der Weimarer Koalition einige Mandate zur eigenen Mehrheit fehlten. Damit war eine seit den Maiwahlen geforderte Vorleistung für das Zusammengehen mit der DNVP auf Reichsebene erbracht.

Entsprechend einem Vorschlag Stresemanns beauftragte Reichspräsident Ebert am 9. Januar den bisherigen Finanzminister Hans Luther als vorgesehenen Kanzler mit Verhandlungen zur Regierungsbildung. Dieser parteilose, jedoch DVP-nahe vormalige Essener Oberbürgermeister, der bereits unter Cuno als Ernährungsminister amtiert hatte, war sozusagen ein »Cuno II.«, indem er halbpräsidiale Kabinettsformen mit wenig Parteieinfluß anstrebte. Die Lokkerung der politischen Verbindungen war allerdings nur bei den Verfassungsparteien eingetreten: Ebert hatte sich längst gegenüber der SPD isoliert, der als Reichswehrminister im

Amt bleibende Geßler von der DDP entfremdet, und von maßgebenden Zentrumspolitikern blieb nur Arbeitsminister Heinrich Brauns für ein am 15. Januar vorgestelltes Rechtskabinett unverzichtbar, um keine Trennungslinie zu den christlichen Gewerkschaften entstehen zu lassen. Hingegen übernahm für die DVP weiterhin deren Parteichef Stresemann das Außenministerium, und die DNVP besetzte mit dem Finanz-, Wirtschafts- und Innenministerium die übrigen Schlüsselpositionen.

Nach dem Zweckbündnis für die Annahme des Dawes-Plans mochte vielleicht noch die wirtschafts- und finanzpolitische Einbindung des von der DNVP vertretenen Interessenspektrums naheliegend sein, wenn das Zentrum auf Druck seitens der DVP nunmehr eine Reichskoalition zur Rechten hin eingehen wollte. Die Besetzung ausgerechnet des Innenministeriums mit dem hochrangigen DNVP-Funktionär Martin Schiele war allerdings eine besondere Provokation für überzeugte Verfechter der Weimarer Republik. Mit solchem Blick auf diese »reaktionäre Regierung Luther« erklärte Preuß es wenige Tage nach deren Amtsantritt für kaum begreiflich, »wenn das Haupt einer Partei, die seit dem Zusammenbruch die Bekämpfung der Republik und ihrer Einrichtungen auf die Fahne geschrieben hat und mit rücksichtsloser Zähigkeit und Energie sechs Jahre lang diesen Kampf geführt hat, heute an die Spitze des Verfassungsministeriums der Deutschen Republik gestellt wird« (*Sitzungsberichte des Preußischen Landtags*, Berlin, 21. Januar 1925, II. Wahlperiode / Bd. 1, S. 308, 306). Da es zu den Aufgaben des Innenministeriums gehören mußte, gegen demokratie- und republikfeindliche Bestrebungen vorzugehen, die nicht zuletzt aus den Reihen der DNVP unverkennbar hervortraten, wurde so ein kapitaler Bock zum Gärtner der Verfassungslandschaft bestellt. Nach dem Rücktritt des von der DVP verlassenen preußischen Ministerpräsidenten Braun am 23. Januar 1925 war aus den Weimarer Gründungsjahren als letzter Mohikaner in höchsten Staatsämtern einstweilen nur mehr der zum Schatten früherer Tatkraft verblaßte Reichspräsident Ebert geblieben.

Generationswechsel: Hindenburg als Nachfolger Eberts

Am 23. Dezember 1924, also knapp einen Monat vor Ernennung deutschnationaler Minister, verkündete ein Gericht in Magdeburg das Urteil in einem Prozeß über Beleidigungen des Reichspräsidenten. Der Redakteur eines völkischen Blatts, der Ebert als »Landesverräter« beschimpft hatte, wurde lediglich wegen formaler Beleidigung verurteilt. Dem Rückgriff auf den Straftatbestand der Verleumdung entzog sich das Gericht mit der Begründung, daß infolge der Teilnahme Eberts an einer Streikleitung im Januar 1918 der Vorwurf des Landesverrats als zutreffend angesehen werden könne. Letztlich ging es mehr um ein politisches Geschichts- als ein Gerichtsurteil: In Wirklichkeit hatte sich Ebert, als in Berlin unter Munitionsarbeitern ein Streik für »Frieden, Freiheit, Brot« ausbrach, im Sinne der SPD-Führung mäßigend eingeschaltet. Innerhalb der Partei stand er seit Kriegsbeginn eindeutig auf seiten der »Landesverteidiger« und wurde dafür von linksaußen zum »Arbeiterverräter« gestempelt.

Dem äußerlich robust wirkenden Ebert hatte der ständige Druck zu überfordernden Entscheidungen in den Krisenjahren bereits schwer zugesetzt, als gar noch die Abwehr des (schließlich korrigierten) Skandalurteils von Magdeburg seine Aufmerksamkeit beanspruchte. So verschob er den erforderlichen ärztlichen Eingriff wegen einer Blinddarmentzündung und verstarb an deren Komplikationen am 28. Februar 1925, gerade einmal 54 Jahre alt. Zum Staatsoberhaupt wurde er 1919 als 48jähriger gewählt. Der Reichskanzler Wirth mit der bis dahin längsten Amtszeit war bei seinem Rücktritt sogar erst 43jährig, und auch Stresemann nach seinem Aufstieg in höchste Positionen noch ein Mittvierziger. Dermaßen »verkalkt«, wie von manchen jugendbewegten Verbandsfunktionären aus der Kriegsgeneration abfällig behauptet, war die Republik gerade in der ersten Hälfte ihres Bestandes durchaus nicht. Ein politischer Richtungswechsel in der Nachfolge Eberts konnte angesichts der Kräfteverhältnisse des Jahres 1924 nicht ausgeschlossen werden, aber ein Generationswechsel schien nicht in Sicht: Unter sieben Parteibewerbern war der SPD-Kandidat Otto Braun (Jg. 1872) mit seinem Vorgänger nahezu gleichaltrig, von den übrigen waren jeweils drei bis zu acht Jahre älter und die anderen drei jünger, davon nur der KPD-Bewerber Thälmann (Jg. 1886) in erheblichem Maße.

Bereits der erste Wahlgang am 29. März zeigte, bei allerdings mit 68,9 % auffallend geringer Beteiligung, einen beachtlichen Effekt der Stimmenkonzentration aus dem Charakter einer Personen- statt Listenwahl. Mit Ausnahme der BVP, die ihren Ministerpräsidenten Heinrich Held als Zählkandidaten für weitere Verhandlungen aufgestellt hatte (3,7 %), und der geradewegs peinlichen Abfuhr für Ludendorff (1,1 %), nur von der NSDAP getragen, hatte sich die gesamte politische Rechte auf einen Bewerber verständigt: Als von Ende 1923 bis Anfang 1925 amtierender Reichsinnenminister war Karl Jarres (DVP), zuvor Oberbürgermeister von Duisburg und dort mehr ein politischer Beamter, zwar gewiß keine charismatische Persönlichkeit. Doch ein Anteil von 38,8 % unterstrich, daß er über die Wählerschaft von DVP und DNVP hinaus den größeren Teil der preußischen Völkischen und auch der abstimmenden »Sonstigen« hinter sich versammeln konnte, die außerhalb größerer Parteien ihre jeweiligen Sonderinteressen vertraten. Erkennbar besser als die eigene Partei vor wenigen Monaten schnitt auch der gerade aus dem Amt geschiedene preußische Ministerpräsident Braun als SPD-Kandidat mit 29 % ab. Lediglich 7 % für den ohne Erfolgschance antretenden, jenseits seines – als politisches Gesellenstück – gescheiterten Hamburger Aufstands von 1923 noch wenig bekannten KPD-Vorsitzenden Ernst Thälmann bildeten die schlüssige Ergänzung.

Zusammen mit den jeweils unspektakulären 14,5 % für den ehemaligen Zentrumskanzler Marx sowie 5,8 % des DDP-Bewerbers und badischen Kultusministers Willy Hellpach ließen sich die 29 % zugunsten von Braun auf 49,3 % der Weimarer Koalitionsparteien summieren. Ein gemeinsamer Erfolg im zweiten Wahlgang gegenüber Jarres erschien wenig zweifelhaft und allenfalls noch eine Frage der aussichtsreichsten Personenauswahl zu sein. Die am 3. April getroffene Entscheidung, für die Reichspräsidentschaft Marx vorzusehen und in Preußen erneut Braun zum Ministerpräsidenten zu wählen, durfte als in mehrfacher Hinsicht wohlbedacht gelten: Braun hatte sich im preußischen Amte bewährt, eine dortige Zentrumsfraktion ließ sich mit deutlich weniger Verweigerern als in der Wählerschaft zugunsten eines SPD-Kandidaten »abkommandieren«. Überdies mochte ein Parteiwechsel beim Reichspräsidenten nach sechs Jahren ohnehin naheliegend sein, und der nicht sehr gestaltungsaktive Ex-Kanzler Marx eignete sich als früherer Richter mehr für repräsentierende Politik. Diese gemeinsame Rechnung hatten die Verfassungsparteien aber ohne den unbedingten Machtwillen des schwarz-weiß-roten Lagers aufgestellt: Schon am 8. April konnte ein sog. »Reichsblock« die Kandidatur Hindenburgs präsentieren, weil das Wahlgesetz von 1920 diese Möglichkeit von Neubewerbungen offenließ und Jarres trotz außenpolitischer Bedenken von Stresemann auf erneutes Antreten verzichtete.

Gegen den ältesten Bewerber des ersten Wahlgangs (Marx war Jg. 1863) trat nunmehr der noch wesentlich betagtere Generalfeldmarschall a. D. an (Jg. 1847), der nach siebenjähriger Amtsperiode im Überlebensfalle das 85. Lebensjahr erreichen mußte. Damit gehörte Hindenburg zur wegsterbenden Altersgruppe jener (Ur-)Großväter, die gern von ihren »Heldenjahren« erzählten, als man 1870/71 noch wie ein Jungsiegfried den Franzosen den 1914/18 verfehlten »Siegfrieden« aufzwingen konnte. Von der wahlberechtigten Bevölkerung waren 1925 nur 9 % über 65 Jahre, hingegen 61 % unter 45 Jahre, so daß ein greises Haupt im Massenanhang wenig seinesgleichen finden, aber Respekt beanspruchen konnte. Indessen war Hindenburg für Väter und Söhne wie auch Mütter und Töchter noch als der »Sieger von Tannenberg« in Erinnerung – jener Schlachten im Herbst 1914, die in Ostpreußen den russischen Vormarsch abgewehrt und somit die anfängliche deutsche Truppenoffensive nach Westen flankiert hatten. Bereits 1914 mußte ein damals 67jähriger, zuvor nicht besonders aufgefallener Hindenburg aus dem Ruhestand aktiviert werden. Hinter dessen massiver Gestalt hatte sich der Aufstieg Ludendorffs zu einer halbdiktatorischen Stellung vollzogen; aber jener machtbesessene zweite OHL-Chef dankte 1918 wie der Kaiser ab und verspielte im Putschabenteuer mit Hitler den Rest seines Ansehens bei der etablierten Rechten.

Für erhebliche Teile der Öffentlichkeit kandidierte mit Hindenburg eine deutsche Geschichtslegende, während der »Parteimann« Marx nur einer von neun Reichskanzlern in sechs Jahren war. Im biblischen Alter ein zweites Mal »fürs Vaterland« dem wohlverdienten Ruhestand entrissen zu werden – das entsprach geradewegs dem Mythos vom schlafenden Kaiser, der als Retter aus schwerer Not dereinst vom Kyffhäuser hinabsteigen werde. In derlei sagenumwobener Vorstellungswelt erschienen Bewunderern die Gegenargumente über das hohe Alter hinaus, das vorzeitiges Sterben im Amt oder zumindest senile Dienstunfähigkeit befürchten ließ, fast schon als Majestätsbeleidigung. Wie ein fleischgewordenes Denkmal des unbekannten Soldaten machte Hindenburg in spärlichen Wahlreden aus der offensichtlichen Not seiner Regierungskünste geradewegs eine Tugend: man erwarte von ihm kein »Programm eines Parteimanns, der sich mit politischen Fragen auseinandersetzt« (*Der Tag*, 21. April 1925). Den entlastenden Hinweisen auf gegnerische Staatsmänner wie Clémenceau, die auch mit 80 noch etwas vollbracht hätten, begegnete Chefredakteur Wolff mit der gedanklichen Klärung, »daß es ein kleiner Unterschied ist, ob man als Politiker achtzig Jahre alt wird, oder die politische Laufbahn mit achtzig beginnt« (*Berliner Tageblatt*, 20. April 1925). Da letzteres eine lebensfremde Annahme sein mußte, war von den tragenden Kräften der Rechten augenscheinlich gar nicht daran gedacht, das Präsidentenamt von einem solchen Platzhalter nach dessen eigener Politik gestalten zu lassen.

Mit ausreichender relativer Mehrheit von 48,3 % gegenüber 45,3 % für Marx (und 6,4 % für Thälmann) ist Hindenburg gleichwohl am 26. April zum Reichspräsidenten gewählt worden. Dafür waren teilweise Parteistrategien, wie seine Unterstützung seitens der BVP und die Aufrechterhaltung der KPD-Zählkandidatur, zum anderen Teil auch die Sammlung von Parteiverdrossenen verantwortlich. Ein DNVP-Blatt wurde erst nach dem Wahltag über Hintergründe deutlich mitteilsamer: »Hindenburg ist zwar Mitglied der Deutschnationalen Partei, aber er hat keinerlei parteipolitisches Interesse« (*Der Tag*, 28. April 1925). Das so bestätigte Selbstbild der Politikferne des künftigen Präsidenten sollte zugleich als Beruhigungsmittel der Verfassungsparteien wirken, die sich zuvor ohne durchgreifenden Erfolg als »Volksblock« dargestellt hatten. Tatsächlich wurde damit aber das obrigkeitlich restaurierte Kontrastbild zur 1918/19 entworfenen zivilgesellschaftlichen Republik vollendet: Im Adeligen Hindenburg als einstmals höchstem Militärbefehlshaber wurde zugleich die spätabsolutistische Beamtentradition des »ersten Dieners im Staate« wiederbelebt und seine Person bereits zum Amtsbeginn ersatzmonarchisch inszeniert. Eine sich von ihren Ursprüngen stufenweise entfernende andere Republik hatte somit auch ihre grundlegend veränderte Repräsentationsform gefunden.

Paul von Hindenburg nach seiner Vereidigung zum Reichspräsidenten am 26. April 1925. Links: General von Seeckt, rechts: Reichswehrminister Geßler

4
Widerspruchsvolle Konsolidierung: Gesellschaft und Parteien im Richtungsstreit

Chronologische Übersicht

1925

16./25. Oktober: Austritt der DNVP aus dem Kabinett Luther nach den Locarno-Verträgen.

1926

5./12. Mai: Flaggenverordnung Hindenburgs und Rücktritt des Kabinetts Luther (Kanzlerwechsel zu Marx ohne Koalitionsänderung).

20. Juni: Volksentscheid zur entschädigungslosen Fürstenenteignung (14,5 Mio. Ja-Stimmen, zu einem Gesetzesbeschluß nicht ausreichend).
8. September: Aufnahme Deutschlands in den Völkerbund.
18. Dezember: Reichstag beschließt das Gesetz gegen »Schund- und Schmutzschriften«.

1927
29. Januar: Erneute DNVP-Beteiligung am Kabinett Marx.
16. Juli: Reichstag beschließt Gesetz zur Arbeitslosenversicherung.

1928
15. Februar: Bruch der Rechtskoalition nach Ablehnung des Reichsschulgesetzes.
20. Mai: Reichstagswahlen: SPD gewinnt (29,8 %), auch KPD stärker (10,6 %), DNVP verliert (14,2 %), zunehmend Splittergruppen.
28. Juni: Regierung einer (zunächst informellen) Großen Koalition mit Kanzler Hermann Müller (SPD).
10. August: Kabinett beschließt Bau des »Panzerkreuzers A«, daraufhin Zerreißprobe in der SPD und erfolgloses Volksbegehren der KPD.

Trugbilder einer »relativen Stabilisierung«

Der auch in historischen Darstellungen nachwirkende Eindruck, daß es unter Hindenburg und den zur Rechten hin erweiterten Koalitionen bis 1928 zu einer deutlichen Stabilisierung der ökonomischen und politischen Lage gekommen sei, ist weithin nur Legende. Zunächst die Fakten zum Regierungssystem: Der am 7. Dezember 1924 gewählte Reichstag arbeitete zwar immerhin knapp dreieinhalb Jahre, doch war dies eine noch etwas weniger komplette Legislaturperiode als seit Juni 1920. In der Zeitspanne 1925–1928 bestanden vier unterschiedliche Kabinette, kurz gesagt unter Kanzler Luther mit DNVP und ohne sie, dann Marx ohne und mit DNVP. Zwischen 1920 und 1924 hatte es trotz der Inflationskrise andere, jedoch abgesehen vom Cuno-Kabinett auch keine größere Anzahl verschiedenartiger Konstellationen gegeben. Seit 1925 bestanden nur Minderheits- oder »hinkende« (d. h. jederzeit vom Fehlen einiger Stimmen bedrohte) Mehrheitskabinette; hingegen umfaßten die Weimarer Koalitionen 1919/20 und 1921/22 sowie die Große Koalition 1923 breite, teilweise sogar verfassungsändernde Mehrheiten.

Nicht einmal die Kerndaten der Wirtschaftsentwicklung können ein Drei-Phasen-Modell tragen, das eine Nachkriegskrise 1919–1923, die Stabilisierung bis 1928/29 und seither die Weltwirtschaftskrise zugrunde legte; erst recht begründen sie keine Trugbilder von »goldenen« Zwanzigern: Nur im Jahresdurchschnitt 1925 lag die Arbeitslosenzahl (wie 1919–1924 trotz der Krise 1923/24) unter einer Million, seit 1926 aber stets erheblich darüber. Eine gesondert registrierte Erwerbslosenrate unter Mitgliedern der Freien Gewerkschaften bietet sich als konjunkturempfindlicher Maßstab an, denn Selbständige konnten gar nicht, Beamte kaum jemals entlassen werden, und Privatangestellte traf dies in den 20er Jahren seltener. Die ADGB-Organisierten zeigten nur bis 1922 mit unter 5 % relative Vollbeschäftigung, 1923 und 1925 wie 1927/28 in Quoten von 5–10 % ein jeweils mäßiges, 1924 gleich 1929 zwischen 10–15 % ein starkes Arbeitslosenproblem; dramatisch wurde die Lage aber schon 1926, fast wie 1930, mit 18 bzw. 22 %, absolut katastrophal 1931/32 mit 33 bzw. 44 %.

In der Bilanzrechnung des preisbereinigten Sozialprodukts findet sich 1925 infolge der Anschubfinanzierung aus den Dawes-Krediten ein kurzlebiger Boom; dessen nachfolgende »Zwischenkrise« 1926 lieferte wiederum den statistischen Basiseffekt für eine 1927 anspringende, 1928 dann wieder gedämpfte Wachstumsrate. Der Preisindex für die Lebenshaltung zeigte so 1925 mit 8 % eine zwar gegenüber 1919–1923 mäßige, gemessen an der Vorkriegszeit aber stattliche Inflationsrate; auch 1927/28 waren es immerhin noch 4 bzw. 3 %, während 1930 eine krisenhafte Deflation mit bis 1933 jährlich sinkenden Preisen einsetzte. Den Finanzsektor prägten dagegen nur 1926 etwa 15prozentig anziehende, schon 1927/28 aber stagnierende Aktienkurse, bis 1929 der (in Deutschland auch 1930/31 andauernde) insgesamt größte »Crash« der bisherigen Börsengeschichte einsetzte. Den Hintergrund für diese Kursstärke 1926, im ersten Jahr der Massenarbeitslosigkeit, bildete die Rückführung des Reichsbankdiskonts: Mit schrittweiser Absenkung von 10 bzw. 9 %, in den Jahren der Kapitalknappheit 1924/1925, auf 6 % im Juli 1926 und sogar 5 % Anfang 1927 sollte der Konjunkturschwäche gegengesteuert werden. Eine erneute ökonomische Belebung rief wieder einen stufenweisen Anstieg auf 7 % Zinssatz bis Ende 1929 hervor, der im ersten Halbjahr 1930, also viel zu spät für eine wirksame Krisenbekämpfung, in Teilschritten bis auf 4 % zurückgenommen wurde.

Während der Begriff relativer Stabilisierung eine ruhige und stetige Entwicklung vorspiegelt, die mit dem hektischen Auf und Ab sämtlicher Datenreihen und wechselhafter Regierungsverhältnisse schwer verträglich ist, kann doch von gewisser Beruhigung der Gesamtlage gesprochen werden. Unter sozialen Aspekten war es bedeutsam, daß 1928/29 erstmals das wöchentliche Reallohnniveau der beschäftigten Arbeiter von 1913/14 überschritten wurde. Dies vollzog sich, unter dem doppelten Antrieb von bis 1928/29 wiedererstarkten Gewerkschaften und einer beschleunigten Rationalisierung, sogar mit Rückführung der 1924 verlängerten Arbeitszeiten in den Bereich der Achtundvierzigstundenwoche. Bei den Hungerlöhnen von Hilfsarbeitern, die vor dem Krieg im Durchschnitt nur 60 % des Stundensatzes von Facharbeitern verdienten, war bis 1927/28 immerhin eine Verbesserung auf deutlich über 70 % zu erreichen. Obgleich bei der Berufszählung

1925 die weibliche Erwerbsquote erstmals die Hälfte der männlichen leicht übertraf und Frauen inzwischen 36 % aller Erwerbspersonen stellten, blieben die Fortschritte bei deren Einkommensangleichung bescheiden. Auch bis 1928 gelang es nicht, den Fach- und Hilfsarbeiterinnen mehr als knapp zwei Drittel des Lohnes ihrer jeweiligen männlichen Kollegen zu verschaffen; dies wurde von einem gegenüber dem Höchststand 21,7 % (1920) auf 15,3 % (1928) sinkenden Frauenanteil der ADGB-Mitglieder begleitet.

Die gesamte »Lohnquote« am Volkseinkommen stagnierte zwischen 1925 und 1929 mit knapp unter 60 % auf einem höheren Niveau als vor dem Kriege, was aber nur die Konsequenz der zuvor erfolgten inflationären Entwertung von Geldvermögen als Einkommensquelle war. Da es unter den Mittel- und Oberschichten, soweit ihnen Sachwerte wie Grundstücke und Betriebe gehörten, auch Inflationsgewinner gab, wenn sie z. B. Kredite in Papiermark abtrugen, zeigte die personenbezogene Verteilung der Einkommen vor Steuerabzug nur geringe Abflachung der Ungleichheit: Ein beim obersten Zehntel konzentrierter Anteil reduzierte sich 1928 gegenüber 1913 auf 37 % nach 40 %, die breite Mitte vom zweiten bis fünften Zehntel gewann leicht mit 38 % gegenüber 36 %, die untere Hälfte erreichte den noch geringeren Zuwachs auf 25 % nach 24 %. Unter den insgesamt 29 Mio. Beziehern steuerlich erfaßter Einkommen gab es 1928 im Vergleich mit 1913 überdurchschnittliche Zuwachsraten (um 50 %) gerade im gehobenen mittleren Bereich, der nunmehr zwischen jährlich 3000 und 8000 Mark anzusiedeln war. Darin eingeschlossen waren 1928 immerhin 9,6 % der herangezogenen Erwerbstätigen, die von nur 1,6 % übertroffen, jedoch mit 88,8 % unterschritten wurden. Von einer generellen Auszehrung eines Mittelstandes konnte demnach nicht die Rede sein. Vielmehr entstand eine sogar noch verbreiterte neue Mittelschicht von Angestellten und Beamten, deren Anzahl sich bereits zur Berufszählung 1925 gegenüber 1907 verdoppelt hatte, während Selbständige/Mithelfende und Arbeiter nahezu stagnierten. In diesem Zeitraum sogar verdreifacht hatte sich der Anteil weiblicher Angestellter; diese gehörten allerdings überwiegend zu dem (häufig unter Arbeiterlohn) gering bezahlten Drittel dieser vielfältigen Berufskategorie.

Hinsichtlich der tatsächlichen Lage des selbständigen alten Mittelstands schweigen ohnehin die Steuerstatistiken: Teile des Lebensstandards verblieben in Naturalform (landwirtschaftliche Produkte, Wohnen im eigenen Haus) oder konnten durch »schwarze Kassen« (von Handel und Handwerk) am unersättlichen Fiskus vorbeigeschleust werden. Eine Tendenzaussage läßt sich bei allen sonst notwendigen Differenzierungen nach Wirtschaftsbereichen doch formulieren: Vom inflationsbedingten Verlust der aus eigenem Berufsleben zurückgelegten Ersparnisse konnte zumeist nur die ältere Generation unmittelbar betroffen sein, wogegen sich Aufstiegschancen in die neuen Mittelschichten vorwiegend Jüngeren eröffneten, während die Jüngsten in eine Zeit der Massenarbeitslosigkeit hineinwuchsen. Auch diese unterschiedlichen Schwerpunkte in den Generationserfahrungen waren ein zusätzliches Element des inneren Umbruchs, nicht aber einer gesellschaftlichen Stabilisierung.

Interessenformationen in einer Klassengesellschaft

Mit den rohen Daten der Volks- und Berufszählung vom 16. Juni 1925, der einzigen in den Jahren der Weimarer Republik, läßt sich zunächst nur eine recht grobe Skizze der Sozialstruktur zeichnen: Von 32 Mio. »Erwerbspersonen« waren 42,1 % im produzierenden Gewerbe der Industrie und des Handwerks tätig, weitere 30,5 % in der Land- und Forstwirtschaft, restliche 27,4 % im vielgestaltigen »tertiären« Sektor von Handel, Verkehr und (sonstigen) Dienstleistungen. Allein im Blickwinkel dieser Relationen wäre die pauschale Charakterisierung als »Industriegesellschaft« nur mühsam zu rechtfertigen, da insgesamt eine Mehrzahl der Bevölkerung entweder »noch« im Agrarsektor oder »schon« im Bereich eines breiten Spektrums von Dienstleistungen arbeitete. Überdies waren die gewerblichen Arbeitnehmer jeweils zur Hälfte in Betrieben tätig, die bis zu 50 Beschäftigte oder mehr aufwiesen; wäre eine statistische Dreigliederung mit den Stufen 10 und 100 Beschäftigten bzw. darüber vorausgesetzt worden, hätten sich darin Industrie, »mittelbetriebliches« Gewerbe und Handwerk im Arbeitskräftepotential ungefähr die Waage gehalten. Gewiß zeigten sich auch in manchen landwirtschaftlichen Großbetrieben und auf modernen Büroetagen längst die Einflüsse des »industriellen« Zeitalters, doch überwogen gerade im Agrarsektor noch deutlicher als im Gewerbe die traditionellen kleinbetrieblichen Verhältnisse: So hatten z. B. 90 % der insgesamt gut 2 Mio. landwirtschaftlichen Betriebe weniger als 20 ha, die für eine »mittelbäuerliche« Existenz das Minimum darstellten; fast die Hälfte davon lag sogar unter 5 ha, konnte also nur bescheidenen Selbstversorgungs- und Nebenerwerbszwecken dienen.

Vor diesem sozialstatistischen Hintergrund bedeutete es insofern für die konkrete Bewußtseinslage noch wenig, daß 1925 mit 50,0 % genau die Hälfte der Erwerbstätigen als »Arbeiter« gezählt wurden, 17,3 % als »Angestellte« und »Beamte«, 15,6 % als »Selbständige« und 17,0 % als deren »Mithelfende Familienangehörige«. Immerhin gestatten die vorliegenden Daten eine Aufschlüsselung dieser Berufskategorien nach Wirtschaftssektoren, so daß Schwerpunkte in den Tätigkeitsbereichen und Konturen ihrer jeweiligen Lebenswirklichkeit erkennbar werden:

Tabelle: Erwerbspersonen nach Berufsstatus und Sektoren

	Arbeiter	Ange-stellte/ Beamte	Selbstän-dige	Mithel-fende	gesamt
Landwirtschaft	8,1 %	0,5 %	6,8 %	15,0 %	30,5 %
Industrie/Handwerk	32,1 %	4,8 %	4,5 %	0,7 %	42,1 %
Handel/Verkehr	4,5 %	7,1 %	3,6 %	1,3 %	16,5 %
Öffentliche/Private Dienste	1,1 %	4,7 %	0,8 %	0,0 %	6,6 %
Häusliche Dienste	4,2 %	0,1 %	—	—	4,3 %
gesamt	50,0 %	17,3 %	15,7 %	17,0 %	100,0 %

Von einer Dominanz der Arbeiterschaft, im Sinne relativ einheitlicher Erfahrungshorizonte, konnte bei näherer Betrachtung nicht die Rede sein. Wenn Betriebsformen bis 10 Beschäftigte als mehr handwerklich geprägt eingeordnet werden, andererseits industrienahe großbetriebliche Strukturen im Verkehrssektor zu bedenken sind, verblieben rund 25 % aller Erwerbspersonen als gewerbliche Arbeiterschaft nach jenem Verständnis, das freigewerkschaftliche Organisationen gemeinhin zugrunde legten. Nahezu mit gleicher Massenbasis präsentierten sich aber Selbständige und deren »Mithelfende« in der Landwirtschaft, wo der generationenübergreifende Familienbetrieb ohne zusätzliche Beschäftigte tatsächlich weiterhin die charakteristische Existenzform darstellte. Im außerhäuslichen Dienstleistungssektor bildeten Angestellte und Beamte die größte Teilgruppe, jedoch in deutlichem Abstand zum Arbeiter- und Agrarmilieu. Noch weniger zahlreich vertreten waren außerhalb der Landwirtschaft jene Selbständigen, die zu wesentlichen Teilen mit professioneller Arbeitgeberfunktion und weniger familiärer »Mithilfe« ein klein- und großbürgerliches Spektrum des alten Mittelstandes ausfüllten.

Die Schwerpunktgebiete mit besonders hohem Anteil der gewerblichen Arbeiterschaft (z. B. Mitteldeutschland und Ruhrrevier) korrespondierten auffällig mit den Hochburgen der KPD, was vor allem bedeutete: unter anderen Berufsgruppen fand diese – auch nur eine starke Minderheit von Industriearbeitern vertretende – Partei kaum Unterstützung. Mit zunehmender Erwerbslosigkeit unter Industriearbeitern und kommunistischer Beanspruchung gerade dieses Protestpotentials intensivierte sich ein derartiger Abkapselungseffekt noch zusätzlich. Ähnlich parallel verliefen die regionalen Grenzlinien der nordostdeutschen Stammgebiete der DNVP und eines ausgeprägten Einsatzes von Landarbeitern. Darin kam nicht allein zum Vorschein, daß solche Arbeitskräfte häufiger als in städtischen Mittel- und Großbetrieben unter dem prägenden Einfluß bzw. einem persönlichen Druck seitens des Gutsherren verblieben. Noch ausschlaggebender war ein sozialräumlicher Effekt der Art, daß ein vorherrschender Großgrundbesitz auch die örtlichen Existenzbedingungen von Handel und Handwerk dominierte und wenig Entfaltungsraum für die Ansiedlung industrieller Betriebe oder Verwaltungszentren beließ. Im Reichslandbund, der Interessenorganisation des Agrarsektors, fand sich der entsprechende Zuschnitt auf die verbandspolitische Führungsrolle eines Großgrundbesitzes, der aber im Eintreten für höhere Produktpreise und öffentliche Vergünstigungen zugleich manche Belange der Kleinbetriebe vertreten konnte.

Die äußerste Linke und Rechte (vor dem Aufstieg der NSDAP) schöpfte ihre Massenverankerung demnach vorzugsweise aus einer jeweils kompromißlosen Wahrnehmung von Klassen- und Standesinteressen der beiden größten Erwerbsgruppen. Gegenüber diesen Sozialprofilen weniger Beachtung hat beim Parteikatholizismus die Tatsache gefunden, daß in der konfessionellen Regionalgliederung eine zusätzliche Sozialtypisierung angelegt war: Die Hochburgen von Zentrum/BVP weit im Süden und Westen zeigten (mit einigen Ausnahmen wie dem Wahlkreis Köln-Aachen) vorwiegend zugleich überdurchschnittliche Anteile von Selbständigen/Mithelfenden in der Landwirtschaft. Die katholischen Bauernvereinigungen, flankiert vom ebenfalls kleinbürgerlich strukturierten Handel und Handwerk, blieben in der Funktion von mittelständischen Kerngruppen für das Zentrumsmilieu der ländlichen »Provinz« repräsentativer als städtische Arbeitnehmer- und Bildungsbürger, die sich lediglich publizistisch wirkungsvoller zur Geltung brachten. Eine Datenanalyse nach präzisen statistischen Methoden hat für die Reichstagswahlen von 1924 sogar ergeben, daß Zentrum/BVP die einzige Parteiengruppierung war, deren Wählerschaft sich mit absoluter Mehrheit aus diesem »alten Mittelstand« rekrutierte.

Als die insgesamt stärkste Partei der Weimarer Republik erreichte die SPD nach Zentrum/BVP in den jeweiligen Hochburgen die größten Stimmenanteile, und zwar in einem regionalen Kontrastprofil: Im Süden und Westen mit hohen Katholiken- und Selbständigenquoten blieb die SPD unterdurchschnittlich vertreten. Nicht ganz so ausgeprägt war diese Gegenläufigkeit im Vergleich mit der DNVP, weil die Sozialdemokraten mangels erheblichen kommunistischen, bürgerlichen oder katholischen Potentials in manchen nordostdeutschen Gebieten die Hauptkonkurrenz zum Agrarkonservatismus zu formieren hatten. Bemerkenswerter ist jedoch für die politische Landkarte z. B. der Reichstagswahl 1928 ein großflächiges Schwerpunktgebiet der SPD im Dreieck ungefähr zwischen Hannover, Kassel und Magdeburg, in dem auch die DVP – auf weit geringerem Stimmenniveau – ihre relativ besten Ergebnisse außerhalb engerer Wahlkreisgrenzen verzeichnete. Offenkundig fanden beide Parteien dort am meisten politische Resonanz, wo es weder eine katholische noch eine besondere agrarische oder industrieproletarische Milieudichte gab. Dazwischen war in diesen Jahren nur mehr in regionalen Nischen hinreichend Raum für eine DDP mit ungefähr 10 % Stimmenanteil vorhanden: einerseits in der nach Berlin zweiten deutschen »Weltstadt« Hamburg mit ihrem hohen Anteil von Ange-

Standardisierte Massenproduktion: Fließbandarbeit bei den Siemens-Schuckertwerken in Nürnberg, 1925

stellten des tertiären Sektors, andererseits im kleingewerblichen Württemberg mit seinen altliberalen Traditionsbeständen.

Umverteilung nach oben, Absicherung nach unten

Mit dem Reichstagsbeschluß eines neuen Steuertarifs am 7. August 1925 wurde, vier Jahre nach dem Mord an Erzberger, auch sein von der Inflation bereits untergrabener Reformansatz beerdigt. Trotz der zuvor beschlossenen Teilaufwertung zugunsten aller geschädigten Gläubiger gehörten die öffentlichen Haushalte zu den Inflationsgewinnern, so daß vom regierenden »Bürgerblock« nunmehr an Besserverdienende überaus stattliche Prämien ausgeschüttet wurden: Der Steuerhöchstsatz wurde von 60 auf 40 % gesenkt, mit der Progression über den Eingangstarif von 10 % hinaus erst ab 10 000 Mark steuerpflichtigen Jahreseinkommens begonnen. An der in seltene Höhen ausgreifenden Spitze, damals geradewegs unermeßliche Einkommen über drei Millionen jährlich betreffend, ging es noch mehr um wirtschafts- und verteilungspolitische Prinzipienfragen. Doch eine Freistellung von 99 % aller Steuerpflichtigen als nicht über 10 % Mindestsatz belastbar hieß in Wirklichkeit: der Grundsatz einer Besteuerung nach der Leistungsfähigkeit wurde preisgegeben bzw. auf das Alibi der Reichsten begrenzt.

Dabei war der 1920 beschlossene Erzberger-Tarif keineswegs auf die schonungslose Heranziehung bereits mittlerer Einkommensgruppen angelegt. Nicht einmal im ökonomisch besten Jahr 1928 würden auch nur annähernd jeden zehnten Steuerpflichtigen jene 25 % getroffen haben, die am Ende des 20. Jahrhunderts als Eingangssteuersatz über dem Existenzminimum gelten. Eine Progression mit 34 % hätte nicht einmal jeden hundertsten, der Stufen ab 50 % reichsweit überhaupt nur 17 000 Steuerpflichtige erfaßt. Der gegenreformerische Luther-Tarif schonte nicht die 55 %

Kleinverdiener mit zu versteuerndem Jahreseinkommen bis 1200 Mark, für die auch 10 % eine Last darstellten, eher schon jene 34 % mit Normaleinkommen zwischen 1200 und 3000 Mark, für die 10 % im unteren Randbereich angemessen und oben finanzpolitisch bereits nachlässig erscheinen konnten. Auch 6,9 % solider Mittelstand bis 5000 Mark, 2,7 % gehobener Mittelstand bis 8000 Mark, überwiegend sogar die nächsten 0,9 % im Übergang zur großbürgerlichen Existenz bis 12 000 Mark wurden ebenfalls nur mit 10 % herangezogen.

Das von Interessenten gern bemühte Argument, daß ohnehin ein Zugriff auf die wenigen Reichen nicht die Massen der kleinen Leute entlasten konnte, galt damals nicht einmal für die sich verengende Spitze: Wenn die 17 000 Bezieher von Jahreseinkommen ab 50 000 Mark, die zusammen 1,87 Mrd. Mark steuerpflichtiges Einkommen aufbrachten, statt wie im Luther-Tarif mit durchschnittlich 30 % die im Mittel etwa 55 % nach Erzberger-Tarif entrichteten, waren das rechnerisch 420 Mio. Mehreinnahmen. Besteuerte man ferner nach diesem Vergleichsmaßstab die noch immer ausgesprochen großbürgerlichen Einkünfte zwischen 12 000 und 50 000 Mark nicht fortan nur um 15 %, sondern mit 40 %, ergab sich gar eine gute Milliarde jährlicher Zusatzeinnahmen. Mit zusammen 1,5 Mrd. Mark hätte z. B. der Steuersatz aller Kleinverdiener unter 1200 Mark auf 0 % gesenkt werden können. Die mittelständischen Einkommen zwischen 3000 und 12 000 Mark wären dann für eine Krisenvorsorge der öffentlichen Haushalte verblieben; z. B. noch schonende 15 % Steuersatz bis 5000 Mark, 25 % bis 8000 Mark und 35 % bis 12 000 Mark wären im Jahr 1928 Mehreinnahmen von 1,7 Mrd. Mark gewesen, wohlbemerkt bei Steuerfreiheit für Kleinverdiener am und unter dem Existenzminimum und stabile 10 % für einen mehr oder minder auskömmlichen Normalbereich.

Was solche Mehreinnahmen volkswirtschaftlich bedeuten konnten, lassen zwei Vergleichsperspektiven hervortreten:

Die hinzukommende kurzfristige Auslandsverschuldung machte 1928 insgesamt 2,17 Mrd. Mark aus, die Reparationszahlungen aus dem Dawes-Plan betrugen 1,99 Mrd. Mark. Auch wenn die einzelnen Zahlungsströme jeweils unterschiedlich verliefen, ließ sich überschlägig bilanzieren, daß Kriegslasten auf denkbar instabilem Wege aufgebracht wurden: zwar nicht mehr aus der eigenen Notenpresse, aber nunmehr gewissermaßen durch ständige Kontoüberziehung mit hohen Kreditzinsen, vor allem bei amerikanischen Privatbanken. Die von Kriegsfolgen ungetrübtere Hochkonjunktur in den USA hatte dort eine »Spekulationsblase« entstehen lassen, die einstweilen das Ausleihen überschüssiger Finanzmittel gestattete. Lediglich für rentable Investitionsprojekte wie z. B. örtliche Energieversorgungsbetriebe ließen sich von deutschen Schuldnern auch langfristig erträgliche Kreditbindungen erlangen. Die für komsumtiven Bedarf wie Personal- und Sozialausgaben verwendeten kurzfristigen Anleihen blieben jedoch innerhalb weniger Monate kündbar, so daß in den öffentlichen Haushalten schon in deren besten Jahren eine Zeitbombe tickte.

Eine Tendenz, sich im gutsituierten Bürgertum kaiserzeitlichen Verhältnissen (als generell 5 % Einkommensteuer galten) zumindest teilweise wieder anzunähern, war auch der Ende 1927 vollzogenen Besoldungsreform für die Beamten zu entnehmen. Das mit einer Zwischenstufe seit Ende 1924 insgesamt etwa 22 % ausmachende Erhöhungsvolumen ließ sich noch mit der allgemeinen Einkommens- und Preisentwicklung rechtfertigen. Ebenso nachvollziehbar blieb eine – innerhalb der Koalition von den christlichen Arbeitnehmern sichergestellte – höhere Anpassung von 28–30 % der niedrigsten Besoldungsgruppen. Gerade im Hinblick auf ihre starke Entlastung bei den Einkommensteuern wurde es jedoch ein unzeitgemäßer Erfolg der Interessenvertreter von akademischen Beamten, daß auch die Rangstufe der Regierungsräte mit 29 % Zuwachs dermaßen bevorzugt abschnitt. Indem die Verbesserungen bei den mittleren Gruppen deutlich geringer ausfielen (7–12 %), war mit Ausnahme des untersten Bereichs die Vorkriegshierarchie nahezu restauriert: Jeweils im Alter von 45 Jahren erhielten Regierungsräte (mit insgesamt etwa 10 000 Mark Jahresbrutto) fast wieder dreimal so viel wie z. B. Bahnzugführer.

Die stärkere Bruttoanpassung für die unteren Besoldungsgruppen, analog zum geringeren Abstand zwischen Fach- und Hilfsarbeitern, wurde auch durch einen staatlich erzeugten Preisdruck hervorgerufen. Über eine Erhöhung der Wohnkosten bis 30 % über den Vorkriegsstand hinaus, die mehr als zur Hälfte auf das Konto der umlagefähigen »Hauszinssteuer« ging, wurde auch noch die Einfuhr insbesondere von Nahrungsmitteln verteuert. Die im August 1925, nur fünf Tage nach der Steuersenkung für die höheren Einkommen, von der Koalitionsmehrheit im Reichstag beschlossenen, im Juli 1927 teilweise noch erhöhten Schutzzölle auf Agrarprodukte bedeuteten wiederum eine Rückentwicklung zum kaiserzeitlichen Privilegienregime zu Lasten der Massenkaufkraft. Wie schon unter Bismarck ließen sich die Industrievertreter von den Agrariern die kostentreibende Zustimmung durch Zollanhebungen vor allem für die Eisen- und Textilbranche abkaufen. Der Preisindex für die Lebenshaltung wies von 1924 bis 1929 eine Gesamtsteigerung um 17 % aus.

Als sozialpolitisches Zugeständnis an die Arbeitnehmervertreter wurde am 9. Juli 1927 im Reichstag außer der weiteren Zollvorlage auch die Überleitung der Erwerbslosenfürsorge in ein Versicherungssystem beschlossen. Mit jeweils 3 % auf den Lohn hatten fortan Unternehmer wie Beschäftigte zu gleichen Teilen einen Beitrag für den Fall der Entlassung in die Arbeitslosigkeit zu erbringen. Die im Sommer 1927 vorübergehend deutlich unter die Millionengrenze gesunkene Erwerbslosenzahl war nicht allein für die Startfinanzierung günstig; sie verleitete auch zu der Annahme, daß vorgesehene staatliche Überbrückungshilfen auf Kreditbasis bei Engpässen ausreichend sein würden, ohne unmittelbare Zuschüsse aus öffentlicher Kasse wie noch bei den Fürsorgeleistungen gewähren zu müssen. Dieses Versicherungssystem war auf einen halbwegs auskömmlichen Normalverdienst zugeschnitten, der auch bei Erwerbslosigkeit noch etwas mehr als das bloße Überleben sicherte. Gerade für die untersten Lohngruppen bestand aber der Nachteil, daß sie ein ohnehin nur Armenhilfe bedeutendes Niveau mit Abzügen vorzufinanzieren hatten. Bei guter Konjunktur wie 1928 gelang den Gewerkschaften dafür noch ein Lohnausgleich, auf den jedoch von Unternehmerseite mit weiterer Ersetzung minderqualifizierter Arbeitskraft durch Maschinen reagiert wurde.

Außenpolitische Entlastung und innere Gewaltbändigung

Das im ganzen trügerische Bild einer stabileren mittleren Phase der Weimarer Republik hatte unter einem Gesichtspunkt noch reale Konturen gewonnen: diese konnten entlang äußerer und innerer Frontlinien der unmittelbaren Gewaltanwendung beobachtet werden. Das mit der größten öffentlichen Aufmerksamkeit versehene geschichtliche Ereignis waren in dieser Hinsicht die Verträge, mit denen im Oktober 1925 die Konferenz von Locarno abgeschlossen wurde; sie vermochten eine mit dem Dawes-Plan außenwirtschaftlich eingeleitete Verständigung sicherheitspolitisch abzurunden. Den westlich orientierten Kern von »Locarno« bildete die gegenseitige Anerkennung der »Unverletzlichkeit« des im Versailler Vertrag festgelegten »territorialen Status quo« zwischen Deutschland auf der einen und Frankreich sowie Belgien auf der anderen Seite. Mit internationalem Gewicht wurde dieses Abkommen durch Sicherheitsgarantien ausgestattet, die Großbritannien und Italien für den Gewaltverzicht und die Grenzverbindlichkeit übernahmen.

Die Aufnahme Deutschlands in den Völkerbund, die am 10. September 1926 mit festem Sitz im Völkerbundsrat erfolgte, war mit den Locarno-Verträgen bereits angebahnt gewesen, und zwar im Doppelsinne einer positiven Integration wie absichernder deutscher Einbindung in den übergreifenden Rahmen der internationalen Gemeinschaft. Zuvor war am 24. April im Berliner Vertrag mit der Sowjetunion das Rapallo-Abkommen im Sinne gegenseitiger Neutralität bei kriegerischen Verwicklungen mit Dritten bekräftigt worden. Auf diese Weise blieb Deutschland auch im Völkerbund aus der Pflicht genommen, im Falle beschlossener Sanktionen militärisch einzugreifen oder sich an Boykottmaßnahmen zu beteiligen. Die sicherheitspolitischen Verlierer dieses Ausgleichs zwischen den klassischen drei Großmächten des europäischen Kontinents waren insbesondere Polen und auch die Tschechoslowakei. Mit diesen Nachbarn geschlossene Schiedsverträge im Rahmen der Völkerbundsatzung blieben ohne Garantiemacht. Über deutsch-russische Neutralitätspflichten war Frankreich als militärischer Schutzfaktor für Polen nahezu kaltgestellt.

Der Friedensnobelpreis, den Stresemann und sein französischer Amtskollege Aristide Briand im Dezember 1926 für die Locarno-Verträge und weitere Vertiefung der Beziehungen beider Länder im Umfeld der Völkerbund-Aufnahme erhielten, überdeckte insofern mit dieser Anerkennung in der Weltöffentlichkeit einen imperialen Hintergedanken: Allen Vorstellungen eines »Ost-Locarno«, mit international garantierter Festlegung der polnischen Westgrenzen, verweigerte gerade Stresemann konsequent jedes Entgegenkommen. Da zugrunde liegende mittel- und langfristige Revisionsziele gegen diesen Teil der Versailler Ordnung aus diplomatischen Rücksichten nur hinter verschlossenen Türen erörtert werden konnten, verschob sich das innenpolitische Bild des Außenministers noch mehr als bereits durch den Abbruch des Ruhrkampfes unter seiner Kanzlerschaft: in einer weitaus übertreibenden Richtung eines Exponenten

Reichsaußenminister Gustav Stresemann mit Sir Austen Chamberlain (li) und Aristide Briand (re) während der Konferenz von Locarno am 15. Oktober 1925

der europäischen Verständigung oder, von rechts her negativ formuliert, des machtvergessenen Verzichts. Wenige Tage nach Fertigstellung der Locarno-Verträge hatten am 25. Oktober 1925 alle DNVP-Minister das Kabinett Luther verlassen, so daß im Reichstag die Annahme nur mit den Stimmen der oppositionellen SPD erfolgen konnte.

Wie die außenpolitische nahm auch die innere Tendenz zur Eindämmung des Gewaltpotentials ihren Ursprung von international bedeutsamen Umgruppierungen in anderen Staaten. Nach dem Tode Lenins im Januar 1924 und dem allmählichen Übergang der noch mehr diktatorisch konzentrierten Staatsgewalt in die Hände Stalins verleugnete die Sowjetunion einstweilen Gedanken einer »Weltrevolution«. Der an deren Stelle verkündete »Aufbau des Sozialismus in einem Land«, dem einzigen »Vaterland der Werktätigen«, verwandelte die einzelnen kommunistischen Parteien noch stärker in Filialen eines Moskauer Zentralismus; dessen »Internationalismus« verengte sich zunehmend auf die bloße Einordnung in nationalrussische Belange. Für den inneren wirtschaftlichen Aufbau unter dem Vorzeichen der agrarischen Zwangskollektivierung und die unbedingte Durchsetzung des Herrschaftsmonopols seiner Parteispitze benötigte Stalin gegenüber der internationalen Öffentlichkeit eine Beruhigungsstrategie; darin waren keine putschistischen Aktionen der KPD mehr vorgesehen. Die These von der »relativen Stabilisierung« des Weltkapitalismus diente als Vorwand, um innerparteiliche Energien auf die organisatorische Straffung, die »Stalinisierung« der KPD umlenken zu können.

Gegenüber auch sehr bescheidenen 7 % Thälmanns für die KPD hatten blamable 1,1 % Ludendorffs als Präsidentschaftskandidat der NSDAP einen absoluten Tiefstand der rechtsextremen Mobilisierung nach dem Hitler-Putsch angezeigt. Seitdem jener Hindenburg durch Volkswahl zum höchsten Repräsentanten des Deutschen Reiches geworden war, den Ludendorff, Kapp und Lüttwitz 1920 noch auf dem Wege des Staatsstreiches zu inthronisieren beabsichtigten, war auch für deutschvölkischen Putschismus bayerischer oder preußischer Herkunft kein geeignetes Umfeld mehr vorhanden. Die Entlassung Hitlers aus neunmonatiger Haft, in der *Mein Kampf* als die spätere »Führerbibel« entstanden war, änderte zunächst nichts an dem weitgehenden Rückzug aus dem Straßenbild. Gerade in den »stillen« Jahren von 1925 bis 1928 überwand aber die NSDAP ihre ursprüngliche Einkapselung in das Münchener Lokal- und bayerische Regionalmilieu und baute ihre Parteiorganisation reichsweit aus. Dazu gehörte nicht allein die »Sturmabteilung« (SA) für handgreifliche Auseinandersetzungen mit politischen Gegnern, sondern ebenso die Parteipresse. So trat z. B. ab 1927 in Berlin der kommende Propagandachef Joseph Goebbels mit dem stärker antikapitalistisch tönenden Kampforgan *Der Angriff* hervor, während Hitlers Sprachrohr *Völkischer Beobachter* den traditionellen Schwerpunkt im demagogischen Nationalismus hatte. Darin jeweils enthaltener Antisemitismus wurde allerdings vom Nürnberger Hetzblatt *Der Stürmer* unter Federführung Julius Streichers, eines von wahnhaften Verschwörungsthesen besessenen Judenhassers, bei weitem übertroffen. Den Zeitgenossen der Jahre 1925 bis 1928 konnte all dies noch als Vereinssektiererei einer isolierten Außenseitergruppe erscheinen.

Massenaufmärsche: »Reichsbanner« kontra »Stahlhelm«

Eine historische Vorstellung, daß gewalttätige Auftritte der Nazi-SA und des »Roten Frontkämpferbundes« der KPD zunehmend alltäglich geworden seien, gehört zu den Klischeebildern dieser Epoche. Solche Exzesse verstärkten sich deutlich spürbar erst 1932 mit dem Ende der Republik, allenfalls seit 1929/30 trugen sie erkennbar zur inneren Destabilisierung bei. Zuvor dominierten auch in den uniformierten Massenaufgeboten – jenseits von Reichswehr und Länderpolizei – die Verbände der traditionellen Rechten einerseits und des republikanischen Lagers andererseits. Zunächst erhob der noch 1918 gegründete »Stahlhelm« als »Bund der Frontsoldaten« einen Monopolanspruch auf den »Schützengrabengeist« des Krieges, der angeblich Herkunftsunterschiede kameradschaftlich eingeebnet und den Weg zur deutschen »Volksgemeinschaft« gewiesen habe. So wie standesbewußte Bauernverbände zumeist an ihrer Spitze von Großagrariern gelenkt wurden, schlug überkommene militärische Hierarchie vielerorts in einer konservativen Offiziersführung des »Stahlhelm« durch. Als schwarz-weiß-rot eingefärbte Traditionsdivision pflegten diese Kreise ein soldatisch akzentuiertes Gesinnungsrepertoire der Rechten: Der Mythos des »im Felde unbesiegten« Heeres und eine daran geknüpfte Dolchstoßlegende begründete eine unübersehbare Distanz gegenüber der Republik; diese wurde nach »Versailles« unter »erfüllungspolitischem« Bannfluch mit fremdbestimmtem Truppenabbau auf großmachtunwürdige 100 000 Mann gesehen.

Die beiden Führungspersonen des »Stahlhelm« repräsentierten zugleich das politische Meinungsspektrum und die hinter dem »überparteilichen« Anspruch verborgenen Eingrenzungen der frontsoldatischen Mitgliederwerbung. Der erste »Bundesführer« Franz Seldte war unternehmerisch-nationalliberaler Herkunft, vor den Kriegsjahren lediglich Reserveoffizier, und agierte in seiner Heimatstadt Magdeburg zu Beginn der Republik als DVP-Stadtverordneter. Der Stellvertreter Theodor Duesterberg traf hingegen, als langjähriger Berufssoldat (zuletzt im Range eines Oberstleutnants) und Sohn eines Oberstabsarztes, eine nicht minder milieutypische Wahl: Nach dem Abschied vom Militärdienst trat er im Protest gegen »Versailles« der DNVP bei und wurde deren Geschäftsführer im Wahlkreis Halle-Merseburg, einer Hochburg der linken USPD und der KPD. Diese vor Ort anzutreffende radikale Polarisierung mag zusätzlich Differenzen der »Hallenser« im Vergleich mit den etwas gemäßigteren »Magdeburgern« um Seldte erklären, die in einer von der SPD geprägten politischen Landschaft ihre Distanz zur Republik artikulierten.

Im Juli 1922 wurde der »Stahlhelm«, unter Berufung auf das »Gesetz zum Schutz der Republik« nach dem Rathenau-Mord, in Preußen verboten, bis der Staatsgerichtshof, offenbar infolge von Protektion seitens DVP-naher Juristen, diese Maßnahme im Januar 1923 aufgehoben hat. Die beginnende Ruhrkampfära, der Krisenwinter 1923/24 und ein anschließender deutschnationaler Massenzulauf legten diesem »Bund der Frontsoldaten« ein politisierteres Auftreten nahe. Vor solchem Hintergrund stieg Duesterberg im

Aufmarsch des »Stahlhelm« zu einer Kundgebung in Berlin, 1932

März 1927 durch Satzungsänderung zum gleichberechtigten »Zweiten Bundesführer« auf, der in der Öffentlichkeit den ursprünglichen Organisator Seldte mit kämpferischen Auftritten überspielte. Zum alljährlichen »Frontsoldatentag« ließ im Mai 1927 der Verband in Berlin, ebenso 1928 in Hamburg, etwa 130 000 »Stahlhelmer« aufmarschieren, je nach Schätzungen rund ein Drittel bis zur Hälfte der organisierten Mitglieder. Diese symbolische Besetzung der beiden größten deutschen Städte und »roten« bzw. republikanischen Hochburgen kündete von gestärktem Selbstbewußtsein unter einem Präsidenten Hindenburg, der selbst »Ehrenmitglied« dieses Militärbundes war.

Aus dem »Stahlhelm«-tragenden Druck auf die Versammlungsfreiheit der Weimarer Verfassungsparteien erwuchs der Impuls zur Gründung des »Reichsbanner

Schwarz Rot Gold« im Februar 1924. Mit diesem »Bund der republikanischen Kriegsteilnehmer e.V.« konnte ein generationsprägendes Fronterlebnis zugleich in sozialverträglichere Bahnen ziviler Selbstverteidigung gelenkt werden. Deren Selbstverständnis als »Soldaten des Friedens«, wie es im Verbandsorgan *Das Reichsbanner* am 1. März 1925 propagiert wurde, sollte Gewalt im Inneren und nach außen gerade aus eigenem Wissen um zerstörerische Konsequenzen eindämmen, ohne vor Zwangsmitteln anderer kapitulieren zu wollen. Zwar blieben auch schwarz-rot-goldenen Männerbünden typische Merkmale solcher Gruppenidentität nicht fremd, bis hin zu manchen Projektionen von der politischen Nation als eines großen Kameradschaftsverbands. Doch wußten letztlich sogar profilierte Antipoden im republikanischen Lager – z. B. pazifistische Vereinigungen mit hohem Frauenanteil – zuweilen den Saalschutz ihrer Versammlungen zu schätzen. Überdies waren nicht kriegserfahrene jüngere Männer und andere »Zivilisten« zur Mitarbeit willkommen. Durch Beitritt von Gewerkschaftsmitgliedern wuchs das »Reichsbanner« in wenigen Monaten zur Millionenstärke; die vorliegenden Schätzungen reichen 1926 bis zu 3,5 Mio. Angehörigen dieses Schutzbundes der Republik, wovon jedoch deutlich weniger als die Hälfte an Verbandsaktivitäten teilnahm.

Bereits die Verfassungsfeiern im August 1924 konnte der wenige Monate zuvor konstituierte Republikschutzbund in der öffentlichen Wahrnehmung maßgebend prägen. Die verbandsinternen Schätzungen beliefen sich auf reichsweit über 100 Veranstaltungen mit insgesamt mehr als einer Million dafür mobilisierter »Kriegsteilnehmer«, die nunmehr zugunsten einer politischen Zivilisierung demonstrierten. Das SPD-Zentralorgan hatte diese bedeutsame Mobilisierungskraft einer neuen Massenorganisation neidlos anzuerkennen: »Zum ersten Male seit Bestehen der deutschen Republik ist der Verfassungstag mit einer großen Volksbewegung verbunden« (*Vorwärts*, 11. August 1924). Nach der

Aufmarsch des »Reichsbanner Schwarz Rot Gold«, 1924

schweren Wahlniederlage im Mai 1924 war derart offensives Auftreten immerhin ermutigend. Ein Jahr darauf berichtete das politische Sprachrohr der größten republiktragenden Partei von »einem wahren Volksfest, das fast eine Million Menschen auf dem mächtigen Gelände der Treptower Spielwiese und in seiner Umgebung bis in den späten Abend zusammenhielt. Man kann ohne Übertreibung behaupten, daß Berlin eine Kundgebung von ähnlichem Ausmaße noch nicht gesehen hat« (*Vorwärts*, 11. August 1925). Selbst wenn die Neigung bestand, die eigene Stärke zu überschätzen, hat die Kontrolle durch eine gerade in der Hauptstadt vielstimmige Tagespresse garantiert, daß Übertreibungen bei seriösen Blättern nicht ausufern konnten und insofern ein Zustrom von Hunderttausenden zu diesem Berliner Verfassungsfest als verbürgt gelten darf.

Angesichts solcher Massenverankerung war es naheliegend, daß SPD-Mitglieder im »Reichsbanner« lediglich eine aktive Minderheit stellten, während dort eine überwiegend auch freigewerkschaftlich organisierte SPD-Wählerschaft mit bis zu 90 % dominierte. Einzig in rheinisch-westfälischen und schlesischen Hochburgen der katholischen Arbeiterbewegung ergänzten republiktragende Zentrumswähler mit wesentlichen Anteilen das Verbandsspektrum. Ansonsten engagierten sich nur die Jungdemokraten der DDP und die »Windthorstbünde« der Zentrumsjugend, unter ihren Vorsitzenden Ernst Lemmer und Heinrich Krone, im Straßenbild für diese Form der Republikverteidigung. Als prominentester Anwalt des »Reichsbanners« aus der Zentrumspartei trat Ex-Kanzler Wirth auf, der im Herbst 1926 sogar eine neue Zeitung namens *Deutsche Republik* zur Propagierung der schwarz-rot-goldenen Aktionsgemeinschaft mitbegründet hat: »Die Politik der deutschen Republik soll bis zum Letzten Ausdruck und Form des politischen und sozialen Emanzipationswillens des breiten Volkes werden«, verkündete deren erstes Heft (S. 4) dem angesprochenen Leserpublikum von Meinungsführern aus den Verfassungsparteien.

In den Führungsgremien des »Reichsbanner« wurde sorgsam auf die angemessene Beteiligung der ursprünglichen Verfassungsparteien geachtet. Als Bundesvorsitzender amtierte zunächst der SPD-Politiker Otto Hörsing, als Oberpräsident ein hoher preußischer Amtsträger, dann sein jugendlicherer Nachfolger Karl Höltermann (Jg. 1894). Zwar hielten sich orthodoxe Linkssozialisten von solcher Dachorganisation gemeinsam mit »Bürgerlichen« fern, doch wurde dies mit dem Engagement führender Sozialdemokraten bis hin zum Reichstagspräsidenten Paul Löbe aufgewogen. Von seiten der DDP war der Parteivorsitzende Koch der prominenteste Name an der Verbandsspitze. Daneben stand Ludwig Haas für die badischen Demokraten und als Mitherausgeber (neben Löbe und Wirth) der *Deutschen Republik*, deren Leitartikel dem auflagenstarken Verbandsblatt *Das Reichsbanner* in Grundsatzfragen die Stichworte lieferten. Aus Dankbarkeit für die tatkräftige Unterstützung im Wahlkampf zur Reichspräsidentschaft 1925 gehörte auch der Zentrumskanzler Marx der Organisation an. Mit Rücksicht auf deutschnationale Bündnispartner und im Dissens über die Kritik Hörsings an der Regierungsgewalt der österreichischen Christlichsozialen – bei Unruhen in Wien am 15. Juli 1927 – erklärte er jedoch seinen Austritt.

Im gegnerischen Milieu des »Stahlhelm« war gleichfalls die Präsidentenkür ein Höhepunkt der öffentlichen Mobilisierung geworden; das Eintreten zugunsten Hindenburgs ließ sich im Vergleich zu Reichstagswahlen problemloser als »vaterländisch-überparteiliche« Initiative präsentieren. An der innenpolitischen »Frontlinie« eines »schwarz-weiß-roten Reichsblocks« gegen den »schwarz-rot-goldenen Volksblock« bildeten insofern »Stahlhelm« und »Reichsbanner« die uniformierten Aufmarschbataillone zweier Großlager. Was den republiktragenden Gruppierungen der Verfassungstag für öffentliche Auftritte bedeutete, manifestierte sich auf der nationalen Rechten am Reichsgründungstag (18. Januar); früheren kaiserlichen Geburtstagsfeiern folgten entsprechende Huldigungen des »Stahlhelm« und des »Kyffhäuserbundes«, als Dachverband der örtlichen »Kriegervereine«, anläßlich des 80. Geburtstags von Hindenburg im Jahre 1927. Doch suchten beide Seiten zumeist nicht eine direkte Konfrontation, sondern gingen sich mehr aus dem Weg, zumal sie jeweils anderen gesellschaftlichen Lebenskreisen folgten.

Aufbegehren der Linken: Fürstenenteignung und Flaggenerlaß

Weshalb gab es in einer demokratischen Republik, sieben Jahre nach deren Gründung mit dem Sturz aller monarchischen Dynastien, überhaupt noch strittiges Vermögen jener Fürstenhäuser, deren Besitzrechte überwiegend an die ausgeübten Staatsfunktionen gebunden waren und folglich mit der erfolgten Amtsenthebung obsolet sein mußten? Diese Frage wurde links von der Mitte eindringlich vorgetragen, mit einem Spektrum konkreter Ziele von pauschaler Abgeltung der Grenzfälle zwischen privaten und öffentlich-rechtlichen Besitztiteln durch ein Reichsgesetz bis hin zu entschädigungsloser Heranziehung sämtlicher Fürstenvermögen. Einmal mehr hatte die Weimarer Republik ihre Erblasten aus politischen Versäumnissen der Gründungsphase um so mühsamer abzutragen. In Österreich wurde hingegen schon in der Novemberrevolution 1918 die »Übernahme der Krongüter« angekündigt und im April 1919 nahezu einstimmig in der Nationalversammlung beschlossen, so daß von Besitzansprüchen der Habsburger lediglich nachweisbares »persönliches Privatvermögen« unberührt blieb. Darin konnte auch nach den Grundsätzen der Weimarer Verfassung eine schlüssige Konzeption gesehen werden: Erst der Eingriff in die private Sphäre wäre als besondere politische Strafaktion durch ein »Sondergesetz« zu betrachten gewesen; hingegen sollte die Begrenzung der Verfügungsrechte ehemaliger Fürstenfamilien auf bürgerliches Privateigentum durch Abtrennung von allem Feudalerbe gerade zum staatsrechtlichen Kerngehalt eines republikanischen Neubeginns gehören.

Das ungeklärte Verhältnis zwischen Preußen und Reich hatte sich erneut nachteilig ausgewirkt, indem die Volksbeauftragten sämtliche dynastischen Erblasten den Ländern aufbürdeten, woraufhin nach Abdankung Wilhelms II. die Probleme mit den Hohenzollern der preußischen Landesregierung verblieben. Diese wiederum zeigte sich, analog zur Vorgeschichte des Kapp-Lüttwitz-Putsches, zunächst als Gefangene einer konservativen Bürokratietradition; sie fand sich, unter solchem Einfluß monarchiefreundlicher Beamter, zu einem für das Land nachteiligen außergerichtlichen Vergleich bereit. Erst massive Proteste aus den Reihen der SPD, im Kabinett unterstützt vom damaligen Landwirtschaftsminister Braun, verhinderten Anfang 1920 in letzter Minute den Abschluß der Übereinkunft. Damit war allerdings materiell nichts gewonnen, weil nunmehr auf dem langwierigen gerichtlichen Instanzenzug die Entscheidungen fast durchweg zugunsten der Fürstenrechte ausfielen. Dies konnte angesichts in der preußischen Richterschaft verbreiteter konservativer Vorbehalte gegenüber der Republik wenig erstaunen. In solchem Dilemma standen im Herbst 1925 erneut Vergleichsgespräche kurz vor dem Ergebnis, nahezu 75 % des betreffenden Grundvermögens im Besitz der Hohenzollern zu belassen.

Nur ein Reichsgesetz, wie es die SPD bereits im Mai 1923 vorgeschlagen hatte, das eine Landesermächtigung zur Übernahme des Fürstenvermögens mit begrenzter Entschädigung von pauschaliertem Privatbesitzanteil vorsah, hätte den Triumph der Feudalrelikte über republikanische Rechtsauffassungen noch abwenden können. Nachdem die Inflationskrise und der politische Ruck nach rechts 1923/24 dieses Problem in den Hintergrund gedrängt hatten, legte nunmehr die DDP am 23. November 1925 auf Druck regionaler Parteigliederungen dem Reichstag einen Gesetzentwurf vor; dieser sollte ganz ähnlich wie zuvor bei der SPD eine landesgesetzliche Regelung »unter Ausschluß des Rechtsweges« ermöglichen. Allerdings ließen sich die Liberalen, zumal sie im bestehenden Parlament nicht zu einer linken Mehrheit verhelfen konnten, rasch wieder in die Regierungsloyalität mit Zentrum und DVP einbinden, als zwei Tage darauf von der KPD-Fraktion die entschädigungslose Enteignung gefordert wurde. Diese Möglichkeit war zwar in Art. 153 WRV »zum Wohle der Allgemeinheit« vorgesehen, brachte die vorausgegangenen Initiativen der Verfassungsparteien jedoch in propagandistische Schieflage: insoweit man, wie auf der Rechten, den historisch und juristisch falschen Eindruck hervorrief, als handelte es sich auch bei einer landesherrschaftlichen Domänenwirtschaft der einstigen Fürstenhäuser um deren Privateigentum im zivilrechtlichen Sinne.

Was zunächst wie ein parteikommunistisches Agitationsmanöver mit außerparlamentarischer Unterstützung linksintellektueller Komitees aussehen mochte, entfaltete vor dem Hintergrund der gesetzgeberischen Versäumnisse die Eigendynamik einer sozialen Protestbewegung, weil in jenen Monaten erstmals Massenarbeitslosigkeit das Kontrastbild zu den fürstlichen Ansprüchen bildete: Von Mitte Oktober 1925 bis Anfang Februar 1926 stieg allein die offizielle Zahl der »Hauptunterstützungsempfänger« in der Erwerbslosenhilfe von unter 0,3 auf über 2,0 Mio. und verharrte bis weit ins Frühjahr auf diesem hohen Niveau. Ohne mit der KPD eine Aktionsgemeinschaft zu bilden, entschloß sich nunmehr auch die SPD unter tatkräftiger Mithilfe des ADGB zur Beteiligung am Volksbegehren, das einen Volksentscheid zur entschädigungslosen Fürstenenteignung zugunsten sozial Bedürftiger herbeiführen sollte. Die politische Erfolgsbilanz im Eintragungszeitraum (4. bis 17. März 1926) überragte mit 12,5 Mio. Unterschriften sogar die »kühnsten Erwartungen der Optimisten«, wie in der linksintellektuell engagierten *Weltbühne* (30. März 1926, S. 484) zu vermelden war.

Zusätzlichen Auftrieb erhielt die Kampagne zur Fürstenenteignung im Mai 1926, als Putschpläne in alldeutschen und schwerindustriellen Kreisen zur Errichtung einer Rechtsdiktatur aufgedeckt wurden und erneute Konflikte um die Reichsfarben zutage traten. Ersichtlich als symbolträchtiges Zugeständnis an die Restaurationstendenz einer Hindenburg-Republik und Stimmen des »Auslandsdeutschtums« hatte das Reichskabinett am 1. Mai beschlossen, z. B. im Rahmen der konsularischen Außenvertretung neben Schwarz-Rot-Gold auch die schwarz-weißrote Handelsflagge präsentieren zu lassen. Dagegen richtete sich die Empörung nicht bloß der oppositionellen SPD, vielmehr gab es zugleich Entrüstung in den Reihen der mitregierenden DDP und des linken Zentrumsflügels. Diese Proteste gegen verfassungsfremdes Regierungshandeln wurden von der republiktragenden Massen- und Qualitätspresse in breiter Resonanz aufgegriffen und so mit einem publizistischen Verstärkereffekt ausgestattet. Ein darauf bezogener Mißtrauensantrag der DDP-Reichstagsfraktion gegen einen ohne politische Hausmacht agierenden Kanzler Luther fand, mit Unterstützung der Linksparteien, nur deshalb eine Mehrheit, weil sich die oppositionelle DNVP der Stimme enthielt. Offenbar spekulierte man dort auf Machtzuwachs infolge Schwächung der rechten Mitte. Außer der Ersetzung Luthers durch seinen Amtsvorgänger Marx erfolgte insofern, mangels handlungsfähiger republikanischer Reichstagsmehrheit, kein Personen- oder gar Richtungswechsel, zumal sich auch politisch farblose DDP-Minister als Erfüllungsgehilfen präsidialer Sonderwünsche erwiesen hatten.

Entgegen der Legende von überparteilicher Amtsführung Hindenburgs wenigstens bis 1930 griff der Präsident unter dem Deckmantel einer persönlichen Meinungsäußerung in den Abstimmungskampf ein, indem er das Begehren der Linken als »einen sehr bedenklichen Vorstoß gegen das Gefüge des Rechtsstaates« zurückwies. Der auf den 20. Juni 1926 terminierte Volksentscheid zur Fürstenenteignung erlangte in solchem Umfeld eine über vordergründige materielle Streitfragen hinausweisende Bedeutung. »Es geht um die Zukunft der deutschen Republik«, versuchte der SPD-*Vorwärts* genau eine Woche vor dem Urnengang die Anhängerschaft gesellschafts- und verfassungspolitisch einzustimmen. Während das Zentrum mit seiner kirchentreuen ländlichen Gefolgschaft, trotz etlicher Gegenstimmen in seinen Arbeiter- und Jugendorganisationen, gleich den Rechtsparteien ein Fernbleiben von den Abstimmungslokalen empfahl, vermochte die DDP das Votum nur mehr freizustellen, da eine gemeinsame Parteilinie nicht festzulegen war. Nach außen hin konnte dies äußerst ehrenvoll als Plädoyer für eine »wahrhaft geheime Volksabstimmung« (*Die Hilfe*, 1. Juni 1926, S. 11) dargeboten werden – zielten doch

Boykottaufrufe von rechts auf Konformitätsdruck gegen Abstimmungswillige, deren Urnengang als offenes Bekenntnis zur Fürstenenteignung an den Pranger gestellt werden sollte. Aus parteiinternem Blickwinkel trennte diese Streitfrage entschiedene Linksliberale in Nachbarschaft zur SPD sowie eine Parteimitte um den Vorsitzenden Koch, die zwar nicht enteignen, aber den für die Fürsten vorteilhaften Zivilrechtsweg durch Reichsgesetz schließen wollte, vom national- und wirtschaftsliberalen Flügel: Neben dem spektakulären Parteiaustritt des Reichsbankpräsidenten Hjalmar Schacht distanzierten sich auch »Herzensmonarchisten« wie der Historiker Friedrich Meinecke und der kaiserzeitliche Minister Otto Fischbeck öffentlich von einer DDP-Führung, die innere Pluralität auch zur Linken hin tolerierte.

Mit 14,5 Mio. Ja-Stimmen brachte der Volksentscheid vom Juni 1926 immerhin zwei Millionen zusätzliche Unterstützungsvoten gegenüber dem vorausgegangenen Zulassungsbegehren im März. Doch zeigte das Verfehlen nunmehr weitgesteckter Ziele auch die Grenzen dieses halböffentlichen Bekenntnisses angesichts verstärkter Gegenpropaganda auf. Zum gesetzgeberischen Erfolg des Volksentscheids wären knapp 20 Mio. Ja-Stimmen, eine absolute Mehrheit aller Wahlberechtigten, erforderlich gewesen; denn in enger Fühlungnahme mit Hindenburg hatte zuvor das Reichskabinett dem Antragstext einen verfassungsändernden Charakter zugeschrieben. Der Sache nach war dies äußerst fragwürdig, da sich dieser Volksgesetzgebungsakt auf die in Art. 153 vorgesehene Möglichkeit der entschädigungslosen Enteignung bezog. In derlei Verfassungsrahmen erschien der politische Zugriff der Republik auf vormals an den Obrigkeitsstaat gebundenes Fürstenvermögen neben den Inflationsgewinnen sogar als plausibelste Trennlinie zu den Zivilrechtsnormen, die ansonsten nicht von der Revolution durchbrochen wurden.

Die mit 36,4 % tatsächlich massenbewegende Reichweite dieses Volksentscheids wird in vollem Umfange erst deutlich, wenn auch für die Wahlergebnisse als korrekter Vergleichsmaßstab die erreichten Anteile der Stimmberechtigten herangezogen werden: Keine einzelne Partei, weder die SPD 1919 zu Beginn noch die NSDAP 1932 am Ende der Weimarer Republik, kam über gut 31 % von allen Wahlberechtigten hinaus. Selbst die in profilierten Alternativen gegeneinander antretenden Parteienkoalitionen von 1925 konnten für Hindenburg mit 37,5 % bzw. Marx mit 35,2 % jeweils nur ungefähr solche Zustimmung mobilisieren. Ein Votum für die entschädigungslose Fürstenenteignung durfte als eine zur Hindenburg-Wahl genau entgegengesetzte Willensbekundung angesehen werden: in jeder Hinsicht rücksichtslose »Abrechnung« mit den Obrigkeitsdynastien, nicht Rückbesinnung auf einen »Ersatzmonarchen«. Auch wenn es kleine Minderheiten in der Hindenburg-Wählerschaft gab, die aus sozialem Protest ein Jahr später die Fürstenvermögen einziehen wollten, eigneten sich insgesamt doch beide Formationen als politische Kontrastgruppen der Rechten und Linken. Das Zentrum fehlte, mit Ausnahmen an seinen rechten und linken Rändern (BVP überwiegend für Hindenburg, etliche katholische Arbeiter zugunsten der Fürstenenteignung), nicht zufällig in beiden Voten: In den »schwarzen« Hochburgen wie dem Wahlkreis Koblenz-Trier rückten 60 % aller überhaupt Stimmberechtigten weder in der einen noch der anderen Richtung von der Zentrumsempfehlung ab.

Dieser Zusammenhang war auch in umgekehrter Richtung erkennbar, d. h. geringste »Restraten« (100 % minus Hindenburg-Anteil minus Fürstengesetz-Ja) von nur 8,9 % in Leipzig wurden ermöglicht durch minimalste Zentrumsanteile (7. Dezember 1924: 0,7 %). Wenn in den Wahlkreisen Berlin (63,3 %), Hamburg (52,7 %) und Leipzig (52 %) die höchsten Ja-Quoten erzielt wurden, hing dies offenbar damit zusammen, daß nicht-sozialistische Angestellte und Beamte vor einem Gesetzesakt der »Enteignung« weniger zurückschreckten als sonst ungefähr statusgleiche mittelständische Kleineigentümer im ländlichen und kleinstädtischen Raum. Darüber hinaus waren der politische Konformitätsdruck und die soziale Kontrolle durch konservative Honoratioren in Landgebieten ausgeprägter; schon der als Gesinnungszeugnis interpretierbare Gang zum Abstimmungslokal verlangte dort teilweise beträchtlichen Mut. Deshalb erbrachten nicht zufällig die stadtfremdesten Gebiete wie Niederbayern (12,5 %) im katholischen und Ostpreußen (20,2 %) im evangelischen Bereich die geringsten Anteile von Ja-Stimmen. Das Bürgerrecht der Nicht-Öffentlichkeit beim Abstimmen (Art. 22 WRV) stand in den Augen vieler Beichtväter und Gutsherren offenkundig nur auf geduldigem Verfassungspapier.

Nach dem gesetzgeberischen Leerlaufen des Volksentscheids hatten weitere Initiativen im Reichstag keine realistische Chance auf Erfolg. Dies galt auch für die kompromißorientierten Vorschläge der regierenden Mittelparteien, umstrittene Grenzbereiche zwischen staatsgebundenem und privatem Fürstenvermögen im Schiedsverfahren einer besonderen Gerichtsbarkeit zu überantworten. Sie blieben gegen das präsidiale Machtwort zu deren verfassungsänderndem Gehalt nicht durchsetzbar. Der Volksentscheid wie auch der Flaggenstreit 1926 hatten eine nach der Inflationskrise neu erweckte Vitalität des republikanischen Protestes gegen ein innenpolitisches Klima der Restauration dokumentiert; aber die Wurzeln der »anderen« Republik, mit ihren schwarz-weiß-roten Wucherungen bis hinein in die Zentren der Staatsmacht, waren damit nicht zu beschneiden.

Kulturelle Restaurationsversuche: Vom »Schund«- zum Schulgesetz

Wie einseitig manche rückblickenden Behauptungen sind, nach denen der Übergang zu autoritären Staatsmodellen in den 30er Jahren teilweise von einem Übermaß an Liberalität im vorausliegenden Jahrzehnt verschuldet sei, läßt sich beispielhaft am zuvor erfolgten Schwundprozeß von Freiheitsrechten erörtern. Nur der im Januar 1919 vorgelegte Entwurfstext zeigte im Abschnitt »Die Grundrechte des deutschen Volkes« noch ein klassisches Profil des Verfassungsliberalismus: »Jeder Deutsche hat das Recht, durch Wort, Schrift, Druck oder Bild seine Meinung frei zu äußern, soweit keine strafrechtlichen Vorschriften entgegenstehen. Eine Zensur findet nicht statt« (zit. nach: Triepel, 1926, S. 12). Der endgültige Art. 118 der Weimarer Verfassung enthielt, über die »Schranken der allgemeinen Gesetze« und Sonderregelungen für »Lichtspiele« (Kino) hinaus, nach den Parteienkompromissen bereits einen deutlicher einschränkenden Schlußsatz: »Auch sind zur Bekämpfung der Schund- und Schmutzliteratur sowie zum Schutze der Jugend bei öffentlichen Schaustellungen und Darbietungen gesetzliche Maßnahmen zulässig.« Über den generellen Strafrechtsvorbehalt und den Jugendschutz in der Öffentlichkeit hinaus wurden damit Einfallstore dafür geschaffen, daß eben doch wieder Zensurmaßnahmen möglich waren, ohne den zu bekämpfenden »Schund und Schmutz« verbindlich umgrenzen zu können.

Der im Herbst 1926 vom Reichskabinett eingebrachte Gesetzentwurf zur »Bewahrung der Jugend vor Schund- und Schmutzschriften« enthielt als wesentliches Instrumentarium die auf Landesebene angesiedelten Prüfstellen, die zu amtlichen Sittenwächtern über den Niederungen der Trivialliteratur eingesetzt wurden. In der kontroversen Debatte des Reichstagsplenums verwies die Zentrumsabgeordnete Helene Weber auf vorausgegangene Anträge ihrer Partei seit dem Januar 1922, die nunmehr erfolgversprechend der parlamentarischen Beschlußfassung überantwortet werden konnten. Der künstlerisch-literarischen Intelligenz, die gemeinsam mit den Fraktionen der Linken die befürchteten Übergriffe in die Schaffensfreiheit anprangerte, wollte diese Vertreterin ihrer katholischen Gegenkultur zur Moderne vorwerfen, den »Götzen einer falschen Geistesfreiheit« anzubeten; es handele sich um die »Stellungnahme einer volksfremden Geistigkeit« und den Ausdruck von »hyperindividualistischen Meinungen«, von denen sich eine Kunst »aus den Wurzeln des deutschen Volkstums« als positives Vorbild unterscheiden müsse (*Verhandlungen des Deutschen Reichstags*, Berlin, 26. November 1926, Bd. 391, S. 8224 f.). Solches antiliberales Kulturverständnis, das sich gegen die Individualrechte auf das vermeintlich gesunde Empfinden der Volksgemeinschaft berief, war von den Beiträgen einer deutschnationalen und völkischen Rechten nur dadurch unterschieden, daß antisemitische Nebenklänge einer Distanz zu »Volksfremden« zurücktraten.

Erstaunlicher war jedoch die Unterstützung des wesentlichen Inhalts der Gesetzesvorlage aus der DDP-Fraktion, und zwar nach den Worten von Theodor Heuß gerade unter jenen, »für die die Person von Friedrich Naumann der Ausgangspunkt ihrer sozialen Arbeit und Hingabe gewesen ist«; denn in einer vielleicht »zu pathetisch oder zu sentimental« klingenden Formulierung gab es für diese Kulturprotestanten »nicht nur eine Sozialpolitik der Tarifverträge, sondern es gibt auch eine Sozialpolitik der Seele«. Durchaus bezeichnend für sein Herkunftsmilieu verwies Heuß mahnend auf den Unterschied zwischen der behüteten »Situation der bürgerlichen Kleinstadtfamilie« und dem Kontrastbild, das eine »fast familienlose Masseneinsamkeit der Großstadtjugend« darbiete und insoweit für sie den staatsvormundschaftlichen Zugriff rechtfertigte. Tatsächlich hatten diese und andere »provinzielle« Vorbehalte gegen den »Großstadtmoloch« (vor allem Berlin) eine kaum überwindbare Barriere gegen die positive Aufnahme von experimentierfreudigen Kulturströmungen der 20er Jahre errichtet. Wenn von den prinzipiellen Zensurgegnern, die auch unter Linksliberalen zu finden waren, der Einwand vorgebracht wurde, »daß keine Definition, was unter Schmutz und Schund zu verstehen sei, im Gesetz vorhanden ist«, äußerte Heuß statt dessen ein naiv anmutendes Vertrauen, »daß das einfach menschlich saubere und literarisch empfindende Gefühl das Notwendige findet und ausspricht«. So blieb es dem SPD-Reformpädagogen Kurt Löwenstein vorbehalten, in staatlich verordneten Prüfstellen den Gefahrenherd für mögliche »Fememorde an deutschem Kulturgut« und eine »legale und illegale schwarze geistige Reichswehr« zu brandmarken (*Verhandlungen des Deutschen Reichstags*, Berlin, 27. November 1926, Bd. 391, S. 8234 f., S. 8249). Das in kaum einem Geschichtswerk erwähnte »Schund«-Gesetz bildete immerhin den Anlaß für die Aufkündigung der langjährigen DDP-Mitgliedschaft des *Tageblatt*-Chefredakteurs Wolff.

Noch stärker als die »Schund- und Schmutz«-Gesetzgebung offenbarte der Mitte 1927 von Zentrum und DNVP getragene Entwurf zu einem Reichsschulgesetz den Versuch, internem Streit der Interessengruppen mit traditionellen weltanschaulichen Identifikationsangeboten zu begegnen. Darin war z. B. ein verstärkter Einfluß der christlichen Kirchen auf den Religionsunterricht vorgesehen. Darüber hinaus sollten, trotz föderalistischer Ambitionen von Zentrum/BVP gerade im Kultusbereich, gar noch Konfessionsschulen in einzelnen Ländern, die nur Gemeinschaftsschulen kannten (Baden und Hessen), mit reichsgesetzlicher Hilfe etabliert werden. Zumindest derlei Eingriffe der Rekonfessionalisierung gegen den Willen von Landesparlamenten waren mit Art. 146 WRV nicht zu vereinbaren, der ohnehin nur begrenzte Ausnahmen von der Regel zulassen wollte: »für die Aufnahme eines Kindes in eine bestimmte Schule sind seine Anlage und Neigung, nicht die wirtschaftliche und gesellschaftliche Stellung oder das Religionsbekenntnis seiner Eltern maßgebend«. In solchen Prinzipienfragen ließ sich allerdings eine DVP, die sich auf liberales Erbe der Trennung von Kirche und Staat besann, nicht einfach in der Ministerrunde überstimmen, sondern beharrte am 13. Juli in den abschließenden Kabinettsberatungen auf ihrem weiterhin abweichenden Votum.

Nach intensiven Debatten im Reichstag mußte schließlich am 15. Februar 1928 der DNVP-Fraktionsvorsitzende Kuno Graf Westarp in seiner Eigenschaft als Sprecher des betreffenden Koalitionsgremiums das Regierungsbündnis für gescheitert erklären. Dafür war nunmehr vor allem ein Parteikatholizismus verantwortlich, der in seinem parlamentarisch aussichtslosen Streben nach Zurückdrängung des liberalen Säkularisierungstrends nur mehr auf Formierung des eigenen Integrationsmilieus abzielte. Mit dem Ende der regulären Legislaturperiode mußte ohnehin das politische Mandat dieses Reichstags im Spätherbst auslaufen. Insofern eröffnete die von interfraktionellem Einverständnis getragene, am 31. März vom Reichspräsidenten unterzeichnete Auflösung, mit gleichzeitiger Ansetzung der Neuwahl auf den 20. Mai, einen naheliegenden Ausweg aus der Kabinettskrise. Diesem Vorgehen folgte die preußische Regierung der Weimarer Koalition in der Erwartung, die bei der vorausgegangenen Landtagswahl knapp verfehlte, einzig durch Mandatsüberträger gesicherte Mehrheit aus überzeugenderem Votum bestätigen zu lassen.

Reichs- und Preußenwahl 1928: Spätes Maifest der Republik?

Mit dem Scheitern des Reichsschulgesetzes konnte die Parteienlandschaft erneut in Bewegung geraten. Die im Zeichen des Konjunkturaufschwungs 1928 auch verteilungspolitisch günstig anmutenden Einigungschancen von der SPD bis zur DVP wurden aber in jenem außenpolitischen Handlungsfeld belastet, in dem gemeinhin die wichtigste großkoalitionäre Integrationskraft vermutet worden ist. Wie fragwürdig eine Gleichsetzung von Stresemanns realistischer Vertrags- mit partnerschaftlicher Friedenspolitik wäre, vermag die

Streitfrage des Panzerkreuzerbaus der Reichsmarine aufzuzeigen. Noch in der Bürgerblockära war ein bis zu 500 Mio. Mark teures langfristiges Rüstungsprogramm mit dem »Panzerkreuzer A« beschlossen worden, von dem angesichts der Finanzprobleme und des preußischen Widerstands im Reichsrat weniger als 10 Mio. in den Haushaltsplan 1928 unterzubringen waren. Gleichzeitig hatte die Koalition der Rechten bislang zur Verfügung gestellte 5 Mio. jährlich für die Schulspeisung unterernährter Kinder gestrichen, was die sozialpolitische Verankerung des Zentrums nach dem Konflikt um die Fürstenvermögen noch weiter untergraben mußte.

Der oppositionellen Linken wurde so eine Wahlparole geradewegs in den Mund gelegt. Die Alternative »Panzerschiff oder Kinderspeisung?« war vom bekannten linksbürgerlichen Publizisten Gerlach bereits im Februarheft des *Echo der Jungen Demokratie* formuliert worden. Immerhin hatte auch die DDP-Fraktion im Reichstag den Panzerkreuzerbau als entbehrliches und allzu kostspieliges Prestigevorhaben der Marine abgelehnt. Die nationalistischen Hintergedanken der Befürworter – in Richtung künftiger Großmachtpolitik – waren unverkennbar; dies galt für die Reichswehrspitze mit ihrem Schutzpatron Hindenburg und dessen »Fachminister« Groener (der Geßler im Januar 1928 ablöste), parlamentarisch flankiert von DNVP und DVP sowie einem Parteikatholizismus, der sich gleich Stresemann nicht dem Vorwurf des erfüllungspolitischen Rückzugs von der Landesverteidigung aussetzen wollte. Um so wirkungsvoller kontrastierend erreichten SPD-Wahlplakate unter dem Stichwort »Kinderspeisung statt Panzerkreuzer« die öffentliche Meinungsbildung. Im übrigen konnte die SPD in vielen Gemeinden und Ländern, nicht zuletzt auch Preußen, erstmals die Aufbauleistungen einer Konsolidierungsphase zugunsten der Republik vorweisen.

Eine solche Kombination aus reichspolitischer Opposition gegen einen »Bürgerblock« und regionalen Alternativen mit eigener sozialpolitischer Initiative war sichtlich erfolgreich: Mit 29,8 % zum Reichstag und 29,0 % zum Preußischen Landtag erzielte die SPD am 20. Mai 1928 das beste Wahlresultat der gesamten Weimarer Republik, sofern der Januar 1919 noch zu deren unmittelbaren Voraussetzungen gerechnet wird. Aus ungefährem Gleichstand mit den Sozialdemokraten, ziemlich genau vier Jahre zuvor, war für die DNVP – mit reichsweit nur mehr 14,2 % – weniger als die halbe Fraktionsstärke der größten Partei geworden. Offenkundig mußte damit ein deutschnationaler Preis der Unpopularität für vorausgegangene Regierungsverantwortung entrichtet werden, der 1920 neben der SPD vor allem die DDP und 1924 die DVP betraf. Ein KPD-Zuwachs auf 10,6 % der Stimmen zum Reichstag verstärkte den Gesamteindruck eines spürbaren Linksrucks und dementierte zugleich einseitige Annahmen, derartiges sei einzig bei sich vertiefender Wirtschaftskrise zu erwarten. Gleichzeitig nur 2,6 % NSDAP-Anteil komplettierten das – leichtfertigen Optimismus nährende – Bild einer schweren Niederlage der antirepublikanischen Rechten.

Allerdings zeigten Verluste der Mittelparteien des Reichstags (DDP, Zentrum und DVP) von jeweils anderthalb Stimmenprozenten eine zunehmende Tendenz zu politikverdrossenen Sonderinteressen: Eine Verdoppelung auf 4,5 % der mittelständischen »Wirtschaftspartei«, und zusätzlich ebenso viele Stimmen für diverse agrarische Listen, sowie geringere Wahlbeteiligung vor allem im ländlich-kleinstädtischen Raum relativieren die Gesamtbilanz der besonders auffälligen DNVP-Einbußen und SPD-Gewinne. Es waren also nicht millionenfach Wählerinnen und Wähler von einer inzwischen etablierten Rechten zu den republikanischen Ursprüngen zurückgekehrt, sondern teilweise lediglich auf Regierungsdistanz abgetaucht – bevor seit 1929/30 auch die NSDAP solches Potential der Unzufriedenheit sammeln konnte. Ein deutlich überproportionaler SPD-Zuwachs und DNVP-Verlust in den Wahlkreisen mit deutlich höchsten

Anteilen von Landarbeitern (Ostpreußen, Pommern und Mecklenburg) ließ dennoch erkennen, daß auch in dieser Hinsicht eine Klassenpolarisierung wie 1919/20 neu auflebte.

In großstädtischen Ballungszentren korrespondierte damit offenkundig ein erneuter Richtungswechsel in der Angestelltenschaft von der DNVP zur SPD: Für den Wahlkreis (Alt-)Berlin können Abwanderungen der massiven DNVP-Einbußen (15,7 % nach 22,0 %) zu Interessen- und Splittergruppen weithin ausgeschlossen werden; denn Wirtschaftspartei und »Sonstige« waren von 5,6 % auf 4,8 % gesunken, statt wie reichsweit von 7,8 % im Dezember 1924 auf 14,0 % im Mai 1928 zu steigen. Zusammen mit den überdurchschnittlichen DDP-Verlusten in Berlin (6,8 % nach 10,1 %) dürften Angestelltenvoten ein gut behauptetes SPD-Ergebnis (34,0 % nach 32,5 %) aufgefüllt haben, während weitaus mehr Arbeiterstimmen als in anderen Wahlkreisen von der SPD zur KPD strömten; diese erzielte im Hauptstadtkern sensationelle 29,6 % und übertraf klar den Krisenhöhepunkt vom Mai 1924 (20,6 %). Allein strukturelle Faktoren vermögen diese Sonderentwicklung nicht zu erklären, da z. B. in der anderen Millionenstadt Hamburg oder auch dem mitteldeutschen bzw. rheinischen Industrierevier die KPD-Gewinne ungefähr proportional zur Gesamttendenz verliefen. Mit publizistischer Bündelung in dem (seit 1926 erscheinenden) Massenblatt *Die Welt am Abend* aus dem kommunistischen Münzenberg-Konzern hatte sich in Berlin eine politische Milieuverdichtung der äußersten Linken herausgebildet, die vorhandene Potentiale des sozialen Protests breiter als sonst öffentlich manifestierte.

Im Preußischen Landtag war nach diesem Wahlresultat eine hauchdünne Mehrheit der Weimarer Koalition (226 von 450 Sitzen) vorhanden; hingegen ließ sich diese Konstellation im Reichstag nur mit Rückgliederung der BVP ins Zentrum herstellen (240 + 16 von 491 Mandaten), sie blieb also zugleich von der DVP abhängig. Der zuvor regierende »Bürgerblock« (DNVP/Landbund, DVP, Zentrum/BVP) war jedoch von 250 auf 199 Reichstagssitze abgeschmolzen, so daß nicht einmal gemeinsam mit bäuerlich-mittelständischen Kleingruppen eine Mehrheitsbildung erfolgen konnte. Insofern führte kein Weg an der ersten SPD-Kanzlerschaft seit acht Jahren vorbei, mit der wie im Frühjahr 1920 Hermann Müller als erfahrener Außenpolitiker betraut wurde. Doch zeigte sich nach mehr als vierjährigem Fernhalten der SPD von der Regierung allein noch die DDP vorbehaltlos zu einer republiktragenden Koalitionsbildung bereit, an der sich ihr Parteichef Koch als Justizminister beteiligte. Hingegen zog sich der seit nahezu einem Jahrzehnt mit Regierungsaufgaben belastete Parteikatholizismus auf einen Beobachterstatus im Kabinett zurück, indem lediglich das politikferne Verkehrs- und Postressort von Zentrum und BVP übernommen wurden. Noch distanzierter verhielt sich die DVP, der Außenminister Stresemann die Teilnahme an einem Kabinett von »Persönlichkeiten« geradewegs handstreichartig durch Absprachen mit dem nominierten Kanzler Müller aufnötigen mußte.

Die SPD konnte mit den bereits amtserfahrenen Ministern Severing (Inneres) und Hilferding (Finanzen) sowie dem Gewerkschafter Rudolf Wissell (Arbeit), der 1919 im Rat der Volksbeauftragten und als Wirtschaftsminister tätig war, drei wichtige Ressorts besetzen. Allerdings verblieb der parteilos-konservative Groener mit seinen Verbindungen zu Hindenburg als Reichswehrminister, nachdem die Ära Noske und Geßler für SPD bzw. DDP wegen deren Anpassung an ihre militärische Umgebung kaum Neigungen zu erneuten Versuchen hinterlassen hatte, diesen offenbar nicht demokratisch zu bändigenden Tiger selbst reiten zu wollen. Aufgrund des fehlenden Einverständnisses der DVP, den 11. August in den Rang des gesetzlichen Feiertags der Weimarer Republik zu erheben, drohte einem ohnehin den großkoalitionären Charakter verleugnenden Reichskabinett in den Kalendertagen vor diesem historischen Datum ein frühes Scheitern: Mit Rückenstärkung durch Hindenburg verlangte Groener ultimativ den Panzerkreuzerbau nach Vorgaben des gerade abgewählten Rechtsbündnisses, als bestünde noch wie am Ende des Ersten Weltkriegs jene zuletzt mit beiden Namen verbundene Nebenregierung der Obersten Heeresleitung. Um nicht den Austritt zumindest der DVP und vielleicht auch des Zentrums und der BVP aus der Regierung zu riskieren, hatten die SPD-Kabinettsmitglieder solchem Druck komplett nachgegeben und am 10. August dem Festhalten am Panzerkreuzer A zugestimmt.

Da zuvor seitens der beiden DDP-Minister eine Orientierung am Verhalten ihrer SPD-Kollegen angekündigt wurde und beide Parteien kabinettsintern nicht zu überstimmen waren, hatte sich letztlich ein außerparlamentarisches Machtzentrum durchgesetzt, obwohl DVP und Zentrum/BVP im Falle des Beharrens von SPD und DDP auf ihren Überzeugungen keine alternative Reichstagsmehrheit zur Rechten hin offenstand. Insoweit darf bezweifelt werden, ob die Zentrumspartei ausgerechnet zugunsten eines sichtlich unpopulären Rüstungsprojekts erstmals seit 1919 die Oppositionsbänke aufgesucht hätte – und auch Stresemann war allzu gern Außenminister und zu wenig ein bloßer Befehlsempfänger Hindenburgs, um nicht zumindest über einen Kompromiß der einstweiligen Vertagung bzw. erheblichen Reduzierung des Panzerschiffbaus noch eingebunden werden zu können. Vielleicht wäre im Ergebnis eines ausgeprägteren Machtbewußtseins der SPD mit dem Rücktritt von Groener auch das Prestige Hindenburgs zu erschüttern gewesen, zumal das mögliche vorzeitige Abtreten eines über 80jährigen kaum als wirkungsvolle Drohung zu benutzen war. Das geradezu klägliche Scheitern des KPD-Volksbegehrens zum Verbot des Panzerkreuzerbaus (nur 2,9 % Eintragungsquote in der ersten Oktoberhälfte trotz Unterstützung durch linksbürgerliche Pazifisten) beleuchtete von anderer Seite, wie ausschlaggebend die Haltung der SPD als republikanischer Massenpartei blieb.

Jedenfalls hätte beharrlicheres Insistieren auf dem eigenen Wahlprogramm, bis zu einer die Stärke der Koalitionsfraktionen angemessen berücksichtigenden Einigung, für die SPD eher den höchsten Einsatz aller Kräfte gelohnt als jenes politische Trauerspiel, das nach dem voraussehbaren innerparteilichen Protest inszeniert wurde: Gleich reuigen Sündern votierten die Kabinettsmitglieder der SPD mit ihrem Kanzler im Reichstagsplenum am 16. November gegen die Regierungslinie und für den Antrag der eigenen Fraktion, den Panzerkreuzerbau zu beenden und dadurch gewonnene Haushaltsmittel zunächst für die Kinderspeisung freizusetzen. In diesem Stadium der anderweitigen Beschlußlage führte dies lediglich zum erneuten Glaubwürdigkeitsverlust der SPD-Minister, zunächst im Verhältnis zur eigenen Partei und Wählerschaft, nunmehr hinsichtlich der Verläßlichkeit einmal getroffener Entscheidungen gegenüber ohnehin mißtrauischen Koalitionspartnern. Für ein solches Doppelspiel im Hintergrund des SPD-Antrags ließ sich auch die DDP nicht gewinnen, mit der zuvor weithin Einvernehmen in der Sache bestanden hatte. Daraufhin war 1928 die Chance zu einem republikanischen Maierwachen bereits nach wenigen Monaten ebenso vertan, wie 1920 im Gefolge des Rechtsputsches und 1922 unter dem Eindruck des Rathenau-Mordes kurze Offensivphasen der Linken rasch wieder in die Defensive zurückgedrängt wurden.

5
Abmarsch nach rechts: Krise und Gegenreform zum Präsidialsystem

Chronologische Übersicht

1928

20. Oktober: Konzernchef Hugenberg zum DNVP-Vorsitzenden gewählt.

1. November: Beginn der Massenaussperrungen im »Ruhreisenstreit«.

9. Dezember: Prälat Kaas zum Vorsitzenden der Zentrumspartei gewählt.

1929

24. Oktober: Börsencrash in New York als Menetekel der Weltwirtschaftskrise.

22. Dezember: Volksentscheid gegen Young-Zahlungsplan, Rechtsparteien verfehlen mit 5,8 Mio. Ja-Stimmen (13,8 %) die Erwartungen.

1930

27./29. März: Regierung zerbricht im Streit um die Finanzierung der Arbeitslosigkeit, erstes Präsidialkabinett mit Kanzler Brüning (Zentrum).

14. September: Reichstagswahlen: Erfolg der NSDAP (18,3 %) auf Kosten von DNVP (7 %) und DVP (4,5 %); KPD (13,1 %) gewinnt von der SPD (24,5 %), Zentrum/BVP stabil (11,8 + 3,0 %).

1931

9. August: Volksentscheid zur Auflösung des Preußischen Landtags mit 36,8 % Zustimmungsquote (Rechtsparteien und KPD) gescheitert.

11. Oktober / 16. Dezember: »Harzburger Front« der Rechten, »Eiserne Front« der SPD.

1932

10. April: Präsidentenwahl: Hindenburg (53 %) siegt gegen Hitler (36,8 %).

30. Mai / 1. Juni: Entlassung Brünings, »Kabinett der Barone« unter Papen.

20. Juli: Staatsstreich Papens gegen preußische Regierung (die seit der Wahl am 24. April ohne Mehrheit geschäftsführend amtiert).

31. Juli: Reichstagswahlen: NSDAP dominierend (37,3 %), zusammen mit KPD-Gewinnen (14,3 %) entsteht Blockademehrheit.

6. November / 2. Dezember: Nach Neuwahlen mit NSDAP-Rückgang (33,1 %) und KPD-Höhepunkt (16,9 %) bildet Reichswehrchef Schleicher ein kurzlebiges Präsidialkabinett, bis Hindenburg die Macht an Hitler als Kanzler übergibt (30. Januar 1933).

Der Anfang vom Ende: Politisches Krisenhalbjahr 1928/29

Die Zerstörung der Weimarer Republik wird immer noch zu einseitig auf die seit Herbst 1929 hervortretende Weltwirtschaftskrise zurückgeführt, während zwei Phänomene angemessen zu unterscheiden sind: der Übergang aus dem Parlamentarismus in ein Präsidialregime und das Einmünden von Wahlerfolgen der NSDAP in deren »Führerstaat«. Bevor auch nur erste Auftaktsignale eines reichsweiten Siegeszuges der NSDAP ertönten, hatte im Herbst 1928 der Abschied maßgebender Kräfte sämtlicher »Bürgerblock«-Parteien aus der bestehenden Verfassungsordnung schon begonnen. »Mehr Macht dem Reichspräsidenten« lautete die Gegenparole zur gestärkten Position der SPD im Reichstag nach den Maiwahlen. Ebenso fand die im September 1928 formulierte gewerkschaftliche Forderung nach einer »Wirtschaftsdemokratie« ihr Kontrastprogramm in dem Verlangen nach Sozialabbau nicht allein bei Unternehmern, sondern z. B. in der restriktiven Zins- und Kreditpolitik des Reichsbankpräsidenten Schacht. Den wenigsten unmittelbaren Schaden für die Republik konnte das am meisten überschätzte Ereignis dieser Wochen bringen: die am 20. Oktober stattfindende Wahl des alldeutschen Pressekonzern-Chefs Alfred Hugenberg zum DNVP-Vorsitzenden in der Nachfolge des altkonservativen Grafen Westarp.

Die rückschauende Fixierung auf die Übergangsmonate 1932/33 von den autoritären Kabinetten Papens und Schleichers zur Diktaturregierung Hitlers, in denen sich der Einfluß Hugenbergs tatsächlich unheilvoll auswirken konnte, verstellt zumeist den Blick auf die vorausliegende Konstellation: daß sein Kurs der »nationalen Opposition« zunächst die außen- wie innenpolitischen Optionen Hindenburgs nach rechts hin verengte und damit ungewollt die frühzeitige Umsetzung der antiparlamentarischen Strategien und Anti-Versailles-Revisionsziele bremste. Im Parteiensystem erfüllte 1929/30 die nationalistisch radikalisierte, sich aber von ihrem ländlich-mittelständischen Sozialmilieu entfernende Hugenberg-DNVP am rechten Flügel eine ähnlich selbstzerstörerische Funktion wie 1919/20 die gegen eigene Parteitraditionen nach Moskau umorientierte USPD-Linke. Was letztere zur Massenbasis der KPD und langfristigen Schwächung der SPD beigetragen hatte, trieb Hugenbergs Kampagnenpresse allmählich der im Wortradikalismus überzeugenderen NSDAP zu; gleichzeitig zerrüttete das Hinausdrängen »staatsbewußter« Traditionskonservativer endgültig jeden Führungsanspruch der DNVP und wertete den rechten Flügel der Zentrumspartei als verbleibende Präsidialreserve für eine künftige Wende zum autoritären Regierungskurs auf. Erst als Hugenbergs Fundamentalopposition die eigene Partei, die er nach Stimmenverlusten von 20,5 % auf 14,2 % übernahm, binnen zweier Jahre auf 7,0 % abgewirtschaftet hatte, konnte er im Schattenbild von Hitlers NSDAP eine historische Schleifspur vorausgegangener parteikonservativer Entgleisungen hinterlassen.

Erheblich mehr aktuelles Gewicht hatte in jenen späten Oktobertagen 1928 das konsensauflösende Vorgehen, das mehrheitlich dem rechten Flügel der DVP nahestehende Eisenindustrielle des Ruhrgebiets zeigten: Gegen einen vom Arbeitsminister für verbindlich erklärten Schiedsspruch eines Schlichters erhoben sie nicht nur Arbeitsgerichtsklage, sondern kündigten ihren etwa 230 000 Beschäftigten das zum 1. November tariffreie Arbeitsverhältnis in Verbindung mit einer Massenaussperrung auf. Derlei Strategie des Klassenkampfs von oben richtete sich gegen die Zwangsschlichtung überhaupt und sollte den Flächentarifvertrag insgesamt aushebeln, um den einzelnen Unternehmern wieder mehr Gestaltungsmacht in Arbeitszeit- und Lohnfragen gegenüber ihren Arbeitnehmern zu verschaffen. Eine darin enthaltene wirtschaftspolitische Attacke gegen die Regulierungsdichte der industriellen Arbeitsbeziehungen erwiderte die Mehrheit des Reichstags am 17. November, indem zusätzliche Finanzmittel für Gemeindeleistungen an die Ausgesperrten bereitgestellt wurden. Nach gegenläufigen Entscheidungen des Bezirks- und Landesarbeitsgerichts erteilte das Reichskabinett Innenminister Severing das Mandat zur Konfliktschlichtung, was Anfang Dezember zu einem Kompromiß führte: In der Arbeitszeit wurden gewerkschaftliche Vorstellungen mehr berücksichtigt, bei der Lohnfindung die unternehmerischen Interessen stärker gewichtet. Letztinstanzlich entschied am 22. Januar 1929 das Reichsarbeitsgericht zugunsten der Unternehmerseite und hob den Stichentscheid des Schlichters grundsätzlich auf; dies bestärkte die Arbeitgeberverbände darin, künftig Regelungsansprüche des Weimarer »Systems« generell überwinden zu wollen.

Eine parlamentarische Demokratie ist freilich allein durch Loyalitätsentzug wirtschaftlicher Eliten, flankiert von zumindest Skepsis gegen die Republik im höheren Verwaltungspersonal, nicht politisch zu stürzen. Auch eine zusätzliche fundamentale Opposition, von NSDAP und Hugenbergs DNVP bis hin zur KPD, war dazu bei weitem noch nicht in der Lage. Ohne eine tiefgreifende Erosion in den Reihen der Verfassungsparteien hätte das Ergebnis der Maiwahlen 1928 zumindest für die erste Hälfte, wenn nicht gar die gesamte Dauer einer regulären Arbeitsperiode tragfähig sein können. Die Zentrumspartei ist jedoch zur Jahreswende 1928/29 in einen letzten Abschnitt ihrer Weimarer Politik hinübergewechselt: Nach dem republikanischen Kurs der Ära Erzberger-Wirth bis 1922 und einer Vermittlerrolle unter Führung von Marx (1923–1928), zwischen »Bürgerblock« im Reich und Weimarer Koalition in Preußen, fiel die Partei nunmehr in jene konservative Haltung zurück, die auch 1918/19 vor den Kompromissen der Verfassungsberatungen bestimmend war. Das charakteristische Zeichen dieses politisch wieder verstärkt »eingeschwärzten« Profils bildete die Wahl des Prälaten Ludwig Kaas zum neuen Parteivorsitzenden am 9. Dezember 1928 mit 184 von 318 Stimmen, und zwar gegen den republikloyalen Bewerber aus der katholischen Arbeiterbewegung Joseph Joos sowie den christlichen Gewerkschaftschef Adam Stegerwald (92 bzw. 42 Stimmen).

Die Richtungsentscheidung zugunsten von Kaas zeigte eine nur selten bedachte Parallele zum katholischen Nachbarland Österreich, wo ein Prälat namens Ignaz Seipel als langjähriger Parteivorsitzender der Christlichsozialen bereits als Bundeskanzler einer 1927 formierten »antimarxistischen Einheitsliste« amtierte. Ein solches parteikatholisch geführtes Rechtsbündnis gegen die in Wien mächtige Sozialdemokratie hatte neben der gleichfalls antisemitischen Großdeutschen Volkspartei sogar eine »gemäßigte« nationalsozialistische Splittergruppe umfaßt. Nach anfänglicher Öffnung zur Republik, vor allem bei christlichsozialen Arbeiter- und Bauernvertretern, konnten insbesondere gewerbliche Interessengruppen und katholische Akademikerverbände solche Wende nach rechts herbeiführen; erstere attackierten den angeblichen »Wiener Steuerbolschewismus«,

d. h. eine aktive kommunale Wohnungs- und Sozialpolitik, letztere widersetzten sich primär einer laizistischen, also im Kern gesinnungsliberalen Schul- und Eherechtspolitik und verlangten die Festlegung auf eine »integrale« Weltanschauungspartei.

Ein Kurswechsel nach Art dieses Modells Seipel, d. h. Rückwendung zur integral-katholischen Weltanschauung mit traditioneller Skepsis gegenüber »vom Volke ausgehender« Parlamentsgesetzgebung und nicht »gottgewollter« Wertordnung, diente nach dem Zeugnis etlicher Richtungsorgane des Zentrums auch vielen Anhängern eines Parteiführers Kaas als Leitbild. Mit demonstrativem Austritt selbst ihres »Beobachters« aus dem Kabinett Müller am 6. Februar 1929 präsentierte sich die Zentrumspartei erstmals seit dem Wahlkampf zur Nationalversammlung wieder vorübergehend als Oppositionsfraktion. Doch obwohl sie bereits am 13. April ins Reichskabinett zurückkehrte, und zwar neben dem bisherigen »Beobachter« mit so profilierten Köpfen wie Stegerwald als Verkehrs- und Wirth als Sonderminister für das noch besetzte Rheinland, bildete nicht mehr wie bis 1922 die Verfassungs- und Sozialpolitik eine Brücke zur DDP und SPD. Vielmehr hing die nunmehr sogar »echte« Große Koalition am seidenen Faden der gemeinsam unterstützten Außenpolitik Stresemanns. Dieser wurde bei seinem frühen Tod am 3. Oktober 1929 auch das Opfer aufreibender Konflikte mit dem rechten DVP-Industrieflügel, der längst aus dem Bündnis mit den Weimarer Parteien zum autoritären Präsidialstaat drängte.

Alibi des Systemwechsels: Finanzkrisenwinter 1929/30

Den Beginn einer Weltwirtschaftskrise mit dem »Schwarzen Freitag« an der New Yorker Börse zu datieren, ist nicht bloß fragwürdig, weil der Kurssturz am Donnerstag, dem 24. Oktober 1929, einsetzte und auch nach dem Wochenende keineswegs gestoppt werden konnte – bis in einem mittelfristigen Abwärtstrend 1932 der untere Wendepunkt durchschritten wurde. Der Aktiencrash der letzten Oktoberwoche 1929 korrigierte in den USA ohnehin anfänglich nur teilweise eine spekulative Überhitzung mehrerer Jahre, die zuletzt nicht mehr von realwirtschaftlichen Daten getragen war. Zumal in Deutschland kein annähernd vergleichbar expansiver Konjunkturzyklus auslief, hätte man gegen die transatlantischen Flutwellen der Finanzmärkte nicht einmal höhere Dämme benötigt, wären nicht allzu viele Kredite auf sehr kurzfristige Laufzeiten angelegt gewesen, die nunmehr forciert zur Deckung von Liquiditätsengpässen in die USA zurückgerufen wurden. Mit der Heraufsetzung des Reichsbankdiskonts von 5 % im Frühjahr 1927 bis auf 7,5 % seit dem 25. April 1929 war längst das klassische Szenario der monetären Ausbremsung einer schon ausgereiften Boomphase hergerichtet, bevor unmittelbar nach dem US-Crash am 2. November ein Halbjahr stufenweiser Zinssenkungen folgte, die im Sommer 1930 einen Tiefpunkt von 4 % erreichten.

Tatsächlich war erst im Gesamtjahr 1929 das realwirtschaftliche Gipfelniveau der Nachkriegsperiode zu registrieren, was gleichermaßen die Produktionsziffern wie die Preisentwicklung betrifft. Nicht einmal 1930 erfaßte der unbestreitbar beginnende Abschwung, den bereits »Depression« zu nennen jedoch für das Gesamtjahr eine Überspitzung wäre, die volle Breite der ökonomischen Indikatoren: Dies konnte ein immer noch stabiles Niveau des Verbrauchs von Gütern des täglichen Bedarfs – gewissermaßen das hautnah placierte Konjunkturthermometer für Wahlentscheidungen der Volksmassen – ebenso anzeigen wie einstweilen nur minimale Preisnachlässe bei Produktionsgütern, deren Kapazitäten allerdings schon erheblich zurückgefahren wurden. Ein im Vorfeld der Neuverhandlungen deutscher Reparationszahlungen (Young-Plan) außenpolitisch motivierter großkoalitionärer Einigungsdruck trug im April

1929 zu kreativer Buchführung bei; es hatte sich auch der gewissenhafte Finanzminister Hilferding zu optimistischen Haushaltsprognosen überreden lassen, um Steuererhöhungen ausschließen zu können. Gerade dieser Vorrang außenpolitischer Ziele verstrickte das Kabinett, im Zeichen von dramatisierten Liquiditätsproblemen nach dem Börsencrash, in eine haushaltspolitische Zwangslage, die mit dem Rücktritt Hilferdings am 20. Dezember und somit einer Niederlage der SPD im Rahmen des innenpolitischen Machtkampfes endete.

In den Tagen zuvor war die Regierung, der am 14. Dezember im Reichstag noch ein Vertrauensvotum mit 222 gegen 156 Stimmen bei 22 Enthaltungen gewährt wurde, von parlamentarisch unverantwortlichen Mächten geradewegs entmündigt worden. Der Reichsbankpräsident Schacht nutzte den – angesichts »schwebender« Reichsschulden von 1,2 Mrd. Reichsmark – entstandenen Finanzierungsdruck zu einer politischen Intrige, um eigene sozialstaatsfeindliche Vorstellungen mit einer rigorosen Kreditrückführung von 450–500 Mio. Reichsmark bereits im Haushaltsjahr 1930 durchzusetzen: er verweigerte nicht allein die Zustimmung für neue Auslandsanleihen, sondern erzwang, in einem undurchsichtigen Zusammenspiel mit der Reparationsagentur der Siegermächte, am 18./19. Dezember die Haushaltsrestriktionen, auch unter Hinweis auf sonst gefährdete Erleichterungen im Young-Plan. Mit der Ersetzung von Hilferding, der gegen seine politische Verantwortung beschneidende Eingriffe protestierte, durch Paul Moldenhauer (DVP) wurde am 23. Dezember eine Regierungsumbildung abgeschlossen, die zum Ausgleich das Wirtschaftsministerium dem bereits aus den Jahren 1919 und 1922 diensterfahrenen Robert Schmidt (SPD) übergab. Einen Tag zuvor war der Volksentscheid gegen den Young-Plan, auf Initiative des »Stahlhelm« getragen von einem Rechtsbündnis aus DNVP und NSDAP, mit 5,8 Mio. Ja-Stimmen (13,8 % der Stimmberechtigten) gescheitert. Diese

Kampagne erzeugte zusätzliche innenpolitische Polarisierung, weil »Erfüllungspolitiker« in der Gesetzesvorlage mit Zuchthausstrafen bedroht wurden.

Der im wesentlichen bereits Ende August 1929 fixierte, aber erst mit Reichstagsbeschluß vom 12. März 1930 wirksam gewordene Young-Plan beinhaltete eine Streckung der Zahlungsraten, im nunmehr festgelegten Gesamtvolumen von 112 Mrd. Reichsmark auf 59 Jahre. Gemessen am Dawes-Plan wurden damit gerade die angesichts der Wirtschafts- und Finanzkrise problematischen Reparationslasten der Jahre 1929 bis 1932 um nahezu die Hälfte reduziert. Überdies sollte bei Annahme der Bedingungen künftig auf die Auslandskontrollen z. B. der Reparationsagentur verzichtet werden und die Räumung des Rheinlandes von letzten Besatzungsposten vorzeitig bis Mitte 1930 erfolgen. Insgesamt honorierte der Young-Plan demnach eine auf Interessenausgleich orientierte Außenpolitik der Weimarer Republik mit spürbaren Erleichterungen in der Gegenwart. Diese wurden allerdings, im Hinblick auf ein Schlußdatum 1988 der Reparationszahlungen, mit einer propagandistisch ausnutzbaren Zwei-Generationen-Hypothek für die Zukunft erkauft. Die insgesamt eher mäßige Resonanz des Stahlhelm-Volksentscheids gegen den Young-Plan, der zu diesem Zeitpunkt kaum noch das gesamte DNVP / NSDAP-Stimmenpotential ausschöpfte, durfte als Beleg dafür gelten, daß Gesinnungsnationalisten aus vorausgegangenem Scheitern nicht lernen wollten: Nach Annahme der Dawes-Gesetze und anschließender Stärkung der Weimarer Verfassungsparteien offenbarte fünf Jahre darauf ebenso die erfolglose Anti-Young-Kampagne, daß ungefähr die Hälfte des rechtsbürgerlichen Anhangs weiterhin nicht zur fundamentaloppositionellen Haltung mit unabsehbaren ökonomischen Risiken bereit war.

Die Landeswahlergebnisse zwischen dem Volksbegehren (16.–29. Oktober) und dem Volksentscheid gegen den Young-Plan zeigten begrenzte NSDAP-Gewinne weitge-

Plakat zum Volksbegehren gegen den Young-Plan. Berlin, Oktober 1929

hend nur auf Kosten der DNVP, so daß nicht etwa Massenabwanderungen vom gemäßigten Mitte-Rechts-Spektrum einen Anpassungsdruck erzeugten. Im Gegenteil hätte das binnen Jahresfrist als Fehlschlag erwiesene Streben Hugenbergs, eine agrarisch-konservative Interessen- und Traditionspartei zum nationalideologischen »Kampfverband« umzubauen, bereits hinreichend abschreckend vor Augen führen müssen: jegliche Nachbildung von NS-Insignien wie »Bewegungscharakter« und »Führertum« brachte nur dem »jugendfrischen« Original, nicht aber der betagteren und angestaubten Kopie einen politischen Agitationsvorteil. Auf der entgegengesetzten Seite des Richtungsspektrums war der seit Herbst 1928 von der Moskauer Zentrale eingeleitete »ultralinke« Kurswechsel der KPD, demzufolge eine Propaganda gegen die SPD als vermeintliche »Sozialfaschisten« betrieben werden sollte, nur vordergründig eine stärkere Bedrohung der Weimarer Republik. Denn Gewaltaktionen wie der Berliner »Blutmai« 1929, als von zumeist sehr jungen Aktivisten ein Demonstrationsverbot der preußischen Regierung am internationalen Maifeiertag durchbrochen wurde, blieben mehr noch als in den Gründungsjahren bloße Lokalereignisse ohne Einfluß auf die Reichspolitik. Indem eine bündnisuntauglich linksextremistische, aber nicht ernstlich revolutionsbefähigte KPD die Koalitionsbereitschaft der SPD zur Mitte förderte, ging von dieser Flügelpartei eher zusätzlicher Integrationsdruck auf ein grundsätzlich verantwortungsbewußtes und kompromißwilliges Spektrum der gemäßigten Parteien aus.

Allerdings formierte sich neben jener wirtschafts- und finanzpolitischen Allianz, die gruppiert um den Reichsbankpräsidenten Schacht und den DVP-Industrieflügel im Spätherbst 1929 zum Abbau von gewerkschaftlich-sozialdemokratischen Kostenfaktoren der Republik antrat, eine machtpolitisch noch gewichtigere innere Front gegen den Fortbestand der Großen Koalition und der parlamentarischen Demokratie. Seit dem Frühjahr 1929 erörterte Pläne eines Präsidialkabinetts mit rechtslastigem Zuschnitt, die Hindenburg aus einer von Schleicher hergestellten Verbindungsachse zwischen Reichswehrminister und Reichswehrführung nahegebracht wurden, nahmen bis zum Jahresende zunehmend Gestalt an. Zum Kanzler eines solchen »Hindenburg-Kabinetts« war frühzeitig Heinrich Brüning auserkoren; dieser teilte als vormaliger »Frontoffizier« etliche national-konservative Überzeugungen seiner militärischen Förderer und war, als langjähriger Geschäftsführer der christlich-nationalen Gewerkschaften, inzwischen zum mächtigen Vorsitzenden der Zentrumsfraktion des Reichstags aufgestiegen, ohne die sich das notwendige Mindestmaß an politischer Breite nicht herstellen ließ. Hinter diesen Kulissen einer präsidial-militärischen Über- und Nebenregierung war auch das erstrebte Datum einer gezielten Hinausdrängung der SPD aus dem Kabinett von langer Hand vorbereitet: Für die Schlußabstimmung der Young-Plan-Vorlage, die letztlich am 12. März 1930 erfolgte, wurden deren Stimmen noch benötigt und erschien äußerlich gewahrte Kontinuität jedenfalls gegenüber den Verhandlungspartnern der Siegermächte nützlich.

Wegmarken der Etablierung des Präsidialkabinetts Brüning

Zwischen Hindenburg und Brüning sowie deren beratendem Umfeld war noch eine strategische Differenz verblieben. Der Präsident mit seinen Generälen und Spitzenbeamten erstrebte die Wende nach rechts zum frühestmöglichen Zeitpunkt, d. h. unmittelbar nach Annahme der Young-Gesetze im Reichstag, die nach Unterzeichnung dieses internationalen Abkommens in Den Haag am 20. Januar 1930 greifbar nahe gerückt war. Hingegen versuchte Brüning im Namen seiner Zentrumspartei die anstehenden Reparationsregelungen mit einer umfassenden Haushaltssanierung zu verknüpfen, um die mitregierende SPD noch in unpopuläre Sparmaßnahmen einzubinden, bevor ein Koalitionsbruch riskiert werden durfte. Zunächst konnte es den Anschein haben, als sollte der Zentrumskurs erfolgreich sein, zumal im Februar 1930 erstmals mehr als 15 % der abhängig Beschäftigten (d. h. über 10 % aller Erwerbspersonen) bei den Arbeitsämtern als Erwerbslose registriert waren. Unter derartigem Problemdruck gelang am 5. März im Kabinett eine letzte Teileinigung, die für 1930 einen zusätzlichen Haushaltsbeitrag der Industrie von 350 Mio. Reichsmark statt 300 Mio. des Vorjahrs und im Gegenzug den Verzicht auf Rückerstattungen von Lohnsteuer enthielt. Außerdem wurde der zur Entscheidung drängende Streit um die Sanierung der Arbeitslosenversicherung an die Spitzenverbände der Tarifvertragsparteien delegiert; so war die paritätische Reichsanstalt zur einvernehmlichen Beitragserhöhung von 3,5 % auf 4 % wie auch zu Kürzungsvorschlägen ermächtigt, die jedoch der Zustimmung des Reichstags bedurften.

Diesem politisch motivierten Formelkompromiß, noch auf dem gemeinsamen Weg zu den Schlußberatungen der Young-Plan-Vorlagen, widersetzten sich zunächst die konsensunwilligen Verfechter des Abbaukurses: Bereits am nächsten Tag wurde von Arbeitgeberverbänden gegen die Regierungsbeschlüsse ein Boykott der für Arbeitslosenprobleme zuständigen Reichsanstalt angedroht, womit die Zustimmung der DVP innerhalb der Koalition rückgängig gemacht werden sollte. Wiederum einen Tag später trat Reichsbankpräsident Schacht im wortstarken Protest gegen die Kabinettslinie zurück; sein Nachfolger wurde der kaum weniger restriktive, aber loyalere Exkanzler Luther. Noch am Vorabend der Schlußabstimmung zu den Young-Gesetzen erweckte Hindenburg bei Kanzler Müller wie seinem vorgesehenen Erben Brüning den Eindruck, als würde er beim Ausscheiden der DVP einem in die Minderheit geratenden Kabinett die Sondervollmachten des Art. 48 für die geplante Haushaltssanierung zur Verfügung stellen. Als dann am 12. März der schwarz-rot-goldene Mohr seine letzte Schuldigkeit getan und den Young-Vorlagen mit 265 gegen 192 Stimmen in dritter Lesung zur Annahme verholfen hatte, konnte er aus präsidialer Machtperspektive sofort gehen. Jedenfalls war von den Rechten des Art. 48 für ein Kabinett Müller alsbald nicht mehr die Rede; statt dessen hatten alle Überlegungen in bürokratisch-militärischen Beraterkreisen ihr strategisch-politisches Zentrum darin, wie sich die Ausbootung der SPD aus dem sicheren Hafen der Regierung arrangieren ließ.

Indem die DVP jede Ankündigung möglicher Beitragserhöhungen, wie noch im Regierungskompromiß vom 5. März enthalten, kategorisch ausschloß und Einsparungen bei Arbeitslosen ohne Reichstagsbeschluß durchsetzen wollte, konnte die SPD nur zwischen Varianten ihres politischen Rückzuges wählen: entweder dem industriellen und staatsautoritären Druck nachzugeben oder aus der Regierungsrolle endgültig abzutreten. Offenbar hielt Brüning zumindest nach außen hin noch immer an seiner Einbindungsstrategie fest; denn sein letzter Einigungsvorschlag am 27. März beinhaltete zwar Kürzungspläne bei der Reichsanstalt, aber zugleich Überbrückungszuschüsse des Reiches – bei denen einstweilen offenblieb, ob sie im Falle einer anhaltend ungünstigen Entwicklung des Arbeitsmarktes durch Steuer- oder Beitragserhöhungen bzw. weitere Sparmaßnahmen gedeckt werden sollten. Der SPD war jedoch längst bekannt geworden, daß einflußreiche Kreise auf ihre politische Ausschaltung von Regierungsfunktionen hinarbeiteten. Warum sollte die Arbeitnehmerpartei einem zuletzt wortbrüchigen rechten Koalitionsflügel den kleinen Finger erster Einsparungen bei der Arbeitslosenversicherung reichen, wenn dieser ohnehin die ganze Hand der Auflösung des Regierungsbündnisses wollte und im Hintergrund ein Präsidialkabinett bereits vorbereitet wurde? Wer sich als Kabinettsmitglied von gegnerischer »Salamitaktik«

in zunächst kleinen Stücken die Glaubwürdigkeit vor der eigenen Gefolgschaft beschneiden ließ, konnte allzu rasch in die Nebenrolle eines politischen »Hanswurst« geraten.

Folglich beharrte in der entscheidenden Sitzung am 27. März die überwältigende Mehrheit der SPD-Reichstagsfraktion, unterstützt vom fachlich zuständigen Arbeitsminister Wissell, gegen die Empfehlung der übrigen Minister auf der ursprünglichen Regierungsvorlage vom 5. März und lehnte die kurzfristig eingebrachte Brüning-Formel ab. In der unmittelbar anschließenden Kabinettssitzung kündigte der DVP-Finanzminister seinen Rücktritt an, wenn die Regierungsmehrheit mit Rücksicht auf die SPD eine von ihm nicht gebilligte Beschlußvorlage einzubringen beabsichtige. Innerhalb der Zentrumspartei, auf die angesichts einer Verweigerung der BVP gegenüber dem Einigungsvorschlag Brünings verstärkt Druck von rechts einwirkte, bestand kaum mehr Neigung zu einem Minderheitskabinett der Weimarer Koalition, das von Hindenburg und seinen Vasallen nur äußerstes Widerstreben und keinesfalls Unterstützung zu erwarten hatte. Daraufhin sah Kanzler Müller keine andere Möglichkeit, als nach dem Scheitern des bisherigen Kabinetts dem Reichspräsidenten den Rücktritt der gesamten Regierung mitzuteilen.

Die Neubildung eines Kabinetts Brüning im Eilzugtempo von lediglich drei Tagen bis zum 30. März war ein unverkennbares Zeichen der längst in dieser Richtung erfolgten politischen Weichenstellung. Ebenso war es bezeichnend, daß sämtliche Minister von Zentrum/BVP, DVP sowie DDP (wenn auch einige das Ressort wechselten) und natürlich Groener wieder in die Regierung zurückkehrten. Im Ergebnis wurde daher nur die gezielte Ausschaltung der SPD vollzogen, die Hindenburg – abgesehen von der Kanzlerschaft Brünings als notwendiges Zugeständnis an das Zentrum – drei Ministerien für die Akzentuierung nach rechts hin überließ: Das Ernährungsressort übernahm der schon 1927/28 dieses Amt innehabende Schiele, der nunmehr den agrarischen Flügel der Partei gegen den Oppositionskurs Hugenbergs einbinden sollte. Die bereits von der DNVP abgespaltenen »Volkskonservativen« erhielten mit dem ehemaligen Marineoffizier Gottfried Treviranus, gewissermaßen das protestantisch-maritime Gegenstück zu seinem politischen Förderer Brüning, die nationalpolitisch aufgeladene Ressortzuständigkeit für die besetzten Gebiete. Die im Vergleich dazu erheblich breiter verankerte Wirtschaftspartei konnte mit ihrem – für den mittelständischen Anhang durchaus untypischen – Vorsitzenden Johann Victor Bredt, ein Rechtsprofessor und gemäßigter kaiserzeitlicher Freikonservativer, den Justizminister stellen.

Insgesamt stand das Kabinett Brüning in dieser Zusammensetzung am Beginn seiner Tätigkeit vielleicht sogar etwas weniger rechts, als die vorausgegangenen Regierungskoalitionen mit DNVP-Beteiligung einzuordnen waren. Zunächst mochte es tatsächlich den Anschein gewinnen, als sollte mit dreifachem Hebel die Obstruktionshaltung Hugenbergs durchbrochen werden: Eine christlich-nationale Gewerkschaftsachse mit Brüning/Stegerwald konnte den DNVP-Arbeitnehmerflügel einbinden, die Rückkehr des Ministers Schiele die Agrariergruppe und schließlich die Person des nur altersmäßig »jungkonservativen« Treviranus zugleich den ansonsten denkverwandt altkonservativen Kreis um Westarp, der ohnehin Hindenburg verbunden blieb. Gegen einen Mißtrauensantrag der SPD behauptete sich diese Regierungsformation am 3. April 1930 noch deutlich mit 253 zu 187 Stimmen, auch die Haushaltsvorlagen gut eine Woche später wurden von einer knappen Mehrheit in der DNVP-Fraktion gerettet. Ein Kabinettsbeschluß vom 5. Juni enthielt angesichts der prekären Finanzlage gar die Anhebung der Beiträge zur Arbeitslosenversicherung um ein auf viereinhalb Prozent, also einen doppelt so großen Schritt, wie er letztlich im März der SPD mit der Konsequenz des Koalitionsbruchs verweigert wurde: Konnte es einen überzeugenderen Sachbeweis dafür geben, daß ein

Quartal zuvor nicht strittige Prozentbruchteile, sondern politische Machtstrategien auf der Rechten die Einigung blockiert hatten?

Allerdings war schon einen Monat darauf solche Auftaktphase einer parlamentarisch flankierten Handlungsfähigkeit der Regierung Brüning abgeschlossen. Die Zustimmung seitens der DVP zu einem »Notopfer« von Angestellten und Beamten ließ sich nur mehr erwirken, indem zugleich eine »Bürgersteuer« eingeführt wurde, deren Charakter einer Kopfsteuer geradewegs den ideologischen Gegenentwurf zum Prinzip der Belastung nach wirtschaftlicher Leistungsfähigkeit darstellte. Nunmehr sperrte eine von der Auszehrung ihrer Wählerschaft bedrohte DNVP-Fraktion sich gegen die besondere Heranziehung der »Festbesoldeten« als ihrer städtischen Klientel, während für ein dermaßen rückschrittliches Projekt wie die »Bürgersteuer« keine Unterstützung der SPD zu erlangen war. Im Rahmen des parlamentarischen Systems hätte daraufhin eine sichtlich mit ihren Finanzvorlagen nicht mehrheitsfähige Regierung in Richtung der DNVP oder SPD eine Verständigung suchen müssen. Statt dessen konnte Brüning, weil er von Hindenburg dazu ermächtigt wurde, das Belastungspaket am 16. Juli per Notverordnung in Kraft setzen, nachdem bereits die erste Abstimmung mit 193 zu 256 klar verlorenging. Im unmittelbaren Anschluß daran beharrte der Reichstag auf Initiative der SPD auf seinem verfassungsmäßigen Recht gemäß Art. 48 Abs. 2 und hob die Notverordnungen mit 236 zu 222 Stimmen auf; dabei wurde in der DNVP-Fraktion mit 32 zu 25 abgestimmt, so daß solcher Verlust der anfänglichen Mehrheit für Brüning nunmehr den Ausschlag gegen ihn gab.

Auf diese politische Niederlage folgte aber nicht der Rücktritt des Kanzlers, sondern der im Umkreis des Reichspräsidenten seit längerem vorbereitete Bruch mit dem Parlamentarismus der Weimarer Verfassung: Noch am Tage des Aufhebungsvotums wurde durch Hindenburg, gegengezeichnet von Brüning, als politische Strafaktion die Auflösung des Reichstags verfügt und der Neuwahltermin auf den 14. September festgesetzt. Die am 26. Juli erlassenen Notverordnungen – anstelle der zuvor aufgehobenen – enthielten bei der »Bürgersteuer« statt undifferenzierten 6 Reichsmark nun gestaffelte 3–1000 Reichsmark von den einkommensschwachen bis zu den reichsten Abgabepflichtigen. Wie bei der Arbeitslosenversicherung konnte der Eindruck bestätigt werden, daß von Regierungsseite durch Verweigerung realistischer Kompromisse zunächst die SPD aus machtpolitischen Gründen in die Ecke der Blockadepartei gestellt werden sollte, woraufhin mit Rücksicht auf die Massenwirkung doch sozialstaatliche Mindestanforderungen eingehalten wurden.

Reichstagswahl 1930: Denkzettel einer Parlamentsauflösung

Für den um knapp zwei Jahre vorgezogenen Wahlkampf vollzog sich eine aufschlußreiche Umgruppierung der politischen Kräfte, die ein Notverordnungsregime Hindenburg/Brüning mittragen wollten: Im »Christlich-sozialen Volksdienst« fanden die evangelischen Arbeitnehmergruppen aus der DNVP eine Plattform. Neben der selbständig auftretenden Landvolkpartei des Agrarministers Schiele bildete der elitäre Treviranus-Zirkel zusammen mit der traditionalistischen Westarp-Gruppe eine »Konservative Volkspartei«; sie trat als Teil der gemäßigten Rechten an der Seite von DVP und Wirtschaftspartei mit einem gemeinsamen Wahlappell hervor. Dies bedeutete zugleich das öffentlich erkennbare Scheitern des Bemühens um den vieldiskutierten Zusammenschluß von DDP und DVP. Als Ersatz dafür fusionierte die DDP mit der »Volksnationalen Reichsvereinigung«; deren zuvor parteienferner »Jungdeutscher Orden« wies antisemitische Tendenzen auf und paßte somit zur Wählerschaft in großstädtischen DDP-Resthochburgen wie des Ordensritters gepanzerte Faust aufs republikanisch wachsame Auge. Der Gründung einer »Deutschen Staatspartei« aus DDP und »Volksnationalen« folgten im Protest gegen solche Anpassung nach rechts umgehend Austritte wie jene des leitenden Hirsch-Dunckerschen Gewerkvereinsfunktionärs Anton Erkelenz, der bald zur SPD wechselte.

Nur im Vergleich zum Mai 1928, nicht aber dem zeitnah beobachteten Trend von Landtagsergebnissen, wurden 18,3 % der NSDAP bei den Reichstagswahlen am 14. September 1930 zur politischen Sensation für eine breite Öffentlichkeit. Gleichzeitig war jedoch die DNVP auf 7 % zusammengeschmolzen, so daß insgesamt 25,3 % Stimmen und 148 Mandate auf die Rechtsopposition zur Brüning-Regierung entfielen; dieses starke Viertel der Reichstagssitze hatten DNVP und Völkische auch schon im Mai 1924 erreicht. Abgesehen vom knapp behaupteten Parteikatholizismus (11,8 % Zentrum, 3 % BVP) und den enttäuschenden Resultaten von DVP (4,5 %) und Staatspartei (3,8 %) konnten noch die Wirtschaftspartei (3,9 %) und diverse Gruppen der gemäßigten Rechten dem »Brüning-Block« hinzugerechnet werden; darin besonders kläglich war das Abschneiden der Treviranus-Westarp mit 0,8 %, wogegen Christlich-Soziale (2,5 %) und Landvolkpartei (3,2 %) angesichts erkennbaren Interessenbezuges noch diesseits eines Sektenniveaus überlebten. Insgesamt verblieben nur etwa 200 regierungstragende Mandate, kaum mehr als ein Drittel aller Abgeordneten, weshalb das Kabinett neben Hugenberg als der große Wahlverlierer erscheinen mußte. Wenn berücksichtigt wird, daß von der KPD (13,1 % = 77 Sitze) das bisherige Höchstniveau aus dem Krisenmai 1924 noch übertroffen wurde, hatte sich die SPD mit 24,5 % leidlich gehalten: zwar reichlich 5 % unterhalb des besonders guten Abschneidens 1928, doch 4 % besser als im Mai 1924. Überdies wog die SPD mit 143 Mandaten zur Linken der Brüning-Koalition noch immer die Fraktionsstärke von Hitler/Hugenberg zur Rechten auf. Ein objektiver Handlungsdruck für die gemäßigte Rechte zur Einbeziehung der NSDAP war aus deren 107 Mandaten jedenfalls so wenig herauszulesen wie auf seiten der SPD hinsichtlich der erstarkten KPD.

Die eigentliche innenpolitische Katastrophe des ersten NSDAP-Durchbruchs auf Reichsebene offenbarte sich aber zwei Wochen darauf exemplarisch bei den Bürgerschaftswahlen in Bremen, die mit 78,5 % Beteiligung weder durch Wahlmüdigkeit noch zusätzliche Protestmobilisierung auffielen: Diese Hafenstadt des regen Fernhandels und Bürgerstolzes, mit wenig spektakulären völkischen Episoden (6,2 % auf dem Inflationsgipfel im November 1923) und noch weit unterdurchschnittlichen 12 % der NSDAP am 14. September 1930, wurde nunmehr von einer nationalsozialistischen Stimmen-Springflut auf 25,4 % überspült. Damit waren nicht allein DVP (12,5 %) und DNVP (5,7 %) auf knapp über die Hälfte ihrer besten Ergebnisse (1921/23) dezimiert; gleichzeitig fiel, bei stagnierendem KPD-Anteil (10,7 %), die SPD (30,9 %) ins Krisenniveau des Spätherbstes 1923 zurück, und die DDP (4,1 %) war aus früherer hanseatischer Blüte (13. November 1927: 10,1 %) fast schon zur Splitterpartei degradiert. Die NSDAP wurde in Bremen zum sammlungspolitischen Erben jener rechtsgerichteten »Einheitsliste«, die bei der vorausgegangenen Bürgerschaftswahl gegen die Führungsrolle der SPD angetreten war. Eine DVP-nahe Tageszeitung vor Ort erkannte die Situation zwischen den beiden Wahlterminen überaus klarsichtig und förderte mit solchem Eingeständnis zugleich den weiteren Siegeszug der NSDAP: »Das ›Bürgertum‹ ist in sich aufgelöst, es ist weder gesellschaftlich faßbar, noch irgendwie Träger einer staatsbürgerlichen Idee. Gerade das aber charakterisiert den Sammlungserfolg des Nationalsozialismus« (*Weser-Zeitung*, 17. September 1930).

Mangels dramatischer Ereignisse kann es für die NSDAP-Verdoppelung in dieser kurzen Zeitspanne – auf solch hohem Niveau ein Geschehen ohnegleichen in der Wahlgeschichte – nur diese ebenso schlichte wie plausible Erklärung geben: daß großer Stimmenzuwachs für den nächsten Urnengang die massenhafte Sogwirkung erzeugt und mit politischem Multiplikatoreffekt verstärkt hatte. Dem breiten Publikum, das sich in Nordwestdeutschland kaum für thüringische und sächsische Landesresultate interessierte, war ganz offenkundig vor dem 14. September nicht zu Bewußtsein gelangt, wie anhängerstark die NSDAP mittlerweile auch im Reichsmaßstab tatsächlich war. Insofern setzte in einer großstädtischen Umgebung, die wenig öffentliche Meinungsführer zugunsten der äußersten Rechten aufwies, das NSDAP-Votum zunächst eine dissensbereite Protestneigung voraus. Die über Tageszeitungen und Alltagsgespräche verbreitete Information mit dem Charakter einer Sensationsmeldung, daß im neugewählten Reichstag die NSDAP mit 107 statt zuvor 12 Mandaten in den Rang der zweitstärksten Fraktion nach der SPD aufgerückt war, veränderte im Rekordtempo für anschließende Wahlgänge die massenpsychologische Ausgangslage: Wer sich nach dem 14. September zur NSDAP bekannte, konnte fest darauf bauen, von einer rasch wachsenden Schar der »Sieger« umgeben zu sein und nicht mit einer Außenseitermeinung isoliert zu bleiben. Gewiß bildete eine moderne Dienstleistungsstadt wie Bremen, mit ihrer überdurchschnittlich mobilen Wählerschaft der zahlreichen Angestellten und nur 2 % Zentrumskatholiken, einen günstigen Nährboden für derlei Stimmungsumschwünge und Erschütterungen des bestehenden Parteiengefüges. In der Grundtendenz dürfte aber eine solche »Redespirale« der schlagartig verbreiterten Presseaufmerksamkeit und Mundpropaganda zugunsten der NSDAP reichsweit mit selbsttragendem Impuls weiter vorangetrieben worden sein.

In derartigem Maße konnte dies vormaligen politischen Krisengewinnern wie DNVP und KPD im Mai 1924 nicht gelingen, weil sie bekanntermaßen engere Interessen- und Milieubindungen aufwiesen: Das Sozialprofil der DNVP war agrarisch-mittelständisch, jenes der KPD industriell-proletarisch – die NSDAP jedoch nannte sich »Arbeiterpartei« und erreichte gleichwohl bevorzugt die vielgestaltigen Mittelschichten. In konfessioneller und regionaler Hinsicht war die evangelisch-ostelbische Verankerung der DNVP so eindeutig wie die kirchenfeindlich-urbanisierte Positionsbestimmung der KPD – aber die NSDAP hatte ihre frühen Hochburgen im katholischen Bayern wie neuerdings mehr in norddeutsch-protestantischen Gebieten, ohne daß verbindlich Auskunft zu geben war, ob diese antisemitische Partei sich überkonfessionell christlich oder kirchenindifferent verstand. Die konservative Haltung der DNVP stand herkunftsbedingt nicht weniger außer Zweifel als der revolutionäre Impetus der KPD – die NSDAP allerdings ließ sich höchst doppelsinnig als Bewegung einer »konservativen Revolution« darstellen und wahrnehmen, die vieles Bestehende mit der Ankündigung umstürzen wollte, gerade auch die althergebrachten »deutschen Tugenden« wiederherzustellen.

Diese Profilunschärfen wurden, als überkommene Parteiloyalitäten nach zusehends enttäuschten Hoffnungen breiter Wählerschichten der Erosion unterlagen, geradewegs zum offenen Scheunentor des politischen Sammlungserfolgs der NSDAP über bisherige Milieugrenzen hinweg. In Thüringen stellte die NSDAP, innerhalb eines Rechtsbündnisses bis hin zur DVP, mit Wilhelm Frick vom 14. Januar 1930 bis zum 1. April 1931 den Volksbildungs- und Innenminister mit Zuständigkeit für den Polizeiapparat – ohne daß über Eingriffe des Reiches wie 1923 gegen das Sicherheitsrisiko KPD auch nur ernstlich nachgedacht wurde. Insofern machte es nur in zweiter Linie den wesentlichen Unterschied aus, daß im Vergleich zur Gewaltphraseologie der Kommunisten (gerade seit 1929) die Nationalsozialisten ihre Umsturz- und Diktaturpläne geschickter hinter gelegentlichen Legalitätserklärungen versteckten, sobald einmal Verschwörungen aufgedeckt wurden oder einzelne Parteigruppen mit Mordaktionen die öffentliche Empörung provozierten. Ausschlaggebender war die entscheidende Differenz zwischen einer isolierten KPD und der nach ersten Wahlerfolgen in Überlegungen einer mehrheitsbildenden Kooperation der Rechten einbezogenen NSDAP.

Für eine Reichsspitze Hindenburg-Brüning als staatskonservatives politisches Machtzentrum blieb allein die KPD nichts als der innere Feind schlechthin, während SPD und NSDAP als massenverankerte Flügelparteien nach Möglichkeit für eine Tolerierung der Regierungsarbeit gewonnen werden sollten. Mit der NSDAP war eine Übereinkunft in Verhandlungen aber nicht zu erzielen, weil Hitler nach dem großen Triumph der Septemberwahlen keinesfalls gewillt sein konnte, irgendwelche außenpolitischen Rücksichten zu nehmen oder seinen innenpolitischen Machtanspruch einzuschränken. In umgekehrter Perspektive erschien auch Brüning die NSDAP als Oppositionspartei nützlicher, insoweit deren nationalistische Drohgebärden gegenüber den Siegermächten als Druckmittel für weitere Zugeständnisse einzusetzen waren. Die SPD befand sich demgegenüber seit dem 14. September 1930 und dessen Nachwehen in der strategischen Defensive; sie wollte nicht etwa durch verweigerte Unterstützung den Vorwand eines weiteren Abmarsches nach rechts zur Teilnahme der NSDAP an der Reichsgewalt liefern und fürchtete zudem den Ausstieg einer von Brüning geführten Zentrumspartei aus der preußischen Koalition. Aus solchen Motiven ließ die SPD am 18. Oktober den Vorstoß einer Negativallianz von NSDAP, DNVP und KPD zur Aufhebung der zuvor strittigen Notverordnung vom 26. Juli leerlaufen; dies wurde zum Auftakt einer Periode der parlamentarischen Tolerierung des Kabinetts Brüning.

Ökonomisch-politische Krisenspirale in den Abgrund

Als im März 1930 die Große Koalition an politischen Kalkülen zerbrach, erschien die wirtschaftliche Krisenlage objektiv noch beherrschbar: Die etwas über 3 Mio. registrierten Erwerbslosen bedeuteten einen gegenüber dem Vorjahr einigermaßen begrenzten Anstieg; überdies empfingen noch mehr als zwei Drittel der Betroffenen die mit eigenen Beiträgen erworbenen Leistungen aus der Arbeitslosenversicherung. Der jahreszeitlich bedingte Rückgang der Erwerbslosigkeit fiel zwar bis zum Sommer geringer als sonst aus, doch sprengten 2,75 Mio. in den Listen der Arbeitsämter nach der Reichstagsauflösung im Juli nicht den Rahmen bereits vertrauter Krisenerfahrungen. Den qualitativen Sprung in eine kaum mehr wirksam zu stoppende Abwärtsspirale brachte erst das ökonomisch katastrophale Winterhalbjahr 1930/31, aus einer Kombination mehrerer Faktoren. Im 4. Quartal 1930 begann ein beschleunigter Preisverfall, der weitere Abschwungserwartungen nährte. Das Hochschnellen der offiziellen Erwerbslosenziffer auf 4,4 Mio. im Dezember 1930 und schließlich gar 5 Mio. im Februar 1931, inzwischen nahezu ein Viertel der gesamten Arbeitnehmerschaft, trug Züge einer unternehmerischen Entlassungspanik angesichts vollends entschwundener Hoffnungen auf baldige Konjunkturerholung. Zusätzlich registrierten die Gewerkschaften bei fast 20 % ihrer Mitglieder eine mit Lohnverzicht verbundene Kurzarbeit, so daß insgesamt annähernd die Hälfte der Arbeiter mit Krisendruck massiv konfrontiert war.

Für die sich immer negativer ausprägenden Massenstimmungen fiel es ganz erheblich ins Gewicht, daß über die Intensität der Wirtschaftsdepression hinaus auch deren Gesamtdauer alsbald jegliche Reserven aufzehren mußte. So brachte der sommerliche Rückgang der Erwerbslosenzahl auf vier Millionen keine Entspannung der Situation; denn mittlerweile betrug die Quote von Leistungsbeziehern der

Arbeitslosenversicherung im Juli nur 30 % und im Oktober 1931 sogar lediglich 25 %, während immer mehr Langzeitbetroffene in die reduzierte Krisenunterstützung hineingerieten bzw. als letzte Station zu »Wohlfahrtserwerbslosen« der Gemeinden wurden. Zwischen März 1930 und Oktober 1931 hat sich die Anzahl der Arbeitslosen ohne regulären Versicherungsschutz von knapp 1,0 auf über 3,4 Mio. erhöht; es gab also mehr schwerwiegend heimgesuchte Krisenopfer als bis einschließlich Oktober 1930 jemals überhaupt in einer Monatsbilanz registrierte Erwerbslose. Das Regierungsprogramm Brünings vom 29. September 1930 enthielt neben sechsprozentiger Kürzung der Beamtengehälter noch eine Beitragserhöhung zur Arbeitslosenversicherung auf 6,5 %; selten wurden einseitige Interessenpolitiker der Sache nach dermaßen rapide und gründlich blamiert wie die koalitionssprengenden Gegner einer Anhebung im März auf bescheidene 4 %. Mit einer schrittweisen »Aussteuerung« der Langzeit-Erwerbslosen in die Gemeindezuständigkeit ersparte sich das Reich seither weitere Beitragsinflation – auf Kosten der in vielen Städten geradewegs ruinös überforderten Kommunalfinanzen.

Aufgrund der Obstruktionshaltung von NSDAP, DNVP und KPD im Reichstag, die zuweilen in Handgreiflichkeiten der Extreme ausuferte, hatte die Regierung ein innen- wie außenpolitisches Interesse an immer längeren Tagungspausen, ohne daß eine auf Tolerierungsakte reduzierte SPD dagegen wirksam einschritt. Nach dem 20. März 1931, als die SPD-Fraktion während eines Sitzungsboykotts von NSDAP und DNVP durch überwiegende Stimmenthaltung den Bau des »Panzerkreuzers B« zuließ, boten innerparteiliche Konflikte aus diesem erneuten Finanz- und Gesinnungsopfer der Regierung eine willkommene Gelegenheit: die Reichstagsferien über das gesamte Sommerhalbjahr bis zum 13. Oktober auszudehnen und das Parlament nach kaiserzeitlicher Übung auf unvermeidliche Bewilligungsakte zu beschränken. Das so erzeugte Vakuum einer Vertagungspause wie zuletzt in den Kriegsjahren wurde für die Präsentation eines zweiten großen Notverordnungspakets vom 5. Juni 1931 genutzt, dessen Abbaustrategie über alle Erwartungen drakonisch ausfiel: Weitere Gehaltskürzungen der Beamten und öffentlichen Angestellten von 4–8 % wurden mit einer Senkung der Arbeitslosenunterstützung um 10–12 % noch überboten. Die öffentliche Rechtfertigung stellte diese tiefen Einschnitte erstmals regierungsamtlich in den Rahmen von »Tributzahlungen« an das Ausland – eine Terminologie, die bislang vor allem der Rechtsopposition geläufig war.

Infolge massiver Devisenabflüsse versuchte die Reichsbank den schwindenden Außenwert der Mark am 13. Juni mit einer Diskonterhöhung auf 7 % zu stoppen. Allein die Gerüchte um einen drohenden Bankencrash nach Insolvenzproblemen eines Textilkonzerns reichten aus, um eine Woche darauf erneut die Währungskrise anzuheizen. Die internationalen Konsequenzen einer deutschen Zahlungsunfähigkeit erschienen dem US-Präsidenten Hoover zu riskant, so daß er überraschend die einjährige Aussetzung der Reparationszahlungen anbot (Hoover-Moratorium, 1. Juli 1931 – 30. Juni 1932). Damit wurden seitens der Weltwirtschaftsmacht auch die französischen Forderungen nach deutschen Garantien für die Zukunft übergangen. Dennoch erfolgte am 13. Juli der seit Wochen absehbare Zusammenbruch der Darmstädter und Nationalbank (Danatbank), des nach der Deutschen Bank zweitgrößten privaten Geldinstituts. Die nächste wegbrechende Säule im deutschen Finanzsektor wäre die Dresdner Bank geworden, hätte nicht die vollständige Schließung aller Banken und Sparkassen am 14./15. Juli, der eingeschränkter Geschäftsbetrieb bis zum 5. August folgte, eine Kettenreaktion verhindert. Schließlich wurde das Reich zum Großaktionär der privatwirtschaftlich nicht zu rettenden Dresdner Bank und ließ in dieser (per Notverordnungs-Fusion im Februar 1932) auch die zahlungsunfähige Danatbank aufgehen. Damit hatte sich aus eigener Krisenlogik des Finanzkapitals eine faktische Teilverstaatlichung des Bankwesens unter einer konservativen Regierung ergeben, die späterer NS-Regimelenkung vorarbeitete.

Die für einen Deflationszyklus charakteristische Bankenkrise durchkreuzte jede mit dem Hoover-Moratorium verbundene Hoffnung auf Erreichen des unteren Wendepunkts der Konjunktur. Im Rahmen der gesetzlichen Vorgaben konnte die Reichsbank die Liquiditätsengpässe des Finanzsektors nur überbrücken, indem sie mit einer Diskonterhöhung auf 10 % (vom 1. bis 11. August gar 15 %) den Rückfluß an Fremdwährungen anlockte und so für den vermehrten Geldumlauf eine Deckungsreserve garantierte. Eine dermaßen aggressive Hochzinspolitik ausgerechnet in der bislang schwersten Depressionsphase der Konjunkturgeschichte – das war eine geldpolitische Absurdität unter einseitigem Diktat des zu sichernden Außenwerts der Währung im Sinne des internationalen Kredits. Solchen »Kredit«, nämlich das für Wirtschaftsabläufe unerläßliche Vertrauen bei den Marktteilnehmern, büßte die Binnenökonomie jedoch gerade in den Tagen der Sparkassen- und Bankenschließung ein. Die Warteschlangen verängstigter Sparer, die acht Jahre nach dem Inflationshöhepunkt wiederum den Verlust ihrer Rücklagen fürchteten, bildeten vorübergehend ein mittelständisches Ergänzungsstück zu den inzwischen erschreckend alltäglichen Massenansammlungen vor den Arbeitsämtern, in denen überwiegend die Arbeiter- und einfache Angestelltenschaft zu finden war.

Unter innenpolitischen Gesichtspunkten konnten sich die Regierenden die weitere ökonomische Krisenverschärfung weniger als jemals zuvor leisten. Mit der Einleitung des Volksbegehrens zur Auflösung des Preußischen Landtags, unter dem Dach des »Stahlhelm« getragen von der gesamten Rechtsopposition bis zur DVP, waren bis Ende Juni 1931 knapp sechs Millionen Unterschriften gesammelt worden. Der somit auf den 9. August terminierte Volksent-

Arbeitslosenschlange in Berlin während der Weltwirtschaftskrise

scheid erhielt zusätzliche politische Brisanz, nachdem auch die KPD im Zeichen ihrer »Sozialfaschismus«-Doktrin auf den fahrenden Agitationszug der Hitler und Hugenberg mit aufsprang – in der Illusion, nach dem Sturz der letzten republikanischen Bastion die Weichen in Richtung Moskau stellen zu können. Unter diesen Bedingungen waren 9,8 Mio. Ja-Stimmen oder 37 % der Wahlberechtigten – die erforderliche absolute Mehrheit klar verfehlend – noch halbwegs erträglich. Offenbar verleidete dieses Negativbündnis etlichen Bürgerlichen und noch mehr KPD-Sympathisanten den Urnengang. Zum außenpolitischen Debakel gerieten Pläne einer deutsch-österreichischen Zollunion, die Anfang September 1931 an internationalen Bedenken bis hin zum Gerichtshof in Den Haag scheiterten; darin wurde die Vorstufe einer »Anschluß«-Politik gesehen, was als Verstoß gegen die vertraglich geregelte Nachkriegsordnung zu unterbinden war.

Nach doppelter Blamage einer übereilten Revisionspolitik und des von außen erzwungenen Rückziehers war Außenminister Julius Curtius nicht länger zu halten. Dies nutzte die DVP unter industriellem Druck für den Abschied von dieser Krisenregierung – und Hindenburg zur Entfernung des gegenüber der Rechtswende immer noch sperrigen Innenministers Wirth, dessen Ressort am 9. Oktober von Groener mit übernommen wurde. Zwei Tage darauf fand in Bad Harzburg der Aufmarsch einer »nationalen Opposition« statt, die von den Rechtsparteien (NSDAP, DNVP und aus der DVP-Reichstagsfraktion der Ex-Reichswehrchef Seeckt) über »Stahlhelm« und Reichslandbund bis hin zu prominenten Einzelpersonen wie Schacht reichte. Vor dem Mißtrauensantrag jener Negativallianz der »Harzburger Front« mit der KPD, die zuvor auch mit ihrem preußischen Volksentscheid nicht durchgekommen war, rettete Brüning am 16. Oktober neben der SPD auch die Wirtschaftspartei; dieser konnte seitens des Kanzlers mit Enthüllungen über einen internen Finanzskandal gedroht werden. Daraufhin wurde eine nur dreitägige Sitzungsperiode durch Vertagung auf den 23. Februar 1932 beendet, die überlange Frühjahrs- und Sommerruhe also gleich in die Herbst- und Winterpause übergeleitet. Einer Regierung, die nicht allein jeden neuen Wahltermin fürchten mußte, sondern inzwischen sogar auf der Flucht vor dem Zusammentritt des Reichstags war, konnte innenpolitische Überlebenskraft nicht mehr zugetraut werden.

Um so fester klammerte sich Kanzler Brüning, der von Curtius zugleich das Außenministerium übernommen hatte, an sein Hauptziel, dem er alles unterordnete: die endgültige Streichung deutscher Reparationen für den Ersten Weltkrieg, einen vollständigen Bruch mit »Versailles«. Die Bankenkrise im Sommer 1931 hatte das letzte Warnzeichen markiert, daß öffentliche Maßnahmen gegen die wirtschaftliche Abwärtsspirale überfällig waren. Gleichzeitig bot das Hoover-Moratorium unter dem Young-Plan die erstmalige

Chance, eine Konjunkturbelebung ohne äußeren Gegendruck auf Erfüllungsleistungen, statt dessen mit internationaler Unterstützung in Gang zu bringen. Doch Brüning hatte an einer baldigen Stabilisierung der Wirtschaftslage kein vorrangiges Interesse, sondern wollte vielmehr die innere Not zum äußeren Hebel gegen die Nachkriegsordnung der Siegermächte instrumentalisieren. Die innenpolitische Realitätsverkennung ging so weit, daß Brüning im vertraulichen Gesprächskreis bereits Durchhalteparolen bis ins Jahr 1933 ausgab; doch auch in besseren Weimarer Zeiten hatte sich die längste zusammenhängende Kanzlerschaft nur zwei Jahre und einen Monat gehalten (Marx 1926–1928). Nachdem in einer dritten Notverordnung vom 6. Oktober 1931 die Bezugsdauer der regulären Arbeitslosenunterstützung von 26 auf 20 Wochen zusammengestrichen war, übertraf die gemeldete Erwerbslosenzahl im 1. Quartal 1932 die 6-Millionen-Grenze; dabei kann noch eine Dunkelziffer von weiteren zwei Millionen angenommen werden.

Abschied von Weimar: Präsidentenwahl ohne Republikaner

Das Ende der siebenjährigen Amtsperiode Hindenburgs wurde im April 1932 erreicht, so daß Nachfolgediskussion und Wahlkampf gerade mit dem absoluten Tiefpunkt der Wirtschaftsdepression zusammenfielen. Diesen im 85. Lebensjahr stehenden Greis für eine weitere siebenjährige Tätigkeit vorzusehen, war jedenfalls aus dem Kenntnisstand des engeren Kreises seiner politischen Fürsprecher zumindest ein weiterer Verstoß gegen die Verfassungskultur; denn es konnten wenig Zweifel bestehen, daß Hindenburg in einer dermaßen kompetenzstarken Position bald nicht mehr dienstfähig sein werde. Ähnliche Bedenken mußten auch für Pläne gelten, seine Amtszeit durch verfassungsändernden Reichstagsbeschluß zu verlängern, wie dies Brüning mit Rücksicht auf die Person und die Gesamtlage vorschlug. Dagegen hatte die radikale Opposition der KPD zur Linken und NSDAP/DNVP zur Rechten eine Sperrminorität, zumal diese im Reichstag zuletzt weitgehend kaltgestellten Diktaturparteien sich die Agitationschance einer reichsweiten Wahlbewegung nicht entgehen ließen.

Kein Zweifel konnte somit bestehen, daß Hitler als »Führer« der inzwischen ebenso fraglos stärksten Partei nach der Präsidentschaft greifen wollte. Der NSDAP-Propagandachef Goebbels sollte die eigentümliche Konstellation der bevorstehenden Machtprobe zwischen dem amtierenden Präsidenten und einem Massenagitator bis zum Vorabend des ersten Wahlgangs geschickt zuspitzen: »Wer will, daß alles so bleibt, wie es ist, wählt Hindenburg; wer will, daß alles geändert wird, was heute ist, wählt Hitler!« (*Der Angriff*, 12. März 1932) So konzentrierten sich die insoweit staatspolitisch nur mehr »konservativen« Überlegungen auf eine sorgenvolle Frage: Wer vermochte noch hinreichende Massenunterstützung zu sammeln, damit Hitler an dieser legalen Machtübernahme scheiterte – wenn nicht Hindenburg selbst?

Es bedurfte nicht hochmütiger Besserwisserei von Nachgeborenen, um sich aus Regionalwahlen für die politische Strategiefindung ein ungefähres Bild der reichsweiten Kräfteverhältnisse zu verschaffen. So konnten die Landtagswahlen in Hessen am 13. November 1931 als besonders aussagekräftig gelten, und zwar nicht allein wegen der größten Nähe zu der seit Januar 1932 intensivierten Präsidentendebatte und der hohen Beteiligungsrate von 82,3 %. Vielmehr waren die für das Wahlverhalten maßgebenden Daten zur Konfessionsverteilung und Sozialstruktur ansonsten in keinem Land (außer dem bereits mit seiner Größe durchschnittsprägenden Preußen) so dicht am repräsentativen Querschnitt der Reichsbevölkerung wie im damaligen Hessen. Die 37,1 % der NSDAP als Partei mit deutlich größtem Massenanhang wurden deshalb zur überregional ernst zu

Adolf Hitler während einer Rede im Wahlkampf 1932

nehmenden Größenordnung, ebenso die weitere Reihenfolge: 21,4 % SPD, 14,3 % Zentrum, 13,6 % KPD – und die weitgehende Zertrümmerung des restlichen Parteiensystems mit 2,3 % DVP und 1,4 % DDP. Ebenfalls nur 1,4 % der DNVP konnten aus einer dort seit jeher geringen Verankerung dieser Partei erklärt werden, so daß 2,6 % Landvolk und 2,1 % Christlich-Soziale für die Gesamtstärke der konservativen Erben zu berücksichtigen sind. Wie auch die »Sonstigen« der Rechten (0,8 %) blieben die Abspaltungen von SPD (1 % SAPD) und KPD (1,9 % KPO) für eine Reichsprognose zu vernachlässigen; denn zuvor hatte in Hessen eine leichte Überrepräsentation der Linken bestanden, die freilich – angesichts eines höheren Anteils der

Landbevölkerung (in Orten bis 5000 Einwohnern) sowie mehr selbständigen Bauern als reichsdurchschnittlich – seit Jahren rückläufig war.

Für die Wahlaussichten Hitlers mußte vor solchem Hintergrund ins Gewicht fallen, daß sich wie kaum bei einem anderen Kandidaten das breite Stimmenpotential seiner Partei mit der eigenen Person identifizieren ließ. Im Hinblick auf die Bewerbung um das Amt des Reichspräsidenten konnte dieses Profil des Massenagitators jedoch auch gegen ihn sprechen, zumal Hitler gerade einmal das halbe Lebensalter von Hindenburg durchschritten hatte und keinerlei Regierungserfahrung mitbrachte. Damit er überhaupt anzutreten vermochte, war dem Geburtsösterreicher zunächst die erforderliche deutsche Staatsbürgerschaft zu verschaffen, was mit Ernennung Hitlers zum Regierungsrat der braunschweigischen Landesvertretung in Berlin vollzogen werden konnte; diese frühere Hochburg der Linken (mit nur 4 % Katholiken, aber 52 % Bevölkerungsanteil in Landgemeinden bis 5000 Einwohner) wies seit den Landtagswahlen am 14. September 1930 eine hauchdünne Rechtsmehrheit auf. Daß bis dahin ein Ideologe des »Blutsdeutschtums« die verfassungsbedeutsame Frage der Staatsbürgerschaft dermaßen nachlässig behandelt hatte, erschien irgendwie noch begreiflich; aber seine zwecks Einbürgerung erfolgende Verbeamtung zum Regierungsrat ohne entsprechende Vorbildung oder Berufserfahrung blieb ein so willkürlicher Fall von »Parteibuchkarriere«, daß mit diesem Stichwort künftig von der NSDAP nicht mehr ernstlich gegen etablierte Parteien zu argumentieren war.

Die KPD hatte am 12. Januar 1932 ihren Parteivorsitzenden Thälmann erneut als Zählkandidaten ohne jegliche Siegeschance nominiert und wäre nicht bereit gewesen, zugunsten des vermutlich aussichtsreichsten SPD-Bewerbers, des preußischen Ministerpräsidenten Braun, einen Rückzieher zu machen. Dessen Amtsperiode lief unmittelbar nach jener Hindenburgs aus, und es gehörte wenig prophetische Fä-

Ernst Thälmann auf einer Massenkundgebung der KPD in Berlin, 1932

higkeit dazu, einen Verlust seiner Mehrheit im Preußischen Landtag vorherzusagen. Damit war ohnehin der Abschluß einer Phase zunehmend prekärer Balance abzusehen, die ein »schwarzer« Zentrumskanzler Brüning in einer Vermittlerrolle zwischen »schwarz-weiß-rotem« Präsidenten und »schwarz-rot-goldenem« Preußenkabinett teilweise noch immer anstrebte. Die bereits am totalen Machtanspruch der NSDAP gescheiterten Koalitionsgespräche mit der Zentrumspartei in Hessen bildeten einen hinreichenden Anschauungsunterricht dafür, daß Hitler nur eine bedingungslose Kapitulation der »Systemparteien« zufriedenstellen konnte. Zugleich bezeugt aber dieses Land, in dem sich anschließend die bisherige Koalition der SPD mit dem Zentrum geschäftsführend behauptete, daß politischer Widerstand gegen Diktaturanmaßungen erfolgversprechend blieb.

Nachdem der Liberalismus wie auch ein gemäßigter Konservatismus auf Restgruppen um deren Honoratioren reduziert waren, konnte nach Lage der Dinge nur mehr eine »rot-schwarze« Allianz die Machtübergabe an die NSDAP abwenden.

Ein allerletztes Mal hätte die SPD, als einzige reichsweit verbleibende politische Stütze der parlamentarischen Republik mit nennenswertem Massenanhang, noch in das Geschehen aktiv eingreifen können: Die etwaige Neuauflage der 1925er-Kandidatur von Braun im ersten Wahlgang mußte ein gemäßigtes Mitte-Rechts-Spektrum um Brüning, das gewiß nicht in selbstmörderischer Verblendung ausgerechnet Hitler als gewähltem Diktator zur Reichspräsidentschaft verhelfen wollte, unter heilsamen Entscheidungsdruck setzen. Auf diese Weise hätten sich die von politischer Hilflosigkeit zeugenden Pläne einer Wiederkandidatur Hindenburgs erledigt, weil zwischen NSDAP sowie DNVP einerseits und SPD sowie KPD andererseits kein hinreichendes Stimmenpotential für dessen Erfolg im zweiten Wahlgang bereitstand; er wäre in derart polarisierter und nachteiliger Konstellation erklärtermaßen gar nicht erst angetreten. Mit der aus seinem preußischen Amtsbonus zusätzlich getragenen Annahme, daß Braun im ersten Wahlgang die zweite Position nach Hitler sicher war, konnte im zweiten Wahlgang vermutlich einem Zentrumskandidaten zur Präsidentschaft verholfen werden, um vielleicht als Gegenleistung Braun die Kanzlerschaft für das Reich und Preußen im Sinne der vieldiskutierten Personalunion zu verschaffen.

Die Furcht vor einem Sieg Hitlers und Illusionen über dessen Neutralisierung durch Hindenburg lähmte jedoch inzwischen auch die SPD, die sich zur Unterstützung des amtierenden Präsidenten entschloß und mit der Parole »Schlagt Hitler!« parteioffiziell am 27. Februar die Wiederwahl Hindenburgs empfahl. Der erste Wahlgang am 13. März brachte deshalb für ihn die sichere Führung mit 49,6 %, denen gegenüber Hitlers 30,1 % hinter weitreichenden Erwartungen zurückblieben; restliche 13,2 % für Thälmann und 6,8 % zugunsten des »Stahlhelm«- und DNVP-Bewerbers Duesterberg (sowie 0,3 % einer Splitterkandidatur) entsprachen ungefähr der Reichweite ihrer jeweiligen politischen Lager. Diese Gesamtbilanz, bei einer Rekordbeteiligung von 86,2 %, sowie regionale Kontrolluntersuchungen bestätigen die Vermutung, daß von der Zentrums- und SPD-Anhängerschaft nahezu geschlossen die Aufforderung zur Wahl Hindenburgs befolgt wurde. Daraus läßt sich, in Verbindung mit der Praxis von 1925, die Schlußfolgerung ziehen, daß gegen Hitler nahezu jede Zentrumskandidatur mit ähnlich komplettem Stimmenpotential der SPD rechnen konnte. Sogar für den Fall, daß im zweiten Wahlgang die Duesterberg-Anteile fast ebenso geschlossen Hitler zufielen, vermochten politischer Katholizismus, Sozialdemokratie und Linksliberale etwas mehr als die betreffende Gesamtstärke von 37 % aufzubieten.

Somit hätte Hitler nur gewinnen können, wenn ihm erkennbar mehr als die Hälfte der verbleibenden Hindenburg-Gefolgschaft aus der gemäßigten Rechten zugeflossen wäre. Dies konnte ihm vermutlich gegen eine Kandidatur von Brüning gelingen, dessen Anhängerschaft in elitären Bürger- und Adelskreisen sowie bei Vertretern eines Verzichtsethos in beiden Hauptkonfessionen nicht darüber hinwegzutragen vermochte, daß er im Massenbewußtsein zu stark mit seinen drakonischen Sparmaßnahmen und der Krisenverschärfung gleichgesetzt wurde. Jedem anderen öffentlich unverbrauchteren Bewerber aus der Zentrumspartei wären aber die verbreiteten Bedenken gegen eine Diktatur Hitlers zugute gekommen. Die besten Aussichten hätte vielleicht Stegerwald gerade deshalb eröffnet, weil sich Brüning diesem Vorschlag am wenigsten verschließen konnte und über die christlich-nationalen Gewerkschaften ein Millionenpublikum der gemäßigten Rechten gezielt anzusprechen war. Zu einem solchen Vorstoß, sich ausgerechnet mit dem profiliertesten Konkurrenten der ADGB-Gewerkschaften zu verbünden, fehlte jedoch einer politisch aufgeriebenen SPD der Weitblick, so daß sie eher noch geneigt war, einem parteipolitisch farbloseren Platzhalter wie Hindenburg die Krisenbewältigung zu überantworten. Dessen Wiederwahl mit 53 % am 10. April gegen 36,8 % für Hitler und nur mehr 10,2 % für Thälmann war daraufhin bloße Formsache – wie dann auch das unmittelbar folgende Ende des verbliebenen Weimarer Verfassungsgefüges innerhalb weniger Monate.

Wege zur Diktatur: Papen-Regime und »Preußenschlag«

Die vom umtriebigen Beraterkreis Hindenburgs im Depressionswinter 1931/32 erwogene Ablösung Brünings verzögerte sich nach der Präsidentenwahl mit ähnlichen Beweggründen der außenpolitischen Konstellation, die auch im Krisenwinter 1929/30 den Bruch der Großen Koalition aufgeschoben hatten. Wenigstens sein Hauptziel der Streichung von deutschen Reparationslasten hätte dieser Zentrumskanzler mit einer drakonischen Sparpolitik gern noch erreicht, bevor er das zweithöchste Staatsamt zur weiteren präsidialen Verfügung stellen wollte. Es waren vor allem drei Ereignisse innerhalb eines Monats, die solche Pläne vorzeitig durchkreuzten. Zunächst verlor die Weimarer Koalition bei den Landtagswahlen in Preußen am 24. April 1932 ihre Mehrheit, womit die innere Balance einer konservativen Vermittlerrolle Brünings zwischen demokratischen und offen reaktionären Tendenzen wegbrach. Bei relativer Stabilität des Zentrums (67 Mandate / –1) und der KPD (57 / +1) fiel die Niederlage der SPD mit 21,2 % Stimmenanteil (= 94 Mandate / –43) und ein Debakel der Staatspartei (1,5 % = 2 Mandate / –19) gar zu dramatisch aus; gegen die Übermacht der NSDAP (36,3 % = 162 Mandate) mitsamt ihren DNVP-Verbündeten (6,9 % = 31 Mandate), und dies bei einer Rekordbeteiligungsrate von 82,1 %, ließ sich damit kaum mehr erfolgversprechend die politische Führungsrolle beanspruchen. Gerade die beiden demokratischen Staatsgründungsparteien von 1919 erhielten in solcher Massenabwanderung früherer Anhängerschaft die Quittung für ihre Auslieferung der Reichsgewalt an eine deprimierende Alternative Hindenburg oder Hitler: die krisenbedingt Unzufriedenen und Verzweifelten reagierten in diffuser Hoffnung auf irgendeinen Neubeginn mit dem NSDAP-Stimmzettel.

Zwar hatten die bisherigen Koalitionsparteien zuletzt noch die Geschäftsordnung des Landtags dahingehend verändert, daß für die Wahl des Ministerpräsidenten künftig die absolute Mehrheit der abgegebenen Stimmen erforderlich war – und kein Stichentscheid zwischen den beiden stimmenstärksten Kandidaturen stattfand. Diese Nuance sollte bewirken, daß eine Rechtsmehrheit an der KPD-Enthaltung scheitern mußte, wogegen nach altem Modus im zweiten Wahlgang ein NSDAP-Bewerber ins Amt gelangen konnte, wenn nicht die KPD dem bisherigen Inhaber aktive Unterstützung gewährte (was kaum möglich und ggf. zudem diskreditierend erschien). Eine sich geschäftsführend behauptende Minderheitsregierung im offenen Machtkampf mit der NSDAP-geführten Rechtsopposition setzte aber eine weniger defensive Stimmungslage voraus, als sie in der SPD nach anderthalb Jahren einer Tolerierung Brünings und schließlich gar Hindenburgs anzutreffen war.

Dic nächste Etappe zu einem Systemwechsel war die Verabschiedung Groeners als Reichswehr- und Innenminister am 12. Mai, die endgültig den Weg für Kurt von Schleicher zum wichtigsten »politischen General« im Umkreis Hindenburgs ebnete. Zur Wahrung der konservativen Staatsautorität hatte Groener unmittelbar nach der Präsidentenwahl die gewalttätigen »Sturm-Abteilungen« (SA) der NSDAP und Hitlers »Schutz-Staffel« (SS) verboten, dem »Reichsbanner« aber lediglich die Auflösung von »Schutz-Formationen« auferlegt. Dieser immerhin noch verfassungsloyale Umgang mit Fragen der inneren Sicherheit rief jene Reichswehrkreise auf den Plan, die zunehmend NS-geneigten Nachwuchs für militärisch unentbehrlich hielten und deshalb innenpolitisch eskalierende Konflikte mit Hitlers Parteitruppen unbedingt vermeiden wollten.

Den letzten Anstoß für den Rücktritt Brünings am 30. Mai, nach dem Vertrauensentzug durch Hindenburg, lieferte jener Interessenkonflikt um die »Osthilfe«, in deren Rahmen aussichtslos überschuldeter Großgrundbesitz in Reichseigentum überführt und zur Neuansiedlung von Bauern (z. B. aus dem Arbeitslosenheer) verwendet werden sollte. Obgleich dies nur eine begrenzte Kompensation für die umfangreichen Finanzhilfen zugunsten überlebensfähiger ostelbischer Großbetriebe war, nutzte der extrem rechtslastig politisierte Reichslandbund die vermeintlich »agrarbolschewistische« Initiative zur weiteren Verstärkung seines Drucks auf Hindenburg, dessen Umgebung in derartigen Standesfragen hochsensibel reagierte. Wenn der Präsident seinen Kanzler nach dessen Erinnerung wissen ließ, daß er sich von der Regierung trennen müsse, weil sie »unpopulär ist« und es insofern an notwendiger Führungskraft in schwierigen Zeiten ermangele, war solche Darstellung vielleicht auch für die eigene Legende bestimmt: daß Brüning am »Mut zur Unpopularität« gescheitert sei, und zwar auf den vielzitierten »hundert Metern vor dem Ziel« – des Reparationsverzichts der Siegermächte und damit verknüpfter Stabilisierungschance.

In welch groteskem Maße das greise Staatsoberhaupt mittlerweile elitäre Gemütswallungen einer preußischen Adelskaste mit der nationalen öffentlichen Meinung verwechselte, wurde ersichtlich, als Hindenburg den von Schleicher auserkorenen Nachfolger für einen »unpopulären« Brüning präsentierte: Den Namen des neuen Kanzlers Franz von Papen kannten – vor seiner Rolle als Galionsfigur eines antiparlamentarischen Präsidialregimes – nur eingeweihte Gesinnungsfreunde, obgleich ihm als Hauptaktionär und Aufsichtsratschef des Zentrumsorgans *Germania* im Hintergrund durchaus Einfluß zugeschrieben wurde. Auf die skeptische Frage, ob Papen denn überhaupt ein politischer »Kopf« sei, antwortete der künftige Reichswehrminister Schleicher im Vertrauen auf eigene Machtambitionen: »Nein, aber ein Hut«, also eine präsentable Repräsentationsfigur. Offenbar sollte dieser westfälische Gutsbesitzer mit dem Auftreten eines »Herrenreiters«, der als Hinterbänkler des äußersten rechten Flügels der Zentrumspartei im preußischen Landtag nur zuweilen mit abweichendem Stimmverhalten an der Seite der DNVP aufgefallen war, mangels parlamentarischer Hausmacht einzig noch zum gefügigen Werkzeug einer präsidialen Machtclique um Schleicher tauglich sein. Die Zentrumsmitgliedschaft gab Papen jedenfalls schon am Tag nach der Entlassung Brünings auf, zumal ihn mit seiner Partei außer dem katholischen Glauben immer weniger verband; fortan mußte er gerade im Urteil der katholischen Publizistik damit leben, sein hohes Staatsamt gleich einem Judaslohn für den Verrat an der einzufordernden Solidarität mit Brüning erlangt zu haben.

Die am 1. Juni veröffentlichte Ministerliste kommentierte der SPD-*Vorwärts* mit Fernwirkung auf das Geschichtsbild als »Das Kabinett der Barone«. Zwar traf dies nicht genau die Adelstitel (es handelte sich um vier »Freiherrn«, einen »Grafen« und zwei weitere »von«-Namensträger neben lediglich zwei Bürgerlichen, denen am 6. Juni ein dritter folgte); doch kennzeichnete dieses Stichwort um so prägnanter den symbolträchtig inszenierten Bruch mit dem zivilgesellschaftlichen Impuls von Weimar. Die klassischen Ressorts: Kanzler, Außen-, Innen-, Finanz- und Wehrminister, blieben sogar ausnahmslos der Adelskaste vorbehalten, womit sich die unter Hindenburg eingeleitete Restaurationstendenz ins äußerste Extrem steigerte. Zum verfassungsdurchbrechenden Systemwechsel geriet diese Staatskulisse mit Ewiggestrigen durch eine bereits am 4. Juni verfügte Auflösung des Reichstags, die einer Abstimmung über den Mißtrauensantrag der SPD zuvorkam und somit das Parlament an der Willensbildung hinderte, ohne einen konstruktiven Ausweg handlungsfähiger Mehrheiten anstelle der Tolerierungsallianz unter Brüning eröffnen zu können.

Im Gegenteil war die alsbaldige Neuwahl ohne vorausgegangene Regierungsarbeit jener Preis, den Hitlers NSDAP für ein zeitweiliges Stillhalten gegenüber dem Papen-Regime eingefordert hatte, zusammen mit der Aufhebung des SA/SS-Verbots am 16. Juni. An diesem Tag begann auch die Reparationskonferenz in Lausanne, die ähnlich wie beim Dawes-Plan 1924 erneut von einem Regierungswechsel in Frankreich zur Linken unter einem Ministerpräsidenten Herriot profitierte. Zwar scheiterten deutschnationale Maximalpositionen, die eine Streichung des Kriegsschuldartikels verlangten; doch konnten die schwierigen Verhandlungen unter zugespitztem Krisendruck am 9. Juli tatsächlich in ein Abkommen münden, das bis auf einen symbolischen Restbetrag von drei Milliarden Reichsmark (die in Wirklichkeit nicht gezahlt wurden) den Schlußstrich unter deutsche Reparationslasten zog. Das Inkrafttreten einer solchen Übereinkunft, die selbst kühnste Erwartungen der Brüningschen Außenpolitik verblassen ließ, blieb noch von der Einigung über den faktischen Verzicht der USA auf Rückzahlung der europäischen Siegermächten gewährten Kredite abhängig; dies war ohnehin die Voraussetzung für allseitiges Entgegenkommen zugunsten Deutschlands gewesen, weil von amerikanischer Seite ein vorrangiges Interesse an der Stabilisierung des bedrohlich zerrütteten Weltwirtschaftsgefüges bestand.

Auf innenpolitischem Handlungsfeld wurde die ebenfalls noch unter Brüning vorbereitete, am 14. Juni erlassene Notverordnung mit weiteren Kürzungen der Arbeitslosenunterstützung (um 23 %) sogar noch verschärft: Über die Rücknahme der Bezugsfrist von 20 auf 13 Wochen hinaus waren Ansprüche seither bereits nach sechs Wochen unter den Vorbehalt der »Bedürftigkeit« gestellt; daraufhin folgten auch mehrjährigen Beitragszahlungen keine angemessenen Gegenleistungen. In diesen Sommermonaten ohne saisonale Konjunkturbelebung ist punktuell auftretende Not und Armut zusehends in Massenverelendung abgeglitten. Eine Atmosphäre der Hoffnungslosigkeit in breitesten Volksschichten wurde zusätzlich genährt, indem das Papen-Regime als gänzlich »sozialreaktionär« empfunden werden mußte, insoweit mit dem Sturz Brünings auch noch die christlichen Gewerkschaftler um Stegerwald entmachtet waren. Damit blieb eine weitere kommunistische Radikalisierung unter jüngeren Arbeitslosen vorgezeichnet, die mit zunehmend militanten SA-Aufmärschen zusammenprallten. Eine derartige Konfrontation in einem Vorort Hamburgs, der »Altonaer Blutsonntag« am 17. Juli, lieferte den Vorwand für den »Preußenschlag«, die seit Wochen geplante autoritäre Gleichschaltung des größten Landes durch Einsetzung eines »Reichskommissars«.

Die eindeutig verfassungswidrige Absetzung des preußischen Kabinetts, unter Hinweis auf die erschütterte »Sicherheit und Ordnung«, war der zweite Schritt zu einem Diktaturregime, das sich im alleinigen Rückgriff auf präsidiale Ermächtigungen der gewaltenteiligen Machtkonkurrenten in Reichstag und Reichsrat entledigte. Allerdings erleichterte vorzeitiges Resignieren des preußischen Ministerpräsidenten Braun, der sich mit angeschlagenem Gesundheitszustand in den Urlaub verabschiedet hatte, nachdem er sich von der Wahlbevölkerung im Stich gelassen sah, die widerstandslose Vollstreckung der Reichsexekution. Jeder Vergleich mit dem Erfolg des Generalstreiks gegen die Kapp-Lüttwitz-Putschisten würde geschichtlich ins Leere greifen: Die Massenarbeitslosigkeit hatte 1932 die Gewerkschaften kampfunfähig gemacht, überdies wäre nunmehr der Aufstand gegen Präsident und Kanzler erforderlich gewesen, und nicht wie 1920 nur deren Schutz gegen Aufständische. Wie unglaubwürdig sich aber die regierungsamtliche Sorge um ein rechtsstaatliches Gewaltmonopol darbot, wenn es nicht zuletzt durch Wiederzulassung der SA-Bürgerkriegsarmee untergraben wurde, so fadenscheinig war auch die politische Begründung dieses Gewaltaktes: daß ausgerechnet eine nach links- wie rechtsaußen energisch vorgehende republiktragende Preußenregierung angeblich den Kommunisten zuviel Entfaltungsraum belassen habe.

Ganz unverblümt gab freilich die vom Stinnes-Konzern übernommene *Deutsche Allgemeine Zeitung* zu erkennen, daß mit dem Popanz einer bolschewistischen Gefahr für Deutschland lediglich kleinbürgerliches Publikum beeindruckt werden sollte, wogegen man aus großindustrieller Sicht auf eine nützliche Funktion der KPD gar nicht verzichten wollte: »Das Verbot der Kommunisten würde nur einen gewaltigen Stimmenzuwachs für die Sozialdemokratie bedeuten; daran hat niemand ein Interesse« (18. Juli 1932). Diese unmißverständliche rechtsbürgerliche Blickperspektive – auf die SPD als Hauptfeind – war in diesem Organ des DVP-Industrieflügels bereits zur vorausgegangenen Reichstagswahl mit einer Wahrnehmung der KPD gewissermaßen in der Rolle des nützlichen Idioten einhergegangen: Solchen finanzstarken Kreisen war es hochwillkommen, daß sich als Bürgerschreck gebärdende Kommunisten »dazu berufen sind, das Anwachsen der Sozialdemokratie zu verhindern und als Pfahl im Fleische dieser großen Partei zu wirken« (24. August 1930). Im gleichen Atemzug mit der Frontstellung zur SPD war die NSDAP gedanklich schon zum politischen Teilhaber adoptiert: »Durch die Zusammenarbeit zwischen der revolutionären Kampfbewegung Adolf Hitlers und den ursprünglichen Kräften der nationalen Tradition wird sich das deutsche Schicksal allein wenden lassen« (18. Juli 1932). Fortbestehendes Mißtrauen galt zuvor einerseits der Wirtschaftspolitik: »Uns imponiert am Nationalsozialismus viel eher sein Nationalismus, als sein Sozialismus«, andererseits der Machtstrategie: »Nicht der Nationalsozialismus soll den Staat ›aufsaugen‹, sondern der Staat den Nationalsozialismus« (7. März 1932). Gegen solche Herrschaftsillusionen von großbürgerlichen und adeligen Führungsschichten zeigten aber Wahlergebnisse, daß sich die NSDAP mit ihren Stimmenpaketen längst nicht mehr als Juniorpartner an der Staatsmacht beteiligen ließ, sondern die feindliche Übernahme beabsichtigte und alsbald die bedingungslose Machtübergabe verlangte.

Nachbetrachtungen – jenseits von Weimar: Zwischenstationen ins »Dritte Reich«

Die Reichstagswahl vom 31. Juli 1932 konnte unter den Bedingungen der Parlamentsausschaltung und des Preußenschlags nicht mehr als Votum innerhalb des Weimarer Verfassungsrahmens gelten. Wenn sich manche Anhänger des Präsidialstaates gern auf dessen »reineren« Ausdruck eines unmittelbaren Volkswillens als im Rahmen des parlamentarischen Mehrparteiensystems beriefen, war dem entgegenzuhalten: Das politische Mandat zur Weiterführung seiner Amtstätigkeit verdankte Hindenburg der Brüning-Koalition und der sie tolerierenden SPD; die Ersetzung des Konservativen Brüning durch einen Reaktionär wie Papen verkehrte insofern den Wählerauftrag für Hindenburg aus dem Frühjahr ins Gegenteil. Darüber hinaus gar noch den Reichstag aufzulösen, nachdem aus den Länderwahlen des 24. April die Prognose gestellt werden mußte, daß eine absolute Mehrheit – zumindest der Mandate – für KPD und NSDAP die parlamentarische Regierungsbildung ausschließen werde, bedeutete voraussehbar nur eines: Damit fand eine grob fahrlässige oder vielmehr mutwillige Auslieferung der Verfassungsinstitutionen an deren erklärtermaßen gewaltsame Belagerer statt – was faktisch nur die Nationalsozialisten, als die weitaus stärkere Massenbewegung der Extreme, im Bündnis mit traditionellen Rechtskräften begünstigen konnte.

Auf den staatsautoritär verordneten Zählappell, wenige Monate nach zwei Wahlgängen für die Präsidentschaft und Landeswahlen in drei Vierteln des Reichsgebiets, reagierten die ohnehin krisengedrückten Volksmassen mehrheitlich fundamentaloppositionell: Mit der bislang höchsten Beteiligungsrate von 84,1 % der Stimmberechtigten verurteilte ein Rekordanteil von 37,3 % NSDAP, daneben 5,9 % DNVP und 14,3 % KPD, den Reichstag nach Maßstäben des parlamentarischen Systems zur Arbeitsunfähigkeit. Jenseits von Splittergruppen, zu denen inzwischen auch DVP (1,2 %) und Staatspartei (1,0 %) herabgesunken waren, hatten sich nur Zentrum/BVP mit zusammen 15,7 % – offenbar im Protest gegen die Brüning-Entmachtung – sehr gut behauptet, während die SPD weitere Einbußen auf 21,6 % verzeichnete. Letzteres entsprach dem Krisenniveau von 1923/1924, mußte sich jedoch als massivere Schwächung auswirken, weil nunmehr die liberale Mitte nahezu komplett aufgerieben war und deren Restbestände ihr politisches Asyl bei noch erfolgsverdächtigen Wahllisten des Zentrums bzw. der SPD fanden. Die Wirtschafts- und Gesellschaftskrise hatte das Parteiengefüge also nicht etwa nach Interessenlagen weiter aufgesplittert, sondern vielmehr im verbreiteten Ruf nach der »starken Hand« konzentrierend erfaßt. Es überlebten zuletzt nur jene Parteien, die eine tiefere soziale Milieuverankerung zeigten, also eigene politische Teilkulturen ausgebildet hatten, die als Orientierungsangebot einen fehlenden Minimalkonsens im gesamtstaatlichen Rahmen ersetzen konnten.

Mit dem Auftrieb des zwar nicht mehr überraschenden, aber immerhin erstmals auf Reichsebene für die NSDAP bestätigten Ranges der weitaus größten Partei konnten ehrgeizige Forderungen nicht ausbleiben. Ohne die Übernahme der Kanzlerschaft, mit allen Vollmachten für weitere Notverordnungen wie bei den Vorgängern, wollte sich Hitler nicht an der Regierungsverantwortung beteiligen. Solchen Anspruch des nur als Massenagitator im öffentlichen Bewußtsein aufgestiegenen »böhmischen Gefreiten«, wie sich Hindenburg ausdrückte, konnte der altpreußische Generalfeldmarschall jedoch nicht anerkennen. Nach dem entscheidenden Gespräch am 13. August erschien in Tageszeitungen eine amtliche Verlautbarung, die als Begründung für die Abfuhr gegenüber Hitler den Reichspräsidenten mit der Weigerung zitierte, »die gesamte Regierungsgewalt ausschließlich der nationalsozialistischen Bewegung zu übertragen, die diese Macht einseitig anzuwenden gewillt sei«. Die Gefahren eines totalitären Herrschaftswillens der NSDAP konnten demnach gleichermaßen im Umkreis des Staatsoberhaupts wie angesichts derartiger Pressemitteilungen auch einem breiteren Lesepublikum hinlänglich bekannt sein.

Ganz in diesem Sinne hatte der SPD-*Vorwärts*, der vom Papen-Regime Anfang Juli wegen scharfer Opposition für einige Tage verboten wurde, kurz vor der Stimmabgabe die einprägsame Warnung ausgesprochen: »Wer Hitler wählt, wählt zum letztenmal; im Dritten Reich gibt es keine Wahl« (27. Juli 1932). Da nicht ernstlich mit einer Wahlniederlage der NSDAP gerechnet werden konnte, waren es gegen solche illusionslose Einsicht offenkundig nur Verlegenheitsformeln, mit denen nunmehr der SPD-Vorsitzende Otto Wels im Zeichen des Preußenschlags bei entscheidenden Beratungen mit den Führungsgremien von ADGB und »Reichsbanner« argumentierte: Statt ohnehin wenig aussichtsreicher Gegenwehr wollte man »vor allem Sicherung der Reichstagswahl am 31. Juli« erreichen und der schlagkräftiger bewaffneten »Reaktion« keinen Vorwand für die endgültige Ausschaltung des Reichstags liefern. Von der scheinlegalen Fassade, hinter der selbst eine »andere Republik« nach Art der ersten Präsidialkabinette längst entkernt war, ging auch in den folgenden Monaten eine Bewußtseinstrübung unter verbliebenen Demokraten hinsichtlich einer Definition des Ernstfalls aus: Das Trauma einer schrankenlosen politischen Befehlsgewalt der altbekannten Herrenkaste, gestützt auf die Waffenarsenale der Reichswehr, konnte den wachsamen Blick vom neuartigen Bedrohungspotential einer koalitionsgetarnten NS-Diktatur ablenken.

Mit dem Verlust ihrer Position als stärkste Reichstagsfraktion und führende Regierungspartei in Preußen war die SPD aus dem Wettbewerb um innenpolitische Machtanteile ausgeschieden. Nichts konnte die bittere Erkenntnis, daß immer noch etwas über 20 % Stimmen unter einem autoritären Präsidialregime ebensowenig zählten wie desaströse 1 % der Staatspartei, drastischer zum Vorschein bringen als das staatsrechtliche Nachspiel des »Preußenschlags«: Auf die Beschwerde der gewaltsam entfernten preußischen Regierung verkündete der Staatsgerichtshof am 25. Oktober das gegenüber der normativen Kraft des Faktischen hilflos anmutende Urteil, die Exekutionsgewalt der Reichsführung als verfassungskonform zu bestätigen, dem entmachteten Landeskabinett aber das Vertretungsrecht gegenüber Reichsrat und Landtag zurückzugeben. Solche Rechtsprechung folgte – neben dem offensichtlichen Druck bewaffneter Macht – einer kaiserzeitlichen Lehrmeinung: Derzufolge wurde zwar im Normalfall ein Mindestmaß an bürgerlich-parlamentarischer und föderaler Autonomie respektiert, ohne jedoch den Kern einer ungeteilten Souveränitätsgewalt der Staatsobrigkeit über den äußeren wie inneren Ausnahmezustand einzuschränken. Die Folgenlosigkeit der höchstrichterlichen Belassung des vormaligen Preußenkabinetts in seiner Vertretungsrolle, aber ohne Exekutivmacht, trat in jener demonstrativen Mißachtung zutage, die Ministerpräsident Braun und seinen Regierungskollegen entgegengebracht wurde, als sie vergebliche Bemühungen unternahmen, die ihnen rechtmäßig zustehenden Tätigkeiten auszuüben.

So verblieb als einzige der ursprünglichen Verfassungsparteien noch ein nach rechts verlagertes Zentrum im Verteilungskampf um das Erbe der politisch begrabenen Weimarer Republik. Mit der am 30. August erfolgenden Wahl des NSDAP-Bewerbers Hermann Göring – für die größte Fraktion – ins Amt des Reichstagspräsidenten bemühte sich der Parteikatholizismus um den äußeren Eindruck parlamentarischer Normalität. Die seit der Aprilwahl in Preußen hartnäckig fortgeschriebenen Spekulationen um etwaige »braun-schwarze« Koalitionsbildungen, getragen von taktisch als Druckmittel gegen die Papen-Regierung eingesetzten Gesprächen beider Seiten, entbehrten letztlich der Realisierungschance: Weder hatte der immer noch als Verhandlungsführer auftretende Brüning die Absicht, wie Hugenberg nur den Steigbügelhalter eines NS-Herrschaftsanspruchs darzubieten, noch wollte sich Hitler für eine seit 1930 zusehends entwertete parlamentarische Mehrheitskulisse den Zugriff auf die entscheidenden Machtpositionen abhandeln lassen. Die gegen einen opponierenden Reichstag bereits wieder am 12. September verhängte Auflösungsorder verhinderte, angesichts deren später Vorlage durch Papen und anschließender Nichtbeachtung seitens Görings, nicht die Blamage der höchsten Abstimmungsniederlage eines amtierenden Kabinetts in der Parlamentsgeschichte: Wohlgezählte 42 Mandatare von DNVP und DVP widersetzten sich der Mißtrauenserklärung, doch 512 Abgeordnete und somit über 90 % hatten sie gegen Papen unterstützt. Deutlicher ließ sich nicht mehr dokumentieren, in welchem Maße ein qualitativer Sprung der verfassungsfremden Präsidialermächtigungen von fragwürdigem parlamentarischen Rückhalt Brünings zur fraglosen Demontage des Reichstags unter Papen zu verzeichnen war.

Gegen den Willen vieler Beteiligter gab es in den Monaten nach dem Wahltermin 31. Juli ein wirksames Argument für den nicht mehr rücknehmbaren Stand massengesellschaftlicher und parteienstaatlicher Entwicklungsfaktoren: die unübersehbare Bedeutung, mit der seither eine zur stärksten Fraktion aufgestiegene NSDAP in sämtliche Überlegungen zu einem weniger standeselitären Reichskabinett einbezogen wurde. Die zwischen den Septemberwahlen

1930 und der Nominierung einer Präsidentschaftsalternative zu Hitler vielleicht noch gegebene Möglichkeit, die Verfassung gegen ihre Lähmung seitens destruktiver Stimmenmehrheiten der Parlamente zu schützen, war nach der autoritären Uniformierung des Machtdreiecks Präsident, Reichs- und Preußenregierung vertan. Damit gehörte »Weimar« der Vergangenheit an, und fortan wurde es auch immer wahrscheinlicher, daß unter den Gegenkräften der breitesten und gewalttätigsten Massenbewegung – der NSDAP – die nähere Zukunft gehörte. Im unmittelbaren Vorhof der politischen Macht kamen folgerichtig auch bei den Nationalsozialisten die in den Oppositionsjahren überdeckten strategischen Differenzierungen ans Licht der Öffentlichkeit.

Einen offensiven Kurs der Machtergreifung verfolgte neben den SA-Aktivisten insbesondere der Propagandachef Goebbels, der in seinem Berliner Kampfblatt *Der Angriff* – mit der täglichen Unterzeile »Für die Unterdrückten, gegen die Ausbeuter« – die nationalrevolutionären Ziele teilweise auch mit einer agitatorischen Sozialrevolte flankierte. Diese aus der Aufbauperiode nunmehr ins Großparteiformat übernommene radikaloppositionelle Strategie, deren passender Widerpart das reaktionäre Papen-Regime bildete, fand ihr Ende mit dem empfindlichen Rückschlag der NSDAP auf 33,1 % bei der Reichstagsneuwahl am 6. November 1932. Diesem seit 1928 erstmaligen Verlust in Höhe von 4,2 % standen Gewinne der regierungstragenden DNVP um 2,6 % auf 8,5 % sowie in bescheidenerem Umfange auch der DVP um 0,7 % auf 1,9 % gegenüber; dies konnte zusammen mit einer um 3,5 % auf 80,6 % gesunkenen Wahlbeteiligung die NS-Einbußen fast vollständig erklären. Den größten Erfolg als entschiedenster Kontrahent der DNVP-Standesgruppen verbuchte allein die KPD mit einem Stimmenzuwachs von 2,6 % auf 16,9 %, somit im Massenanhang fast schon zur SPD (20,4 %) aufschließend. Offenbar hatte sich das bis zur Teilnahme am Streik bei den

Berliner Verkehrsbetrieben reichende Bestreben des »revolutionären« NSDAP-Flügels, mit den Kommunisten im Sturmangriff auf das bestehende Staats- und Gesellschaftssystem zu konkurrieren, unter großstädtischem Arbeiterpublikum zu wenig ausgezahlt, um das erhebliche Befremden in bürgerlichen und bäuerlichen Kreisen zu kompensieren.

In den Wochen nach dieser Wahlschlappe auf hohem Niveau schien vorübergehend die Stunde eines nationalsozialistischen »Realpolitikers« wie Gregor Strasser gekommen. Angesichts des sozialrevolutionären Nationalismus seines Bruders Otto, der sich 1930 von der – ihm auch wegen Rücksichtnahme auf Geldgeber allzu eigentumsfreundlich gewordenen – NSDAP getrennt hatte, ist dessen Rolle zuweilen mißverstanden worden. Jedenfalls in der hier betrachteten kurzen Entscheidungsphase zwischen dem Wahltermin 6. November und dem Rücktritt Gregor Strassers von sämtlichen Parteiämtern am 8. Dezember stand dieser Politiker, als Reichsorganisationsleiter innerparteilich der zweite Mann nach Hitler, für partielle Kompromißbereitschaft: zur Machtteilung mit kooperationsbereiten Mitgliedern der alten Eliten, auf dem Boden eines auch die Arbeitnehmerschaft einbeziehenden Konzepts der »Volksgemeinschaft«. Der Rücktritt des politisch isoliert bleibenden Papen-Kabinetts am 17. November, das einstweilen geschäftsführend im Amt blieb, und vor allem die am 2. Dezember beginnende Kanzlerschaft Schleichers nährte zusätzlich Spekulationen über neuartige Koalitionsformen. Vielleicht konnte es sogar gelingen, den anscheinend übermächtigen NS-»Führer« zu stoppen, wenn Strasser mit einigen Gefolgsleuten durch Regierungsbeteiligung offen gegen Hitler rebellierte – so wie 1930 mit DNVP-Abtrünnigen zwar keine handlungsfähige Neugründung erwachsen war, aber Hugenberg die politisch entscheidende Schwächung erfahren hatte.

Doch zerbrach Strasser offensichtlich am inneren Konflikt zwischen eigener Überzeugung und Loyalität gegenüber dem »Führer«, so daß er am 9. Dezember den Rückzug in den Erholungsurlaub antrat, statt in Übereinkunft mit Schleicher einen Kurswechsel seiner Partei erzwingen zu wollen. Es verblieb dem umtriebigen Kanzlergeneral daraufhin als Gestaltungsreserve jenseits des Präsidialmandats nur mehr die riskante Option einer »Gewerkschaftsachse«: das Schleicher aus den Kriegsjahren hinlänglich vertraute Bestreben, neben Einbindung der christlich-nationalen Arbeitnehmerschaft zugleich den freigewerkschaftlichen Block sozialpolitisch mindestens zu neutralisieren, wenn nicht gar zur Verselbständigung gegenüber oppositionellen Neigungen in der SPD zu motivieren. Zum Arrangement mit einem Kanzler solcher »Querfront«-Strategien wäre die ADGB-Führung teilweise bereit gewesen, zumal die Erfahrungen mit seinem Vorgänger und die Erwartungen an einen möglichen Nachfolger Hitler jedes kleinere Übel favorisieren ließen. Doch zum offenen Bruch mit der SPD war der ADGB-Vorsitzende Theodor Leipart so wenig bereit wie Strasser gegenüber der NSDAP, womit die Bindungen an das Parteimilieu nochmals unterstrichen wurden.

Was unter Papen nur der staatsautoritären Machtphantasie entspringende Planspiele waren, hätte Schleicher, dem sogar das »Reichsbanner« zumindest Stillhalten dafür in Aussicht stellte, mit größerer Realisierungschance vollstrecken können: die Entwaffnung sämtlicher mit dem staatlichen Gewaltmonopol rivalisierenden Kräfte und im anzunehmenden Widerstandsfalle deren rücksichtslose Unterdrückung. Doch blieb dieser Kanzler zu sehr dem einseitigen Denken eines Reichswehrgenerals verhaftet, um nicht von solchen verfassungspolitischen Notwendigkeiten durch nationalistisch motivierte Bedenken abgeschreckt zu werden: mit dem NS-»Gewalthaufen« zugleich nutzbares »Soldatenmaterial« in solchen Bürgerkriegsstrategien zu »verheizen«. Gewiß waren seinem Wehrministeramt entnommene Gedankenspiele, daß auch die Reichswehr nicht gleichzeitig die Niederwerfung von Kommunisten und Nationalsozialisten sowie etwaige Grenzkonflikte mit Polen militärisch beherrschen konnte, ihrerseits taktisch gegen Papensche Diktaturanmaßungen ausgerichtet gewesen. Wenn von zwanghaften antipolnischen Ressentiments einmal abgesehen wurde, blieb als realer Kerngehalt derartiger militaristischer Sandkastenmanöver die maßgebende Hemmschwelle einer konservativen Offizierskaste: sich dabei innenpolitisch zur Durchsetzung eines rechtsstaatlichen Gewaltmonopols nötigenfalls gegen die Nazis mit den weitaus mißtrauischer beäugten »Sozis« aus ADGB und »Reichsbanner« verbünden zu müssen.

In diesem mehrstufigen Entwicklungsverlauf aus zunächst fruchtloser Erprobung mancher halb- und unparlamentarischer Herrschaftsformen, anschließend der vielseitigen Blockierung jeder anderen Variante halbwegs stabiler Regierungsverhältnisse unter dem Präsidialsystem, ist letztlich die historisch-politisch folgenschwere Konstellation bis zum 30. Januar 1933 hervorgegangen. Wie sehr eine Machtkonzentration in den Händen Schleichers aus verschiedensten Blickwinkeln gefürchtet wurde, zeigte bereits der verfassungsändernde Reichstagsbeschluß vom 9. Dezember, getragen von allen Fraktionen mit Ausnahme einer an systemimmanenten Korrekturen desinteressierten KPD und der massenfernen Diktaturregimen durchaus geneigten DNVP: Künftig war nicht mehr der Kanzler gemäß Art. 51 WRV, sondern der Präsident des Reichsgerichts als Vertreter eines (gestorbenen oder dienstunfähig kranken) Reichspräsidenten bis zu dessen Reaktivierung oder einer Neuwahl vorgesehen. Das von Schleicher, noch im Werben um eine »Gewerkschaftsachse«, mit seiner Rundfunkrede am 15. Dezember verbreitete Stichwort »Arbeit schaffen!« und das Aufgreifen eines zugeschriebenen Profils als »sozialer General« klangen in den Ohren von Großgrundbesitzern und Schwerindustriellen wenig vertrauenerweckend.

Das Einschwenken des Reichslandbundes auf die Kanzlerschaft Hitlers und entsprechende Voten einiger prominenter Wirtschaftsvertreter, unter ihnen Ex-Reichsbankpräsident Schacht und Konzernchef Thyssen, hätten allein nicht den Ausschlag für den Meinungsumschwung Hindenburgs gegeben. Auch die Rolle seines vielzitierten, »in der Reichsverfassung nicht vorgesehenen« Sohnes Oskar, über den Einflüsterungen von interessierter Seite ans Ohr des greisen Staatsoberhaupts drangen, ist zuweilen überschätzt worden. Eine wesentliche Voraussetzung für die Ablösung Schleichers war gewiß das Revanchestreben der Papen-Reaktionäre, die nach eigenem Scheitern allmählich zu größeren Konzessionen an die NSDAP bereit sein mußten. Den Ausschlag für die gefundene Lösung, anscheinend eine Wiederkehr des Papen-Kabinetts unter der Kanzlerschaft Hitlers und mit Hugenberg als Agrar- und Wirtschaftsminister zu präsentieren, gab vordergründig ein für Hindenburgs Amtsverständnis vorzugswürdiger Brückenschlag von seinen restaurativen Leitbildern zu einem Minimum von legalistischer Regierungskulisse. Während ein Kanzler Brüning – bis hin zur Wiederwahl Hindenburgs – die ersatzkaiserliche Präsidentschaft nicht erfolgreich aus einer Tolerierungsabhängigkeit von der SPD befreit hatte und der allzu machtbewußte Schleicher mit etwaigem Rückgriff auf die »Gewerkschaftsachse« erneut bedenkliche Ambitionen zeigte, schien die Heranziehung der Nationalsozialisten zum Mitregieren in altkonservativer Sicht wenigstens die Verbindung mit dem radikaleren Nachwuchs zu sichern.

Durch »Einrahmung« des Kanzlers und zweier amtserfahrener NSDAP-Minister – Frick (Inneres) und Göring (2. Reichskommissar für die preußische Innenverwaltung) – glaubte Papen, binnen zweier Monate sei Hitler von der rechtskonservativen Kabinettsmehrheit »in die Ecke gedrückt, daß er quietscht«. Einer dermaßen grotesken Realitätsverfehlung konnte nur anheimfallen, wer sich in einer Scheinwelt des »erlesenen« Kreises im Umfeld der Präsidialmacht eingerichtet hatte, ohne die massengesellschaftlichen Kräfteverhältnisse angemessen mit ins Kalkül zu nehmen. Das Erbe der Weimarer Republik war auch im dritten Jahr einer zunehmenden Ausschaltung des Reichstags, insofern zum außerparlamentarischen Raum hin verlagert, noch hinreichend vom Einflußgeflecht der weltanschaulich formierten Parteilager und mächtigen Verbandsinteressen geprägt, daß eine Ablösung der präsidialstaatlichen Übergangsperiode dieses scheinbar paradoxe Gepräge annehmen konnte: Die politische Macht vermochte letztlich jene Partei zu konzentrieren, die zuvor den Weimarer »Parteienstaat« am vehementesten mit Schmähungen überschüttet sowie in allen taktischen Varianten bekämpft hatte – um ihn schließlich in die brutalste Deformation eines totalitärdiktatorischen Einparteienstaates zu überführen.

Vor der Brutalität eines NS-Regimes hatten republiktreue Stimmen in aller Deutlichkeit gewarnt. »Hitler bedeutet Krieg« – diese frühzeitige Einsicht der für ein liberales Profil der »Staatspartei« eintretenden *Frankfurter Zeitung* (2. September 1930) ergänzte der Realpazifist Quidde in der meistgelesenen Tageszeitung außerhalb Berlins im Hinweis darauf, es drohe »Tod und Zuchthaus für alle Gegner des nationalsozialistischen Programms, wenn sie sich nicht lautlos unterwerfen, sondern noch wagen, eine eigene Ansicht zu äußern« (*General-Anzeiger für Dortmund und das gesamte rheinisch-westfälische Industriegebiet*, 13. März 1932). Der SPD-*Vorwärts* (22. Juli 1932) brachte den NS-Repressionsapparat bereits auf seinen historischen Begriff, ohne dabei allerdings die spätere Vernichtungsmaschinerie auch nur erahnen zu können: »Wer die Freiheit liebt, soll wie ein Kriegsgefangener in Konzentrationslagern Strafdienst tun.« Die *Vossische Zeitung*, das Berliner Traditionsblatt des liberalen Bürgertums, benannte am Tag nach der Ernennung Hitlers zum Reichskanzler die akuten Gefahren einer Ablenkung vom unlösbaren Krisendruck durch Unterdrückungsakte: »Die Armut kann man nicht abschaffen, aber die Freiheit kann man abschaffen. Die Not läßt sich nicht verbieten, aber die Presse läßt sich verbieten. Der Hunger läßt sich nicht ausweisen, aber die Juden kann man ausweisen« (31. Januar 1933). Mit diesen höchst alarmierenden, die kommende Realität freilich noch immer zu wenig dramatisch prophezeienden Schreckensbildern eines Diktaturregimes wurde jedoch eine Kernfrage nicht bedacht: inwieweit sich im dritten Jahr einer zugespitzten Wirtschafts-, Gesellschafts- und Staatskrise überhaupt noch die Mehrheit der Wählerschaft für die politischen Freiheitsrechte, die Pressekritik am Regierungshandeln und das Schicksal von Minderheitsgruppen hinreichend interessierte, um dem Ruf nach der »starken Hand« und ihren durchschlagskräftigen Verheißungen zu widerstehen.

II
Aspekte

1
Konstituierung »Weimars«

Gründungskonzeptionen

Die erste »Gründungsurkunde« der Republik war am 12. November 1918 ein Aufruf des Rats der Volksbeauftragten:

> An das deutsche Volk! Die aus der Revolution hervorgegangene Regierung, deren politische Leitung rein sozialistisch ist, setzt sich die Aufgabe, das sozialistische Programm zu verwirklichen. Sie verkündet schon jetzt mit Gesetzeskraft folgendes:
>
> 1. Der Belagerungszustand wird aufgehoben.
> 2. Das Vereins- und Versammlungsrecht unterliegt keiner Beschränkung, auch nicht für Beamte und Staatsarbeiter.
> 3. Eine Zensur findet nicht statt. Die Theaterzensur wird aufgehoben.
> 4. Meinungsäußerung in Wort und Schrift ist frei.
> 5. Die Freiheit der Religionsausübung wird gewährleistet. Niemand darf zu einer religiösen Handlung gezwungen werden.
> 6. Für alle politischen Straftaten wird Amnestie gewährt. Die wegen solcher Straftaten anhängigen Verfahren werden niedergeschlagen.

7. Das Gesetz über den vaterländischen Hilfsdienst wird aufgehoben, mit Ausnahme der sich auf die Schlichtung von Streitigkeiten beziehenden Bestimmungen.
8. Die Gesindeordnungen werden außer Kraft gesetzt, ebenso die Ausnahmegesetze gegen die Landarbeiter.
9. Die bei Beginn des Krieges aufgehobenen Arbeiterschutzbestimmungen werden hiermit wieder in Kraft gesetzt.

Weitere sozialpolitische Verordnungen werden binnen kurzem veröffentlicht werden. Spätestens am 1. Januar 1919 wird der achtstündige Maximalarbeitstag in Kraft treten. [...]
Die Regierung wird die geordnete Produktion aufrechterhalten, das Eigentum gegen Eingriffe Privater sowie die Freiheit und Sicherheit der Person schützen.
Alle Wahlen zu öffentlichen Körperschaften sind fortan nach dem gleichen, geheimen, direkten, allgemeinen Wahlrecht auf Grund des proportionalen Wahlsystems für alle mindestens 20 Jahre alten männlichen und weiblichen Personen zu vollziehen.
Auch für die Konstituierende Versammlung, über die nähere Bestimmung noch erfolgen wird, gilt dieses Wahlrecht.

(*Reichs-Gesetzblatt*, 1918, S. 1303 f.)

Wie das einleitende Bekenntnis zum »sozialistischen Programm« zu verstehen war, hatte der SPD-Vorstand in seiner Antwort auf USPD-Forderungen am 10. November im *Vorwärts* mit dem Hinweis veröffentlicht: über die »soziale Republik« habe allein »das Volk durch die konstituierende Versammlung zu entscheiden«, die Räteherrschaft als »Diktatur eines Teils einer Klasse« wurde abgelehnt, »weil sie unseren demokratischen Grundsätzen widerspricht«.

Mit dem DDP-Gründungsaufruf an »Männer und Frauen des neuen Deutschland!« hatte sich am 16. November ein möglicher Koalitionspartner für demokratisierende Neuordnungsziele gemeldet:

> Der erste Grundsatz besagt, daß wir uns auf den Boden der republikanischen Staatsform stellen, sie bei den Wahlen vertreten und den neuen Staat gegen jede Reaktion verteidigen wollen, daß aber eine unter allen nötigen Garantien gewählte Nationalversammlung die Entscheidung über die Verfassung treffen muß.
> Der zweite Grundsatz besagt, daß wir die Freiheit nicht von der Ordnung, der Gesetzmäßigkeit und der politischen Gleichberechtigung aller Staatsangehörigen zu trennen vermögen und daß wir jeden bolschewistischen, reaktionären oder sonstigen Terror bekämpfen, dessen Sieg nichts anderes bedeuten würde als grauenvollstes Elend und die Feindschaft der ganzen zivilisierten, vom Rechtsgedanken erfüllten Welt.
> Wir wissen, daß heute nur kühne Mittel helfen können und daß von allen Besitzenden große Opfer zu fordern sein werden, wenn aus dem Trümmerfelde eine glücklichere Zukunft sich erheben soll. Die Zeit erfordert die Gestaltung einer neuen sozialen und wirtschaftlichen Politik. Sie erfordert, für monopolistisch entwickelte Wirtschaftsgebiete die Idee der Sozialisierung aufzunehmen, die Staatsdomänen aufzuteilen und zur Einschränkung des Großgrundbesitzes zu schreiten, damit das Bauerntum gestärkt und vermehrt werden kann. Notwendig sind stärkste Erfassung der Kriegsgewinne, einmalige progressive Vermögensabgabe, andere tiefgreifende Steuermaßnahmen, gesetzliche Garantierung der Arbeiter-, Angestellten- und Beamtenrechte, Sicherung der Ansprüche der Kriegsteilnehmer, ihrer Witwen und Waisen, Stützung der selbständigen Mittelschicht, Freiheit für

> den Aufstieg der Tüchtigen und die internationale Durchführung eines sozialpolitischen Mindestprogramms.
>
> (*Deutscher Geschichtskalender*, Leipzig [o. J.], S. 364 f.)

Nach der Revolution erschien die Stunde reif für eine linksbürgerliche Partei als politischen Bundesgenossen der Arbeiterbewegung. Die entschiedenen Demokraten wollten die neue Partei frei von Erblasten der imperialistischen Außenpolitik, der obrigkeitsstaatlichen Innenpolitik und der besitzprivilegierenden Wirtschafts- und Sozialpolitik konstituieren. Wegen seiner ausgeprägt nationalistischen Tendenzen war nicht einmal der künftige DDP-Vorsitzende Naumann im Gründungskreis akzeptiert worden, der sich in einer Briefnotiz vom 25. November entsprechend feindselig äußerte: »Es handelt sich um eine Art Staatsstreich, der vom ›Berliner Tageblatt‹ ausgeht, man hat uns bolschewisiert« (zit. nach: Theiner, 1983, S. 288). Bei Naumann war das frühzeitige Eintreten für demokratisches Wahlrecht und soziale Reformen weitgehend einem deutschen Großmachtstreben zugeordnet gewesen, das er auf diese Weise popularisieren und innenpolitisch flankieren wollte.

Um den *Tageblatt*-Chefredakteur Wolff, der außerhalb des sozialdemokratischen Pressespektrums am wirkungsvollsten dem nationalistischen Kriegstaumel entgegengetreten war, versammelte sich bereits am 10. November der engste DDP-Initiativkreis. Ein enger Vertrauter, der *Tageblatt*-Redakteur Dombrowski, warf unter dem Pseudonym Johannes Fischart für *Die Weltbühne* einige Schlaglichter auf Verbindungslinien in einem Kurzporträt über Preuß:

> Rasch pflückte er sich als Staatslehrer literarische Lorbeeren. Aber in der akademischen Karriere kam er nicht weiter. Privatdozent und dann, höchstens, außerordentlicher Professor. Warum? Das braucht man nicht erst zu sagen. Er hatte zwei unangenehme Eigen-

> schaften: er war nicht ›rassereiner Abkunft‹, und er war Demokrat. [...].
> Aber literarisch begann er die neue Zeit eifrig vorzubereiten. In einer Reihe von Schriften wies er auf die Notwendigkeit einer Demokratisierung Preußen-Deutschlands hin und arbeitete, noch während des Krieges, den Entwurf einer Verfassungsreform aus, den er in einem Privatdruck seinen Freunden zugehen ließ. Und schon am zehnten November war sich Theodor Wolff mit ihm über die Zertrümmerung des alten wasserstiefelnden Freisinns und der Begründung einer republikanisch-demokratischen Partei einig geworden. In einem kleinen Konferenzzimmer des Berliner Tageblatts traten darauf zu endlosen Sitzungen ein paar Männer zusammen, die der neuen Partei den Lebensodem einbliesen.
>
> (*Die Weltbühne*, 6. Februar 1919, S. 132)

Nur mit diesem Freundeszirkel des *Tageblatts* war allerdings keine Massenpartei zu schaffen. In den Lebenserinnerungen von Wolff ist eindringlich skizziert, wie sich die überlegene Macht des Geldes und der Organisationsroutine den Zugriff auf die aussichtsreiche Neugründung zu verschaffen wußte:

> Am 14. November kam zu einer Konferenz in meiner Redaktion mit mehreren seiner Freunde auch Doktor Hjalmar Schacht, damals Direktor der Nationalbank und Chef einer Gruppe, die sich ›Jungliberale‹ nannte und, eine meist schon ältere Jugendgarde der gichtigen Nationalliberalen, den Eindruck erwecken sollte, als wachse an diesem alten, verdorrten Stamm noch ein frischer Zweig. Schacht und seine Freunde wünschten sich uns anzuschließen und dann wohl auch ihre alte Parteifamilie mitzubringen. Sie wollten sich freilich nicht, wie es in dem Aufruf hieß, ›zur Republik beken-

nen‹, sondern nur ›die Republik anerkennen‹. Aber nach einer ziemlich hitzigen Debatte entschlossen sie sich auch zum Bekenntnis und gaben ihre Unterschrift her. Es zeigte sich sehr schnell, daß wir nicht einen Mangel an Zulauf zu befürchten hätten, und daß ganz im Gegenteil die Gefahr in der allzu großen Anziehungskraft der neuen Parteibildung lag. Der preußische Handelsminister Fischbeck sagte mir sogar, daß die Großindustriellen Stinnes, von Borsig und noch einige ihrer Gattung ›umgelernt‹ hätten und gern aufgenommen werden würden, und es kostete bisweilen Mühe, sich einer so überraschenden Liebe zu entziehen. Als am 16. November der Aufruf erschien, – es hieß jetzt ziemlich unschön darin: ›Wir stellen uns auf den Boden der republikanischen Staatsform‹ – wurde er äußerst beifällig begrüßt, aber nicht ganz mit Unrecht konnte bemerkt werden, es gäbe in der Liste der Unterzeichner etwas zu viel Großkapital. Ich kam mir in dieser ganzen Zeit vor wie der Vater Noah, in dessen Arche sich alles hineindrängen will, und der immer sagen muß: ›Bedaure, wir haben für Sie leider keinen Platz.‹

Man hat mir in einer späteren Zeit oft vorgeworfen, daß ich damals auch Stresemann nicht in der demokratischen Arche mitfahren ließ. Als Stresemann wirklich ›umgelernt‹ hatte und der vom Nationalismus verfolgte Reichskanzler geworden war, erklärten die klugen Leute, es sei ein furchtbarer Fehler gewesen, ihn zurückzustoßen, statt ihn freudig willkommen zu heißen und für die Partei als Führer zu gewinnen. Aber im November 1918 konnte man in keinem Zauberspiegel den Stresemann von 1925 sehen, sondern man sah nur den Stresemann, der während des Krieges ein Annexionist und ein Anhänger von Tirpitz gewesen war.

(Wolff, 1989, S. 190 f.)

Trotz Abschleifung ihres linksrepublikanischen Profils wurde die DDP nach den Wahlen vom 19. Januar 1919 auch von der *Weltbühne* gemeinsam mit USPD und SPD zu den progressiven Kräften gerechnet: »die Unabhängigen, die die Revolution gemacht haben, soweit Revolutionen überhaupt gemacht werden können, die Mehrheitssozialisten, die sie mitgemacht, und die Demokraten, die sie vom ersten Augenblick an begrüßt haben, lassen mit der Gesamtheit ihrer Stimmen und Sitze die andern, verschämt oder unverschämt revolutionsfeindlichen, Parteien weit hinter sich« (*Die Weltbühne*, 30. Januar 1919, S. 101). Derartige Eindrücke der öffentlichen Dominanz dieser politischen Kräfte links von der Mitte waren in einer publizistischen Breite vorhanden, daß sich um so mehr die Frage stellen muß: ob nicht auch gegen Beharrungstendenzen in den eigenen Reihen mehr Schubkraft für Reformschritte aus dem Gründungsimpuls der Republik in die Gesetzgebungsarbeit umzusetzen gewesen wäre.

Verfassungsgrundlagen

Bei einem Arbeitsrechtler findet sich aus der Rückblende der wichtige Hinweis, die beschlußfassende Konstituante dürfe nicht als das einzige Kreationsorgan der geschaffenen Gemeinordnung erscheinen: »Es ist merkwürdig, daß niemand beobachtet hat, daß die Weimarer Verfassung tatsächlich das Resultat von einzelnen Sozialverträgen war, die zwischen den verschiedenen sozialen Gruppen abgeschlossen wurden.« In dieser Richtung sind als solche Absprachen zu Grundelementen der Realverfassung besonders erwähnenswert: der Sicherheitspakt Ebert–Groener, der Tarifvertragsrahmen Stinnes–Legien, das Kompetenzabkommen im Reich-Länder-Verhältnis, die regierungsbildende Parteienkoalition der Nationalversammlung sowie ein Mitbestimmungskompromiß zur Beilegung der Märzunruhen 1919 (Neumann, 1980, S. 319f.). Als äußere Rahmensetzung trat schließlich noch die Versailler Friedensregelung hinzu.

Allerdings erreichte keine dieser flankierenden Gründungsbedingungen für den Gesamtverlauf der Weimarer Republik den geschichtlichen Rang der verfassunggebenden Nationalversammlung. Der »Pakt« Ebert – Groener zur inneren Sicherheit hatte zunächst vorrangig den geordneten Rückmarsch der Truppen in die Heimat zum Gegenstand. Zwar bediente sich die SPD-Führung, nachdem diese Aufgabe erfüllt war, gegen überschätzte Gefahren einer »zweiten«, in Richtung kommunistischer Ziele treibenden Revolutionsphase weiterhin dieses Machtinstruments. Spätestens das Hervortreten der unterschätzten gegenrevolutionären Bedrohung im Kapp-Lüttwitz-Putsch jedoch beendete 1920 dieses gefährliche Experiment. Das Stinnes-Legien-Abkommen der Unternehmerverbände und Gewerkschaften verwies in seinem abschließenden Punkt 12 selbst auf den Vorrang »gesetzlicher Regelung« und die Möglichkeit »einer gegenseitigen dreimonatigen Kündigung«. Wie der informelle Militär- war also der formalisierte Sozialpakt einseitig aufzubrechen, was die Unternehmerseite nach Zwischenphasen des gegenseitigen Stillhaltens seit der Inflationsperiode auch nutzte.

Die Übereinkünfte zum Reich-Länder-Verhältnis durchliefen in den Revolutionsmonaten mehrere Entwicklungsstadien; als faktische Grenze einer ansonsten weitgehenden Regelungskompetenz der Konstituante erwies sich zugunsten der Länder deren Bestand mit eigenen Verwaltungen. Wie kurzlebig selbst »verfassunggebende« Parteienkoalitionen in einer parlamentarischen Demokratie sein konnten, hat die Aufkündigung seitens der DDP infolge des Versailler Vertrags bereits vor Inkrafttreten des gemeinsamen Werks von Weimar unterstrichen. Von den aus Rätedebatten und Streikbewegungen gespeisten Erwartungen einer gleichberechtigten Mitbestimmung erfüllte sich mit dem Betriebsrätegesetz Anfang 1920 nur wenig. Schließlich zeigte auch das noch am ehesten die gesamte Republik begleitende »Versailles« eine beträchtliche Variationsbreite: Seit 1924, also dem Regierungswechsel von Nationalisten zu Linksrepublikanern in Frankreich und dem ökonomisch stabilisierenden Dawes-Abkommen, war die tatsächlich prekäre Nachkriegsperiode mit ihrer Eskalation in der Rheinlandbesetzung überwunden. Seither war »Versailles« mehr ein (ohnehin überbewertetes) massenpsychologisches Problem der Vergangenheit als wirklich noch die allesbestimmende »äußere Verfassung« der Weimarer Gegenwart und Zukunft.

Die Erkenntnis, daß sogar die konkrete Auslegung und Handhabung eines Friedensvertrags maßgebend davon abhing, ob sich diesseits und jenseits des Rheins gesprächsfähige Parteienformationen begegneten, läßt sich modifiziert auf die übrigen Dimensionen einer Realverfassung der Weimarer Gründungsphase ausweiten: Gewiß handelte Ebert nicht zuletzt als SPD-Vorsitzender, wenn er sich Groeners Loyalität als Einsatzreserve gegen befürchtete Übergriffe von »Spartakisten« und USPD-Linken versicherte. In umgekehrter Motivlage hatte der Betriebsrätekompromiß für die SPD einen innenpolitischen Waffenstillstand mit der USPD-Rätebewegung und ihren Streikaktionen zur Grundlage. Nicht minder waren Legien an der Spitze von SPD-Gewerkschaftern und Stinnes als führender Exponent der DVP-Industriegruppe hochrangige Parteipolitiker. Ebenso standen bei den Kompetenzregelungen zwischen Reichs- und Länderebenen jeweils auch Machtinteressen regionaler Parteigruppierungen zur Entscheidung.

Insofern erhebt sich die Frage, ob das Ergebnis einer Betrachtung der parallelen Wiener Revolutionsgeschichte auf Weimar zu übertragen ist: »Die beiden Großparteien waren Österreichs *pouvoir constituant*, Staatsgründer und Partner des Verfassungsvertrages« (Pelinka/Welan, 1971, S. 10). Gewiß entsprachen die beiden österreichischen Lager der Sozialdemokratie (ohne größere kommunistische Abspaltung) und der katholischen Christlichsozialen (mit nur regional gewichtiger deutschnationaler Machtkonkurrenz) nicht einfach Weimarer Konstellationen. Doch hatten Wahlkämpfe zur Konstituante vergleichbare Polarisierungsmuster der »sozialistisch-demokratischen« Linken gegen eine »christlich-volksparteiliche« Rechte gezeigt. Daraufhin veränderte eine Regierungsteilnahme der Zentrumspartei, die nach den Revolutionsmonaten mehr zur politischen Mitte rückte, unter starkem Druck innerer und äußerer Krisenlagen die Situation – wie in Österreich eine Große Koalition bis zu deren Verfassungskompromiß im Herbst 1920. Bemerkenswert ist auch die analoge Rolle der von sozialdemokratischen Regierungschefs (Ebert und Karl Renner) hinzugezogenen Verfassungsautoren, des Berliners Preuß und seines Wiener Gegenstücks Kelsen. Bei Preuß (1926, S. 421) artikulierte sich unmittelbar nach dem Verfassungsbeschluß ein klares Bewußtsein über den staatskonstituierenden Rang der politischen Kräfte. »Die Verfassung, wie sie in Weimar zur Annahme gekommen ist, beruht auf dem Bund der drei Parteien: der Demokratie, der Sozialdemokratie und des Zentrums, die sich als die Verfassungsparteien bezeichnen konnten.« Ebenso hat Hans Kelsen (1920, S. 13) sein auf Proportionalwahlrecht gestütztes Demokratieverständnis, im dortigen Jahre der Verfassunggebung, parteienstaatlich begründet: »Soll man von keinem fremden Willen beherrscht sein, darf man auch nur von Angehörigen der eigenen Partei vertreten werden.« Für solche Zugehörigkeiten in konkurrierenden politischen Lagern waren nicht formelle Mitgliedschaften, sondern Milieu- und Interessenbindungen das wesentliche Kriterium.

Der erweiterte Parteibegriff, mit dem parlamentarisch vertretende und wahlkämpfende Parteiorganisationen als politische Aktionsausschüsse ihrer jeweiligen Sozialmilieus, Teilkulturen und Integrationslager zu betrachten sind, ist die Voraussetzung für das Konzept: »Weimar« als Parteienstaat auf massengesellschaftlicher Grundlage zu thematisieren. Eine übergreifende Parteibindung war auch in sämtlichen Konstruktionsphasen eines neuen Verfassungsaufbaus unbestreitbar. Mit Preuß wurde vom sozialdemokratischen Kabinett »wohl der am weitesten ›links‹ gerichtete Staatsrechtslehrer« für den Verfassungsentwurf herangezogen, wie ein Fachkollege aus der nationalliberalen Mitte argwöhnte (Jellinek, 1930, S. 127). Der beschlossene Art. 76 WRV verlangte für jede künftige Änderung eine doppelte ⅔-Mehrheit (Anwesenheits- und Ja-Stimmen-Quote). So war es nur konsequent, daß ein Votum für die Weimarer Verfassung ebenfalls diese qualifizierte Majorität aufzuweisen hatte; dafür gab es in der Nationalversammlung keine andere Parteienkombination als SPD, DDP und Zentrum/CVP.

Kurz nach der Januarwahl hatte es Preuß als die »Aufgabe des Verfassungsentwurfs« bezeichnet, »den politischen und staatsrechtlichen Niederschlag der Revolution festzulegen« (zit. nach: Huber, 1966, S. 29). Eine Konstituierung als demokratische Republik (Art. 1), die sich auch das Völkerrecht zu eigen machte (Art. 4), bedeutete den gewollten historischen Bruch zum Kaiserreich: »Der Entwurf Preuß hat Gedanken aus der Verfassung der Paulskirche, aus England, aus Amerika, aus der Schweiz und aus Frankreich übernommen. [...] Von der Bismarckschen Reichsverfassung hat Preuß absichtlich wenig in den Entwurf hineinverarbeitet« (Jellinek, 1920, S. 47). Diese zeitgenössische Staatsrechtsbilanz wurde auch im Reichsaufbau unterstrichen: Mit der Bezeichnung als »Länder«, definiert in einem unmißverständlichen Art. 13: »Reichsrecht bricht Landrecht«, war jeder eigenstaatliche Anspruch, wie ihn besonders Preußen mit hegemonialer und Bayern in partikularer Akzentuierung verkörpert hatten, deutlich abgewiesen. Diese unitarische Tendenz hatte auch linke Demokraten am Begriff »Reich« festhalten lassen, obgleich er »imperial« belastet anmuten konnte. Eine »Bundesrepublik« wäre damals noch mit obrigkeitsstaatlichen Erinnerungen überschattet erschienen: an den »Deutschen Bund« der Restaurationsära nach 1815 und den »ewigen Bund« der Landesfürsten von 1871 mit ihrem »Bundesrat«.

Eine unmittelbare Übernahme aus dem Aufruf der Volksbeauftragten bildete Art. 22 WRV: »Die Abgeordneten werden in allgemeiner, gleicher, unmittelbarer und geheimer Wahl von den über zwanzig Jahre alten Männern und Frauen nach den Grundsätzen der Verhältniswahl gewählt.« Entgegen verbreiteten Ansichten ist die Richtlinienkompetenz des Kanzlers nicht erst vom Bonner Grundgesetz geschaffen worden (Art. 65 GG), sondern war mit nahezu identischem Wortlaut ausdrücklich schon Weimarer Verfassungsgehalt gemäß Art. 56: »Der Reichskanzler bestimmt die Richtlinien der Politik und trägt dafür gegenüber dem Reichstag die Verantwortung.« Tatsächlich neu am Grundgesetz war die Beschränkung auf konstruktive Mißtrauensvoten mit neuer Kanzlerwahl (Art. 67 GG), wogegen das parlamentarische System von Weimar den Willensbekundungen im grundlegenden Art. 54 nicht diese Schranke zog: »Der Reichskanzler und die Reichsminister bedürfen zu ihrer Amtsführung des Vertrauens des Reichstags. Jeder von ihnen muß zurücktreten, wenn ihm der Reichstag durch ausdrücklichen Beschluß sein Vertrauen entzieht.« Eine historische Lebensweisheit besagt, daß Verfassungen stets Präventionsregeln gegenüber Sündenregistern vorausgegangener Regierungsformen enthalten: So legten Demokraten 1919 nach den Autokraten des Kaiserreiches besonderes Gewicht auf die parlamentarische Kanzler- und Ministerverantwortlichkeit. Umgekehrt waren in Bonn 1949 destruktive Reichstagsmehrheiten in der Endphase Weimars die handlungsleitende Kontrastfolie.

Noch ausgeprägter gilt diese Abfolge geschichtlicher Lernprozesse für den Zuschnitt des Präsidentenamtes. Allerdings wurde Ebert am 11. Februar 1919, auf der Grundlage des einen Tag zuvor von der Nationalversammlung beschlossenen »Gesetzes über die vorläufige Reichsgewalt«, mit 277 von 379 abgegebenen Stimmen noch parlamentarisch gewählt. Seine Funktion war anfänglich mehr die eines Treuhänders der Weimarer Koalition, so daß er intervenieren konnte, wenn innerhalb des Regierungsbündnisses unüberbrückbare Gegensätze entstanden. Den spektakulärsten Anwendungsfall des ersten Amtsjahres bildeten die Konflikte um den Versailler Vertrag, dessen Hinnahme von Ebert unterstützt wurde. Gemäß § 6 des »Gesetzes über die vorläufige Reichsgewalt« waren ein »Friedensschluß« wie überhaupt die »Verträge mit fremden Staaten« nur mit Zustimmung des Reichsparlaments zulässig; doch blieb dem Staatsoberhaupt in der üblichen Weise die Außenvertretung überlassen: »Der Reichspräsident hat das Reich völkerrechtlich zu vertreten, im Namen des Reichs Bündnisse und andere Verträge mit auswärtigen Mächten einzugehen sowie Gesandte zu beglaubigen und zu empfangen« (Triepel, 1926, S. 16). Eben dies ist, sprachbereinigt vom Zeitgeist der »Mächte« sowie dem »Reich« zugunsten des »Bundes« und auswärtigen »Staaten«, bis heute der Gehalt von Art. 59 Abs. 1 GG. Insoweit konnte »Vertretung« lediglich als förmliches Repräsentieren oder auch im Sinne operativer Außenpolitik interpretiert werden.

Gründungspräsident Ebert

Dessen historische Beurteilung wurde häufig von Klischeebildern seiner Haltung in den Revolutionsmonaten geprägt. Während konservative bis hin zu rechtssozialdemokratischen Autoren die »staatsmännische« Leistung würdigten, ist die in einer »Neuen Linken« gegen die SPD formulierte These des »Verrats« sogar beim liberalen Publizisten Haffner (1969) anzutreffen. Ein zeitgenössischer Kronzeuge der stark moralisierenden Vorwürfe gegen den »Verräter Ebert«

war der literarisch-politische Satiriker Kurt Tucholsky (unter dem *Weltbühne*-Pseudonym Ignaz Wrobel). Dabei wird leicht vergessen, daß Tucholsky mit seinem geistig-kulturell distanzierten Tenor gerade bemängelte, vom Kritisierten sei »der energische demokratische Wille« auch in reformbürgerlichen Kreisen ungenutzt geblieben; damit antwortete er zudem auf nicht minder einseitige Rechtfertigungen eines früheren »Pressechefs« des Präsidenten: »Das große Verdienst Eberts und seiner Leute ist: dieses Nichtvorhandensein tatsächlicher, die Herrschaft des vierten Standes garantierender Verhältnisse erkannt und so ein Experiment vermieden zu haben, das nur mit einem bitteren Versagen enden konnte« (*Die Weltbühne*, 12. Januar 1926, S. 52; 29. Dezember 1925, S. 970). Zumal wichtige Überblickswerke bis heute das einseitige Bild vermitteln, als seien Linksintellektuelle überwiegend von Ressentiments erfüllt gewesen, soll eine prominente Stimme aus diesem Spektrum zu Worte kommen. Schon die Tatsache, daß er später den wegen angeblichen »Geheimnisverrats« verurteilten *Weltbühne*-Chefredakteur Carl von Ossietzky vertrat, unterstreicht den Rang der Meinung Hellmut von Gerlachs. In seinem aufschlußreichen Zeitzeugnis hat er »Mildernde Umstände für Ebert« gefordert, obgleich Gerlach »sachlich in wesentlichen Fragen mit ihm von Grund aus« differiert habe:

> Kaum ein Mal, als ich in den Wochen nach der Revolution amtlich mit ihm zu tun hatte, kamen wir zu denselben Folgerungen. Seine Unterlassungssünden in jenen Tagen wiegen schwer, seine Tatsünden anti-pazifistischer Natur noch schwerer.
>
> Dennoch – er hat das eine überragende Verdienst: In einer Zeit, wo man auf der Rechten feige, in der Mitte ratlos und passiv und auf der Linken vielfach verstiegen war, behielt er Nerven, Energie und gesunden Menschenverstand. Als alles labil geworden war, blieb

er stabil. Half freilich auch, so manches des Untergangs Würdige zu stabilisieren. Aber war nicht selbst eine verpfuschte Revolution besser als das Chaos, das uns bedrohte?

Als kleiner Akteur habe ich damals im Staatstheater mitgespielt. So bescheiden meine Rolle war, so erlaubte sie mir doch, von innen her vielleicht ein gerechteres Urteil zu gewinnen, als es für den Zuschauer im Parkett möglich war. Der sah nur die unendlich unvollkommene Aufführung. Aber wir hinter den Kulissen sahen auch die erschütternd großen Schwierigkeiten, die selbst ein Genie kaum hätte bewältigen können.

Unzähliges, was von November 1918 bis Januar 1919 hätte gemacht werden sollen, ist nicht gemacht worden. Himmelschreiend erscheint uns jetzt, daß man damals nicht die Fürstenvermögen eingezogen, den Großgrundbesitz durch ein Agrargesetz gebändigt, die Gutsbezirke aufgehoben hat.

Warum wurde so viel verabsäumt? Weil die neuen Machthaber von dem einen Gedanken, der alle andern verschlang, besessen waren: Wie verhüten wir, daß der politische Umsturz in einen wirtschaftlichen Zusammenbruch ausmünde? [...]

Es wurde eine Anzahl provozierend reaktionärer Beamter sofort abgesetzt. Nicht immer war man in der Wahl ihrer Nachfolger glücklich. Eingearbeitete Verwaltungsbeamte mit Linksgesinnung gab es ja eben nicht. Es drängten sich auch Elemente in den Vordergrund, deren wesentlichste Qualifikation zum Revolutionär in einem großen Mundwerk bestand. Sicherlich hat man mit einer Reihe von Gewerkschaftsbeamten als Landräten ausgezeichnete Erfahrungen gemacht. Aber selbst sie mußten sich doch erst allmählich in ihren neuen Pflichtenkreis eingewöhnen. Und sie standen vor allem nicht entfernt in der Zahl zur

Verfügung, die eine vollständige Ablösung der reaktionären Beamten ermöglicht hätte. [...]

Ich habe aufs äußerste die fast fanatische Abneigung beklagt, die Ebert der Unabhängigen Sozialdemokratie entgegenbrachte. Aber ich, der ich die Außenpolitik der Unabhängigen in und nach dem Kriege immer unterschreiben konnte, muß doch zugeben, daß ihre Innenpolitik nach der Revolution in geradezu trostloser Weise zwischen Demokratie und Rätesystem hin- und herpendelte. Weshalb ja auch ein Mann wie Eduard Bernstein sich von ihnen trennte und wieder zur Partei Friedrich Eberts zurückkehrte.

Ich habe 1918/19 vielfach mit den Arbeiter- und Soldatenräten zu tun gehabt. Das waren, von verschwindenden Ausnahmen abgesehen, alles eher als blutrünstige Revolutionäre. Sie haben in vielen Orten zur Erhaltung der Ordnung, zur Durchführung der Lebensmittelversorgung und zum Schutze von Staatseigentum sogar Beträchtliches geleistet. Aber politisch waren sie, namentlich die Soldaten in ihnen, die reinen Kinder. Auf ihnen den neuen Staat aufzubauen, wäre eine Torheit ohnegleichen gewesen.

Die russischen Bolschewisten versuchten damals, Deutschland zum Glacis Sowjet-Rußlands zu machen. Die russische Regierung bot den Volksbeauftragten an, mit russischer Hilfe den Kampf am Rhein fortzuführen. Und Radek predigte im Spartakusbund den gemeinsamen Kampf der deutschen und der russischen Arbeiter gegen die Franzosen.

Die Unabhängigen waren ganz anti-militaristisch. Aber gegen die Parole der Sowjetbildung für Deutschland fanden sie kein klares Nein.

Darum suchte Ebert, der überzeugter Demokrat war, lieber Anschluß an die Parteien rechts von ihm. Er war durchaus nicht charakterlos. Sein verhängnisvoller Irrtum bestand nur darin, daß er die bolschewistisch-

> antidemokratische Gefahr links weit überschätzte und die reaktionär-antidemokratische Gefahr rechts unterschätzte.
>
> (*Die Weltbühne*, 26. Januar 1926, S. 122–125)

Einem angemessenen Gesamturteil aus Forschungen zur Revolution 1918/19 kam Gerlach damit schon recht nahe. Die grundlegende Neuordnung wurde von einem verbreiteten »Anti-Chaos-Reflex« in der Gesellschaft erschwert. Indem der Ruf nach »Frieden, Freiheit, Brot« die Revolution getragen hatte, wirkten diese existentiellen Bedürfnisse in den Wochen nach dem 9. November eher revolutionsbegrenzend gegen die äußerste Linke. Um so mehr Gewicht behalten kritische Anmerkungen, die Gerlach vollauf im Einklang mit historischen Erkenntnissen der Nachwelt übermitteln wollte: die versäumte Entmachtung des reaktionären Großgrundbesitzes sowie überhaupt der – im Vergleich zu chaotischen Linksradikalen – weitaus gefährlicher formierten antirepublikanischen Rechten.

Sozioökonomischer Neuanfang?

Die gedanklich anregenden Fragehorizonte der These, daß im Verfassungstext auch eine Bilanz der Revolutionsära enthalten war, konnten im weiteren Grundrechtsteil positiv formuliert abgelesen werden:

> Art. 165. Die Arbeiter und Angestellten sind dazu berufen, gleichberechtigt in Gemeinschaft mit den Unternehmern an der Regelung der Lohn- und Arbeitsbedingungen sowie an der gesamten wirtschaftlichen Entwicklung der produktiven Kräfte mitzuwirken. Die beiderseitigen Organisationen und ihre Vereinbarungen werden anerkannt.

> Die Arbeiter und Angestellten erhalten zur Wahrnehmung ihrer sozialen und wirtschaftlichen Interessen gesetzliche Vertretungen in Betriebsarbeiterräten sowie in nach Wirtschaftsgebieten gegliederten Bezirksarbeiterräten und in einem Reichsarbeiterrat.
> Die Bezirksarbeiterräte und der Reichsarbeiterrat treten zur Erfüllung der gesamten wirtschaftlichen Aufgaben und zur Mitwirkung bei der Ausführung der Sozialisierungsgesetze mit den Vertretungen der Unternehmer und sonst beteiligter Volkskreise zu Bezirkswirtschaftsräten und zu einem Reichswirtschaftsrat zusammen. [...]
>
> (Triepel, 1926, S. 69)

Die häufig beklagte Unverbindlichkeit galt primär für sich anschließende Formulierungen: daß »alle wichtigen Berufsgruppen« zu beteiligen waren und wirtschafts- und sozialpolitische Gesetzentwürfe »von grundlegender Bedeutung« dem Reichswirtschaftsrat zur Begutachtung vorgelegt werden »sollen« und auch die Arbeiterräte für »Kontroll- und Verwaltungsbefugnisse« heranzuziehen sein »können«. Dies hatte in ähnlicher Weise nur Orientierungscharakter wie etwa Art. 164: »Der selbständige Mittelstand in Landwirtschaft, Gewerbe und Handel ist in Gesetzgebung und Verwaltung zu fördern und gegen Überlastung und Aufsaugung zu schützen.« Wenn aber im Art. 165 zuvor »gleichberechtigte« Mitwirkung von Arbeitnehmern und Unternehmern an einer »Regelung der Lohn- und Arbeitsbedingungen« postuliert war, legten »gesetzliche Vertretungen« in Betriebs-, Bezirks- und Reichsarbeiterräten den Gedanken einer mehrstufigen Parität nahe. Vom SPD-Arbeitsrechtler Hugo Sinzheimer, der vor 1914 wie viele profilierte Köpfe aus Weimars Gründungsperiode zur Demokratischen Vereinigung gezählt hatte, wurde dieses Konzept programmatisch mit einer »Arbeitsteilung zwischen politischer und wirtschaftlicher Demokratie« skizziert (*Protokoll über die*

Verhandlungen des Parteitags der Sozialdemokratischen Partei Deutschlands, Berlin 1919, S. 408). Ganz ähnlich hat Preuß am Tage vor Inkrafttreten der Weimarer Verfassung dem »Rätegedanken« einen »berechtigten und bedeutsamen Inhalt« bescheinigt, und zwar auch überbetrieblich durch »Eingliederung der Organisation der Arbeit und ihres Rechts in die Verfassung der politischen Demokratie« (Preuß, 1926, S. 428).

Kaum weniger als Lohn- und Militärkonflikte hat die unzureichende Erfüllung des Verfassungsauftrags der Mitbestimmung, als eine »wirtschaftsdemokratische« Ergänzung des Parlamentarismus, dazu beigetragen, daß sich aus enttäuschter SPD-Anhängerschaft das USPD-Protestpotential vermehrte und radikalisierte. Ein vergleichender Blick nach Österreich akzentuiert die Bedeutung einer höheren Integrationskraft der beiden politischen Lager: Die Linke konnte dort nicht allein die Abspaltung einer USPD, sondern auch Begleiterscheinungen gewaltsamer Konfrontation zwischen Regierenden und Opponierenden zunächst weithin vermeiden. Folglich mußte die Alternative einer demokratischen Integration oder antidemokratischen Radikalisierung des aufgestauten USPD-Protestpotentials zu einer Lebensfrage der Weimarer Republik werden.

Der Tod des USPD-Vorsitzenden Hugo Haase am 7. November 1919 als Folge eines Attentats, das ein verwirrter Einzeltäter verübt hatte, markierte für die innerparteiliche Entwicklung eine Zäsur. Auf einem Anfang Dezember einberufenen Sonderparteitag wurde neben Artur Crispien, einem linken Sozialdemokraten, mit dem führenden Rätetheoretiker Ernst Däumig erstmals der Verfechter einer »Diktatur des Proletariats« zum gleichberechtigten Parteivorsitzenden gewählt. In Haase, der von Zeitgenossen und Historikern unterschätzt worden ist, da er nicht den Typus des zupackenden Machtpolitikers verkörperte, hatte noch eine sozialdemokratische Traditionslinie fortgelebt: Immerhin war dieser engagierte Rechtsanwalt jüdischer Herkunft neben August Bebel, dem einstigen Drechsler und begabten Autodidakten, dessen akademische Ergänzung als zweiter SPD-Vorsitzender gewesen, bevor 1913 Ebert dem verstorbenen Bebel nachfolgte. Mit Haase, einem humanistischen Pazifisten, war insofern die USPD als linke Sozialdemokratie erkennbar geblieben, die Rätestrukturen auf betrieblicher und kommunaler Ebene in den Verfassungsbau einfügen wollte. Der Parteitag verdeckte hingegen nur mühsam die Zeichen der inneren Spaltung, indem nicht mehr als ein aufschiebender Kompromiß zwischen originär sozialdemokratischen und halbkommunistischen Grundorientierungen zustande kam: einer mit ihrem Versagen vor der Herausforderung des Ersten Weltkriegs belasteten II. Internationale endgültig den Rücken zu kehren, aber nicht einfach der Moskauer III. Internationale beizutreten, sondern mit dieser im Sinne eigener Grundsätze zu verhandeln.

Wer gegenüber der Parteidiktatur von Lenins Bolschewiki, die auch sozialdemokratische Menschewiki gewaltsam unterdrückt hatten, der Illusion eines offenen Dialogs nachhing, lebte freilich im Realitätsverlust oder war längst dem gleichheits- und freiheitsrevolutionären Gedankenkreis des zentral- und westeuropäischen Sozialismus entfremdet. Zudem verkannten die Bewunderer der Oktoberrevolution die wesentliche Differenz zwischen dem agrarischen Rußland und dem hochindustriellen Deutschland, die ein Traditionsmarxist der USPD wie Kautsky nicht anders beurteilte, als die folgende Diagnose eines stichwortgebenden Reformsozialisten lautete: »Die Republik konnte wohl mit bestimmten bürgerlichen Parteien und Klassen, nicht aber mit allen den Kampf aufnehmen, ohne sich in eine unhaltbare Lage zu bringen. Sie konnte die große, auf sie gefallene Last nur tragen, wenn sie erhebliche Teile des Bürgertums an ihrem Bestand und ihrer gedeihlichen Entwicklung interessierte« (Bernstein, 1921, S. 198). Wenn nach historischen Vorprägungen das gesamte »nationale« Lager, mit seinen agrarischen und großindustriellen Interessenverflechtungen sowie akademischem Standesdünkel, als Bündnispartner ohnehin nicht in Frage kam, bedeutete dies für eine sozialdemokratische Realpolitik auf dem Boden der Weimarer Verfassung: es mußten zumindest auch Teile der sich »bürgerlich« positionierenden neuen Mittelschichten als Partner für den republikanischen Neubeginn gewonnen werden, statt diese mit Wortradikalismus in eine reaktionäre Ecke zu stellen oder gar durch Gewaltaktionen in die Arme von konterrevolutionären Abenteurern zu treiben.

2
Selbstbehauptung einer Demokratie

Putschabwehr

Das Programm der Gegenrevolution trug die Unterschrift des DNVP-Politikers Kapp, der als der selbsternannte »Reichskanzler« am 13. März folgende Flugschrift »An das deutsche Volk!« verbreiten ließ:

> Reich und Volk sind in schwerer Gefahr. Wir nähern uns mit rasender Geschwindigkeit dem vollkommenen Zusammenbruch des Staates und der Rechtsordnung. Das Volk fühlt nur dumpf das kommende Unheil. Die Preise steigen unaufhaltsam. Die Not wächst. Hungersnot droht. Korruption, Wucher, Schieberei und Verbrechen treten mit immer größerer Frechheit auf. Die autoritätslose, ohnmächtige und mit der Korruption verschwisterte Regierung ist nicht im Stande, die Gefahr zu beschwören.
> Fort mit einer Regierung, in der ein Erzberger der führende Geist ist!

> Vom Osten droht uns Verwüstung und Vergewaltigung durch den kriegerischen Bolschewismus. Ist diese Regierung imstande, ihn abzuwehren? Wie entgehen wir dem äußeren und inneren Zusammenbruch?
> Nur indem wir eine starke Staatsgewalt wieder aufrichten, die deutsche Ordnung und Kraft wiederherstellen. [...]
> Wir werden regieren nicht nach Theorien, sondern nach den praktischen Bedürfnissen des Staates und des Volkes in seiner Gesamtheit. Nach bester deutscher Überlieferung hat der Staat über allem Kampf der Berufsstände und der Parteien zu stehen. Er ist der unparteiische Richter in dem gegenwärtigen Kampf zwischen Kapital und Arbeit. [...]
> Die Farben der deutschen Republik sind schwarz-weiß-rot!
>
> (Achten/Krupke, 1982, S. 99f.)

Die nach Schreckensbildern einer Katastrophe, in der ohne Chance auf »Präsidentenwahl« nun »kein anderes Mittel übrig als eine Regierung der Tat« bliebe, dargelegten 13 »Aufgaben« enthielten konservative Allgemeinplätze – und leere Versprechungen wie eine »demnächstige Rückzahlung« der Kriegsanleihen. Noch recht vorsichtig, gemessen am künftigen Wortradikalismus der nationalistischen Rechten, war die Formulierung des ersten Programmpunkts: »Die Regierung wird den Friedensvertrag unter Wahrung der Ehre des deutschen Volkes und seiner Lebens- und Arbeitsfähigkeit ausführen, soweit es möglich ist und nicht Selbstvernichtung bedeutet.« Offenbar fürchteten die Putschisten als Regierung außenpolitische Konsequenzen, sobald kraftmeierische Ausdrücke wie »sprengt die Ketten von Versailles« auftauchten. Auch dies ist ein Beleg dafür, leitende Motive solcher Gegenrevolutionäre nicht einseitig auf Protest gegen beginnenden Vollzug eines Friedensdiktats der Siegermächte zu konzentrieren.

Die militärpolitische Auflehnung der Kapp-Lüttwitz-Putschisten gegen den Truppenabbau, mit ihrer Sturmabteilung der Marinebrigade Ehrhardt an der Spitze, konnte manche Erinnerungen an das regierungsilloyale Verhalten der Seekriegsleitung in den ersten Novembertagen 1918 wachrufen. Entsprechend war die inzwischen vorbereitete Antwort der SPD-Führung, ebenfalls auf den 13. März datiert, geradewegs als wiederbelebter revolutionärer Impuls aus den Gründungstagen der Republik zu lesen:

> Arbeiter! Parteigenossen!
> Der Militärputsch ist da! Die Baltikum-Landsknechte, die sich vor der befohlenen Auflösung fürchten, haben den Versuch unternommen, die Republik zu beseitigen, und eine diktatorische Regierung zu bilden. Mit Lüttwitz und Kapp an der Spitze!
> Arbeiter, Genossen!
> Wir haben die Revolution nicht gemacht, um uns heute wieder einem blutigen Landsknechtregiment zu unterwerfen. Wir paktieren nicht mit den Baltikum-Verbrechern.
> Arbeiter! Genossen!
> Die Arbeit eines ganzen Jahres soll in Trümmer geschlagen, Eure schwer erkaufte Freiheit vernichtet werden. Es geht um alles! Darum sind die schärfsten Abwehrmittel geboten.
> Kein Betrieb darf laufen, solange die Militärdiktatur der Ludendorffe herrscht!
> Deshalb legt die Arbeit nieder! Streikt! Schneidet dieser reaktionären Clique die Luft ab. Kämpft mit jedem Mittel um die Erhaltung der Republik! Laßt allen Zwist beiseite! Es gibt nur ein Mittel gegen die Diktatur Wilhelms II.:
> Lahmlegung jeden Wirtschaftslebens!
> Keine Hand darf sich mehr rühren!
> Kein Proletarier darf der Militärdiktatur helfen!

Generalstreik auf der ganzen Linie!
Proletarier vereinigt Euch! Nieder mit der Gegenrevolution!

(Zit. nach: Miller, 1978, S. 377 f.; vgl. Abb. 67)

Dieses zur Außendarstellung mit den Namen sämtlicher Regierungsmitglieder der SPD und des Reichspräsidenten Ebert versehene, letztlich aber vom Parteivorsitzenden Wels gezeichnete und damit politisch verantwortete Dokument trat als in mehrfacher Hinsicht bemerkenswert ans Licht der Öffentlichkeit. Zunächst ist auffallend, welche präzise Kenntnis von der Anführerschaft der Kapp und Lüttwitz, mit Gesinnungsfreunden wie Ludendorff im Hintergrund, schon in der Stunde deren Losschlagens vorhanden war. Ein Pressechef des Kabinetts, der als Entwurfsverfasser des Aufrufs nach vorliegenden Informationsquellen unstrittig ist, verfügte offenbar über die gleichen internen Kenntnisse von den Putschvorbereitungen wie damit befaßte Regierungsmitglieder. Ob Wehrminister Noske, in höchster Erregung über den Hochverrat der von ihm pfleglich behandelten Militärführung, tatsächlich den Text für die Regierung autorisiert hat, was er nachträglich behauptete, ist letztlich ebensowenig entscheidend wie der Grad der Mitwirkung bzw. des Mitwissens von Präsident, Kanzler und übrigen SPD-Ministern.

Die äußere Form des Appells, mit »Parteigenossen« als besonderen Adressaten in der Arbeiterschaft, könnte eine insgesamt plausible Version stützen: daß seitens der SPD-Führung, nach beschlossenem Ausweichen von Kabinettsmitgliedern nach Dresden, zugleich im Namen der vorübergehend machtpolitisch »abtauchenden« Regierungsmitglieder gehandelt wurde. Einen erstaunlichen Übergriff würde dies nur hinsichtlich des Reichspräsidenten Ebert bedeuten, der nach Verfassungslage wie eigenem Amtsverständnis wohl kaum, wie es die Zeile der Unterzeichnenden nahelegte, als eines der »sozialdemokratischen Mitglieder der Regierung« daran aktiv mitgewirkt haben dürfte. Aber der

Anspruch von seiten des SPD-Vorstands, für die von der Partei entsandten Regierungsmitglieder zu sprechen, ohne in dermaßen prekärer Situation deren persönliche Vollmachten einzuholen, konnte in der Stunde einer Flucht vor Putschisten und vorausgegangener Säumnis bei der Gefahrenabwehr begreiflich erscheinen.

Die nach der Zerschlagung des Rechtsputsches einer breiten Öffentlichkeit vorgelegten Ergebnisse der Verhandlungen zwischen den Gewerkschaftsführungen einerseits und »Vertretern der Reichs- und Staatsministerien, sowie der drei Regierungsparteien andererseits«, ergaben auf der Linie des Verfassungsvertrags eine diesen Rahmen ausfüllende Regierungsprogrammatik:

> 1. Die anwesenden Vertreter der Regierungsparteien werden bei ihren Fraktionen dafür eintreten, daß bei der bevorstehenden Neubildung der Regierungen im Reich und in Preußen die Personenfrage von den Parteien nach Verständigung mit den am Generalstreik beteiligten gewerkschaftlichen Organisationen der Arbeiter, Angestellten und Beamten gelöst und daß diesen Organisationen ein entscheidender Einfluß auf die Neuregelung der wirtschafts- und sozialpolitischen Gesetze eingeräumt wird, unter Wahrung der Rechte der Volksvertretung.
> 2. Sofortige Entwaffnung und Bestrafung aller am Putsch oder am Sturz der verfassungsmäßigen Regierungen Schuldigen, sowie der Beamten, die sich ungesetzlichen Regierungen zur Verfugung gestellt haben.
> 3. Gründliche Reinigung der gesamten öffentlichen Verwaltungen und Betriebsverwaltungen von gegenrevolutionären Persönlichkeiten, besonders solchen in leitenden Stellen und ihren Ersatz durch zuverlässige Kräfte. Wiedereinstellung aller in öffentlichen Diensten aus politischen und gewerkschaftlichen Gründen gemaßregelten Organisationsvertretern.

4. Schnellste Durchführung der Verwaltungsreform auf demokratischer Grundlage unter Mitbestimmung auch der wirtschaftlichen Organisationen der Arbeiter, Angestellten und Beamten.
5. Sofortiger Ausbau der bestehenden und Schaffung neuer Sozialgesetze, die den Arbeitern, Angestellten und Beamten volle soziale und wirtschaftliche Gleichberechtigung gewährleisten. Schleunige Einführung eines freiheitlichen Beamtenrechts.
6. Sofortige Inangriffnahme der Sozialisierung der dazu reifen Wirtschaftszweige, unter Zugrundelegung der Beschlüsse der Sozialisierungskommission, zu der Vertreter der Berufsverbände hinzuzuziehen sind. Die Einberufung der Sozialisierungskommission erfolgt sofort. Übernahme des Kohlen- und des Kalisyndikats durch das Reich.
7. Auflösung aller der Verfassung nicht treugebliebenen konterrevolutionären militärischen Formationen und ihre Ersetzung durch Formationen aus den Kreisen der zuverlässigen republikanischen Bevölkerung, insbesondere der organisierten Arbeiter, Angestellten und Beamten, ohne Zurücksetzung irgendeines Standes. Bei dieser Reorganisation bleiben erworbene Rechtsansprüche treugebliebener Truppen und Sicherheitswehren unangetastet.
8. Wirksame Erfassung, gegebenenfalls Enteignung der verfügbaren Lebensmittel und verstärkte Bekämpfung des Wuchers und Schiebertums in Land und Stadt. Sicherung der Erfüllung der Ablieferungsverpflichtung durch Gründung von Lieferungsverbänden und Verhängung fühlbarer Strafen bei böswilliger Verletzung der Verpflichtung.

Im übrigen wird mitgeteilt, daß die Minister Noske und Heine ihr Abfindungsgesuch bereits eingereicht haben.

(*Vorwärts*, 22. März 1920)

Letztgenannter Punkt war die neunte Forderung aus dem ursprünglichen Katalog. Der Rücktritt von Noske und Heine bildete, ohnehin mehr als eine interne Angelegenheit der Sozialdemokraten, zugleich die wesentlichste Umsetzung von Ziffer 1; sie konnte im Rahmen eines parlamentarischen Systems nur dringlichen Empfehlungscharakter aufweisen, was der abschließende Hinweis auf die »Rechte der Volksvertretung« anerkannte. Der Tenor dieses Programms bewegte sich auch sonst betont im Rahmen des Verfassungsauftrags, der vor gegenrevolutionärer Sabotage abzuschirmen und mit dem ursprünglich verkündeten sozialreformerischen Gehalt erst noch auszustatten sein werde. Die Verwirklichung solcher Ziele blieb aber, wenn keine über freigewerkschaftliche Organisationen integrierte und von katholischen Arbeiter- und linksliberalen Angestelltenvertretern tolerierte Minderheitsregierung von SPD und USPD zustande kam, vom Ergebnis der ausgeschriebenen Reichstagswahl abhängig.

Erweitertes Spektrum der Republik?

Indem seitens der USPD einer Übernahme von Regierungsverantwortung reserviert begegnet wurde, um den Oppositions- und Protestbonus für sich zu vereinnahmen, mußte auch die SPD dem Votum am 6. Juni 1920 nach beiden Seiten hin gebührende Beachtung schenken. Aus eigenen 21,7 % der SPD, dem ohne USPD betrachtet schlechtesten Reichsergebnis seit Aufhebung des Sozialistengesetzes 1890, konnte deshalb ein vorrangiger Auftrag herausgelesen werden, die unzufriedenen Sozialdemokraten unter den 17,9 % USPD-Stimmen zurückzugewinnen und nicht kommunistischer Propaganda zu überlassen. Wie abwegig eine Beurteilung der politischen Mehrheitsverhältnisse wäre, die USPD-Stimmen als Votum gegen eine demokratische Republik abbuchen wollte, ergibt sich allein schon aus den höchst unterschiedlichen regionalen Schwerpunkten: In drei von insgesamt 35 Wahlkreisen hatte die USPD den ganz überwiegenden Teil des Vorkriegspotentials der SPD übernommen. Dies waren Merseburg mit 45,2 % sowie Berlin und Leipzig mit 42,7 % bzw. 42,1 %, wobei in diesen früheren Hochburgen die SPD auf 8,8 %, 17,5 % und 9,1 % abgeschmolzen war. Andererseits konnte die SPD in Grenzregionen noch annähernd ihr vormaliges Potential behaupten. Eine derartige Situation gab es besonders ausgeprägt in den Wahlgebieten Schleswig-Holstein mit 37,3 % SPD gegen nur 3 % USPD, Breslau mit 36,1 % zu 6,6 % und Mecklenburg mit 37,0 % gegenüber 9,7 %. Auf der Rechten bewegten sich DNVP-Anteile der genannten sechs Kreise in engeren Grenzen zwischen 11,5 % und 20,6 %. In der Gesamtbilanz zu schlußfolgern, die Weimarer Republik hätte 1920 ihre deutlichste Ablehnung in Berlin und Mitteldeutschland erfahren, hieße bereits das kleine Einmaleins der Wahlsoziologie nicht begriffen zu haben.

Dem linksradikalen Dogma, in einer »bürgerlichen« Republik müßten Arbeiterparteien ohne eigene Mehrheit stets in Opposition verharren, war kaum am wirkungsvollsten mit ebenso unflexiblem Beharren auf der Regierungsrolle einer Verfassungspartei zu begegnen. Trotz letztlich anderem Fazit aus einer schwierigen Güterabwägung wollte in diesem Sinne auch Preuß einräumen, daß es andere Gründe für einen zeitweiligen Rückzug aus der Kabinettshaftung für alle Mißstände einer Krisenperiode als lediglich parteiegoistische geben konnte: »Wenn die unzweifelhaft demokratisch-republikanische Sozialdemokratie sich der verantwortlichen Mitarbeit in der Reichsregierung mit Rücksicht auf die links von ihr stehenden Gruppen entzieht, so mag das nicht ausschließlich parteitaktischen Berechnungen entspringen. Sie kann in solcher Haltung ein Mittel sehen, die radikaleren Kreise der Arbeiterschaft allmählich für die demokratische Republik zu gewinnen und so deren Grundlage bedeutungsvoll zu verbreitern« (*Berliner Tageblatt*,

13. April 1921). Genau dies war die Situation zwischen dem Wahlergebnis des 6. Juni und der USPD-Spaltung zum Jahresende 1920. Nach solcher Klärung vermochte die SPD im Mai 1921 dem Kabinett Wirth beizutreten. Denn eine Rest-USPD hatte zwischen KPD und SPD keine Zukunft, sich aber gerade dem Aufgehen in der KPD verweigert, so daß ein baldiger Weg zur SPD vorgezeichnet war und keiner strategischen Rücksichtnahme mehr bedurfte.

Ein Nebeneffekt des Kalküls, eine Regenerationsphase für überstrapazierte SPD-Politiker vorzusehen, war das Hineindrängen einer aus bequemer Oppositionsrolle bis Juni 1920 gestärkten DVP in die Regierungsverantwortung. Eine parlamentarische Demokratie, die auch vom Wechsel möglicher Konstellationen lebt, konnte sich nur optimal entfalten, wenn stets auch regierungsfähige Oppositionsparteien bereitstanden. In der Nationalversammlung war immerhin die Mehrheitsalternative der SPD mit der DDP oder dem Zentrum vorhanden gewesen. Darauf hatte sich die DDP, mit demonstrativem Regierungsaustritt im Protest gegen den Versailler Vertrag, ohne Verlust der Kabinettsstabilität auch verlassen können. Der erste Reichstag benötigte gleichermaßen die Trennung einer gemäßigten USPD von Bundesgenossen der KPD, die zur Jahreswende erfolgte, und die allmähliche Integrierbarkeit der DVP; erst dann war für die ursprünglichen Verfassungsparteien nach beiden Seiten hin eine Option vorhanden, die überhaupt Chancen eines Richtungswechsels ohne Einbeziehung unbelehrbarer Republikgegner eröffnete.

Neben dem ADGB, der vom Generalstreik 1920 bis zum Herbst 1922 den Höhepunkt seiner Mitgliederstärke erlebte und viele USPD-Anhänger in regelmäßiger Kooperation mit SPD-Kollegen beließ, entwickelte sich ein zweiter Gewerkschaftsblock mit ausgeprägt politischen Ambitionen: Im November 1920 präsentierte Stegerwald als Vorsitzender der Christlichen Gewerkschaften auf deren Kongreß seine Idee einer interkonfessionellen Arbeitnehmerpartei.

Diese sollte den politischen Überbau seiner weiteren Position an der Spitze des christlich-nationalen Dachverbands bilden; ihm gehörten im 1920 gewählten Reichstag 16 Abgeordnete des Zentrums, sechs der DNVP und je drei von DVP und BVP an. Seit April 1921 erschien für die etwa 1,5 Mio. Mitglieder des christlich-nationalen Gewerkschaftsbundes dessen Sprachrohr mit dem programmatischen Titel *Der Deutsche. Tageszeitung für deutsche Volksgemeinschaft*. Zwischen April und November 1921 wurde Stegerwald vorübergehend sogar preußischer Ministerpräsident, als sich die SPD nach den Februarwahlen ihre dort einzige Erholungspause vom Regieren nahm. Der Geschäftsführer des christlich-nationalen Dachverbands war übrigens von 1920 bis 1930 jener Brüning, dessen Name als späterer Reichskanzler am Beginn des Endes von Weimar steht.

Mahnruf »Feind steht rechts«

Nach vergleichsweise gemäßigtem Auftreten der DNVP in den Verfassungsberatungen hatte sich die Partei auch unabhängig vom Kapp-Lüttwitz-Putsch zunehmend rechtslastiger entwickelt. Seit dem Herbst 1919 wurde durch Propaganda des »Deutschvölkischen Schutz- und Trutzbundes« insbesondere der traditionelle konservative Antisemitismus zum Kampf gegen eine vermeintliche »Judenrepublik« politisch radikalisiert. Das im April 1920 fertiggestellte Programm der DNVP näherte sich bedenklich derlei Tendenzen mit der Polemik gegen den »Zustrom Fremdstämmiger« und eine angebliche »Vorherrschaft des Judentums«, die in Zusammenhang »mit der Revolution in Regierung und Öffentlichkeit immer verhängnisvoller« zutage getreten sei. In der völkischen Ideologie der Nachkriegsjahre durchmischten sich noch Dogmen einer Rassenlehre mit konfessionell geprägten Vorurteilen. Anders wäre es nicht zu erklären, daß zunächst der Katholik Erzberger zum Adressaten der Haßtiraden rechtsradikaler Kreise geriet, die anfänglich zumeist den altpreußisch-lutheranischen Regionen entstammten und diesen geschäftigen »Emporkömmling« auch sozial verachteten.

Der ebenfalls in die Tat umgesetzte deutschvölkische Mordaufruf »Knallt ab den Walther Rathenau, die gottverfluchte Judensau« fiel bereits in eine Phase der sozialen Erschütterung dieses im Kaiserreich noch privilegierten Milieus. Ein als Großindustrieller ohnehin herausragender Minister wie der nicht allein finanzstarke und mächtige, sondern zugleich wortgewandte AEG-Konzernchef verkörperte eine neue Besitz- und Bildungselite. An deren moderner Bürgerlichkeit erlebten gerade jüngere Adelige ihre gesellschaftlichen Abstiegsängste; diese fanden im antisemitischen Feindbild ein Ventil der inneren Verfremdung gegenüber diesem vielseitig überlegenen Staatsbürger jüdischer Herkunft. Der Mord am scheidenden bayerischen Ministerpräsidenten Kurt Eisner (USPD), den am 21. Februar 1919 ein Jungadeliger verübt hatte, gehörte ansonsten zwar mehr in die Regionalhistorie. Als Berliner Jude und Intellektueller war jedoch Eisner, den eine um Wahrheitsgehalte unbekümmerte Propaganda zum ostjüdischen »Galizier« mit polnischem Familiennamen umdefinierte, ein frühes Opfer solcher vielschichtig motivierten Abstoßungseffekte geworden.

Ob literarisch-sozialistischer »Internationalist« wie der langjährige *Vorwärts*-Redakteur Eisner, ein großbürgerlich-liberaler »Kosmopolit« vom Profil eines Rathenau oder Erzberger als kleinbürgerlich-katholischer »Ultramontaner« (d. h. »jenseits der Berge« dem römischen Papst verbunden): nicht zufällig waren diese Weimarer Mordopfer aus hohen Regierungsfunktionen politische Erben jener drei Gruppierungen, die Bismarck zu national unzuverlässigen »Reichsfeinden« erklärt hatte, während sie nunmehr die Republik führend repräsentierten. Dieser Rollentausch bedeutete für die Nachfolgeparteien der Konservativen und Nationalliberalen sozusagen deren politische Enteignung, mit begleitender Konsequenz einer geistig-kulturellen Entwurzelung; sie ließ über Heißsporne und Wirrköpfe hinaus sogar regierungserfahrene DNVP-Führer wie Helfferich zur öffentlich brutalisierenden Kampfmethode von Rufmordkampagnen greifen. Als Gesinnungs- und Parteifreund Erzbergers sowie Regierungskollege von Rathenau hielt Kanzler Wirth im Reichstag am 25. Juni 1922 die vielleicht denkwürdigste Rede der gesamten 20er Jahre. Darin bekundete er zunächst Befremden über mangelnde Anteilnahme von DNVP-Sprechern:

> Ich habe erwartet, daß heute nicht nur eine Verurteilung des Mordes an sich erfolgt, sondern daß diese Gelegenheit benützt wird, einen Schnitt zu machen gegenüber denen, gegen die sich die leidenschaftlichen Anklagen des Volkes durch ganz Deutschland erheben. Ich habe erwartet, daß von dieser Seite heute ein Wörtchen falle, um einmal auch die in Ihren eignen Reihen zu einer gewissen Ordnung zu rufen, die an der Entwicklung einer Mordatmosphäre in Deutschland zweifellos persönlich Schuld tragen.

Daraufhin wurde Rathenaus Wirken – gegen Propaganda von rechts – in einen nationalpolitischen Rahmen gerückt, und in der nur selten komplett zitierten Schlußpassage ging Wirth aus den Appellen des äußeren und inneren Gewaltverzichts zum Angriff über:

> Es ist notwendig, daß jeder Faden geflochten wird, der die zerrissenen Völker einander wieder näherbringt. Dabei geben wir nichts auf, was unser eigenes Volk angeht. Glaubt denn jemand in der Welt, daß es in Deutschland Toren gibt, die meinen, daß, wenn sie die eigene Wirtschaft zu einem Friedhof eingeebnet haben,

dann die Tage des Sozialismus kämen? Daran glaubt niemand. Dieses Phantom, als ob wir die Nation zerstören wollten, um dann erst wieder Politik zu machen, ist doch das törichste, was es in der Welt gibt. Geduld, meine Damen und Herren, wieder Geduld und nochmals Geduld und die Nerven angespannt und zusammengehalten auch in den Stunden, wo es persönlich und parteipolitisch angenehmer wäre, sich in die Büsche zu drücken. In jeder Stunde, meine Damen und Herren, Demokratie! Aber nicht Demokratie, die auf den Tisch schlägt und sagt: wir sind an der Macht! – nein, sondern jene Demokratie, die geduldig in jeder Lage für das eigene unglückliche Vaterland eine Förderung der Freiheit sucht! In diesem Sinne, meine Damen und Herren, Mitarbeit! In diesem Sinne müssen alle Hände, muß jeder Mund sich regen, um endlich in Deutschland diese Atmosphäre des Mordes, des Zankes, der Vergiftung zu zerstören!
Da steht (nach rechts) der Feind, der sein Gift in die Wunden eines Volkes träufelt. – Da steht der Feind – und darüber ist kein Zweifel: dieser Feind steht rechts!

(*Verhandlungen des Reichstags, 1. Wahlperiode 1920/24*, Bd. 356, S. 8055, 8058; nur Rednertext)

Im amtlichen stenographischen Protokoll wurde nach diesem kämpferischen Schlußwort ein »Stürmischer langanhaltender Beifall und Händeklatschen in der Mitte und links und auf sämtlichen Tribünen« registriert. Eine zusätzlich vermerkte »Große langandauernde Bewegung« unterstrich den aufrüttelnden Charakter einer solchen Botschaft. Die vom oppositionellen Deutschnationalismus bedrängte Weimarer Koalition wollte sich der zunehmend gewaltbereiten Attacken von Verfassungsgegnern rigoroser erwehren.

Inwieweit der Kampfansage Wirths und einer nach Integration der USPD-Mandate wieder komfortablen Mehrheit der Weimarer Koalition auch die Massenstimmungen entsprachen, läßt sich anhand von Landeswahlen des Jahres 1922 abschätzen. Den Auftakt bildete am 22. Januar Braunschweig mit einer Beteiligungsrate von 86,4 %. Gegenüber dem Mai 1920 stagnierte die vereinigte Rechte mit knapp 38 %, die DDP lag etwas verbessert bei 10,7 %, die SPD hatte um glatte 5 % auf 19,8 % zugelegt. Bemerkenswert war die Führungsposition der USPD mit 27,6 %, deren Verluste in Richtung der KPD, die von 1,1 % auf 4,0 % anstieg, erheblich geringer als in Richtung der SPD blieben. Zwar hatten die USPD-Mitglieder in Braunschweig, im Unterschied vom Reichstrend, mit 66 % gegen den Anschluß zur III. Internationale gestimmt; doch lag nunmehr die Ablehnungsquote gegen die Kommunisten in der Wählerschaft dieser Partei bei über 90 %. In Schaumburg-Lippe wurde am 23. April mit einer Beteiligungsquote von 82,4 % abgestimmt. Eine mit 43,9 % immer noch klar dominierende SPD, weitere 6,6 % der spät gegründeten USPD und das Fehlen der KPD, schließlich Verluste der DDP (4,9 %) in Richtung DVP (14,6 %) sowie eigener Mittelstandslisten prägten dieses Mosaiksteinchen des Gesamtbildes.

In Sachsen hatte am 14. November 1920, unmittelbar nach dem Spaltungsparteitag der USPD, gewissermaßen eine nachträgliche Wählerbefragung stattgefunden. Auch hier war zuvor das Votum der etwa 40 % Abstimmenden unter den über 100 000 USPD-Mitgliedern mit 57,6 % gegen die III. Internationale ausgefallen. Die politischen Kräfteverhältnisse der gesamten Bevölkerung zeigten in dieser USPD-Hochburg freilich eine noch bei weitem drastischere Absage an die Kommunisten: Im Unterschied zum sächsischen Ergebnis der Reichstagswahl am 6. Juni lag die SPD mit 28,3 % inzwischen wieder klar an führender Stelle, gefolgt von der ihr benachbarten Rest-USPD mit 13,9 %. Hingegen erlebte die eigene Liste der anschlußwilligen USPD-Linken mit 2,9 % ein Debakel, weil ihre Anhänger dann eher für das Original KPD (5,7 %) stimmten. Zu einem nicht minder aussagekräftigen Datum, nämlich wenige

Tage vor dem Rücktritt des Kabinetts Wirth, zeigte das Ergebnis der sächsischen Landtagswahl am 5. November 1922 die rund 90prozentige Billigung des Aufgehens der USPD in einer SPD, die mit 41,8 % ihr dort bestes Ergebnis überhaupt erzielte, während der KPD-Anteil mit 10,5 % noch kaum zusätzlichen Krisenprotest signalisierte.

Darüber hinaus konnte sich die sächsische DDP in einem für sie ungünstig polarisierten Umfeld weiterhin gut behaupten (8,4 % nach 7,7 % im November 1920). Die mit 81,8 % höchste Beteiligungsrate aller sächsischen Landeswahlen zeigte 1922 einen hohen Mobilisierungsgrad, dem leichte DNVP-Verluste (19 % statt 21 %), bei Stabilität der DVP mit 18,7 %, zugeschrieben werden dürfen. Somit kann der Gesamtbefund eindeutig ausfallen: Die häufig überbewertete Schwächeperiode der SPD zur Reichstagswahl im Juni 1920 war mit dem Befreiungsschlag der klärenden USPD-Spaltung überwunden. Eine große Mehrheit der USPD-Wählerschaft hatte sich erkennbar nur zu einer von Bürgertum und Obrigkeitsstaat »unabhängigen« SPD im Vorkriegssinne bekannt, wollte aber keiner von ihrer Moskauer Zentrale um so abhängigeren KPD folgen. Diese geriet überdies mit der Märzaktion 1921 auf putschistische Irrwege, so daß im Folgejahr erste »Einheitsfront«-Parolen wenig glaubwürdig erscheinen mußten. In der Nachbarschaft einer vereinigten SPD, die nach dem Januar 1919 einen zweiten Höhepunkt an Massenunterstützung erreichte, befanden sich erneut die Verbündeten der ursprünglichen Verfassungsallianz: ein ohnehin wählerstabiler »Zentrumsturm« (wie sich der Parteikatholizismus als »feste Burg« gern versinnbildlichte), der am Ende der Ära Wirth die ausgeprägteste Linksneigung der gesamten Republikzeit aufwies, und die vom Mord an Rathenau tief bewegten großen DDP-Presseorgane.

Republikverteidigung und Faschismus

Dem in vielen Darstellungen anzutreffenden Gesamturteil, die Weimarer Republik sei aufgrund ihrer »offenen« Verfassung unfähig zur politischen Selbstbehauptung gegen Angriffe gewesen, stehen die von energischem Abwehrwillen geprägten Bestimmungen des Republikschutzgesetzes entgegen. Flankiert wurde es nicht allein von organisatorischen und finanziellen Begleitmaßnahmen, sondern auch mit einem besonderen »Gesetz über die Pflichten der Beamten zum Schutze der Republik«; dieses hat allerdings, infolge seither unterschiedlicher politischer Mehrheiten, in Preußen deutlichere Spuren als in der Reichsverwaltung hinterlassen. Im Republikschutzgesetz vom 21. Juli 1922 waren einleitend detaillierte Strafbestimmungen enthalten, die über die anlaßgebenden Mordverschwörungen hinaus zugleich öffentliche Schmähungen der Republik sowie ihrer politischen Repräsentanten und Symbole zum Gegenstand hatten. In präventiver Funktion gegen derartige Straftaten bestand ein weiterer Hauptteil des Gesetzes in möglichen Eingriffen gegen die ansonsten grundrechtsverbürgte Versammlungs-, Vereins- und Meinungsfreiheit, insoweit von deren Mißbräuchen unmittelbare Gefährdungen auszugehen drohten. Eine dezidiert antimonarchistische Spitze war in der abschließenden Möglichkeit zu Einreise- und Aufenthaltsverboten gegen Personen aus vormaligen Fürstenhäusern zu erkennen. Mit einer Befristung des Republikschutzgesetzes auf zunächst fünf Jahre (1927 und 1930 erfolgten abgeschwächte Verlängerungen bzw. Neufassungen) waren allzu optimistische Erwartungen verbunden: daß alsbald eine innere Konsolidierung eintreten werde und sodann gelebte politische Kultur an die Stelle von Sanktionsbewehrung treten könne.

Am 30. Oktober 1922, sechs Tage nach der Amtszeitverlängerung für Ebert als letztem Akt der innenpolitischen Stabilisierung nach dem Rathenau-Mord, gab es im außenpolitischen Bereich ein folgenschweres Ereignis zu vermelden, das in Geschichtsbüchern neben den vielen Konferenzorten im langen Schatten von »Versailles« selten angemessen beachtet wird: Nach einem Befehl zum »Marsch auf Rom« wurde dort Mussolini, der Führer (*Duce*) des italienischen Faschismus, vom italienischen König zum Ministerpräsidenten ernannt, obwohl seine Partei im April nur 35 der 535 Parlamentssitze gewonnen hatte. Um sich gegen die beiden großen Konkurrenten, die Sozialisten und die katholische Volkspartei (*Popolari*), zu behaupten, hatte ein nur wenig Massenbewegung aufbietender bürgerlicher National-Liberalismus bei den Aprilwahlen die Faschisten in einer Wahlallianz adoptiert – und sie damit, über vorausgegangene Gewaltaktionen hinwegsehend, erst politisch salonfähig gemacht. Die dominierend bewußtseinsprägende und interessendefinierte Konfliktlinie gegenüber den Sozialisten und die Haltung des Staatsoberhauptes sowie der katholischen Hierarchie ließ auch die *Popolari* auf eine Zusammenarbeit einschwenken. Über mehrere Jahre, nach parlamentarischen Sondervollmachten Mussolinis vom 25. November 1922, erfolgte die Machtübergabe an die faschistische Partei und ihre Massenorganisationen im Sinne einer Umformung Italiens von einem autoritären Regime zum »Führerstaat« eigener Prägung.

Vor dem Hintergrund einer forcierten Inflationskrise und bald darauf zutage tretender nationalistischer Stimmungslage im Zeichen des Rheinlandkonflikts sollte das politische System des italienischen Faschismus, weit über die Gefolgschaft der noch sektenhaften NSDAP hinaus, beträchtliche Anziehungskraft entfalten. Wer im bürgerlichen Lager die obrigkeitliche Monarchie der Vorkriegszeit als zu massenfern und überaltert, die parlamentarische Demokratie der Gegenwart als zu nüchtern-rationalistisch und entscheidungsschwach wahrnahm, zudem im russischen Bolschewismus und internationalen Kommunismus eine zukünftige Bedrohung erblicken wollte, konnte in einer autoritären Staatsformierung nach dem Vorbild Mussolinis nunmehr Bausteine für eine neue Ordnungsmacht in Zeiten der Verunsicherung finden. Die in vielen Publikationsorganen von der Rechten bis zur Mitte anklingenden Sympathien folgten, wie es beim damaligen Blick über die Landesgrenzen nicht selten geschehen konnte, mehr den eigenen Wunschprojektionen: Für katholische Stimmen überdeckte das Arrangement Mussolinis mit der Papstkirche etwaige Besorgnisse, bei protestantischen Konservativen wiederum jenes mit der Monarchie, die nationale Rechte hob seine Bewunderung des Preußentums hervor, und auch wirtschaftsliberale Kreise begrüßten die Stabilisierung der ihnen zuvor chaotisch anmutenden Verhältnisse. Daß der italienische Faschismus zwar nicht auf die massenhafte Vernichtung, aber die rigorose Unterdrückung politisch Andersdenkender und gesellschaftlicher Vielfalt hinauslief, geriet dabei allzu häufig aus dem Bewußtsein und verwies auf eine zunehmende Anfälligkeit für autoritäre bis diktatorische Krisenlösungsmuster mit einem »starken Mann«.

3
Umformung der Republik

Motivlage Eberts und folgende Wahldebakel

Auch im Verhältnis zu gemäßigten USPD-Politikern, die unzweifelhaft verfassungstragende Demokraten blieben, hatte Ebert zu keinem auch nur sachlich-nüchternen Arbeitsverhältnis zurückgefunden. Allzu tief saß bei ihm der Vorwurf, daß einstige Parteigenossen die ihm heilige Disziplin brachen, als sie eine Ablehnung der Kriegskredite ins Reichstagsplenum trugen und diese Kontroverse dem Massenbewußtsein einprägten. Im Zeichen dieses eingewurzelten USPD-Traumas vermochte Ebert den starken Mandatszuwachs der SPD-Fraktion im Herbst 1922 keineswegs als Chance der Republik zu begreifen, vielmehr meinte er »seine« Partei fast zur Hälfte nicht mehr wiederzuerkennen. Nach innersten Motiven handelte Ebert daraufhin kaum vorrangig als Weimarer Staatsmann, der allein die Stabilität einer verfassungstragenden Mehrheitsregierung im Blick haben sollte, die aber ohne die »vereinigte« SPD rechnerisch gar nicht zustande zu bringen war. Statt dessen zeigten sich die noch immer begrenzten Erfahrungshorizonte eines Parteimannes, der sich mit »treulos abtrünnigen« einstigen Weggefährten nicht mehr an einen Tisch setzen wollte und den Umgang mit »disziplinierten« Vertretern der alten Ordnung vorzog.

Nach dem Kapp-Lüttwitz-Putsch hatte sich Ebert sogar mit dem Leiter des Präsidialamtes (der zugleich Berliner SPD-Vorsitzender war) im Streit um politische Konsequenzen gegen die Rechte überworfen. Dessen Nachfolger war der parteilose Beamte Otto Meissner geworden, der seine »verwaltungsfachliche« Tätigkeit offenbar relativ bruchlos auch unter Hindenburg und Hitler (bis 1945) fortsetzen konnte. Dem parallel mit der Isolation Eberts gegenüber der SPD wachsenden Einfluß solcher vorgeblich »unpolitischen«, tatsächlich aber noch obrigkeitsstaatlich geprägten Beraterkreise dürfte es unter anderem zuzuschreiben sein, wenn mit dem Kabinett Cuno eine halbwilhelminische Regierungskonstruktion wiederauflebte. Indem der Kanzler und etliche Minister ihr Amt dem Reichspräsidenten (wie früher dem Kaiser), aber nicht den gewählten Abgeordneten der Reichstagsparteien verdankten, wurde das parlamentarische System – von Ebert mehr fahrlässig, von seinen Beratern auch vorsätzlich – beamtenstaatlich zurückgebildet.

Die Zeitspanne, in der eine beim Rücktritt des Kabinetts Wirth unzweifelhaft noch vorhandene Wählermehrheit der

Weimarer Koalition unwiderruflich weggebrochen ist, läßt sich mit Hilfe dreier Landtagswahlen des norddeutschen Raumes eingrenzen. Zunächst wählte Oldenburg am 10. Juni 1923, mit bescheidener, aber dort nicht aus dem Rahmen fallender Teilnahmequote von 70,8 %, nachdem zuletzt am 6. Juni 1920 gleichzeitig mit dem Reichstagsvotum abgestimmt worden war. Eine leichte Kräfteverschiebung nach linksaußen folgte nur aus dem Niedergang der USPD von 11,0 % auf 1,3 %, wovon mit dieser krisenverschärften Langzeitwirkung zur Hälfte die regional schwache KPD profitierte (6,2 % nach 1,3 %); zur anderen Hälfte ging das vormalige USPD-Potential auf die – ihrerseits leicht nach rechts verlierende – SPD mit nunmehr 23,8 % nach 21,4 % über. Ansonsten war die äußere Stabilität aller übrigen Parteien einschließlich des mit 20,7 % starken Zentrums geradewegs frappierend. Da in Oldenburg schon wieder zwei Wochen nach der Reichstagswahl vom 4. Mai 1924 zum Landtag abgestimmt wurde, läßt sich immerhin die Tendenzaussage treffen: Ein Jahr zuvor im späten Frühling 1923 waren dort Zentrum und DDP noch um jeweils 3–4 % stärker, ihre ohnehin nicht dramatischen Einbußen nach rechts vollzogen sich erst im zugespitzten Krisenwinter 1923/24.

Am 8. Juli 1923 stimmten in Mecklenburg-Strelitz, mit ebenfalls gedämpfter Beteiligungsrate von 76 %, nur 22,7 % für die SPD, die am 16. Mai 1920 für dermaßen ländliches Gebiet beachtliche 42,9 % erhalten hatte; anstelle von damals erst 4,2 % USPD- waren nunmehr 20,4 % KPD-Anteile vorhanden, was offenbar eine Sonderentwicklung in der Landarbeiterschaft darstellte. Dieser mäßigen Schwächung der Linken, mit dramatischer Verschiebung zum radikalen Flügel, bei erstaunlich stabiler Mitte (DDP 14,5 %), entsprach die etwas gestärkte, gegenüber deren Einheitsliste 1920 aber nicht vergleichbare Rechte mit ebenfalls radikalisiertem Profil: nur 5,5 % DVP, aber 24,1 % DNVP und immerhin 8,8 % Völkische. Das städtische Gegenstück lieferte

Bremen am 18. November 1923 (79,6 % Teilnahme), zwar mit einem dortigen Rekordergebnis von 16 % der KPD, aber immer noch führender Position der SPD mit 29,1 %. Gegenüber dem 6. Juni 1920, als zur Bürgerschaft parallel mit der Reichstagswahl abgestimmt wurde, hatten sich DDP (12,7 % nach 13,9 %) und DVP (20,2 % nach 20,1 %) in solcher Krisenzeit bemerkenswert gehalten. Da gleichwohl die DNVP von 6,8 % auf 10,5 % zulegte und erstmals 6,2 % »Deutschvölkische« vertreten waren, resultierte die trügerisch stabile Mitte wohl aus der Abwanderung zuvor SPD wählender Angestellter nach rechts, während krisenbetroffene Arbeiter teilweise zur KPD strömten. Dies jedenfalls läßt sich trotz der regionalen Trendunterschiede erkennen: Für die Hyperinflation des Jahres 1923 mußte zunächst allein die SPD, infolge des massiven Einbruchs ihrer gewerkschaftlichen Massenbasis, einen überaus hohen politischen Preis entrichten.

Zeitkritik des Verfassungsautors

»Das Reich wird gegenwärtig von einzelnen Landesregierungen auseinanderregiert« – mit diesem pointierten Urteil wurde Reichskanzler Cuno in einer Denkschrift des ihm unterstellten Staatssekretärs am 15. April 1923 konfrontiert, der die Untätigkeit gegenüber »kommunistischen Hundertschaften« und den »Sturmabteilungen« der NSDAP rügte. Zumal dieser politische Beamte selbst der DDP angehörte, insistierte er auf balanciertem Vorgehen: »Die Reichsregierung wird hierbei gleiches Maß gegen die Drohung der äußersten Linken wie der äußersten Rechten anwenden müssen« (zit. nach: Schulz, 1987, S. 633–635, 641). Im Kontrast zu diesem Grundsatz deutete Preuß die rechtslastigen Folgen einer gegen das Republikschutzgesetz erlassenen »bayerischen Verordnung vom 24. Juli 1922«, deren »Verfassungswidrigkeit« unzweifelhaft war, im Sommer 1923 bereits als

»verhängnisvolle Schwäche der Reichsgewalt, die für den wirksamen Schutz der Reichsverfassung nicht ausreicht«; statt weiterer Nachgiebigkeit solle man sich nunmehr gegen diese Republikfeinde »klar zum Gefecht machen« (*Zeitschrift für Politik* 13, 1923, S. 112 f.). Nachdem aber das Kabinett Stresemann die offene Auflehnung der bayerischen Landesregierung nicht mit Reichsexekution beantwortete, war das einseitige Vorgehen gegen Sachsen für Preuß mit der Weimarer Verfassung unvereinbar:

> In Sachsen haben einzelne Mitglieder der Landesregierung zum Widerstand gegen die Reichsregierung aufgefordert; in Bayern hat die gesamte Landesregierung als solche den Maßregeln der Reichsregierung unter mehrfachem Bruch der klarsten Bestimmungen der Reichsverfassung und mit Hilfe militärischer Meuterei tatsächlich Widerstand geleistet. Indem die Reichsregierung dagegen nicht auf Grund des Artikels 48,1 vorgegangen ist, hat sie seiner Anwendung gegen Sachsen selbst die verfassungsrechtliche Voraussetzung entzogen; denn die prinzipielle Gleichberechtigung der Länder im Verhältnis zum Reich ist ein unbestrittener Rechtsgrundsatz der Reichsverfassung. [...]
> Man spricht immerfort von militärischem oder zivilem Ausnahmezustand. Artikel 48,2 der Verfassung kennt überhaupt keinen Ausnahme- oder Belagerungszustand und vollends keinen militärischen. Alte Juristen erzählen sich die Anekdote von einem Richter, der aus dem Gebiet des preußischen Landrechts in das des gemeinen Rechts versetzt wurde, aber dort jahrelang munter nach preußischem Landrecht weiter judizierte. So regiert unsere Reichsbürokratie in diesem Punkte unter der republikanischen Verfassung munter weiter nach Artikel 68 der früheren Reichsverfassung. [...]
> Die Feinde der Verfassung von Weimar sehen in all diesen Wirren den Beweis für deren Fehlerhaftigkeit

und Revisionsbedürftigkeit. Nun taugt die beste Verfassung nichts, wenn sie von ihren berufenen Vollstreckern falsch oder dilettantisch angewendet wird.

(*8-Uhr-Abendblatt*, 30. Oktober 1923)

Die erwähnte Bestimmung des Art. 68 der Bismarckschen Reichsverfassung hatte, inhaltlich bestimmt im Rückgriff auf das nach der Niederschlagung der Revolution von 1848/1849 erlassene preußische Gesetz über den Belagerungszustand, den Wortlaut: »Der Kaiser kann, wenn die öffentliche Sicherheit in dem Bundesgebiete bedroht ist, einen jeden Teil desselben in Kriegszustand erklären.« Die Verhängung eines inneren »Kriegszustandes« in Friedenszeiten war ganz offenkundig ein Instrumentarium des militaristischen Obrigkeitsstaates, das in einer zivilgesellschaftlichen Republik nichts verloren hatte. Statt dessen blieb auch der problematische Art. 48 WRV nach dem verfassungsrechtlichen Zeugnis von Preuß streng im Rahmen eines demokratisch neugeordneten politischen Systems auszudeuten:

> Da es sich um eine Ausnahmebestimmung schärfster Art handelt, darf sie unter gar keinen Umständen ausdehnend interpretiert werden; sonst würde eine Bestimmung, die lediglich zum Schutze der verfassungsmäßigen Ordnung gegeben ist, zur Untergrabung dieser Ordnung mißbraucht werden. Es genügt also nicht, daß irgendwelche Schwierigkeiten und Übelstände unter Umständen vielleicht zu einer Gefährdung oder Störung der öffentlichen Sicherheit und Ordnung sich auswachsen können, sondern die erhebliche Störung oder Gefährdung muß eine unmittelbar gegenwärtige sein, die in keiner anderen Weise abgewendet werden kann. Andernfalls hätte die Verfassung, die nicht einmal das alte beschränkte Notverordnungsrecht wollte, hier ein völlig schrankenloses Verordnungs- und Verfügungsrecht gewährt; eine widersinnige Annahme.

> Prüft man unter diesem Gesichtspunkt die in jüngster Vergangenheit auf Grund des Artikels 48 erlassenen Verordnungen, so wird die verfassungsrechtliche Unbedenklichkeit mancher von ihnen höchst zweifelhaft erscheinen. [...]
> Zwar hebt der Artikel als zweites Mittel für die außerordentlichen Maßnahmen des Reichspräsidenten die ›Hilfe der bewaffneten Macht‹ hervor. Aber eben ihre Hilfe als Machtmittel in der Hand des Reichspräsidenten. Von einer Übertragung der ›vollziehenden Gewalt‹ an die Militärbefehlshaber weiß die Verfassung nichts und ebensowenig von der Verhängung eines Kriegs- oder Belagerungszustandes. Keineswegs ist dieser Punkt etwa vom Verfassungsgeber übersehen worden; vielmehr hat er sich ganz bewußt hier im Gegensatz zu dem früheren Zustand gestellt.
>
> (*Die Hilfe*, 15. Mai 1925, S. 225)

Für die letztgenannte Aussage konnte Preuß die eigenen darlegenden Worte bei der zweiten Lesung des Verfassungsentwurfs der Nationalversammlung zitieren, die in deren Plenum unwidersprochen geblieben waren. Freilich illustrierte die noch aus beschaulicheren Zeiten des frühen 19. Jahrhunderts überlieferte Anekdote des lernunwilligen Richters der preußischen Landrechtstradition, wie Gegnerschaft zur Weimarer Verfassung, statt in die Uniformen von Putschtruppen gekleidet, auch nur in alte Denkschablonen hineingezwängt sein konnte.

In den spannungsgeladenen Tagen zwischen der Reichsexekution gegen das »rote Sachsen« und der Hinnahme des bayerischen Rechtsradikalismus im Vorfeld des Hitlerputsches veröffentlichte Preuß einen weiteren bemerkenswerten Leitartikel. Unter dem alarmierenden Titel »Der innere Zweifronten-Krieg« verwendete er als stichwortgebenden gedanklichen Aufhänger die auch »Militärs« rückblickend bewegenden Hinweise, daß sich 1914 die Kriegsoffensive einseitig gegen den Westen richtete, um sogleich zur innenpolitischen Lage überzuleiten:

> Aber fest überzeugt bin ich davon, daß das geschichtliche Urteil ein Verhängnis für die deutsche Republik darin erkennen wird, daß sie den ihr aufgedrängten inneren Zweifronten-Krieg mit falscher Front geführt hat, indem sie die Offensive lediglich gegen ihre Gegner zur Linken gerichtet, den weit gefährlicheren Feinden von rechts gegenüber sich auf eine, noch dazu recht schwächliche Defensive beschränkt hat. [...] Zunächst ist die Taktik der Rechten unvergleichlich viel schlauer als die des Linksradikalismus, die besonders miserabel ist. Das zeigte sich gleich nach dem Zusammenbruch und hat von Anbeginn an die Entwicklung in falsche Richtung gedrängt. Die Rechte stellte sich tot oder unterstützte sogar die revolutionäre Regierung, während Spartakus mit viel Schießerei und noch mehr Geschrei umhertobte. Der neue Staat mußte alle ihm irgendwie erreichbaren Kräfte gegen die offene Gewalt von links einsetzen und war daher gar nicht in der Lage, die latenten Mächte der Reaktion auch nur in der Wehrkraft und im Beamtentum auszutilgen. Daher das seltsame Bild einer Revolution, die sich nur gegen Revolutionäre zu richten schien, während man selbst den ärgsten Vertretern des gestürzten Systems kein Härchen krümmte. Die wenigen, die im ersten Schrecken geflüchtet waren, weil sie mehr an das Verfahren anderer Revolutionen als an die deutsche Eigentümlichkeit dachten, kehrten bald hohnlächelnd zurück und wußten seitdem, was sie der deutschen Republik bieten dürfen. Wie im Jahre 1848 das deutsche Bürgertum schreckgebannt auf die Gefahr der ›roten Republik‹ starrte und darüber kaum merkte, daß es von der erstarkenden Reaktion an der Gurgel gepackt wurde, so starrte jetzt noch viel entsetzter dieses Bür-

gertum auf den bolschewistischen Schrecken und empfand demgegenüber das Anschwellen reaktionärer Kräfte mindestens als das kleinere Übel, wenn nicht gar als einen hochwillkommenen Schutz. [...]
Wirtschaftliche und soziale Interessengemeinschaft und Interessengegensätze mischen sich stets und überall in die politische Parteiengruppierung; aber in Deutschland beherrschen und überwuchern sie sie, weil der starke Gegendruck eines kräftigen nationalpolitischen Staatsbewußtseins fehlt. Die Staatsgefährlichkeit des Rechtsradikalismus kann man schließlich auch in ›bürgerlichen‹ Kreisen nicht verkennen; aber unmittelbarer wirkt die Empfindung, daß er doch das heilige Privateigentum nicht bedrohen will oder sogar zu schützen verspricht. Es ist eine alte Erfahrung, daß bei einem Siege der Reaktion die Börsenkurse zu steigen pflegen. Dazu kommen allerlei gesellschaftliche Ressentiments; der bedenklichste Reaktionär gilt für salonfähiger als der wackerste Sozialdemokrat, obgleich er es nicht immer ist; und in diesem Punkte ist der starke ›bürgerliche‹ Snobismus ungemein empfindlich.

(*Berliner Tageblatt*, 31. Oktober 1923)

Ergänzend zu Gerlachs frühzeitigem Verweis auf einen »Anti-Chaos-Reflex« als Reformbarriere beschrieb Preuß in dem Mißverhältnis zwischen wahrgenommener Lautstärke und wirklicher Kampfstärke des »Spartakismus« einen wichtigen Faktor der anfangs einseitigen Abwehrbereitschaft zur radikalen Linken. In der zweiten Jahreshälfte 1919 war jedoch auch der völkische Radikalismus mit viel »Geschrei« und im März 1920 eine deutschnationale Gefolgschaft Kapps zugleich mit »Schießerei« hervorgetreten. Wenn seither die »falsche Front« nicht gründlicher korrigiert werden konnte, mußte dies andere Gründe als nur die geschicktere Taktik der Rechten in den Monaten der Revolution und der Verfassunggebung haben.

Wie bei Gerlach dessen altpreußisch-konservatives Herkunftsmilieu den kritischen Blick für die Erblasten der Adels- und Militärkaste geschärft hatte, kannte Preuß aus seinem großbürgerlich-liberalen Umfeld in der gesellschaftlichen Anschauung jenen »Snobismus«, der immer noch eine Kulturschranke gegenüber einer republiktragenden Kooperation mit der Sozialdemokratie aufrichtete. Indem sich aber ein haßerfüllter und teilweise mordender Rechtsradikalismus erkennbar unzivilisiert gebärdete, konnten es nicht allein bürgerliche Vorstellungen über harmonische und gesittete Lebensformen sein, die die einseitige Bekämpfung der linken Unruhestifter erklären. Gegen das auch in vielen Geschichtsbüchern anzutreffende Klischeebild, mit einem klassenkämpferischen Denken nur die KPD, USPD und teilweise auch noch die SPD zu verbinden, machte Preuß auf eine verbreitete Mentalität des Klassenkampfs von oben aufmerksam: Ohne die Furcht vor revolutionären oder auch nur haushaltssanierenden steuerlichen Zugriffen auf den privilegierten Besitzstand wäre es nicht verständlich, weshalb z. B. die italienischen Faschisten nationalliberale Verbündete fanden und daraufhin ein deutschvölkischer Radikalismus auch jenseits der bayerischen Grenzen ins »bürgerliche Lager« eingemeindet wurde.

Notverordnungsregime

Was angesichts der 1931/32 überhandnehmenden, aber 1923/24 bereits angebahnten Praktiken häufig als der berüchtigte »Notverordnungsartikel« 48 WRV bezeichnet wird, hatte tatsächlich einen anderen Gehalt:

> Der Reichspräsident kann, wenn im Deutschen Reiche die öffentliche Sicherheit und Ordnung erheblich gestört oder gefährdet wird, die zur Wiederherstellung

> der öffentlichen Sicherheit und Ordnung nötigen Maßnahmen treffen, erforderlichenfalls mit Hilfe der bewaffneten Macht einschreiten.
> [...] Die Maßnahmen sind auf Verlangen des Reichstags außer Kraft zu setzen.

Über dieses Recht des Reichstags hinaus, solche Maßnahmen des Präsidenten nachträglich aufzuheben, war in Art. 50 auch noch eine vorgängige politische Kontrolle gegen etwaige Machtanmaßungen eingebaut:

> Alle Anordnungen und Verfügungen des Reichspräsidenten, auch solche auf dem Gebiete der Wehrmacht, bedürfen zu ihrer Gültigkeit der Gegenzeichnung durch den Reichskanzler oder den zuständigen Reichsminister. Durch die Gegenzeichnung wird die Verantwortung übernommen.

Gerade dieses für die Rechtsgültigkeit unabdingbare Erfordernis der Mitwirkung eines politisch verantwortlichen Kabinettsmitglieds ließ erkennen, daß Art. 48 keineswegs jenseits des parlamentarischen Regierungssystems für den »inneren Notstand« eine präsidiale Überregierung etablieren sollte. In verfassungskonformer Auslegung wurden vielmehr Regeln für den Fall bereitgestellt, daß ansonsten Recht und Gesetz nicht mehr angewendet werden konnten – sei es durch Eigenmächtigkeiten von Landesbehörden oder massive Gewaltakte von Aufständischen. Im Sinne der Verfassunggeber richtig verstanden sollte Art. 48 vorsorglichen Republikschutz bereithalten und damit sicherstellen, daß eine vom Volke *ausgehende*, im Parlament gesetzgeberisch *ausgeübte* und durch Präsident und Regierung *ausgeführte* demokratische Entscheidungsgewalt nicht von irgendwelchen Partikularmächten unterlaufen oder gar angeeignet wurde.

Eine dem Präsidenten für die Republik als Ganze anvertraute »Wiederherstellung der öffentlichen Sicherheit und Ordnung« meinte ursprünglich zweifellos nur die Abwehr partikularer Gewaltakte. Dies war das gewissermaßen sicherheitspolizeiliche Verständnis des – gegen unbefugten Widerstand erzwingenden – Geltendmachens der Rechtsordnung. Eine »wohlfahrtspolizeiliche« Aufgabenerweiterung wurde allerdings infolge der völlig außer Kontrolle geratenen Hyperinflation nahegelegt. Wie das Öffentliche Recht zur notwendigen Voraussetzung hat, daß es von Institutionen und Personen befolgt und nicht sabotiert wird, so beruht auch die Privatrechtsordnung auf einigen wenigen unausgesprochenen Voraussetzungen. Für den Kernbestand des Vertragsrechts, der in Geldsummen ausdrückbare Gegenstände seiner Regelungsdichte beinhaltet, war dies z. B. die Annahme, daß »Mark gleich Mark« bleibt. Wenn das Reichsgericht am 28. November 1923 erstmals höchstinstanzlich die Vertragserfüllung in Papiermark als unerträglichen Verstoß gegen »Treu und Glauben« brandmarkte, konnte dies in der Sache nachvollziehbar sein, auch wenn im Urteil ein nicht unbedenkliches Mißtrauen gegen die parlamentarische Gesetzgebung anklang.

Bei einer Inflationsrate von 24 280 % allein im Oktober 1923, auch schon den monatlich zumeist 50–100 % zwischen August 1922 und Juni 1923, herrschte tatsächlich längst der finanzwirtschaftliche Ausnahmezustand. Das bloße Warten auf Geldforderungen bedeutete innerhalb der möglichen Fristen einer Vollstreckbarkeit die weitgehende bis vollständige Entwertung und somit faktische Enteignung des Gläubigers zugunsten des ungerechtfertigt bereicherten Schuldners. Dies galt auch für den Staatshaushalt, der allein durch unterschiedliche Zeitintervalle der wöchentlichen oder monatlichen Fälligkeit von Auszahlungen und der Jahresabrechnungen einiger Steuerquellen in den Bankrott getrieben werden mußte. Angesichts solcher Verhältnisse war es zweifellos rechtsstaatlich zulässig und geboten, durch verfassungsändernde Zweidrittelmehrheit das Reichskabinett befristet zu »ermächtigen«, die finanzwirtschaftlichen Angelegenheiten nötigenfalls ohne den Zeitbedarf des förmlichen Gesetzesverfahrens zu regeln, der in dieser Situation jede materielle Substanz zunichte machen konnte.

Allerdings ist mit Blick auf solche Konsequenzen, mit denen nicht allein die gesellschaftliche Realverfassung, sondern auch die Rechtsordnung selbst erschüttert war, um so nachdrücklicher die Frage vorzubringen, ob nicht die vorrangige »Notstandsmaßnahme« die Stillegung einer dermaßen überdrehten Inflationsspirale selbst zu sein hatte. Für den ersten Teuerungsschub bis Mai 1920 ließ sich noch argumentieren, daß er im Sinne einer inneren Haftungsgemeinschaft für die materiellen Kriegsfolgen hinzunehmen war. Etwas mühsamer trug diese Rechtfertigung, infolge der nunmehr verbindlich bezifferten auswärtigen Reparationspflichten, eventuell auch noch die zweite Inflationsperiode bis Juni 1922. Was aber in der zweiten Jahreshälfte 1922 an hyperinflationärem Extremismus fahrlässig unbekämpft blieb und dann mit Beginn des staatsfinanzierten passiven Widerstands im Ruhrkampf vorsätzlich auf die Spitze getrieben wurde, konnte geradezu den Eindruck des betrügerischen Währungskonkurses hinterlassen. Wer in politischer Verantwortung auf diese Weise duldete oder gar förderte, daß sich Mindestbedingungen der Berechenbarkeit gesellschaftlicher Verkehrsformen wie der Vertragsbeziehungen auflösten, durfte sich weder über Selbsthilfe durch »Mundraub« (in Läden und auf Feldern) noch höchstrichterliche »Ersatzgesetzgebung« wundern.

Nicht zufällig richtete sich die erste finanzwirtschaftliche, nicht »sicherheitspolizeiliche« Ausnahmeverordnung des Reichspräsidenten vom 12. Oktober 1922 gegen die Spekulation mit Fremdwährungen. Zu einem früheren Zeitpunkt hätte dies noch dahingehend verstanden werden können, daß sich niemand auf diese Weise der solidarischen Haftungsgemeinschaft für die Kriegsfolgen und Reparationslasten entziehen durfte. Nachdem aber die Binnenkaufkraft der Mark allein in den Monaten Juli bis September auf ein Drittel abgeschmolzen war, bedeuteten Maßnahmen gegen die Flucht aus einer letztes Vertrauen einbüßenden Währung: deren Bezieher waren zur Wertrettung des panischen Warenkaufs oder der rapiden Entwertung des Ertrags ihrer Arbeit verurteilt, wenn sie nicht auf den Schwarzmarkt auswichen. Wie der Organisationsteil der Weimarer Verfassung allmählich unter den Vorbehalt einer Vetomacht der Reichswehr geraten war, galten die Grundrechte des zweiten Teils im Alltag nur mehr, insoweit sie nicht schon hyperinflationär entwertet wurden. Die groß- und auch viele kleinbürgerlichen Schichten hatten sich im Revolutionswinter 1918/1919 die gefürchtete Enteignung stets entweder in der Gestalt des »bolschewistischen« Staatsterrors oder des anarchisch entfesselten »Pöbels« vorgestellt. Im langen Jahr der Hyperinflation, vom Herbst 1922 bis Herbst 1923, ging schleichende Enteignung des Geldbesitzes und Einkommensbezugs jedoch von der nationalen Gelddruckerei aus.

Nach der einzigen wirtschaftlichen Notstandsmaßnahme des Jahres 1922 stieg deren Anzahl für 1923 auf 27, auch 1924 waren noch 15 zu verzeichnen. Auf dem Höhepunkt der von Kaufkraftschwund und Massenarbeitslosigkeit geprägten Inflations- und Stabilisierungskrise, vom Oktober 1923 bis Januar 1924, sind allein 37 Verordnungen des Reichspräsidenten gemäß Art. 48 mit sicherheitsfernem ökonomischen Inhalt erlassen worden. Davon fielen aber weniger als ein Drittel in die Geltungszeit der beiden Ermächtigungsgesetze, die wenigstens noch der äußeren Form nach einen vorausgehenden parlamentarischen Auftrag begründet hatten. In solcher Weise geriet die parlamentarische Grundlage für Regierungshandeln allmählich zum schmükkenden Beiwerk, mit dem die Verordnungsgewalt nur zusätzlich ausgestattet wurde, sofern es gerade bereitlag. Eine dritte Stufe der abschüssigen Bahn zunehmender Verfassungsumgehung wurde erreicht, als im März 1924 eine bereits drohende parlamentarische Aufhebung derartiger Maßnahmen die offizielle Begründung für die Reichstagsauflösung lieferte. Auch wenn die Parteien ohnehin den Wahlkampf vorbereiteten und ihre Fraktionen deshalb nicht gerade heftig widerstrebend den Reichstag räumten: während vorherige Eingriffe gemäß Art. 48 entweder mit Ermächtigung oder wenigstens verbleibendem Aufhebungsrecht des Reichstags erfolgten, war damit ein noch bedenklicherer Präzedenzfall geschaffen, der in verfassungsfremderen Händen als jenen Eberts den Übergang zu autoritären Regimen eröffnen sollte.

In welchem Maße das häufig verwendete Kennzeichen eines Beginns der »Stabilisierung« im Jahre 1924 nur verschleierte, wie sich die Spuren einer halbdiktatorischen Regierungsmethode wie Mehltau über eine derart entstellte Republik legten, sollte aus einer weiteren öffentlichen Lagebeurteilung von Preuß ersichtlich werden:

> Gegen die bayerische Rebellion wurde der militärische Ausnahmezustand über das ganze Reich verhängt; aber während man mit Bayern freundschaftlichst verhandelt, hält man im Frieden unter der Republik einen Belagerungszustand aufrecht, wie er kaum im Kriege unter dem Kaiserreich bestand, und wie er mit dem Geiste der Reichsverfassung nicht vereinbarer ist als die Forderungen der bayerischen Denkschrift. Auf Grund des Artikel 48 und des Ermächtigungsgesetzes wird in der Strafjustiz und auf anderen Gebieten das Fundament des Rechtsstaates zertrümmert. Wenn diese Maßregeln wirklich mit der Wiederherstellung der öffentlichen Sicherheit und Ordnung und der Not des Volkes zu rechtfertigen sind, so kann man damit schließlich auch den Umsturz der Reichsverfassung im Sinne der bayerischen Forderungen auf dem Wege der Notverordnung rechtfertigen. Eine gewisse Mini-

sterialjurisprudenz soll denn auch schon an dem Nachweis arbeiten, daß beliebige Verfassungsänderungen auf Grund des Artikels 48 zulässig seien und die dort angeführten Grundrechte nur beispielsweise genannt seien. ›Im Auslegen seid frisch und munter; legt ihr nicht aus, so legt ihr unter.‹
Bereits kündigen die Wirkungen des konzentrierten Vorstoßes gegen die Weimarer Verfassung sich deutlich genug an: die Entfesselung des Krieges aller gegen alle. Den bayerischen Ansprüchen folgen naturgemäß die preußischen, und ihnen werden die der anderen folgen. Auf den Alarmruf aus dem katholischen Süden antwortet die Mobilmachung des norddeutschen Protestantismus. Wahrlich, das Reichszentrum war mit seiner Verfassungspolitik auch für die ihm am Herzen liegenden Interessen besser beraten als sein partikularistischer Ableger, die Bayerische Volkspartei. Partikularismus und Reaktion hetzen gemeinsam zum Kampf gegen den ›Marxismus‹, um jede Möglichkeit des sozialen Friedens und Ausgleichs zu verhindern. Und in alle diese Feuer bläst der größte aller Hetzer, der Antisemitismus, mit vollen Backen hinein.

(*Berliner Tageblatt*, 24. Januar 1924)

Die am 8. Januar 1924 vorgelegte bayerische Denkschrift erstrebte offen die Restauration zum »Bismarckschen Föderalismus« mit einem verklärten Bild der Vergangenheit: »Dort der starke Kitt der Monarchie, hier die schwache Bindekraft der Republik« (zit. nach: Schulz, 1987, S. 448). Um fortgesetzt und verstärkt drohenden Mißbrauch zu verhindern, forderte Preuß vom Reichstag die Umsetzung des Verfassungsauftrags zugunsten noch fehlender Ausführungsbestimmungen zum Art. 48 ein:

Das nächste Erfordernis aber ist die Ausführung des letzten Absatzes des Artikels, der die nähere Regelung

> des Gegenstandes durch ein Reichsgesetz vorsieht. Die Erfahrungen, die bisher mit dem Gebrauch der außerordentlichen Vollmachten durch eine höchst bedenkliche Praxis gemacht worden sind, beweisen die dringliche Notwendigkeit eines solchen beschränkenden Gesetzes und weisen zugleich auf die Punkte hin, wo dieses Gesetz den bisherigen Mißbräuchen einen Riegel vorschieben muß.
>
> (*Die Hilfe*, 15. Mai 1925, S. 226)

Unter einer seit den Reichstags- und Präsidentenwahlen 1924/25 nach rechts verschobenen Mehrheitskonstellation war jedoch dieses Versäumnis der Gründungsjahre nicht mehr zu korrigieren.

Konturen der »Hindenburg-Republik«

Wie berechtigt die Warnungen gegenüber einer ideologischen Verbindung des »antimarxistischen« und des antisemitischen Feindbildes mit verfassungsfeindlichen Restaurationszielen waren, konnte aus einem wenig später in Parteiorganen veröffentlichten »Wahlaufruf der Deutschnationalen Volkspartei« ersichtlich werden:

> ›Wir wollen frei sein wie die Väter waren‹! Diese Losung steht am Anfang und Ende aller deutschnationalen Politik. Frei von äußerer Fremdherrschaft; frei vom Marxismus, der uns Frieden, Freiheit und Brot versprach, aber Unfrieden, Knechtschaft und Not gebracht hat; frei von dem mit dem Marxismus allzeit verbündeten Judentum!
> Darum wollen wir: Zerreißung des Lügengewebes von deutscher Kriegsschuld! Los von dem Diktat von Versailles! [...]

> Zurück zu den Grundlagen der deutschen Verfassung, wie sie Bismarck einst von Preußen aus schuf: Dem Reiche, was dem Reiche ist, aber Eigenleben und Eigenverantwortung für Länder und Gemeinden. Fort mit der Alleinherrschaft des Parlaments.
> Ehre dem alten Heer und seinen Führern. Stolz auf die deutsche Vergangenheit, lassen wir nicht von ihrem Wahrzeichen: Der Fahne schwarz-weiß-rot! [...]
> Kampf gegen die Herrschaft und den zersetzenden Geist des Judentums auf allen Gebieten.
> Deutschnational sein heißt deutschvölkisch sein. [...]
> Wer mit uns den auf reines deutsches Volkstum gegründeten, christlichen, sozialen und monarchischen Staat will, ist uns willkommen als Mitkämpfer für die große deutsche Rechte:
> Fort mit der Schuldlüge und Fremdherrschaft: Wählt deutschnational!
> Deutschland den Deutschen: Wählt deutschnational!
> Für Christentum, sozialen Geist und ehrliche Wirtschaft! Wählt deutschnational!
> Wählt Schwarz-Weiß-Rot! Das ist deutschnational!
>
> (*Neue Preußische Zeitung*, 23. März 1924)

In den übrigen Passagen des Aufrufs wurde erläutert, was die DNVP mit christlichen, sozialen und wirtschaftlichen Grundsätzen verband. Die für das Eigenprofil maßgebenden Aussagen bedeuteten wohl das reaktionärste Wahlprogramm, mit dem jemals von deutschnationalen Führungsgremien um Stimmen geworben wurde: Selten war so eindeutig das politische Bekenntnis zum »monarchischen Staat« mit allen Kennzeichen der Vergangenheit und die weltanschauliche Nähe zum »deutschvölkischen« Rechtsextremismus der Judenhetze zu finden. Die neue Hochkonjunktur des Antisemitismus war zweifellos mit der Krisenentwicklung der Hyperinflation verbunden. Über die »gewöhnliche« Sündenbockrolle der Juden in Zeiten der

Not und Verunsicherung hinaus erzeugte das für Normalbürger unbegreifliche Geschehen, wie eine letztlich komplette Geldvernichtung erfolgte, mit der inneren Konsequenz ideologischer Verblendung immer primitivere Verschwörungstheorien. Ohnehin galten Juden, denen traditionell Handwerk und Landwirtschaft verboten gewesen waren, angesichts ihres häufigeren Ausweichens in den modernen tertiären Wirtschaftssektor im Massenvorurteil als geschickte Händler und »Spekulanten«. Für besonders leichtgläubige Suche nach einem Schuldigen der Zerrüttung von materiellen und damit zugleich ideellen Werten einer glorreichen Vergangenheit geriet es zur Feindbild-Stereotype, diese fremde Übermacht der »Zersetzung« aller Stabilität mit nicht minder unfaßlichen Begriffen wie »internationales Finanzjudentum« zu umschreiben.

Als Bastionen des vorausgegangenen Rechtsrucks lagen 1925 die Wahlkreise mit größter Unterstützung für Hindenburg, erdrückende 71,1 % in Pommern, und geringstem Anteil, nur 22,8 % in Köln-Aachen, nicht allein hinsichtlich dieser politischen Entscheidung weit auseinander: Je stärker das Regionalprofil die Merkmale evangelisch-ländlich-nordostdeutsch erfüllte, desto mehr Gefolgschaft fand Hindenburg; in katholisch-städtisch-westdeutschen Gebieten hatte er um so kleinere Zustimmungsraten. In erster Linie waren diese Schwerpunkte ein bloßes Abbild der Parteihochburgen, was 49,1 % allein für die DNVP am 7. Dezember 1924 in Pommern ebenso bezeugten wie 51,2 % des Zentrums in Köln-Aachen. Weil Hindenburg aber einen um 8,4 % höheren Stimmenanteil erreichte als die für ihn zurücktretenden Jarres/Ludendorff und er damit Marx um 3 % überflügelte, ist die Spurensuche nach der Herkunft gerade dieser zusätzlichen Anhängerschaft besonders aufschlußreich: Zum einen traten regionale Sondereffekte in Bayern und Sachsen hervor, zum anderen gelang die Sammlung von noch mehr unzufriedenen »Sonstigen« außerhalb der etablierten Rechtsparteien, als dies bereits Jarres zugewachsen war.

Der gerade im ländlich-altbayerischen Raum von den Abstimmenden weithin befolgte BVP-Aufruf zugunsten Hindenburgs bedeutete: ausgerechnet das erzkatholische und bauernbündlerisch-regionalistische Niederbayern erlangte mit 68 % die zweite Stelle der Wahlkreise zugunsten des evangelischen Preußengenerals. So vorrangig katholisch-föderalistisch wie zuweilen behauptet, war die rechtslastige BVP-Gefolgschaft demnach nicht orientiert. Ohne diesen erneuten Vorstoß eines seit dem Kapp-Putsch eingeschlagenen bayerischen Sonderwegs aus der Weimarer Republik wäre Hindenburg immer noch siegreich geblieben, aber nur mit wenigen Promille restlichen Vorsprungs. Diese wären ihm aber, unterstellt man zuvor solche Einheit des Parteikatholizismus, in Sachsen verlorengegangen, hätte nicht vor allem die Empörung über die verglichen mit Bayern gewaltsame Ungleichbehandlung ebenso untypisches Stimmverhalten erzeugt: In den sächsischen Wahlkreisen legte Thälmann im zweiten Wahlgang um 2–3 % zu, während er z. B. in Berlin 4,4 % einbüßte; so lag Marx in der Hauptstadt (bei zuvor nur 4 % Zentrum) triumphal mit 55,3 % vorne, wogegen er in Sachsen deutlich unter 40 % blieb. In Chemnitz-Zwickau hatte Braun für die SPD allein mit 36 % deutlich mehr Stimmen erhalten, als daraufhin Marx (31,1 %) für die Weimarer Koalition insgesamt erzielte; neben Protestvoten zur KPD hin gab es in diesem weniger großstädtischen Wahlkreis offenbar auch den Rückzug in die Stimmenthaltung.

Nach Sachsen verzeichnete das Bündnis der Weimarer Koalitionsparteien den stärksten Einbruch zwischen beiden Wahlgängen in Württemberg, das zuvor mit 13,6 % den höchsten Hellpach-Anteil zeigte. Gegen daraus voreilig abgeleitete Schlußfolgerungen, daß evangelische DDP-Anhänger in nennenswertem Maße anstelle des Katholiken Marx dann lieber Hindenburg wählten, muß aber der Wahlkreis Potsdam II (mit dem bürgerlicheren Südwesten von Groß-Berlin) angeführt werden: Ein zweithöchstes Hellpach-Votum von 13,4 % ging dort einher mit dem geringsten Hindenburg-Zuwachs überhaupt (nur 1,5 % gegenüber Jarres/Ludendorff). Insofern gilt es differenzierend zu erwägen, daß unter ländlich-kleinstädtischem »Traditionsliberalismus« ohne starke Abgrenzungslinien zur Rechten manche Hindenburg-Überläufer zu vermuten sind. Noch wichtiger dürfte in solchen Regionen ohne feste katholische, sozialistische, nationalliberale oder deutschnationale Milieubindung aber der überdurchschnittliche Zuwachs der stets geringeren Beteiligungsraten gewesen sein: in Württemberg von 62,1 % des ersten auf 73,4 % des zweiten Wahlgangs.

Nicht etwa große Massen von unpolitischen Nichtwählern und gerade auch -wählerinnen strömten einem »Landes(groß)vater« Hindenburg zu, wie zuweilen behauptet wurde. Die Sonderauszählungen in wenigen evangelischen Gebieten zeigten für Hindenburg sogar einen um 2 % geringeren Frauenüberschuß als noch bei Jarres. Ein zusätzliches Potential könnte also eher bei ihren einstigen Feldherrn bewundernden Kriegsteilnehmern zu finden sein, die keine Stammwähler irgendeiner Partei waren, sondern überaus wechselhaft abstimmten: zwar gelegentlich auch der Urne fernblieben, nachdem sie zuvor »etabliert« wählten, dann aber wieder für »Sonstige« votierten. Um das Beispiel Württembergs fortzuführen: Hatte zur Konstituante mit Rekordbeteiligung von 88,7 % noch die DDP ein stolzes Resultat von 25 % erzielt, so fiel in den Krisenwahlen des Mai 1924 – bei Normalbeteiligung von 77,9 % – eine bäuerliche »Landliste« mit 19,5 % besonders auf (gegenüber auf 9,4 % reduzierter DDP). Es ist nicht anzunehmen, daß solche Klientel massenhaft zunächst den »schöngeistigen« Professor Hellpach (auf seine Art ein Vorgänger des späteren Bundespräsidenten Heuß) gewählt hatte, bevor sie dann ins Lager Hindenburgs wechselte. Statt dessen ließen wohl nicht wenige im März 1925 erstmals den Urnengang aus, weil sie auch der rheinische Beamtenpolitiker Jarres nicht aus ihrem schwäbischen Häusle locken konnte – bis der seit

1914 in jedes Dorf getragene Mythos Hindenburgs, wie auch in anderen Regionen mit großer Schwankungsbreite der Stimmabgabe und »sonstigen« Listen, wieder eine halbwegs normale Wahlbeteiligung erzeugte.

4
Spannungsfelder in Politik und Gesellschaft

Leitbilder des »Parteienstaats«

Als Redner der Verfassungsfeier im 1928 neu gewählten Reichstag erläuterte der frühere Justizminister Radbruch sein konfliktpluralistisches Verständnis des Art. 1 WRV: »Das Volk, von dem die Staatsgewalt ausgeht, entfaltet sich in dem vielfältigen Reichtum kämpfender Gruppen, Klassen und Parteien« (*Vorwärts*, 11. August 1928). Die angebliche Überparteilichkeit des Vorkriegsregimes war für Radbruch die klassische »Lebenslüge des Obrigkeitsstaats«, wie er in einem Artikel für das »Handbuch des Deutschen Staatsrechts« ausführte. Nach einem früheren Urteil von Preuß hatten die kaiserzeitlichen Regierungen zwar tatsächlich über den Parteien der Linken, doch zugleich auch unter dem höchst parteilichen Einfluß der Rechten gestanden. Im Weimarer Verfassungstext fehlte zwar ein ausdrücklicher Hinweis auf einen staatsrechtlichen Rang der Parteien wie später im Bonner Grundgesetz; deren einzige Erwähnung in Art. 130 WRV beinhaltete sogar eine Abgrenzung, die zugleich als Distanz gegenüber vormals konservativer Einseitigkeit des höheren Verwaltungspersonals in Preußen zu lesen ist: »Die Beamten sind Diener der Gesamtheit, nicht einer Partei.« Doch hat der Verfassungskommentar von Preuß die Bedeutung der Parteien für eine demokratische Bürgergenossenschaft mit hinreichendem Problembewußtsein beleuchtet:

> Aber freilich setzt jede Gemeintätigkeit einer Vielheit von Individuen eine gewisse Organisation voraus; und zwar eine um so ausgebildetere und stärkere, je größer die Zahl und die individuelle Differenziertheit der zur Gemeintätigkeit berufenen Genossen ist. Dies gilt auch von den Abstimmungen und Wahlen des ganzen Volkes. [...] Bei der entscheidenden Bedeutung, die mithin die Parteiorganisation für das Schicksal der demokratischen Staaten der Gegenwart hat, sieht sich ihre Rechtsordnung sehr begreiflicherweise zu dem Versuche gedrängt, die gesetzliche Regelung auf dieses Gebiet auszudehnen; bisher freilich mit recht geringem Erfolg [...]. Es herrscht also noch immer die Regel, daß Verfassungen und Gesetze die Voraussetzung ihrer Wirksamkeit, das Parteiwesen, mit keiner Silbe erwähnen.
> Um die Repräsentation der öffentlichen Meinung des ganzen Volkes rechtlich zu organisieren, setzt diese rechtliche Organisation die Selbstorganisation des Volkes in politischen Parteien stillschweigend voraus.
>
> (Preuß, 1928, S. 269)

Diese Auffassung wurde auch von Richard Thoma geteilt, einem zur DDP zählenden Staatsrechtler, der unter Berufung auf Preuß in der vergleichenden Regierungslehre »dem Obrigkeitsstaat den Parteienstaat entgegensetzen« wollte:

> Demokratien sind notwendig immer irgendwie Parteienstaaten, denn die Mehrheit, die in ihnen entscheidet, ist praktisch notwendig immer im weitesten Sinne des Wortes Partei oder Parteienkoalition. [...]

Wo Selbstregierung einmal gegeben ist, sind deshalb Parteien nicht etwa ein »notwendiges Übel«, sondern sind feste, parteimäßige Organisationen ein wichtiges Aktivum der staatlichen Zivilisation.

(Thoma, 1923, S. 45, 63)

Eine noch kaiserzeitlich geprägte Lehrmeinung brachte demgegenüber Heinrich Triepel, als DNVP-Mitglied (bis 1930) immerhin Rektor der Berliner Universität, ebenso deutlich zum Ausdruck: »In der Sphäre der Gesetzgebung und Regierung, im Bereiche der staatlichen ›Integration‹, auf den es uns letztlich doch allein ankommt, ist die Partei eine extrakonstitutionelle Erscheinung, ihre Beschlüsse sind, vom Standpunkte des Rechts aus gesehen, unverbindliche und unmaßgebliche Äußerungen eines dem Staatsorganismus fremden sozialen Körpers.« Lediglich für angelsächsische Konstellationen räumte Triepel die Möglichkeit ein, das Regierungssystem dem freien Spiel der parlamentarischen Kräfte zu überantworten: »Vielleicht läßt sich auch ein echter Parteienstaat denken in Ländern, in denen das Parteiwesen in einem Zweiparteiensystem erstarrt ist, und wo die Parteien weder durch Klassen- noch durch Weltanschauungs-, noch durch andere unüberbrückbare Gegensätze getrennt sind« (Triepel, 1928, S. 29 f.). Allenfalls in homogeneren Nationen als Deutschland mochte diesem konservativen Juristen das Wagnis der Freisetzung von der obrigkeitlichen Staatsvormundschaft beherrschbar erscheinen. Anstelle liberaler Antithesen zu einem gefräßigen *Leviathan*-Staat blieb auf der Rechten die antiliberale Sorge um eine staatsverschlingende Entfesselung des gesellschaftlichen Pluralismus richtungweisend.

Deren geistesgeschichtliche Hintergründe hat der SPD-Theoretiker Hilferding mit seiner bekanntesten Parteitagsrede am 26. Mai 1927 kritisch beleuchtet, um eigene Parteienstaatskonzepte zu entwerfen:

> Die deutsche Staatsphilosophie hat den Staat absolutiert, vergottet; sie hat gelehrt: der Staat ist die Verwirklichung der Freiheit, der Sittlichkeit oder sonst eines metaphysischen Prinzips. [...] Die englische staatsrechtliche Literatur schreibt überhaupt nicht über den Staat, sondern on government, über die Regierung. Für uns Sozialisten sollte es selbstverständlich sein, daß eine Organisation besteht aus den Mitgliedern, der Leitung und dem Apparat, das heißt also, daß der Staat nichts anderes ist, als die Regierung, die Verwaltungsmaschinerie und die Staatsbürger, die den Staat zusammensetzen – politisch gesehen. Das bedeutet in einem anderen Zusammenhange, daß das wesentliche Element jedes modernen Staates die Parteien sind, weil der einzelne seinen Willen nur durch das Medium der Partei zur Geltung bringen kann. Infolgedessen sind alle Parteien notwendige Bestandteile des Staates, genau wie die Regierung und die Verwaltung. Das bedeutet zugleich die Anerkennung der Grundlage der marxistischen Definition, weil der Parteikampf nichts anderes widerspiegelt, als den Kampf der Klassen untereinander, der Parteikampf also der Ausdruck der Klassengegensätze ist.
>
> (*Protokoll über die Verhandlungen des Parteitags der Sozialdemokratischen Partei Deutschlands*, Berlin 1927, S. 170 f.)

Unter den Staatsrechtslehrern hat der Wiener Verfassungsautor Kelsen am prononciertesten die Position Radbruchs gestützt, indem er die These formulierte: »Die Demokratie ist notwendig und unvermeidlich ein Parteienstaat.« Daraus folgte die bei Preuß angedeutete Konsequenz, die Parteien, entgegen der Lehrmeinung Triepels von deren »extrakonstitutionellem« Status, ganz offiziell »verfassungsmäßig zu verankern, sie auch rechtlich zu dem zu gestalten, was sie faktisch schon längst sind: zu Organen der staatlichen Willensbildung« (Kelsen, 1929,

S. 19f.). Eine Alternative zur parteienstaatlichen Organisation konnte in der Massengesellschaft des 20. Jahrhunderts allenfalls die »Präsidentschaftsrepublik« darstellen; sie brachte aber keine »Stärkung des Prinzips der Volkssouveränität« mit sich:

> Denn wenn dem nach Millionen zählenden Volke der Wähler nur ein einziger als Gewählter gegenübersteht, dann muß der Gedanke der Repräsentation des Volkes den letzten Schein von Berechtigung verlieren. Was in einem alle Volksparteien umfassenden vielköpfigen Parlamente vielleicht noch möglich ist: daß sich aus dem Zusammenwirken aller dieser Kräfte etwas wie ein Volkswille bilde, ist bei dem durch unmittelbare Volkswahl berufenen und daher vom Parlamente ganz unabhängigen, durch den ungeheuren und nicht aktionsfähigen Gesamtkörper des Volkes aber nicht kontrollierbaren Präsidenten ebensowenig möglich wie bei dem erblichen Monarchen.
>
> (Kelsen, 1920, S. 20)

Es mag wie eine Ironie der Geschichte anmuten, daß mit Gerhard Leibholz der namhafteste Schüler Triepels seit Ende der 20er Jahre zum Kronzeugen der Parteienstaatsthese geworden ist. Auf der Staatsrechtler-Tagung 1931 hat er zuletzt unter Berufung auf Kelsen und Radbruch die verfassungsmäßige »Legalisierung der politischen Partei« befürwortet (Leibholz, 1932, S. 171). Denn nach dem Verfassungswortlaut konnte die gängige Praxis des parteipolitischen Fraktionszwanges in eine bedenkliche Grauzone der Rechtswidrigkeit geraten:

> Art. 20. Der Reichstag besteht aus den Abgeordneten des deutschen Volkes.
>
> Art. 21. Die Abgeordneten sind Vertreter des ganzen Volkes. Sie sind nur ihrem Gewissen unterworfen und an Aufträge nicht gebunden.

Dies entsprang klassischen Repräsentationsgedanken aus der liberalen Tradition des 19. Jahrhunderts, als noch gegen regionale oder ständische Horizontverengung besonders auf die Vertretung des politischen »Ganzen« hingewiesen werden mußte. Ein freies Mandat, nur dem »Gewissen« unterworfen sowie keinen »Aufträgen« verpflichtet, war jedoch ursprünglich auf ein System der Mehrheitswahl von Personen zugeschnitten. Wenn Abgeordnete hingegen ihren Sitz im Parlament, wie in der Weimarer Republik praktiziert, dem jeweiligen Stimmenanteil für ihre Parteiliste verdankten, wurden Vorstellungen einer selbstverantworteten Individualität der Mandatsträger zunehmend realitätsfremd. Diesen politischen Strukturwandel unter den Bedingungen der Massengesellschaft brachte Leibholz auf ein zugespitztes Fazit: »Der heutige Parteienstaat ist bei Lichte besehen eine Erscheinungsform der unmittelbaren Demokratie« (Leibholz, 1929, S. 118). So konnte nur argumentieren, wer ein idealtypisches Bild früherer Repräsentanten vor Augen hatte, deren parlamentarische Willensbildung sich vermeintlich nur mit der Überzeugungskraft ihrer Debatten entfaltete. Doch waren auch Weimarer Reichstagsfraktionen nicht bloße Abstimmungsmaschinen im gesetzgeberischen Nachvollzug des Wählerauftrags: Erst die frei aushandelbaren Koalitionen entschieden über den jeweiligen Pendelschlag von Mehrheitsbildungen. Somit traten zwar an die Stelle der gewählten Einzelpersonen zunehmend die Parteifraktionen; doch blieben sie gleichwohl Repräsentanten der politischen Einheit des Staatsvolkes in der Vielfalt seiner gesellschaftlichen Kräfte.

Von den Grundsatzdebatten zur Parteienstaatlichkeit fanden sich in der veröffentlichten Meinung ohnehin nur Restbestände mit vereinfachenden Schlagworten. Gerade auflagenstarke republikfeindliche Blätter verbreiteten Klischeebilder von unfähigen, eigennützigen und machtgierigen Parteicliquen, die ein vormals wohlgeordnetes preußisch-deutsches Staatswesen zerrüttet und als ihre »fette

Beute« übernommen hätten. Die republiktragenden Gruppierungen ließen sich auf diesem inneren Kampfplatz der Polemik in eine publizistische Defensive abdrängen, weil ihnen das klare Bekenntnis zum eigenen Parteiencharakter nicht hinreichend selbstverständlich war. Für die SPD blieb die Parteiorganisation immer noch integraler Bestandteil einer großen sozialen Bewegung, ebenso wie das Zentrum sich als das politische Sprachrohr einer übergeordneten weltanschaulichen Gemeinschaft verstand. Derart ausgeprägte Bindungen fehlten zwar bei der DDP; aber gegen eine bildungsbürgerliche Klub- und Honoratiorentradition bzw. die interessenverbandlichen Einflüsse vermochte sich eine moderne politische Führungsstruktur nur mühsam zu behaupten. Da die Weimarer Demokratie auf ein parteienstaatliches Machtgefüge angelegt war, verstärkte die unzureichende Wahrnehmung dieser Aufgaben weit über das ursprünglich gewollte Maß hinaus das Gewicht der präsidialen Komponente.

Zurückgewonnene Massenverankerung?

Die Regionalwahlen in den ersten Monaten nach dem Amtsantritt Hindenburgs zeigten eine für die knapp unterlegenen republikanischen Kräfte insgesamt noch schwierige Lage. Nur in Schaumburg-Lippe am 3. Mai 1925 erzielten SPD (45,4 %) und DDP (7,2 %) auf durchschnittlichem Niveau eine absolute Stimmenmehrheit, zumal die KPD (2,1 %) noch extrem schwach blieb. Völlig anders fielen die Wahlen am 24. Mai in Oldenburg aus, wo die SPD (22,5 %) noch schlechter als 1923/24 abschnitt, obgleich die KPD auf 2,1 % abstürzte und auch die traditionell starke DDP (13,7 %) leicht verloren hatte; von der außergewöhnlich niedrigen Wahlbeteiligung (55 %) profitierte einzig das Zentrum mit einem Rekordergebnis von 24,4 %. Keine besonderen Veränderungen außer geringster Teilnahme (54 %)

brachten die badischen Wahlen am 25. Oktober. Bei den Stadtverordnetenwahlen in Groß-Berlin legte hingegen am gleichen Tage besonders die KPD auf 18,7 % zu, während sich auch SPD (32,6 %) und DDP (9,3 %) gut behaupteten. Einen schweren Rückschlag erlebte vor allem die DVP (6 %), deren »nationale« Wähler im Zeichen von »Locarno« offenbar zur weiter erstarkten DNVP (20,8 %) abwanderten, wogegen der liberale Flügel gerade in der Hauptstadt den Aufruf für Hindenburg teilweise nicht befolgt hatte und nunmehr entweder Stimmenthaltung übte oder zur DDP zurückfand.

Die erste mögliche Resonanz auf das erfolgreiche Volksbegehren zur Fürstenenteignung konnten die Landtagswahlen am 6. Juni 1926 in Mecklenburg-Schwerin darstellen. Tatsächlich knüpfte die SPD mit 39,9 % an frühere Erfolge vor der Inflationskrise an, ohne daß auch die KPD (6,6 %) erkennbaren Nutzen aus dem Fürstenkonflikt zog. In der Tendenz ähnlich fielen die Bürgerschaftswahlen am 14. November in Lübeck aus, wo die SPD relativ gut abschnitt (42,9 %), während die KPD (6,4 %) ihr schlechtestes Ergebnis erzielte. Völlig konträr entwickelte sich wiederum nur Sachsen, zumal die SPD nach der Reichsexekution in einen Spaltungsprozeß verwickelt war; der äußerste rechte Flügel nannte sich fortan »Alte« SPD, geriet jedoch bald in den Sog des bürgerlichen Lagers. So fiel der Anteil für die SPD bei Landtagswahlen am 31. Oktober 1926 mit 32,1 % bescheiden aus, ohne daß eine »ASPD« (nur 4,2 %) bzw. die DDP (4,7 %) besondere Erfolge zeigten; hingegen konnte die KPD mit dem dortigen Rekordergebnis von 14,5 % die Thälmann-Proteststimmen (gegen die Marx-Empfehlung von 1925) noch übertreffen.

In welchem Maße es sich in Sachsen tatsächlich um einen Sonderfall handelte, illustrierten die noch dieser Phase hinzufügbaren Wahlen in Thüringen am 30. Januar 1927. Zwar spiegelte der gegenüber Februar 1924 um ein Viertel reduzierte, aber weiterhin hohe KPD-Anteil von 14,1 % die früheren Konfliktlagen zur Reichsgewalt. Gleichzeitig waren aber 31,6 % für die SPD ein respektables Ergebnis, so daß sich die Linke insgesamt nahezu im Reichstrend zu behaupten vermochte. Das Votum aus der Bevölkerung hatte folglich in dieser Zeitspanne von Mitte 1926 bis Anfang 1927 eine übereinstimmende Grundrichtung: Den politischen Konfliktkurs der SPD gegen die »Bürgerblock«-Kabinette und die Landesfürsten honorierte die Anhängerschaft der republiktragenden Linken; doch konnte dies nicht komplett die Niederlagen seit der Inflationsperiode vergessen machen.

Wie die politische Beurteilung des Regierungskonzepts ausfiel, den DNVP-Agrariern höhere Zölle auf Kosten der Massenkaufkraft zu gewähren und die christlich-nationalen Arbeitnehmer mit der Arbeitslosenversicherung einzubinden, ließ sich anhand mehrerer Urnengänge im Herbst 1927 abschätzen. Den Auftakt lieferte Hamburg am 9. Oktober mit Erfolgen gleichermaßen der SPD (38,1 %) und der KPD (17 %), bei knapp durchschnittlicher Teilnahmequote (75 %). Die auch in Bremen am 13. November auf der Linken nach 1920 so nicht mehr verzeichnete Stärke insbesondere der SPD (40,3 %), in viel geringerem Maße der KPD (9,6 %), deutete auf städtischen Protest gegen erhöhte Lebenshaltungskosten hin. Noch ausgeprägter war diese Tendenz mit geradezu sensationellen 46,2 % der SPD (bei nur 4,7 % KPD) bei den Wahlen zum Landtag in Braunschweig am 27. November; die DNVP wurde dort gegenüber Ende 1924 nahezu halbiert. Mit jeweils über 83 % waren die Beteiligungsraten in letztgenannten beiden Fällen ausgesprochen hoch und insofern aussagekräftig. Kaum 55 % Beteiligung in Hessen am 13. November und nur geringe Veränderungsraten, bei etwas gestärkter Zentrumsposition, deuteten aber darauf hin, daß sich in Flächenstaaten zumindest mittleren Katholikenanteils nicht ein solcher Oppositionseffekt gegen ein Kabinett Marx mit DNVP-Beteiligung auswirken konnte.

Fallstudie Wohnungspolitik

Wenngleich der verfassungsdemokratische Neubeginn von Weimar hervorzuheben ist, überwogen in sozialreformerischen Akzenten die historischen Kontinuitätslinien: Es konnten vorausgegangene Entwicklungen aus dem späten Kaiserreich und insbesondere den Kriegsjahren mit zusätzlichen Impulsen fortgeführt werden. Dies gilt in ausgeprägtem Maße auch für die politischen Rahmensetzungen des Wohnungssektors, der nach dem Arbeitsmarkt und der Preisgestaltung von Nahrungsmitteln ein wesentlicher Bestimmungsfaktor der sozialen Lage breiter Schichten der Bevölkerung war.

Der 1917 zur Ruhigstellung der »Heimatfront« erlassene Kündigungsschutz für Mieter wurde in die Republik übernommen, zumal die äußerst magere Bilanz von zehn krisenhaften Baujahren zwischen Kriegsausbruch und Hyperinflation einen wachsenden Nachfrageüberhang zur Folge hatte. Um die sog. Wohnungszwangswirtschaft nicht auf dem bedrückenden Niveau bloßer Mangelverwaltung stagnieren zu lassen, mußten sich Länder und Gemeinden nach der Währungsstabilisierung auf das ungewohnte Terrain der Neubauförderung begeben. Denn jede private Bautätigkeit, mit Ausnahme eines handverlesenen Luxussektors, stieß an Belastungsgrenzen verdoppelter Finanzierungskosten im Vergleich mit der Vorkriegsära.

Während inflationsgeschädigte Sparer infolge notgedrungen bescheidener Aufwertungsraten dauerhaft Verluste um 85 % ihrer Rücklagen hinnehmen mußten, erlebten die Immobilienbesitzer nach der Währungsstabilisierung deutlich bessere Zeiten. Immerhin blieb der Lage- und Substanzwert ihrer Grundstücke und Gebäude, abgesehen von einem Instandhaltungsstau aus dem Inflationszyklus, langfristig nahezu ungeschmälert erhalten; auch der Ertragswert wurde jedenfalls für solche Eigentümer, die von der Entwertung ihrer Hypothekenschulden profitiert hatten, wieder auf

Vorkriegsniveau herangeführt, worüber ungefähr halbierte Verkaufspreise nicht hinwegtäuschen konnten: Bei verdoppeltem Zinssatz vermochten Käufer mit gleichbleibenden Monatsraten eben nur ein halbes Volumen zu finanzieren, überdies blieb das ursprüngliche Eigenkapital (von z. B. 25 %) unangetastet, nachdem der Schuldenanteil eines Verkäufers (in diesem Falle 75 %) drastische Abwertung erfahren hatte. Allerdings eröffnete diese vorteilhafte Situation der Hausbesitzer für die strapazierten Landeshaushalte eine willkommene Einnahmequelle, um die Finanzierungslücken für den geförderten Wohnungsbau auch in einer Hochzinsphase wenigstens teilweise ausgleichen zu können.

Eine dafür vorgesehene »Hauszinssteuer« betrug Ende 1925 noch 26 % der »Friedensmiete« (von 1913/14), ein Jahr darauf aber schon 40 %, bis 1927 die angestrebte Quote von 48 % erreicht wurde. Mit allen Kostenumlagen und dem Eigentümeranteil betrug die gesetzliche Miete in Preußen, die allein zwischen Februar und Oktober 1924 von nachinflationär stabilisierten 30 % auf 66 % des Friedensstandes anstieg, bereits im Juli 1926 wieder 100 %. Mit der Endstufe des Anziehens der »Hauszins«-Steuerschraube und weiteren Zugeständnissen an die Eigentümerrendite pendelten sich die Altbaumieten schließlich bis zur Weltwirtschaftskrise auf 120–130 % des Vorkriegsniveaus ein. Da sich die monatlichen Nettoeinkommen der Arbeitnehmerschaft wie auch der kleineren Selbständigen häufig nicht in gleichem Maße verbessert hatten, mußten solche Mietsteigerungen, zumal in Verbindung mit höheren Abgaben und zollbeladenen Lebensmittelpreisen, einen Teil des Bruttozuwachses aus dem Wirtschaftsaufschwung aufzehren. In den nachfolgenden Krisenjahren sollten derartige Entwicklungen sich äußerst negativ auf die Massenkaufkraft (und somit die Binnennachfrage) sowie die internationale Konkurrenzfähigkeit der Exportindustrie (infolge einer Preis-Lohn-Spirale) auswirken.

Auf der Spurensuche nach Hintergründen dieses Teuerungsschubs läßt sich alsbald ein regelrechtes Interessentenkartell ausmachen. In dessen Reihen befanden sich die ihre Vorkriegsansprüche einbringenden Hausbesitzer, politisch vertreten insbesondere von der »Wirtschaftspartei« (bzw. »Reichspartei des deutschen Mittelstandes«) und zumeist gleichfalls mit deutschnationaler Unterstützung. In bürgerlichen DVP- und auch DDP-Kreisen hatten zwar gerade die Mieter von Großwohnungen am stärksten von der inflationsbedingten Entwertung ihrer Zahlungslasten profitiert; doch wollte man nicht durch faktische Enteignung des langfristigen Ertragswertes von Immobilien ein Vorbild populärer Sozialisierung von Inflationsgewinnen bereitstellen. Solche gesellschaftspolitischen Bedenken waren bei freigewerkschaftlichen und christlich-nationalen Arbeitnehmerverbänden nicht bzw. erheblich weniger bedeutsam. Deren gemeinnützige Baugenossenschaften und Wohnungsgesellschaften, die erst in der Hauszinssteuerära seit 1924 aufblühten, konnten aber die etwa zur Hälfte mit hohen Kapitalmarktzinsen belasteten Neubauprojekte nur kostendeckend vermieten, wenn der Altbaubestand keine Billigkonkurrenz darbot.

Für die städtischen Verdichtungsgebiete mit ihren zumeist mehrstöckigen Bauformen sollten diese Wohnprojekte, die gesetzlich auf vierprozentige Eigenkapitalrendite begrenzt waren, gewissermaßen die familiäre und nachbarliche Selbsthilfe des ländlichen Raumes ersetzen. Einer mobilen jüngeren Generation aus den breiten Arbeitnehmerschichten des mittleren Einkommensdrittels, also relativ gutbezahlten Facharbeitern und einfacheren Angestellten sowie Beamten, wurde auf diesem Weg eine Möglichkeit zur Verbesserung ihres Lebensumfeldes geboten. Die im Durchschnitt etwa 60–65 m² großen Neubauwohnungen unterschieden sich von einem traditionellen Arbeiterquartier des Stube-Küche-Typs (mit häufig kaum 40 m²) nicht allein durch ihr zusätzliches Raumangebot, sondern erst recht in der Ausstattung: Über das Innen-WC hinaus wurde das eigene Bad und eine kleine Eingangsdiele zum geräusch- und geruchsübertragenden Treppenhaus eingeplant, nach Möglichkeit auch ein Balkon sowie umgebende Grünanlagen und funktionsgerechte Infrastruktur. Derartige Fortschritte im Flächen- und Qualitätsniveau waren freilich nicht zum Nulltarif möglich, so daß anstelle vorkriegsüblicher 15–20 % die gesamten Wohnkosten für durchschnittliche Neubauhaushalte auf rund 30 % des Nettoeinkommens anwuchsen.

Die Sozialverträglichkeit dieser Wohnungspolitik, die zuverlässig von »Gewerkschaftsachsen« zwischen der gemäßigten Linken und dem Mitte-Rechts-Spektrum getragen wurde, konnte nur mit einem »Sickereffekt« gerechtfertigt werden: Einkommensstärkere Arbeitnehmergruppen sollten durch Umzug in Neubausiedlungen den erforderlichen Anteil von Altbauquartieren zugunsten der unteren Lohngruppen freimachen und künftigen preistreibenden Nachfrageüberhang abbauen. Tatsächlich fanden sich am Ende der 20er Jahre erheblich weniger überbelegte Wohnungen bzw. Untervermietungen als bis 1914, nachdem der Gesamtbestand um ein ungefähres Zehntel an Neubaueinheiten ergänzt worden war. Auf dem Epochenzenit der Lohn-, Gehalts- und Besoldungserhöhungen bis 1929 hatte sich anscheinend eine Balance zwischen den unterschiedlichen Interessen und Bedürfnissen eingependelt; die Altbaumieten ermöglichten werterhaltende und gebrauchsnotwendige Reparaturarbeiten und zugleich die Förderung von Neubauwohnungen.

Der Aufschwung im Wohnungsbau zeigte auf diese Weise eine insgesamt durchaus eindrucksvolle Gesamtbilanz: Während 1924 reichsweit noch unter 100 000 und 1926 erst 200 000 Neubauwohnungen entstanden, wurden 1927 bis 1930 jeweils 300 000 hergestellt. Ganz ähnlich wie in anderen gesellschaftlichen Bereichen mit vorrangigem Finanzierungsbedarf zerstörte jedoch die Weltwirtschaftskrise auch den trügerischen Schein einer Wohnungsprosperität. Mit Erwerbslosen- oder gar Wohlfahrtsunterstützung konnten weder 130prozentige Friedensmieten in Altbauten noch gar die um 200 % angesiedelten Neubaupreise ohne Armutsfolgen bezahlt werden, so daß zunehmend Leerstände im gehobenen Preissektor eintraten und der Verzicht auf weitere Bauprojekte noch zusätzlich die Massenarbeitslosigkeit verstärkte. Die branchentypisch langen Produktionszeiten von der Planung und Finanzierung bis zur Bezugsfertigkeit ließen zwar 1931 noch 230 000 neue Wohnungen auf den Markt gelangen, bereits 1932 waren es aber nur mehr 130 000.

Erst diese Krisenfolgen lenkten den Blick auf ein Alternativmodell, das zuvor wegen der kostensparenden Beschränkung auf kleine Zweiraumwohnungen mit 38 bis 48 m² auch bei deutschen Wohnungsreformern überwiegend abgelehnt wurde: In Österreich hatten die Sozialdemokraten eine rigorosere Gleichbehandlung der Immobilienbesitzer mit inflationsgeschädigten Sparern durchgesetzt, so daß bei Altbauten zur entwerteten Friedensmiete nur Betriebskosten, Reparaturzuschläge und Verwaltungspauschalen der Eigentümer hinzukamen. Infolgedessen konnte der Wohnungsaufwand im Bereich von 5 % des Durchschnittsverdienstes gehalten werden, zumal die Wohnbausteuer nach Wiener Muster vor allem die Luxusquartiere zur Neubauförderung heranzog und nicht wie die Hauszinssteuer deutscher Länder die Masseneinkommen belastete. Die unvermeidliche Konsequenz der Niedrigstmieten im Bestand mußte ein Verständnis des kommunalen Wohnbaus als Schaffung notwendiger städtischer Infrastruktur gleich den Verkehrsanlagen sein, die ebenfalls meist nur die Betriebs- und Instandhaltungskosten auf ihre Benutzer abwälzen konnten, aber keine sonst übliche Kapitalrendite erwirtschafteten. Das jeden Luxusaufwand in besonderem Maße erfassende Steuersystem gewährleistete einen ausgeglichenen Haushalt der österreichischen Hauptstadt ohne Abhängigkeit von ausländischen Kreditgebern. Gleichzeitig wurde noch in der Weltwirtschaftskrise die Fortsetzung des Wohnbauprogramms mit eindämmender Wirkung auf die Erwerbslosenrate möglich – gewissermaßen eine vorauseilende Anwendung der antizyklischen Konjukturbelebung im Sinne von Keynes.

Dieser grundsolide finanzierte »Kommunalsozialismus« verschreckte in Wien keineswegs generell die Mittelschichten; vielmehr profitierten sie als Mieter von größeren Wohnungen selbst ganz erheblich von der Einbeziehung des Hausbesitzes in den Kreis der Inflationsverlierer und honorierten dies nicht selten durch einen »roten« Stimmzettel. Auch deshalb gab es nirgends auf der Welt dermaßen viele Angestellte und sogar kleine Selbständige in den Reihen einer Partei mit klassenkämpferisch-marxistischem Programm wie gerade in Wien und teilweise auch den übrigen nicht-agrarischen Teilen Österreichs. Die erstrangige Bedeutung der Mieterschutz- und Wohnbaupolitik in den Wahlkämpfen regte offensichtlich ebenso das öffentliche Interesse von Frauen ohne Betriebs- oder Bürotätigkeit an: Von über 400 000 Mitgliedern der Wiener SDAP waren zuletzt mehr als 38 % weiblich, auch Wahlbeteiligungsquoten über 90 % ließen sich wesentlich aus der Politisierung des unmittelbaren Lebensumfeldes erklären. Derartige Umverteilungs- und Propagandawirkung kollidierte nicht einmal mit der ökonomischen Expertenmeinung; unbestrittene Sachkenner wie Gustav Stolper, als langjähriger Herausgeber des *Österreichischen Volkswirt* später in Deutschland für die DDP engagiert, begründeten ihre Unterstützung für die sozialdemokratische Mietenpolitik aus der Vermeidung zusätzlichen Lohndrucks, was einem Kriegsverliererstaat exportnotwendigen Kostenausgleich auf dem Weltmarkt verschaffte. Wenn demnach von deutscher Unternehmerseite und manchen Historikern die Lohnpolitik der späten 20er Jahre für den besonders tiefen Einbruch der frühen 30er Jahre haftbar gemacht werden sollte, ist zumindest auf deren Ursachen wie z. B. eine im Vergleich zu Österreich inflationäre Mietpreisentwicklung hinzuweisen.

Politische Teilkulturen

Das offenkundige Debakel des kaiserzeitlichen Nationalismus in der Kriegsniederlage von 1918 hatte ein Vakuum an übergeordneten Identifikationsmustern hinterlassen. Immerhin unternahm im Sommer 1922 der amtierende Justizminister Radbruch auf der sozialdemokratischen Verfassungsfeier einen beachtenswerten Versuch, den ausgrenzenden Reichspatriotismus der Rechtsparteien durch ein Bekenntnis zur politischen Neuordnung zu ersetzen: »Wir Vaterlandslosen feiern unser schwarzrotgoldenes Vaterland, wir lieben es [...]. Die Verfassung ist uns ein unsichtbares Vaterland, der 11. August der Feiertag des Volkes, wie der 1. Mai der Feiertag der Menschheit ist.« (*Vorwärts*, 12. August 1922) Dieses frühe Plädoyer zugunsten eines Verfassungspatriotismus blieb, auch in Kenntnis einer distanzierteren Haltung anderer gesellschaftlicher Kräfte, mit der Orientierung an einer politischen Teilkultur, in diesem Falle der sozialdemokratischen Arbeiterbewegung, gedanklich verknüpft.

In einer kämpferisch positiven Haltung gegenüber der Weimarer Republik mit dem einstigen Kabinettskollegen Radbruch grundsätzlich einig, klangen die Worte des ehemaligen sozialdemokratischen Innenministers Sollmann zur ersten Verfassungsfeier nach der Hindenburg-Wahl bereits erheblich reservierter: »Darum gilt unser Marsch und unser Ruf am Verfassungstag nicht dem republikanischen Staate, wie er unvollkommen und voller Gebrechen vor uns steht, sondern dem Staatswesen, das aus dieser Republik werden soll, dem Staatswesen, das die Parteien von Weimar wollten, als sie die Reichsverfassung schufen« (*Das Reichsbanner*, 1. August 1925). Zur bestehenden Republik wurde also nicht einfach das Kontrastbild einer sozialistischen Utopie gezeichnet; vielmehr sollte zunächst eine Rückbesinnung auf jene demokratischen Ursprünge erfolgen, die sich im schwarz-rot-goldenen Verfassungspatriotismus der Nationalversammlung aus unterschiedlichen Teilkulturen zusammengefunden hatten.

Gleichwohl war bei vielen Sozialdemokraten in der zweiten Hälfte der 20er Jahre eine verstärkte Tendenz zum Rückzug in die Nischen des eigenen Milieus unverkennbar. Es konnte demgemäß als geflügeltes Wort überliefert werden, daß »von der Wiege bis zur Bahre« eigene Organisationen vorhanden waren, die jeweils für bestimmte Aufgaben zuständig blieben: Allen voran sollten die klassischen »drei Säulen« tragfähige Initiativen abstützen, also neben der Partei und den Freien Gewerkschaften auch deren genossenschaftliche Seitenzweige der Konsumvereine und Wohnungsgesellschaften. Diese Organisationsformen für den politischen und betrieblichen Raum sowie den existentiellen Bedarf wurden von einer ungeheuren Vielzahl weiterer Verbands- und Vereinsbildungen flankiert, die im Alltags- und Freizeitbereich ein milieugebundenes Angebot zur Mit- und Selbsthilfe unterbreiteten. Für jeden Lebensabschnitt, d. h. beginnend mit einer Reformpädagogik der sozialistischen »Kinderfreunde« sowie beendet durch Leistungen eines örtlichen Feuerbestattungsvereins, gab es die entsprechende Begleitung, und auch nahezu sämtliche Lebensbedürfnisse wurden angesprochen: Die Arbeitersportler und -sängergruppen fanden im sozialdemokratischen Umfeld ebenso ihr Betätigungsfeld wie religionskritische Freidenker und »religiöse Sozialisten«. Eine »Arbeiterwohlfahrt« und der »Arbeitersamariterbund« (in Konkurrenz zur kirchlichen »Caritas« und dem bürgerlichen »Roten Kreuz«) bewegten sich auf sozialpolitischem Terrain; auch Sonderinteressen vom »Arbeiterradiobund« bis hin zu den Anhängern einer Weltsprache »Esperanto« organisierten sich unter möglichst Gleichgesinnten.

Es wäre jedoch verfehlt, den erneuten Aufschwung solcher politisierten Sozialmilieus allein mit Enttäuschungen über die unzureichende Tragweite von gesellschaftlichen Veränderungen gegenüber der Vorkriegsära zu erklären.

Nicht allein steigende Mitgliederzahlen des ADGB und beachtliche Stimmengewinne der SPD bezeugten die Teilhaberschaft der Arbeiterbewegung an einer nachinflationären Konsolidierung des Wirtschaftslebens. Ein Mindestmaß an Berechenbarkeit der Rahmenbedingungen für ihre gewöhnlichen Existenzgrundlagen benötigten auch die vielfältigen Umfeldorganisationen. Deren Mitgliedsbeiträge waren zuvor ebenso wie Sparguthaben entwertet worden, so daß zahlreiche Verbandszeitschriften, als wesentliche Informationsquellen und Kommunikationsmedien, zeitweise nicht erscheinen konnten und engagiertes Personal mangels verläßlicher Entlohnung abgebaut werden mußte. Diese indirekte Abhängigkeit von einigermaßen regulären ökonomischen Voraussetzungen galt sogar für die kommunistischen Parallelorganisationen, die eine »Zerschlagung« des kapitalistischen Systems und die Entlarvung ihrer sozialdemokratischen Konkurrenten als »Arbeiterverräter« auf ihre Fahnen geschrieben hatten.

Die organisierte politische Teilkultur bildete allerdings bei den Kommunisten nicht wie für die Sozialdemokraten zugleich den Kern des Sozialmilieus der breiteren Anhängerkreise. In dem Maße, wie sich bereits vor der Weltwirtschaftskrise, und erst recht unter deren Einfluß, die Arbeitslosenquote im KPD-Wählerpotential ausweitete, stellten die Gewerkschafts-, Vereins- und Genossenschaftsmitglieder einen zunehmend geringeren Anteil dieses linksradikalen Orientierungslagers. Gerade mit der obligatorischen Ausrichtung an einem realitätsfern verklärten Bild der Sowjetunion unter der Diktatur Stalins entfernten sich die kommunistischen Aktivistenkreise von durchschnittlichen Mentalitäten und schlichteren Alltagssorgen des eigenen Massenanhangs. Was manche Linksintellektuelle an der Seite von disziplinierten Parteiarbeitern zur Mitwirkung an Vorfeldorganisationen der KPD wie z. B. der »Roten Hilfe« motivieren konnte, mußte keineswegs zugleich in Fabrikhallen und proletarischen Wohnquartieren die Gemüter bewegen.

Auf fließende Übergänge zwischen SPD- und KPD-nahen politisch-sozialen Integrationsmilieus war am ehesten noch dort zu rechnen, wo gemeinsame Herkunft mit entsprechender Abgrenzung zu den »Bürgerlichen« nicht vom inneren Zwiespalt der gegensätzlichen Haltung zur parlamentarischen Demokratie überlagert war. Dies galt vor allem für Selbsthilfe- und Freizeitaktivitäten, bei denen Gesinnungsfragen mehr von außen hineingetragen als im Eigenprofil der jeweiligen Aktionsfelder begründet erschienen.

Wie bei den Sozialdemokraten reichten die Wurzeln einer politischen Teilkultur des Katholizismus bis weit ins Kaiserreich zurück. Mit ihrer Weimarer Kompromißformel der mittleren Jahre, sich im eigenen Gesinnungskern »weder monarchistisch, noch republikanisch, sondern verfassungstreu« zu positionieren, überbrückte das Zentrum nur mühsam die internen Richtungsdifferenzen. Ebenso verwiesen die Spannungslinien zwischen den unterschiedlichen Interessengruppen, von den sozialreformerischen katholischen Arbeiter- bis zu den konservativen Bauernvereinen, auf Integrationsbedarf im Bereich des vorpolitisch Weltanschaulichen. In dieser Hinsicht war es förderlich, daß besondere Schwerpunkte der Aktivierung des katholischen Lagers ohnehin außerhalb des beruflichen Lebenskreises lagen. Abgesehen von den Pfarrgemeinden, die ohnehin traditionell das eigentliche Zentrum des katholischen Milieus vor Ort bildeten, zeugte das Engagement gerade der Frauen- und Jugendorganisationen von der Bedeutung des Familienverbundes für diese Glaubens- und Verhaltensüberlieferung. Als überregionaler Dachverband unterhalb der Kirchen- und Parteiebene konnte noch am ehesten der »Volksverein für das katholische Deutschland« hervortreten, der mit seinem Veranstaltungs- und Textangebot die öffentliche Selbstdarstellung der weitverzweigten Milieuvereinigungen koordinierte.

Die evangelischen Landeskirchen vermochten sich nicht in gleichem Maße als weltanschauliche Integrationskraft zu behaupten, weil sie – zumal in Preußen – auf die gegenseitige Verflechtung mit dem monarchischen Obrigkeitsstaat »von Gottes Gnaden« ausgerichtet waren; ihnen fehlte jener Erfahrungshorizont der oppositionellen Mobilisierung, der einer katholischen Subkultur aus den Kulturkampfjahren der Bismarckära zur Verfügung stand. Gleichwohl verdankte die DNVP ihren vorübergehenden Erfolg, als einzige Rechtspartei vor der NSDAP mehr als 20 % Stimmenanteil erzielt zu haben, neben der Bindewirkung des Agrarmilieus und der »nationalen« Verbände wesentlich der Nähe zum konservativ-lutheranischen Gemeindeleben. Auch für die Bürgertums- und Mittelstandsparteien DDP und DVP sollten in der Mitglieder- und Wählerschaft die überlieferten Erbanteile zumindest eines Kulturprotestantismus nicht unterschätzt werden; sie durften aber, noch weniger als bei der DNVP, kaum als identitätsprägend gegenüber Interessenlagen, klassischen Bildungsidealen und politischen Kalkülen gelten.

Die offensichtliche Verlegenheit, außerhalb der sozialdemokratischen und kommunistischen Arbeiterbewegung und des katholischen Milieus ähnlich verdichtete Lagerbildungen auszumachen, hat in der historischen Wahlforschung zu wenig überzeugenden Ersatzkonstruktionen geführt: Wird stärker von der kaiserzeitlichen Überlieferung her argumentiert, erscheint neben dem sozialistischen und dem katholischen schlicht nur ein »nationaler« Stimmenblock; denn bei Stichwahlen vor 1914 wurden tatsächlich eher die Grenzen zwischen Liberalen und Konservativen als gegenüber »Roten« und »Schwarzen« im Wählerverhalten überwunden. Soll mehr der Übergang zur NS-Herrschaft erklärt werden, gerinnt das verfließende Gesamtbild der nicht-sozialistischen und nicht-katholischen Gruppierungen datentechnisch zu einem »bürgerlich-protestantischen« Stimmenblock, der letzthin nahezu komplett von der NSDAP absorbiert wurde. Die Weimarer Republik war jedoch weder ein bloßes Nachspiel des Kaiserreiches noch einfach nur Vorspiel zum »Dritten Reich«. Insofern läßt sich historisch angemessen nur festhalten, daß andere politische Farben außer »rot« und »schwarz« nicht ein ähnlich kompaktes Integrationsmilieu zusammenhielt, weshalb sie anfälliger für eine »nationale« Sammlungsbewegung werden konnten, seitdem die Beschirmung durch obrigkeitsstaatliche Instanzen entfallen war.

5
Zerstörung des Parlamentarismus

Stufenfolge der antirepublikanischen Radikalisierung

Bis zum Sommer 1929 waren, abgesehen von DNVP-Verlusten in Richtung diverser Standesgruppierungen, keine wesentlichen Veränderungen der im Mai 1928 auf Reichsebene ablesbaren Kräfteverhältnisse zu vermelden: Bei Landtagswahlen in Lippe am 9. Januar erreichte die SPD (39 %) das mit Abstand beste Ergebnis seit 1919, die NSDAP blieb mit 3,4 % sogar unter dem Protestvotum zugunsten der Aufwertungs-»Volksrechtspartei« (4 %). Auch in Sachsen am 12. Mai zeigte sich eine bemerkenswerte Stabilität im Mitte-Links-Spektrum (SPD 34,2 % vor DVP 13,4 % und KPD 12,8 %); dabei lag ein NSDAP-Ergebnis von 5 % nur geringfügig über 1928 registrierten Anteilen der »Volksrechtspartei« (4,2 %) und reichte nicht entfernt an einen nunmehr in der »Wirtschaftspartei« (11,3 %) gesammelten Mittelstandsprotest heran. Zum Landtag von Mecklenburg-Schwerin gab es am 23. Juni eine »nationale« Einheitsliste der Rechten (44,6 %), neben der eine Sonderkandidatur der NSDAP (4,1 %) weit unter früheren deutschvölkischen Anteilen blieb; die nahezu stabile SPD (38,3 %) wurde dort ebenfalls nicht von einer stagnierenden KPD (5,2 %) bedrängt.

Seit dem Herbst 1929 traten allerdings erste Anzeichen eines ähnlichen Niveaus des rechten Extremismus wie 1923/1924 zutage: Den Auftakt bildeten am 27. Oktober, also wenige Tage nach dem Börsencrash in New York, immerhin 7 % der NSDAP in Baden, die stärkste Kraft rechts von der DVP (8 %) wurde und die stagnierende KPD (5,9 %) überholte, ohne die Stabilität der SPD (20,1 %) auf landestypisch niedrigem und des Zentrums (36,7 %) auf hohem Niveau anzutasten. Es folgte am 10. November die Bürgerschaftswahl in Lübeck, wo die NSDAP mit 8,1 % das völkische Ergebnis vom Februar 1924 übertraf und nunmehr dicht an die KPD (8,6 %) heranrückte, ohne jedoch die Polarität zwischen einer starken SPD (42,4 %) und einem Bürgerblock (35,5 %) wesentlich zu erschüttern. Gleichfalls noch auf für sie ungünstigem Terrain der Berliner Stadtverordnetenwahlen des 17. November erzielte die NSDAP 5,8 %; damit kam sie gegen die hauptstädtische Propagandamaschine des Hugenberg-Konzerns zugunsten einer nur leicht einbüßenden DNVP (17,6 %) trotz forcierter Kampagne gegen den Young-Plan nicht so recht voran und rangierte sogar hinter einer ansonsten längst aufgeriebenen DDP (6 %). Gegenüber der hauptstädtischen Sonderentwicklung des KPD-Vormarsches (24,6 %) in die Nähe der SPD (28,4 %) mochten die NSDAP-Stimmen immer noch fast bedeutungslos erscheinen.

Selbst auf den ersten Blick eindrucksvollere 11,3 % der NSDAP bei den Landtagswahlen in Thüringen am 8. Dezember 1929, unmittelbar zu Beginn des Volksentscheids gegen den Young-Plan, bedeuteten eine nur unwesentliche Verbesserung des völkischen Anteils (9,3 %) vom Februar 1924. Neben einem angesichts der Wirtschaftsprobleme noch relativ krisenfesten Mitte-Links-Spektrum (SPD 32,3 %, KPD 10,7 % zuzüglich 1,5 % KP-Opposition, andererseits 8,8 % DVP) und kompakten mittelständischen Interessenblöcken (16,4 % Landbund, 9,6 % Wirtschaftspartei) verblieb die DNVP (4 %) in Thüringen als Honoratiorengruppe ohne eigene Regionaltradition; dies vermag ein gutes Abschneiden der NSDAP im dortigen »nationalen« Orientierungslager wesentlich zu erklären. Somit markieren erst die 14,4 % Stimmenanteil der NSDAP in Sachsen am 22. Juni 1930 einen politischen Durchbruch zur Massenpartei, zumal dies trotz früherer DNVP-Stärke (1920/22 um 20 %) erfolgte, und ohne daß auch nur annähernd bereits derartige völkische Einbrüche ins nationalkonservative Lager vorausgingen. Noch immer zeigte die stabile Vormachtstellung der SPD (33,4 %) gegen eine nicht vorankommende KPD (13,6 %), in einem Land der Links-Rechts-Polarisierung ohne stärkere verfassungstragende Reserven von DDP (3,2 %) und Zentrum (0,9 %), nur wenig allgemeine Krisenstimmung; diese konnte einzig in 4,7 % Verlusten der DVP (auf 8,7 %) aufscheinen, wogegen 3,2 % Rückgang der DNVP (nunmehr 4,8 %) von 2,2 % evangelischen »Christlichsozialen« eher noch lagerintern aufgefangen wurden.

Die Bremer NSDAP-»Springflut« auf 25,4 % binnen zwei Wochen nach den Reichstagswahlen vom 14. September 1930 (vgl. S. 199 f.) fand in der nächsten Landtagswahl von Schaumburg-Lippe am 3. Mai 1931 mit 27 % NSDAP lediglich eine Bestätigung; dort zeigte aber eine nahezu ungebrochene Führungsposition der SPD (44,6 %, d. h. auf dem Niveau von 1922/25) den rechtsradikalen Erfolg weitgehend auf sämtliche Gruppen des bürgerlichen Lagers begrenzt. Die Landtagswahl in Oldenburg am 17. Mai 1931 brachte dann die NSDAP mit 37,2 % erstmals in den Rang der stärksten Partei, was allein das Zentrum mit stabilen 17,6 % unberührt ließ, wogegen die SPD (20,9 %) nicht nur an die KPD (7,2 %) verloren haben konnte und DNVP (4,8 %), DVP (4,1 %) sowie DDP (3,3 %) drastisch reduziert waren. Allerdings hatte die NSDAP in Oldenburg auch schon bei der Landeswahl 1928 mit damals 7,5 %, gegenüber 2,6 % im Reich, weit überproportional von der Agrarkrise profitiert, so daß sich relativ zum Bremer Ergebnis kein weiterer Vormarsch ergab. Dies bestätigte auch ein Hamburger NSDAP-Anteil von 26,2 % noch am 27. September 1931, was mit geringen Einbußen der DDP (8,7 %) wie der SPD (27,8 %) zusammenhing, die stärker in Richtung der erstmals das hohe Niveau von 1930 noch klar übertreffenden KPD (21,9 %) verlor. Ein zweiter Schub der Massenarbeitslosigkeit ließ demnach vor allem die KPD profitieren, während das bürgerliche Publikum der Großstädte schon früher zur NSDAP geströmt war – offenbar aus Unzufriedenheit mit den etablierten Mitte-Rechts-Parteien und weniger aus eigener Not oder in Furcht vor anschwellender »kommunistischer Gefahr«.

Eine neue Stufe des NSDAP-Siegeszuges war am 15. November 1931 mit 37,1 % in Hessen erreicht, das zuvor keine auffälligen Abweichungen nach rechts aufwies, woraufhin ein durchgängiger Aufwärtstrend nicht mehr zu verzeichnen war: Es wurden zwar in norddeutschen ländlichen Regionen noch strukturbedingte Rekordziffern der NSDAP wie 48,4 % in Oldenburg (29. Mai 1932) und 49 % in Mecklenburg-Schwerin (5. Juni 1932) erzielt. Aber norddeutsche Großstädte wie Hamburg mit 31,2 % NSDAP (24. April 1932) und Lübeck mit 33,1 % zeigten ebenso Wachstumsbarrieren auf wie das katholisch-agrarische Bayern; dort blieb am 24. April 1932 die NSDAP ganz knapp hinter der BVP zurück (32,5/32,6 %), und neben strukturschwachen Linksparteien (SPD 15,4 %, KPD 6,6 %) vermochte auch der regionalistische »Bauernbund« (6,5 %) seine Position seit 1924 fast zu behaupten. Ergänzend zu ihrer frühen Hochburg in Altbayern mit der Hauptstadt München konnte die NSDAP deutschnationales Milieu zusätzlich aufsaugen, das aber nur im evangelisch geprägten bzw. durchmischten (Mittel- und Ober-)Franken ähnlich breit wie nördlich der Mainlinie anzutreffen war. Hinter den meisten Regionaltraditionen blieben also konfessionelle und sozialstrukturelle Erklärungsfaktoren verborgen.

Unter Brüning: andere Republik, Monarchie oder Diktatur?

Kurz nach der Parlamentsauflösung durch eine – sich bereits unparlamentarisch formierende – Staatsführung Hindenburg-Brüning kündigte die NSDAP im Sprachrohr ihres Propagandachefs Goebbels öffentlich an, »daß der neu zu wählende Reichstag der letzte sein soll« (*Der Angriff*, 20. Juli 1930). Auch wenn dermaßen unverhüllte Diktaturpläne keineswegs im Sinne der konservativen Machthaber waren, formulierte das publizistische Sprachrohr der SPD am Wahltag – noch ohne Kenntnis des Ergebnisses – eine Kritik solchen Vorgehens anhand der Weimarer Grundnormen:

> »Eine Regierung, die in die Minderheit geraten ist, handelt nach einer Auflösung des Parlaments nur dann im Sinne des parlamentarischen Systems, wenn sie von den Wahlen eine Verwandlung ihrer Minderheit in eine Mehrheit erwartet. Da die Regierung Brüning von der Reichstagsauflösung dergleichen kaum erwarten konnte, lag nach sozialdemokratischer Überzeugung ihr Vorgehen nicht mehr im Rahmen der Verfassung und der parlamentarischen Demokratie.« Im Gegensatz zur autoritären Tendenz in Richtung eines Präsidialsystems verschrieb sich die SPD unverändert einem »Weg der friedlichen Evolution« und sah deshalb »in der parlamentarischen Demokratie den Boden, auf dem sich der Ausgleich der miteinander ringenden Kräfte ohne Schädigung des Volksganzen vollziehen kann«.
>
> (*Vorwärts*, 14. September 1930)

Auf die Möglichkeit, daß sich einflußreiche Kräfte dem friedlichen Interessenausgleich eines pluralistischen Wettbewerbs entzogen, war dieses prinzipienfeste Beharren auf der Verfassungslegalität allerdings nur unzureichend eingestimmt. Zu dieser im Wortsinne richtungweisenden Reichstagswahl war auch in der linksliberalen *Berliner Morgenpost* (11. September 1930), mit 600 000 Exemplaren die auflagenstärkste deutsche Tageszeitung, folgende eindringliche Warnung vor einer dritten Fraktion mit diktatorischen Absichten erschienen, um das Lesepublikum auf die »überzeugt republikanischen Parteien« einzuschwören:

> Zu den Katastrophenpolitikern rechnen wir aber nicht nur die gesinnungsverwandten Rechts- und Links-Radikalen, die sich in ihren Methoden und Zielen aufs Haar gleichen. Wir rechnen dazu auch Hugenberg und die Deutschnationale Partei. Hugenberg hat noch nie einen Zweifel darüber gelassen, daß er das politische und wirtschaftliche Durcheinander in Deutschland wünscht, weil er glaubt, auf diesem Wege seine reaktionären Ziele am besten erreichen zu können. Er hat erst jetzt wieder in Potsdam zu erkennen gegeben, daß er an dem Bündnis mit Hitler festhalten und im neuen Reichstag mit den Nationalsozialisten Hand in Hand arbeiten will. Also Hugenberg oder Hitler – das ist Jacke wie Hose.
>
> Es ist doch für Hugenberg sehr bezeichnend, daß er zuerst die Abgeordneten aus seiner Partei hinausgeworfen hat, die – soweit das bei den Deutschnationalen überhaupt zugelassen wird – Arbeitnehmer-Interessen vertreten. Die Macht der Großen will Hugenberg stärken. Die Macht derer, die glauben, daß man heute noch Menschen in abhängiger Stellung genau wie vor einem halben Jahrhundert behandeln könne. Hugenberg will die soziale Reaktion.
>
> Hugenberg will aber auch die politische Reaktion. In Potsdam hat er gesagt, daß Deutschland wieder ein Kaiserreich sein müsse, ›wenn es erst wieder gesund und rein sein werde‹. Nun, wir wissen alle, wir haben

> es alle am eignen Leib verspürt, wohin uns dieses ›gesunde und reine Kaisertum‹ gebracht hat.

Tatsächlich hatte sich auch Brüning, indem er den Präsidialauftrag einer parlamentarischen Tolerierungsbasis überordnete, von den Buchstaben und erst recht dem Geist eines Weimarer Gründungskonzepts längst verabschiedet. Zwar muß es überdenkenswert bleiben, inwieweit seine Memoiren ein situationsbezogenes Agieren in der Rückblende zum allseits bewußten Kalkül stilisierten. Ein restaurativer Kern ist allerdings unverkennbar, wenn Brüning im Sommer 1931 – »eine Rückkehr zu den besten Traditionen der preußischen Verwaltung vor 100 Jahren« im Blick – letztlich die »Vollmacht« erstrebte, »ohne den Reichstag, nur unter Zustimmung des Reichsrates« zu regieren; damit wollte er schrittweise eine parlamentarische Demokratie in den Konstitutionalismus der Vorkriegsära zurückbilden:

> Das einzige, was mir dann noch praktisch fehlte zur rechtlichen Stabilisierung gesunder Verhältnisse in politischer und finanzieller Beziehung, war der freiwillige, durch Änderung der Geschäftsordnung des Reichstages herbeizuführende Verzicht auf die dauernden Mißtrauensanträge, die ich ausschließlich auf die Etatsberatungen und auf das erste Auftreten einer neuen Regierung im Reichstag zu beschränken gedachte. Dann war die Stellung des Staatsoberhauptes eine stärkere als in der Bismarckschen Verfassung. Die Kontinuität der Politik auf allen Gebieten war gesichert, und es war eine Frage des richtigen Augenblicks, um an die Stelle des Präsidenten wieder einen Monarchen zu setzen.

In seinem zum Herbst 1931 intensivierten Bestreben, für die im kommenden Frühjahr anstehende Präsidentenwahl eine Wiederkandidatur Hindenburgs zu erreichen, will Brüning gerade das hohe Alter und die monarchistische Traditionsbindung des Staatsoberhauptes zu solchen Restaurationsplänen konkretisiert haben:

> Ich benutzte die Vorträge in diesen Monaten, sofern sie unter vier Augen stattfanden, dazu, um häufiger in schonendster Form dem Reichspräsidenten beizubringen, daß er auch bei seiner Wiederwahl an die Lösung nach seinem Tode denken müsse. Ich erklärte ihm, ich sei stets Monarchist gewesen und geblieben, und glaube nun allmählich die politische Konstellation so weit vorangetrieben zu haben, daß die Wiederherstellung der Monarchie in den Bereich des Möglichen rücke. Allerdings – das bemerkte ich bei einem zweiten Vortrag – glaubte ich nicht, daß es außenpolitisch möglich sei, den Kaiser zurückzuberufen. Auch die Einsetzung des Kronprinzen scheine mir sehr schwierig und könne zu Komplikationen führen, die die Stellung der Monarchie auf ein Jahrzehnt hinaus erschwere, ja unmöglich mache. Dagegen sei vielleicht die Kombination möglich, daß er mit einer Zweidrittelmehrheit des Reichstages und des Reichsrates als Reichsverweser die Regentschaft für einen der Söhne des Kronprinzen übernehme.
>
> Ich stieß auf eine merkwürdige Gleichgültigkeit bei dieser Frage. Der Reichspräsident erklärte, er würde niemals einwilligen, daß jemand außer dem Kaiser den Thron besteige. Er betrachte sich als Treuhänder des Kaisers. Er ließ dabei deutlich erkennen, daß er lieber ohne Wiederherstellung der Monarchie aus dem Leben scheiden wolle, als diese Treuhänderschaft zu verletzen.
>
> (Brüning, 1970, S. 453)

Bei aller Problematisierung eines detailgetreuen Erinnerungsvermögens und der Tendenz zur Nachkonstruktion der eigenen historischen Rolle in solcher Memoirenliteratur sind daran kaum Zweifel möglich: Hindenburg empfand sich dem auf den Kaiser geleisteten Eid aus innerster Überzeugung, jenem auf die Weimarer Verfassung nur im Sinne der Wahrung eines äußeren Gesetzesrahmens verpflichtet.

Der Verfassungsrechtler Rudolf Smend, ein 1930 die DNVP verlassender Befürworter des Hindenburg-Brüning-Kurses, hat 1932 die politische Theologie für ein solches »Treueverhältnis zur Monarchie« im Unterschied zur faktischen Anerkennung republikanischer Legalität charakteristisch umschrieben:

> Der heutigen demokratischen Ordnung unterwirft sich die evangelische Kirche als ihrer nunmehrigen geschichtlichen und damit von Gott verordneten Obrigkeit in aller Loyalität. Daß sie einer religionslosen oder doch religiös neutralen Obrigkeit anders gegenübersteht, als einer Obrigkeit, die vor allem anderen das erste Glied der Kirche sein wollte, ist selbstverständlich.
>
> (Smend, 1955, S. 305)

Als Katholik war Brüning mit der protestantischen Hohenzollern-Dynastie gewiß weniger gefühlsbetont verbunden. Doch er gehörte zu den Offiziersjahrgängen einer »Frontgeneration«, in der Überlieferungen des Kulturkampfes verblaßt waren; insofern konnte eine Staatsauffassung vorherrschend sein, die Smend 1930 als Kontrastprogramm zum Weimarer Neubeginn formulierte: »Die Bürokratie des vorrevolutionären Staats war Obrigkeit, d. h. sie und die hinter ihr stehende Monarchie repräsentierten die geschichtliche Wertfülle des überkommenen Staatswesens und zogen aus dieser Repräsentation ihre eigentümliche Autorität.« Hingegen bedeutete für ihn das »Streben nach Ersetzung dieser Autoritätsgrundlage durch die parlamentarische« letztlich nur »eine Infragestellung des Eigengewichts und der sachlichen Unabhängigkeit, der die frühere Bürokratie ihre Erfolge in der Hauptsache verdankte« (Smend, 1955, S. 281). Die Anhänglichkeit zur monarchischen Vergangenheit war demnach lediglich die in politische Symbolwelten projizierte Überzeugung von der Vorzugswürdigkeit des preußischen Obrigkeitsstaates gegenüber der parlamentarischen Demokratie.

Ein anderer prominenter Staatsrechtler, mit katholischem Hintergrund, Carl Schmitt, der sich als »Kronjurist« der Präsidialregime zu profilieren versuchte und als Prozeßvertreter der Reichsregierung den »Preußenschlag« rechtfertigte, hat 1932 aus der Gegenüberstellung von »Legalität und Legitimität« das Todesurteil für die politischen Institutionen von Weimar verkündet: »Zwischen der prinzipiellen Wertneutralität des funktionalistischen Legalitätssystems und der prinzipiellen Wertordnung inhaltlicher Verfassungsgarantien gibt es keine mittlere Linie«, woraus als Fazit dieser Überlegungen resultierte: »Die Weimarer Verfassung ist zwischen der Wertneutralität ihres ersten und der Wertfülle ihres zweiten Hauptteils buchstäblich gespalten.« In der politischen Konsequenz sollte letztlich »die Entscheidung für das Prinzip der zweiten Verfassung und ihren Versuch einer substanzhaften Ordnung fallen«; deren womöglich auch politisch-theologische Interpretationsräume hätten »doch noch mehr Beziehung zum Wesen einer deutschen Verfassung, als die Wertneutralität eines funktionalistischen Mehrheitssystems« (Schmitt, 1932, S. 49, 52, 98).

Innerhalb der katholischen Gedankenüberlieferung mit ihrer überstaatlichen Papstkirche war der innerstaatliche Legalitäts- und Obrigkeitsgehorsam weniger prägend als für den konservativen Protestantismus in Preußen-Deutschland unter landeskirchlicher Verbindung von Thron und Altar. Vielleicht konnten auch deshalb rechtsstehende Katholiken wie der konservative Brüning und der reaktionäre Papen, sekundiert von staatsrechtlichen Wortmeldungen eines Schmitt, einen wesentlichen Beitrag zur schleichend fortschreitenden Verfassungsdurchbrechung leisten: mittels einer überaus geschmeidigen Handhabung des aus ihrer Sicht längst ausgehöhlten Legalitätssystems, mit tief verwurzeltem Vertrauen auf eine höhere Legitimität von überzeitlich gültigen traditionellen Wertordnungen – im Verhältnis zu denen positivierte Rechtsformen, seien diese republikanisch oder monarchistisch konzipiert, immer nur begrenzte Gültigkeit hatten. Für die protestantische Rechte, mit glaubensorthodoxen wie säkularisiert nationalistischen Ausprägungen, fehlte dieser letzte Orientierungspunkt eines anderen Universalreiches mit dem höchsten Kirchenfürsten in Rom, und ebenso die republikanische Bereitschaft zur Verinnerlichung der Weimarer Grundnormen als eine Art von säkularer »Zivilreligion« für den neuen »Verfassungspatriotismus«.

Was in strikt rechtsstaatlicher Lesart von dem Notverordnungsregime schon unter Brüning zu halten war, hat der – mit langjähriger außenpolitischer Beratertätigkeit sogar am meisten praxisnahe – konservative Staatsrechtler Kaufmann 1932 sehr pointiert einem Gutachten anvertraut:

> Die Anwendung des Art. 48 Abs. 2 setzte eine normal funktionierende, das Vertrauen des Reichstags besitzende Regierung voraus. Der Art. 48 Abs. 2 regelt nicht rechtsatzmäßig das sogenannte echte Staatsnotrecht, schafft keine Diktaturgewalt. Eine Anwendung dieses Artikels zur Umgehung des normalen Weges der Gesetzgebung, weil z. B. der Reichstag nicht normal funktioniert, ist nicht verfassungsmäßig: so z. B. der Erlaß von Notverordnungen unmittelbar vor dem Zusammentritt des Reichstags oder unmittelbar nach seiner Vertagung. [...] Es würde nicht nur eine vorübergehende, sondern eine dauernde Schädigung des verfassungsmäßigen Systems bedeuten, wenn Art. 48 Abs. 2 die Grundlage für eine Dekretgesetzgebung würde, wie in dem vorfaschistischen Italien.
>
> (Kaufmann, 1960, S. 468 f.)

Der mahnende Hinweis auf Italien, wo »Dekretgesetzgebung« in eine offene Diktatur hinübergleiten konnte, erreichte aber die meisten Fachkollegen rechts von den ursprünglichen Weimarer Verfassungsparteien erst gar nicht, weil sich z. B. Schmitt, Smend und sogar Leibholz je auf eigene Weise bereits durchaus beeindruckt vom römischen Faschismus gezeigt hatten.

Arbeitswelt in Krisenzeiten: Die BVG als Fallstudie

Wenn nach Neuansätzen zu einer »Weimarer Ökonomie« gesucht wird, ließen sich diese am ehesten in Kommunalbetrieben für die öffentliche Infrastruktur auffinden. Das herausragendste Beispiel dafür war die »Berliner Verkehrs-Gesellschaft« (BVG), die mit kaum umstrittenem Beschluß der Stadtverordneten am 13. November 1928 gegründet wurde. Nach ihrem Grundkapital von 400 Mio. Reichsmark stand dieses im städtischen Besitz verbleibende, jedoch in eine selbständige Betriebsführung entlassene Verkehrsunternehmen immerhin an dritter Stelle aller deutschen Aktiengesellschaften. Zum kommunalpolitischen Architekten dieser Integrationslösung für den hauptstädtischen Personennahverkehr war – als zuständiger Stadtrat – jener SPD-Politiker Ernst Reuter geworden, der nach 1945 die politische Führung im Westteil Berlins übernehmen sollte. Ganz ähnlich wie im Bereich des mit Landesmitteln geförderten Wohnungsbaus geriet freilich die kommunale Verkehrspolitik in die Zwänge einer Nachkriegsperiode der Kapitalengpässe. Bereits der Erwerb privater Schnellbahnunternehmen, den sich deren Aktionäre mit Prämien über den Börsenkursen und den ohnehin hohen Zinssätzen bezahlen ließen, hatte die zukunftsträchtige BVG-Gründung mit einigen Hypotheken der Vergangenheit belastet.

Überdies vollzog sich die Umsetzung des sozialpolitischen Anspruchs, in jeder Hinsicht ein »Musterbetrieb« für die beschäftigten Arbeitnehmer zu sein, im Vertrauen auf eine – tatsächlich bereits auslaufende – gesamtwirtschaftliche Expansionsphase. Gemessen an einem mittleren Wochenlohnzuwachs deutscher Arbeiter zwischen 1926 und 1929 um 32 % waren die Verbesserungen bei der BVG erkennbar überdurchschnittlich: So konnten die Monatseinkommen z. B. von Berliner Straßenbahnfahrern (verheiratet / ein Kind, nach fünfjähriger Betriebszugehörigkeit) von 213 Reichsmark (Mitte 1926) auf 296 Reichsmark (Mitte 1929) und somit um 39 % steigen, und dies verbunden mit Verkürzung der Arbeitszeit von neun auf achteinhalb Stunden. Gegenüber einer Erhöhung der Betriebseinnahmen um knapp 30 % wäre dies, parallel zu Rationalisierungsgewinnen, noch zu verkraften gewesen, hätten nicht allzu ehrgeizige Ausbaupläne eines »weltstädtischen« U-Bahn-Netzes die beachtlichen Kräfte des jungen Unternehmens mit sprichwörtlichem »Berliner Tempo« überstrapaziert: Der Anstieg der gesamten Lohnsumme um 62 % in dem genannten Zeitraum wurde demnach fast zur Hälfte vom Expansionsbedarf z. B. auf Baustellen verursacht; ein binnen dreier Jahre erfolgendes Anschwellen des Schuldenbergs der BVG um ruinöse 143 % führte Ende 1929 gar in ein städtisches Finanzdebakel, das vom Reichsbankpräsidenten Schacht zur kreditstrategischen Entmündigung der gewählten Körperschaften genutzt wurde.

Zuvor hatten sich allerdings die kommunalen Verantwortungsträger derart in einer Kostenfalle verfangen, daß Grundstückserwerb und Baumaßnahmen auf hohem Anspruchsniveau zu konjunkturoptimistischen Höchstpreisen erfolgten, während statt einer bescheidenen Anlagenrendite in der Weltwirtschaft kaum noch die Betriebskostendekkung erreicht werden konnte. Schon für das Bilanzjahr 1929, mit einer Rekordleistung der Personenbeförderung, standen im U-Bahn-Sektor einem Betriebsüberschuß von 4,6 Pfennig je 20 Pfennig-Fahrschein des gesamtstädtischen Einheitstarifs stattliche 21,6 Pfennig Kapitaldienst gegenüber, der auf dem strapazierten Kommunalhaushalt lastete. Der Wechsel des 1928/29, noch über die Parteigrenzen hinweg, als Gestalter eines Berlins der Zukunft gefeierten Verkehrsstadtrats Reuter ins Amt des Magdeburger Oberbürgermeisters (1931) wurde nach solchem Geschehensablauf als Eingeständnis des Scheiterns wahrgenommen. Die Herabsetzung des Eigenkapitals der BVG von 400 auf 200 Mio. Reichsmark im Mai 1932 mußte die in absehbaren Zeitspannen finanziell nicht tragfähigen, aber schon mit erheblichen Kosten vorangetriebenen Projekte in den Buchwerten dieses Unternehmens abschreiben, dessen Planungen der realen Entwicklung allzu weit vorausgeeilt waren.

Auch für die 28 400 Beschäftigten folgte dem rasanten Aufstieg der Vorjahre seit 1930 ein um so gravierender empfundener Rückschlag. Nach vollzogener Einführung des Achtstundentages, der etwa 5 % Einkommensverlust bedeutete, fand im August 1930 eine Urabstimmung in bezug auf zwei unbezahlte freie Tage je Monat – weitere 8 % Einbuße – gegen die freigewerkschaftliche Empfehlung keine Mehrheit. Dabei hatte sich eine Ablehnungsfront von Unorganisierten und der »Revolutionären Gewerkschafts-Opposition« (RGO) der KPD gegen einen Solidarbeitrag durchgesetzt. Die voraussehbare Konsequenz waren Massenentlassungen, die mit 13 % der Arbeiter (bis Ende 1930) ungefähr parallel zu den Fahrgastverlusten (vorrangig bei Arbeitslosen) lagen, und der Baustopp für das U-Bahn-Netz. Die verbliebenen Beschäftigten entgingen gleichwohl nicht dem allgemeinen Trend zur Lohnkürzung, so daß 1932 mit rund 210 Reichsmark Fahrdienstlohn ein Rückschlag auf das Niveau von 1926 erfolgt war, unter Berücksichtigung inzwischen höherer Abzüge sogar bis zum Stand der zweiten Jahreshälfte 1924. In solchem Umfeld entwickelte sich der Konflikt um den »BVG-Streik« in den ersten Novembertagen vor der Reichstagswahl, der sich im Geschichtsbild zur gemeinsamen Aktion von KPD und NSDAP verselbständigt hat.

Tatsächlich konnte aber keine Rede davon sein, daß sich die BVG zu einer besonderen Hochburg des Radikalismus entwickelt hatte. Eine RGO-Mehrheit von 52,8 % im März 1929 blieb ein punktuelles Ereignis infolge des Ausschlusses eines unter Kollegen geschätzten Kommunisten. Nach dem »Blutmai«, als die KPD auch in der Euphorie derartiger Resonanz in dieser SPD-Hochburg ein Demonstrationsverbot zum 1. Mai durchbrach, fiel deren Liste bei Vertreterwahlen zur BVG-Krankenkasse bereits im August 1929 auf bescheidene 20,5 % zurück; die geringere Beteiligungsrate (62 %) war ein Indiz für den vorübergehenden Rückzug vieler Proteststimmen in die Enthaltung. Die letzte Betriebsratswahl am 13. Oktober 1931 (das autoritäre Regime ließ 1932 die Neuwahl ausfallen) zeigte bei einer Teilnahmequote von 85 % immer noch einen Vorsprung der freigewerkschaftlichen (SPD-nahen) Liste mit 43 % vor der KPD-RGO, die 33,3 % erzielte; daneben lagen zwei christliche Kandidaturen (zusammen 10,6 %) vor der NS-Liste (8,1 %), der Rest entfiel auf prinzipiell streikabstinente »Wirtschaftsfriedliche« (5 %). Das Berliner Gesamtergebnis zur preußischen Landtagswahl am 24. April 1932 lautete hingegen: 29 % SPD, 28 % NSDAP, 24 % KPD, 8 % DNVP, 4 % Zentrum, 3 % Staatspartei, 4 % Splittergruppen (unter 1 %: DVP und Wirtschaftspartei); es hätte ein halbes Jahr zuvor, wie das ähnliche Hamburger Ergebnis (27. September 1931) vermuten läßt, nicht maßgeblich anders gelautet. Somit blieb das eigentlich Bemerkenswerte an den Belegschaftswahlen der BVG zum einen die Schwäche der »Nationalsozialistischen Betriebszellen-Organisation« (NSBO), die jedoch auch sonst im großbetrieblichen Arbeiterbereich kaum einflußreicher war; zum anderen hielt sich der RGO-Erfolg, gemessen an zu vermutender KPD-Verankerung unter Berliner Arbeitern in der Nähe einer absoluten Mehrheit, weiterhin in Grenzen, obgleich der freigewerkschaftliche Organisationsgrad höchstens 30 % erreichte.

Die nach Herausdrängung zweier SPD-Vorstandsmitglieder seit dem Frühjahr 1932 wieder geschlossen rechtsbürgerlich ausgerichtete BVG-Direktion provozierte die Belegschaft im Herbst 1932 mit der Forderung nach ungefähr 20prozentiger Lohnsenkung. Durch Einführung der Vierzigstundenwoche zum 20. November 1931 und einer (dem Brüningschen Abbaukurs folgenden) 10prozentigen Lohnkürzung zum 1. Januar 1932 hatten die BVG-Beschäftigten zur Abwendung weiterer Massenentlassungen aber schon Krisenopfer erbracht. Auf diesem mehrfach abgesenkten Niveau waren drastische Einbußen nicht mehr zu verkraften und insofern ein Verelendungsprogramm, demzufolge für ein unternehmerisch und politisch aufgetürmtes Finanzierungsdebakel letztlich die Arbeitnehmerschaft bezahlen sollte. Dem freigewerkschaftlichen »Gesamtverband« gelang in abschließenden Verhandlungen eine Begrenzung des Lohnabzugs mit Wirkung zum 1. November 1932 auf lediglich 2 %, ohne allerdings über den Jahreswechsel hinaus die Sicherung eines solchen Defensiverfolgs gegen etwaige neuerliche Abbauoffensiven erreichen zu können. Dieses vertretbare Teilergebnis stellten die Gewerkschaftsgremien zur Urabstimmung (auch unter Unorganisierten) und holten sich dafür eine glatte Abfuhr bei lediglich 18,2 % Ja-Stimmen, aber 66,1 % Nein-Stimmen und 15,7 % Enthaltungen bzw. ungültigen Voten. Ganz offensichtlich wurde diese Abstimmung zum erstmals geöffneten Protestventil gegen jahrelange Einbußen, und sie war Ausdruck entsprechenden Mißtrauens gegenüber dem Bestand einer zuletzt erreichten relativen Stabilisierung. Beides hatte der Gesamtverband im krisenbedrückten Massenbewußtsein, mit dessen Zuflucht in destruktives Wahlverhalten anstelle rationaler Kalküle, gründlich verkannt – ähnlich wie in der Reichspolitik auch die SPD während ihrer Tolerierungsphase.

Die unverhofft gebotene Chance eines Propagandafeldzugs gegen die SPD-Gewerkschaftler ließen sich weder KPD/RGO noch NSDAP/NSBO wenige Tage vor einer

Reichstagswahl entgehen; so begann am 4. November ein »wilder Streik«, der mangels Dreiviertelmehrheit unter den Organisierten nicht vom Gesamtverbands-Statut gedeckt war. Ein direktionsseitiges Ultimatum, das nach der Verbindlichkeitserklärung des Kompromisses mit der Entlassung drohte, brachte zwar bis zum Abend etwa 5000 der 14 000 Fahrbediensteten zu ihrer Arbeitsstelle, von deren regelmäßiger Besetzung das pulsierende Geschäfts- und Privatleben einer Millionenstadt wesentlich abhängig blieb. Ein in z. T. manipulierten Versammlungen zustande gebrachter »Kampfausschuß« mit 50 % RGO- und 25 % NSBO-Delegierten mochte gegenüber den überspielten SPD-Freigewerkschaftlern den Eindruck gemeinsamer Machenschaften der politischen Extreme vermitteln.

Doch signalisierte der rasche Streikabbruch nach dem Wahltag des 6. November, daß KPD und NSDAP – weit entfernt von sozialrevolutionärer Bündnisstrategie – primär eine Agitationswirkung beabsichtigt hatten und sich nunmehr gegenseitig des »Verrats« an den werktätigen Massen bezichtigten. Überdeutlich zeigte sich der sozialdemagogische Wettlauf in der Gewährung von täglich drei Mark Streikgeld bei den »Nazis« – anstelle von zwei Mark bei den »Kozis« der RGO – sowie einer kostenlosen Mahlzeit. Letztlich bot der unlegitimierte Streik einer auch in der SPD-Presse als zunehmend »scharfmacherisch« kritisierten Direktion die willkommene Gelegenheit, eine zweite größere Entlassungswelle abzuwickeln: Ende 1932 waren über 10 % BVG-Arbeiter weniger als ein Jahr zuvor beschäftigt, somit das erstrebte Kürzungsvolumen zur Hälfte in dieser am wenigsten sozialverträglichen Lastenverteilung realisiert. Solche Opfer dieser Strategie, neben einzelnen Toten und etlichen Verletzten der gewaltsamen Konfrontation im Streikverlauf, versuchten die Akteure beider Extreme, und teilweise durchaus mit Erfolg, für ihre politischen Zwecke anzuwerben.

Im Sog der Sammlung: Wer stimmte für die NSDAP?

Ein regionales NSDAP-Blatt in Südwestdeutschland mit dem charakteristischen Titel *Der Führer* zeigte sich im Wahlkampf zur Reichspräsidentschaft voller Stolz über die eigene politische Marktstrategie: »Unsere Propaganda des Plakates und der Rede wird von der ganzen Welt als unerreicht bewundert« (29. März 1932). Als wollte die Redaktion den Beweis dafür antreten, präsentierte man den eigenen Kandidaten nicht bloß in der üblichen Pose einer deutschtümelnden Anbiederung und des Garanten nationalen Wiedererstarkens nach außen, sondern zugleich als Künder einer neuen Welt der inneren gesellschaftlichen Mobilisierung: »Hitler ist eines der erstaunlichsten und interessantesten Beispiele des politischen ›self-made-man‹« (2. April 1932). Daß er und seine Partei eine geradewegs »amerikanische Reklame« in die Politik hineintrugen, als dies von den traditionellen Gruppen noch verächtlich als »Waschmittelwerbung« gemieden wurde, galt in einer gegnerischen Presse zuweilen als hervorstechendes Erkennungszeichen deren öffentlicher Auftritte. Bevor die NSDAP durch Massenaufmärsche physische Stärke demonstrieren und über anwachsende Mitgliedschaft durch Mundpropaganda im Alltag präsent sein konnte, gelangte sie mittels aggressiver Plakatwerbung und der Inszenierung eines Führerkults ins öffentliche Bewußtsein.

Die zuweilen mit historisch-politischen Schuldzuweisungen überfrachtete Frage, woher denn seit 1930 so viele NSDAP-Stimmen für die Zerstörung der Weimarer Republik kamen, ist nach zwei Blickrichtungen verschieden zu beantworten; denn einzelne kleinere Gruppen konnten letztlich weitgehend von der Partei Hitlers aufgesogen werden, ohne wesentliche Anteile zu deren Sammlungserfolgen beizutragen, und bei Großparteien hinterließen schon geringere NS-Abwanderungsquoten bedeutsame Effekte. In welch anfälliger Nähe zur nationalsozialistischen Konkurrenz sich die Anhängerschaft einzelner politischer Lager befand, läßt sich aussagekräftig mit ihren Verlustraten ermessen: Nach Berechnungsmethoden, deren Tendenzaussagen auch unabhängig von der Verläßlichkeit genauer Prozentangaben gefolgt werden kann, verloren DNVP und DVP bei den Reichstagswahlen 1930 jeweils ungefähr ein Drittel ihrer Anhängerschaft von 1928 in Richtung NSDAP; in mittleren Größenordnungen bewegten sich entsprechende Verluste bei der DDP und Sonstigen/Nichtwählern, während bei SPD, Zentrum/BVP und KPD jeweils höchstens ein Zehntel abtrünnig wurde. Wenig veränderte Anteile zeigten die weiteren NS-Abstromraten bis zum Juli 1932 bei DNVP, Zentrum/BVP und KPD; dagegen hinterließ die krisenbedingte Erosion der »liberalen« politischen Orientierung bei Staatspartei und DVP ganz erhebliche und jene des Sozialmilieus der SPD auf niedrigerem Ausgangsniveau nunmehr erkennbare Spuren erhöhter NSDAP-Gewinne.

Neben gesteigerten Zuflüssen aus dem Nichtwählerbereich, die aber zumeist überschätzt worden sind, votierte 1932 immerhin die Stimmenhälfte aus einer Vielzahl von »sonstigen« Listen des Jahres 1930 zugunsten einer Sammlungsbewegung nach rechtsaußen. Insofern sind die beiden reichsweiten Entwicklungsschübe des NSDAP-Vormarsches zur stärksten Partei im jeweiligen Herkunftspotential doch recht unterschiedlich zu bewerten, was in umgekehrter Wählerstromanalyse präziser zu bemessen ist: Wird die Gesamtheit der NS-Neustimmen als Wanderungsgewinn von anderen Parteien (ohne Nichtwähler) statistisch aufgeschlüsselt, dominierte 1930 als Haupttrend noch der innere Radikalisierungsprozeß von deutschnationalen und nationalliberalen Orientierungen zu Hitlers »Bewegung«. Nachdem DNVP, DVP und Staatspartei in solcher Weise massiv geschwächt aus der Reichstagswahl 1930 hervorgingen, trugen sie zum NSDAP-Rekordstand des Juli 1932 nicht mehr bei als die anteilsmäßig geringeren Verluste an den Rändern der stabileren Groß- bzw. Mittelparteien SPD und Zentrum/BVP. Die größte Abmarschkolonne zur relativen Mehrheit der NSDAP 1932 stellten auch in dieser umgekehrten Blickrichtung jene »Sonstigen« von 1930, deren Stimmenanteil damals mit 14 % an das Gesamtpotential von DNVP, DVP und Staatspartei heranreichte, jedoch bis zum Sommer 1932 auf 3 % eingeschmolzen war.

Eine damit einhergehende Gewichtsverlagerung zeigte sich auch im Sozialgruppen-Profil der NSDAP-Wählerschaft. Zur Reichstagswahl 1930 war der NSDAP die ausgeglichenste Verteilung nach Gemeindegröße sowie Haupterwerbsgruppen zu bescheinigen; nur eine doppelte Stärke unter evangelischem gegenüber katholischem Wahlvolk blieb deutlicher signifikant, was jedoch angesichts dort besonderer Stellung von Zentrum/BVP in ähnlichem Maße für sämtliche anderen Parteien gelten mußte. Im Jahre 1932 wurde die NSDAP in protestantischen Regionen noch ausgeprägter das soziographische Gegenstück zum Parteikatholizismus; es ragte nunmehr ein doppelt so großer Stimmenanteil unter (vorwiegend agrarischen) Selbständigen wie in der Arbeitnehmerschaft heraus. Demnach war 1930 der – früheren Mittelschichtsthesen neuerdings etwas undifferenziert entgegengesetzte – »Volkspartei«-Charakter in der Struktur des Stimmenpotentials tatsächlich mehr als bei der Konkurrenz anzutreffen; eine damals noch ausschlaggebende Mobilisierung des extremen Gesinnungsnationalismus und des Sozialprotestes zeigte die Partei Hitlers gleichzeitig dem *catch all*-Profil des modernen Volksparteibegriffs weiterhin fern. Bis Juli 1932 hat sich die NSDAP, getragen vom festen Rückgrat im traditionellen Protestantismus, dann aber in wahlsoziologischer Diktion zunehmend einen »Mittelstandsbauch« zugelegt. Inzwischen war sie eben mehr d i e »antimarxistische« Sammlungsbewegung geworden, die in Teilbereichen der Arbeiterschaft mit KPD und SPD, unter Angestellten zuletzt im wesentlichen nur mit der SPD ernstlich konkurrieren mußte, wogegen man sich die agrarisch-mittelständische Breite der Selbständigen mit Zentrum/BVP teilte.

In der gewissermaßen das akademische »Reichsbanner« versammelnden Zeitschrift *Deutsche Republik* präsentierte ein dem Wirth-Flügel des Zentrums entstammender Autor eine aufschlußreiche politisch-kulturelle Strukturanalyse: daß sich mit langfristiger Prägekraft aus dem Kaiserreich »innerhalb des deutschen Volkes vier in sich sehr eng abgeschlossene Lebenskreise auftaten, der nationalistisch-protestantische, der hochkapitalistisch-liberale, der katholische und der sozialistische Lebenskreis« (5. Jg., 1931, S. 518). Über die politische Spaltung in SPD und KPD hinaus bewirkte die Massenarbeitslosigkeit eine tiefe Kluft innerhalb der vormals integrationstüchtigen sozialistischen Lebenswelt. Ebenso hatten Krieg, Inflation und Weltwirtschaftskrise das mittelständische Rekrutierungspotential für eine liberal-kapitalistische Orientierung erheblich abgeschmolzen. Zwar vermochte die NSDAP in die milieuverdichteten Kerngruppen des katholischen wie des sozialdemokratischen bzw. kommunistischen Lagers (und Restbestände eines urbanen Gesinnungsliberalismus) bis 1933 nicht vorzudringen. Aber die sammlungspolitische Integration eines national-protestantischen »Reichsfreunde«-Kartells des Kaiserreichs, über die Grenzen früherer agrarkonservativer und bürgerlich-nationalliberaler Teilkulturen hinweg, gelang ihr mit letztlich machtstrategisch durchschlagender Wirkung.

Diese im Stimmenzuwachs meßbaren Agitationserfolge waren nicht allein den Verelendungstendenzen der Weltwirtschaftskrise und dem gleichermaßen national- und sozialdemagogischen Auftreten der NSDAP und ihres »Führers« zuzuschreiben. Letztlich profitierte die »Hitlerbewegung« auch von fehlender massengesellschaftlicher Verankerung aller Konkurrenten jenseits von SPD, KPD und Zentrum/BVP – und einem bis Ende 1932 absehbaren Verbrauch sämtlicher parteienstaatlicher und halbautoritärer Alternativmodelle: Keine der koalitionspolitischen Varianten – jedenfalls auf Reichsebene – wurde bei den nächsten Wahlen mit Stimmenzuwachs oder wenigstens in ungebrochener Stärke bestätigt, wovon die NSDAP als Wahlzettel-Sammelstelle der Unzufriedenheit profitierte. Aus diesem rigorosen Oppositionskurs brachte sie einen dermaßen in die Waagschale der innenpolitischen Kräfteverhältnisse fallenden Massenanhang ein, daß nach den »Weimarer«, »Großen« und »Bürgerblock«-Koalitionsformen auch kein Präsidialkabinett mit längerfristiger Selbstbehauptung rechnen konnte, solange das zunehmende Risiko der Ausschaltung des NS-Gewaltpotentials gescheut wurde.

III

Quellen

Die Texte folgen den angegebenen Druckvorlagen (D). Die hier verkürzt zitierten Titel werden in den Literaturhinweisen im Abschnitt »Quellen und zeitgenössische Schriften« (S. 380 f.) ausführlich verzeichnet.

1 Die Verfassung des Deutschen Reichs. 11. August 1919 *(Auszug)*

Das Deutsche Volk, einig in seinen Stämmen und von dem Willen beseelt, sein Reich in Freiheit und Gerechtigkeit zu erneuern und zu festigen, dem inneren und dem äußeren Frieden zu dienen und den gesellschaftlichen Fortschritt zu fördern, hat sich diese Verfassung gegeben.

Erster Hauptteil
Aufbau und Aufgaben des Reichs

Erster Abschnitt
Reich und Länder

Art. 1. Das Deutsche Reich ist eine Republik.

Die Staatsgewalt geht vom Volke aus.

Art. 2. Das Reichsgebiet besteht aus den Gebieten der deutschen Länder. Andere Gebiete können durch Reichsgesetz in das Reich aufgenommen werden, wenn es ihre Bevölkerung kraft des Selbstbestimmungsrechts begehrt.

Art. 3. Die Reichsfarben sind schwarz-rot-gold. Die Handelsflagge ist schwarz-weiß-rot mit den Reichsfarben in der oberen inneren Ecke.

Art. 4. Die allgemein anerkannten Regeln des Völkerrechts gelten als bindende Bestandteile des deutschen Reichsrechts.

[...]

Art. 13. Reichsrecht bricht Landrecht.

Bestehen Zweifel oder Meinungsverschiedenheiten darüber, ob eine landesrechtliche Vorschrift mit dem Reichsrecht vereinbar ist, so kann die zuständige Reichs- oder Landeszentralbehörde nach näherer Vorschrift eines Reichsgesetzes die Entscheidung eines obersten Gerichtshofs des Reichs anrufen.

[...]

Art. 17. Jedes Land muß eine freistaatliche Verfassung haben. Die Volksvertretung muß in allgemeiner, gleicher, unmittelbarer und geheimer Wahl von allen reichsdeutschen Männern und Frauen nach den Grundsätzen der Verhältniswahl gewählt werden. Die Landesregierung bedarf des Vertrauens der Volksvertretung.

Die Grundsätze für die Wahlen zur Volksvertretung gelten auch für die Gemeindewahlen. Jedoch kann durch Landesgesetz die Wahlberechtigung von der Dauer des Aufenthalts in der Gemeinde bis zu einem Jahre abhängig gemacht werden.

[...]

Zweiter Abschnitt

Der Reichstag

Art. 20. Der Reichstag besteht aus den Abgeordneten des deutschen Volkes.

Art. 21. Die Abgeordneten sind Vertreter des ganzen Volkes. Sie sind nur ihrem Gewissen unterworfen und an Aufträge nicht gebunden.

Art. 22. Die Abgeordneten werden in allgemeiner, gleicher, unmittelbarer und geheimer Wahl von den über zwanzig Jahre alten Männern und Frauen nach den Grundsätzen der Verhältniswahl gewählt. Der Wahltag muß ein Sonntag oder öffentlicher Ruhetag sein.

Das Nähere bestimmt das Reichswahlgesetz.

[...]

Art. 25. Der Reichspräsident kann den Reichstag auflösen, jedoch nur einmal aus dem gleichen Anlaß.

Die Neuwahl findet spätestens am sechzigsten Tage nach der Auflösung statt.

[...]

Dritter Abschnitt

Der Reichspräsident und die Reichsregierung

Art. 41. Der Reichspräsident wird vom ganzen deutschen Volke gewählt.

Wählbar ist jeder Deutsche, der das fünfunddreißigste Lebensjahr vollendet hat.

Das Nähere bestimmt ein Reichsgesetz.

Art. 42. Der Reichspräsident leistet bei der Übernahme seines Amtes vor dem Reichstag folgenden Eid:

Ich schwöre, daß ich meine Kraft dem Wohle des deutschen Volkes widmen, seinen Nutzen mehren, Schaden von ihm wenden, die Verfassung und die Gesetze des Reichs wahren, meine Pflichten gewissenhaft erfüllen und Gerechtigkeit gegen jedermann üben werde.

Die Beifügung einer religiösen Beteuerung ist zulässig.

Art. 43. Das Amt des Reichspräsidenten dauert sieben Jahre. Wiederwahl ist zulässig.

Vor Ablauf der Frist kann der Reichspräsident auf Antrag des Reichstags durch Volksabstimmung abgesetzt werden. Der Beschluß des Reichstags erfordert Zweidrittelmehrheit. Durch den Beschluß ist der Reichspräsident an der ferneren

Ausübung des Amtes verhindert. Die Ablehnung der Absetzung durch die Volksabstimmung gilt als neue Wahl und hat die Auflösung des Reichstags zur Folge.

Der Reichspräsident kann ohne Zustimmung des Reichstags nicht strafrechtlich verfolgt werden.

Art. 44. Der Reichspräsident kann nicht zugleich Mitglied des Reichstags sein.

Art. 45. Der Reichspräsident vertritt das Reich völkerrechtlich. Er schließt im Namen des Reichs Bündnisse und andere Verträge mit auswärtigen Mächten. Er beglaubigt und empfängt die Gesandten.

Kriegserklärung und Friedensschluß erfolgen durch Reichsgesetz.

Bündnisse und Verträge mit fremden Staaten, die sich auf Gegenstände der Reichsgesetzgebung beziehen, bedürfen der Zustimmung des Reichstags.

Art. 46. Der Reichspräsident ernennt und entläßt die Reichsbeamten und die Offiziere, soweit nicht durch Gesetz etwas anderes bestimmt ist. Er kann das Ernennungs- und Entlassungsrecht durch andere Behörden ausüben lassen.

Art. 47. Der Reichspräsident hat den Oberbefehl über die gesamte Wehrmacht des Reichs.

Art. 48. Wenn ein Land die ihm nach der Reichsverfassung oder den Reichsgesetzen obliegenden Pflichten nicht erfüllt, kann der Reichspräsident es dazu mit Hilfe der bewaffneten Macht anhalten.

Der Reichspräsident kann, wenn im Deutschen Reiche die öffentliche Sicherheit und Ordnung erheblich gestört oder gefährdet wird, die zur Wiederherstellung der öffentlichen Sicherheit und Ordnung nötigen Maßnahmen treffen, erforderlichenfalls mit Hilfe der bewaffneten Macht einschreiten. Zu diesem Zwecke darf er vorübergehend die in den Artikeln 114, 115, 117, 118, 123, 124 und 153 festgesetzten Grundrechte ganz oder zum Teil außer Kraft setzen.

Von allen gemäß Abs. 1 oder Abs. 2 dieses Artikels getroffenen Maßnahmen hat der Reichspräsident unverzüglich dem Reichstag Kenntnis zu geben. Die Maßnahmen sind auf Verlangen des Reichstags außer Kraft zu setzen.

Bei Gefahr im Verzuge kann die Landesregierung für ihr Gebiet einstweilige Maßnahmen der in Abs. 2 bezeichneten Art treffen. Die Maßnahmen sind auf Verlangen des Reichspräsidenten oder des Reichstags außer Kraft zu setzen.

Das Nähere bestimmt ein Reichsgesetz.

Art. 49. Der Reichspräsident übt für das Reich das Begnadigungsrecht aus.

Reichsamnestien bedürfen eines Reichsgesetzes.

Art. 50. Alle Anordnungen und Verfügungen des Reichspräsidenten, auch solche auf dem Gebiete der Wehrmacht, bedürfen zu ihrer Gültigkeit der Gegenzeichnung durch den Reichskanzler oder den zuständigen Reichsminister. Durch die Gegenzeichnung wird die Verantwortung übernommen.

Art. 51. Der Reichspräsident wird im Falle seiner Verhinderung zunächst durch den Reichskanzler vertreten. Dauert die Verhinderung voraussichtlich längere Zeit, so ist die Vertretung durch ein Reichsgesetz zu regeln.

Das gleiche gilt für den Fall einer vorzeitigen Erledigung der Präsidentschaft bis zur Durchführung der neuen Wahl.

Art. 52. Die Reichsregierung besteht aus dem Reichskanzler und den Reichsministern.

Art. 53. Der Reichskanzler und auf seinen Vorschlag die Reichsminister werden vom Reichspräsidenten ernannt und entlassen.

Art. 54. Der Reichskanzler und die Reichsminister bedürfen zu ihrer Amtsführung des Vertrauens des Reichstags. Jeder von ihnen muß zurücktreten, wenn ihm der Reichstag durch ausdrücklichen Beschluß sein Vertrauen entzieht.

Art. 55. Der Reichskanzler führt den Vorsitz in der Reichsregierung und leitet ihre Geschäfte nach einer Geschäftsordnung, die von der Reichsregierung beschlossen und vom Reichspräsidenten genehmigt wird.

Art. 56. Der Reichskanzler bestimmt die Richtlinien der Politik und trägt dafür gegenüber dem Reichstag die Verantwortung. Innerhalb dieser Richtlinien leitet jeder Reichsminister den ihm anvertrauten Geschäftszweig selbständig und unter eigener Verantwortung gegenüber dem Reichstag.

Art. 57. Die Reichsminister haben der Reichsregierung alle Gesetzentwürfe, ferner Angelegenheiten, für welche Verfassung oder Gesetz dieses vorschreiben, sowie Meinungsverschiedenheiten über Fragen, die den Geschäftsbereich mehrerer Reichsminister berühren, zur Beratung und Beschlußfassung zu unterbreiten.

Art. 58. Die Reichsregierung faßt ihre Beschlüsse mit Stimmenmehrheit. Bei Stimmengleichheit entscheidet die Stimme des Vorsitzenden.

Art. 59. Der Reichstag ist berechtigt, den Reichspräsidenten, den Reichskanzler und die Reichsminister vor dem Staatsgerichtshof für das Deutsche Reich anzuklagen, daß sie schuldhafterweise die Reichsverfassung oder ein Reichsgesetz verletzt haben. Der Antrag auf Erhebung der Anklage muß von mindestens hundert Mitgliedern des Reichstags unterzeichnet sein und bedarf der Zustimmung der für Verfassungsänderungen vorgeschriebenen Mehrheit. Das Nähere regelt das Reichsgesetz über den Staatsgerichtshof.

Vierter Abschnitt
Der Reichsrat

Art. 60. Zur Vertretung der deutschen Länder bei der Gesetzgebung und Verwaltung des Reichs wird ein Reichsrat gebildet.

Art. 61. Im Reichsrat hat jedes Land mindestens eine Stimme. Bei den größeren Ländern entfällt auf 700 000 Einwohner eine Stimme. Ein Überschuß von mindestens 350 000 Einwohnern wird 700 000 gleichgerechnet. Kein Land darf durch mehr als zwei Fünftel aller Stimmen vertreten sein.

Deutschösterreich erhält nach seinem Anschluß an das Deutsche Reich das Recht der Teilnahme am Reichsrat mit der seiner Bevölkerung entsprechenden Stimmenzahl. Bis dahin haben die Vertreter Deutschösterreichs beratende Stimme.

Die Stimmenzahl wird durch den Reichsrat nach jeder allgemeinen Volkszählung neu festgesetzt.

[...]

Fünfter Abschnitt

Die Reichsgesetzgebung

Art. 68. Die Gesetzesvorlagen werden von der Reichsregierung oder aus der Mitte des Reichstags eingebracht.

Die Reichsgesetze werden vom Reichstag beschlossen.

[...]

Art. 73. Ein vom Reichstag beschlossenes Gesetz ist vor seiner Verkündung zum Volksentscheid zu bringen, wenn der Reichspräsident binnen eines Monats es bestimmt.

Ein Gesetz, dessen Verkündung auf Antrag von mindestens einem Drittel des Reichstags ausgesetzt ist, ist dem Volksentscheid zu unterbreiten, wenn ein Zwanzigstel der Stimmberechtigten es beantragt.

Ein Volksentscheid ist ferner herbeizuführen, wenn ein Zehntel der Stimmberechtigten das Begehren nach Vorlegung eines Gesetzentwurfs stellt. Dem Volksbegehren muß ein ausgearbeiteter Gesetzentwurf zugrunde liegen. Er ist von der Regierung unter Darlegung ihrer Stellungnahme dem Reichstag zu unterbreiten. Der Volksentscheid findet nicht statt, wenn der begehrte Gesetzentwurf im Reichstag unverändert angenommen worden ist.

Über den Haushaltsplan, über Abgabengesetze und Besoldungsordnungen kann nur der Reichspräsident einen Volksentscheid veranlassen.

Das Verfahren beim Volksentscheid und beim Volksbegehren regelt ein Reichsgesetz.

Art. 74. Gegen die vom Reichstag beschlossenen Gesetze steht dem Reichsrat der Einspruch zu.

Der Einspruch muß innerhalb zweier Wochen nach der Schlußabstimmung im Reichstag bei der Reichsregierung eingebracht und spätestens binnen zwei weiteren Wochen mit Gründen versehen werden.

Im Falle des Einspruchs wird das Gesetz dem Reichstag zur nochmaligen Beschlußfassung vorgelegt. Kommt hierbei keine Übereinstimmung zwischen Reichstag und Reichsrat zustande, so kann der Reichspräsident binnen drei Monaten über den Gegenstand der Meinungsverschiedenheit einen Volksentscheid anordnen. Macht der Präsident von diesem Rechte keinen Gebrauch, so gilt das Gesetz als nicht zustande gekommen. Hat der Reichstag mit Zweidrittelmehrheit entgegen dem Einspruch des Reichsrats beschlossen, so hat der Präsident das Gesetz binnen drei Monaten in der vom Reichstag beschlossenen Fassung zu verkünden oder einen Volksentscheid anzuordnen.

Art. 75. Durch den Volksentscheid kann ein Beschluß des Reichstags nur dann außer Kraft gesetzt werden, wenn sich die Mehrheit der Stimmberechtigten an der Abstimmung beteiligt.

Art. 76. Die Verfassung kann im Wege der Gesetzgebung geändert werden. Jedoch kommen Beschlüsse des Reichstags auf Abänderung der Verfassung nur zustande, wenn zwei Drittel der gesetzlichen Mitgliederzahl anwesend sind und wenigstens zwei Drittel der Anwesenden zustimmen. Auch Beschlüsse des Reichsrats auf Abänderung der Verfassung bedürfen einer Mehrheit von zwei Dritteln der abgegebenen Stimmen. Soll auf Volksbegehren durch Volksentscheid eine Verfassungsänderung beschlossen werden, so ist die Zustimmung der Mehrheit der Stimmberechtigten erforderlich.

Hat der Reichstag entgegen dem Einspruch des Reichsrats eine Verfassungsänderung beschlossen, so darf der Reichspräsident dieses Gesetz nicht verkünden, wenn der Reichsrat binnen zwei Wochen den Volksentscheid verlangt.

[...]

Zweiter Hauptteil

Grundrechte und Grundpflichten der Deutschen

Erster Abschnitt

Die Einzelperson

Art. 109. Alle Deutschen sind vor dem Gesetze gleich.

Männer und Frauen haben grundsätzlich dieselben staatsbürgerlichen Rechte und Pflichten.

Öffentlich-rechtliche Vorrechte oder Nachteile der Geburt oder des Standes sind aufzuheben. Adelsbezeichnungen gelten nur als Teil des Namens und dürfen nicht mehr verliehen werden.

Titel dürfen nur verliehen werden, wenn sie ein Amt oder einen Beruf bezeichnen; akademische Grade sind hierdurch nicht betroffen.

Orden und Ehrenzeichen dürfen vom Staat nicht verliehen werden.

Kein Deutscher darf von einer ausländischen Regierung Titel oder Orden annehmen.

Art. 110. Die Staatsangehörigkeit im Reiche und in den Ländern wird nach den Bestimmungen eines Reichsgesetzes erworben und verloren. Jeder Angehörige eines Landes ist zugleich Reichsangehöriger.

Jeder Deutsche hat in jedem Lande des Reichs die gleichen Rechte und Pflichten wie die Angehörigen des Landes selbst.

Art. 111. Alle Deutschen genießen Freizügigkeit im ganzen Reiche. Jeder hat das Recht, sich an beliebigem Orte des Reichs aufzuhalten und niederzulassen, Grundstücke zu erwerben und jeden Nahrungszweig zu betreiben. Einschränkungen bedürfen eines Reichsgesetzes.

Art. 112. Jeder Deutsche ist berechtigt, nach außerdeutschen Ländern auszuwandern. Die Auswanderung kann nur durch Reichsgesetz beschränkt werden.

Dem Ausland gegenüber haben alle Reichsangehörigen inner- und außerhalb des Reichsgebiets Anspruch auf den Schutz des Reichs.

Kein Deutscher darf einer ausländischen Regierung zur Verfolgung oder Bestrafung überliefert werden.

Art. 113. Die fremdsprachigen Volksteile des Reichs dürfen durch die Gesetzgebung und Verwaltung nicht in ihrer freien, volkstümlichen Entwicklung, besonders nicht im Gebrauch ihrer Muttersprache beim Unterricht, sowie bei der inneren Verwaltung und der Rechtspflege beeinträchtigt werden.

Art. 114. Die Freiheit der Person ist unverletzlich. Eine Beeinträchtigung oder Entziehung der persönlichen Freiheit durch die öffentliche Gewalt ist nur auf Grund von Gesetzen zulässig.

Personen, denen die Freiheit entzogen wird, sind spätestens am darauffolgenden Tage in Kenntnis zu setzen, von welcher Behörde und aus welchen Gründen die Entziehung der Freiheit angeordnet worden ist; unverzüglich soll ihnen Gelegenheit gegeben werden, Einwendungen gegen ihre Freiheitsentziehung vorzubringen.

Art. 115. Die Wohnung jedes Deutschen ist für ihn eine Freistätte und unverletzlich. Ausnahmen sind nur auf Grund von Gesetzen zulässig.

Art. 116. Eine Handlung kann nur dann mit einer Strafe belegt werden, wenn die Strafbarkeit gesetzlich bestimmt war, bevor die Handlung begangen wurde.

Art. 117. Das Briefgeheimnis sowie das Post-, Telegraphen- und Fernsprechgeheimnis sind unverletzlich. Ausnahmen können nur durch Reichsgesetz zugelassen werden.

Art. 118. Jeder Deutsche hat das Recht, innerhalb der Schranken der allgemeinen Gesetze seine Meinung durch Wort, Schrift, Druck, Bild oder in sonstiger Weise frei zu äußern. An diesem Rechte darf ihn kein Arbeits- oder Anstellungsverhältnis hindern, und niemand darf ihn benachteiligen, wenn er von diesem Rechte Gebrauch macht.

Eine Zensur findet nicht statt, doch können für Lichtspiele durch Gesetz abweichende Bestimmungen getroffen werden. Auch sind zur Bekämpfung der Schund- und Schmutzliteratur sowie zum Schutze der Jugend bei öffentlichen Schaustellungen und Darbietungen gesetzliche Maßnahmen zulässig.

Zweiter Abschnitt
Das Gemeinschaftsleben

Art. 119. Die Ehe steht als Grundlage des Familienlebens und der Erhaltung und Vermehrung der Nation unter dem besonderen Schutz der Verfassung. Sie beruht auf der Gleichberechtigung der beiden Geschlechter.

Die Reinerhaltung, Gesundung und soziale Förderung der Familie ist Aufgabe des Staats und der Gemeinden. Kinderreiche Familien haben Anspruch auf ausgleichende Fürsorge.

Die Mutterschaft hat Anspruch auf den Schutz und die Fürsorge des Staats.

Art. 120. Die Erziehung des Nachwuchses zur leiblichen, seelischen und gesellschaftlichen Tüchtigkeit ist oberste Pflicht und natürliches Recht der Eltern, über deren Betätigung die staatliche Gemeinschaft wacht.

Art. 121. Den unehelichen Kindern sind durch die Gesetzgebung die gleichen Bedingungen für ihre leibliche, seelische und gesellschaftliche Entwicklung zu schaffen wie den ehelichen Kindern.

Art. 122. Die Jugend ist gegen Ausbeutung sowie gegen sittliche, geistige oder körperliche Verwahrlosung zu schützen. Staat und Gemeinde haben die erforderlichen Einrichtungen zu treffen.

Fürsorgemaßregeln im Wege des Zwanges können nur auf Grund des Gesetzes angeordnet werden.

Art. 123. Alle Deutschen haben das Recht, sich ohne Anmeldung oder besondere Erlaubnis friedlich und unbewaffnet zu versammeln.

Versammlungen unter freiem Himmel können durch Reichsgesetz anmeldepflichtig gemacht und bei unmittelbarer Gefahr für die öffentliche Sicherheit verboten werden.

Art. 124. Alle Deutschen haben das Recht, zu Zwecken, die den Strafgesetzen nicht zuwiderlaufen, Vereine oder Gesellschaften zu bilden. Dies Recht kann nicht durch Vorbeugungsmaßregeln beschränkt werden. Für religiöse Vereine und Gesellschaften gelten dieselben Bestimmungen.

Der Erwerb der Rechtsfähigkeit steht jedem Verein gemäß den Vorschriften des bürgerlichen Rechts frei. Er darf einem Vereine nicht aus dem Grunde versagt werden, daß er einen politischen, sozialpolitischen oder religiösen Zweck verfolgt.

Art. 125. Wahlfreiheit und Wahlgeheimnis sind gewährleistet. Das Nähere bestimmen die Wahlgesetze.

Art. 126. Jeder Deutsche hat das Recht, sich schriftlich mit Bitten oder Beschwerden an die zuständige Behörde oder an die Volksvertretung zu wenden. Dieses Recht kann sowohl von einzelnen als auch von mehreren gemeinsam ausgeübt werden.

Art. 127. Gemeinden und Gemeindeverbände haben das Recht der Selbstverwaltung innerhalb der Schranken der Gesetze.

Art. 128. Alle Staatsbürger ohne Unterschied sind nach Maßgabe der Gesetze und entsprechend ihrer Befähigung und ihren Leistungen zu den öffentlichen Ämtern zuzulassen.

Alle Ausnahmebestimmungen gegen weibliche Beamte werden beseitigt.

Die Grundlagen des Beamtenverhältnisses sind durch Reichsgesetz zu regeln.

[...]

Fünfter Abschnitt

Das Wirtschaftsleben

Art. 151. Die Ordnung des Wirtschaftslebens muß den Grundsätzen der Gerechtigkeit mit dem Ziele der Gewährleistung eines menschenwürdigen Daseins für alle entsprechen. In diesen Grenzen ist die wirtschaftliche Freiheit des Einzelnen zu sichern.

Gesetzlicher Zwang ist nur zulässig zur Verwirklichung bedrohter Rechte oder im Dienst überragender Forderungen des Gemeinwohls.

Die Freiheit des Handels und Gewerbes wird nach Maßgabe der Reichsgesetze gewährleistet.

Art. 152. Im Wirtschaftsverkehr gilt Vertragsfreiheit nach Maßgabe der Gesetze.

Wucher ist verboten. Rechtsgeschäfte, die gegen die guten Sitten verstoßen, sind nichtig.

Art. 153. Das Eigentum wird von der Verfassung gewährleistet. Sein Inhalt und seine Schranken ergeben sich aus den Gesetzen.

Eine Enteignung kann nur zum Wohle der Allgemeinheit und auf gesetzlicher Grundlage vorgenommen werden. Sie erfolgt gegen angemessene Entschädigung, soweit nicht ein Reichsgesetz etwas anderes bestimmt. Wegen der Höhe der Entschädigung ist im Streitfalle der Rechtsweg bei den ordentlichen Gerichten offen zu halten, soweit Reichsgesetze nichts anderes bestimmen. Enteignung durch das Reich gegenüber Ländern, Gemeinden und gemeinnützigen Verbänden kann nur gegen Entschädigung erfolgen.

Eigentum verpflichtet. Sein Gebrauch soll zugleich Dienst sein für das Gemeine Beste.

Art. 154. Das Erbrecht wird nach Maßgabe des bürgerlichen Rechtes gewährleistet.

Der Anteil des Staates am Erbgut bestimmt sich nach den Gesetzen.

D: Triepel (1926), S. 46 ff.

2 Programm der Kommunistischen Partei Deutschlands. Oktober 1919 (*Auszug*)

Leitsätze über den Parlamentarismus

I. 1. Das Parlament ist neben anderem ein Mittel der herrschenden Klassen zur Ausübung und Aufrechterhaltung der politischen Macht. Wie gegen die politische Macht der Bourgeoisie überhaupt, führt das Proletariat auch gegen dieses politische Mittel der Bourgeoisie einen Kampf, der bis zur Vernichtung der politischen Macht der Bourgeoisie und bis zur Eroberung der politischen Macht durch das Proletariat dauert.

2. Wie alle anderen Mittel der Bourgeoisie zur Ausübung und Aufrechterhaltung der politischen Macht mit der Eroberung der politischen Macht zerstört werden müssen – Bürokratie, Gerichtsorganisation, weiße Garden usw. – so wird auch das Parlament mit diesem Zeitpunkt zerstört werden. Während andere Organisationen nach Ergreifung der Macht durch das Proletariat in neuer Form und neuem Geist werden aufgebaut werden müssen – so Gerichtsorganisationen, militärische Macht usw. – wird das Parlament dauernd zerstört bleiben. Seine Funktionen im Stadium nach der Eroberung der politischen Macht werden durch

KPD
LISTE 3
Schluss mit diesem System

die Arbeiterräte völlig ersetzt. Denn in der ersten Epoche nach der Machtergreifung, der Epoche der proletarischen Diktatur, bedarf das Proletariat der schärfsten und konzentriertesten Willensanspannung zur Aufrechterhaltung seiner Macht. – Die Räteorganisation ist dann der klarste Ausdruck des Willens des Proletariats zur Macht, wie die Macht selbst. Ein Parlament, das lediglich ein Mittel der herrschenden Minderheit ist, einer beherrschten Mehrheit die Demokratie vorzuspiegeln, ist in dieser Epoche, in der die herrschende Mehrheit, das Proletariat, der beherrschten Minderheit von Kapitalisten, Spekulanten und Gegenrevolutionären gegenübersteht, nicht mehr vonnöten.

In der zweiten Epoche aber, der klassenlosen Gesellschaft, ist das Parlament, ein Mittel der Klassenherrschaft, völlig undenkbar.

Die KPD steht also dem Parlamentarismus als einem Mittel zur Ausübung einer Klassenherrschaft grundsätzlich ablehnend gegenüber.

3. Im gegenwärtigen Zeitpunkt handelt es sich für das Proletariat nicht darum, wie es seine politische Macht ausübe, sondern darum, wie es zur politischen Macht gelange. Den Kampf um diese politische Macht führt das Proletariat mit allen ihm gegebenen politischen und wirtschaftlichen Mitteln. Die Tatsache, daß eine Epoche größerer und größter Kämpfe – Massendemonstrationen, Massenstreiks, offener Aufstand – gekommen ist, zwingt das Proletariat noch nicht, auf kleinere Mittel, zu denen auch die Ausnutzung der Parlamente gehört, dauernd zu verzichten. Sind solche großen Kämpfe entbrannt, so treten solche kleineren Mittel von selbst in den Hintergrund.

Sind die großen Kämpfe ohne entscheidenden Sieg abgeflaut, oder sind sie in Vorbereitung, so treten naturgemäß die kleineren Mittel in den Vordergrund. Lediglich diese Erwägung ist für die Stellung der KPD zur Frage der Anteilnahme an Wahlen und parlamentarischen Aktionen entscheidend. Die Frage ist eine rein taktische.

4. In keinem Fall kann durch das Parlament und durch die parlamentarische Aktion, durch parlamentarische Abstimmungen und Mehrheitsbeschlüsse die politische Macht errungen werden. Wie die Bourgeoisie im Falle ungünstiger parlamentarischer Beschlüsse zu anderen Mitteln greifen würde, um die politische Macht sich zu erhalten, so muß auch das Proletariat gewärtig sein, daß es andere Mittel ergreifen muß, um sich die politische Gewalt zu holen. Nur die große Aktion der Massendemonstrationen, Massenstreiks und Aufstände – bringen die Entscheidung. Die Teilnahme an parlamentarischer Wahl und Tätigkeit dient allein dem Ziel, jene Aktionen agitatorisch und organisatorisch vorzubereiten.

5. Damit ist auch der ganze Unterschied der Stellung der KPD und der USPD in der Frage der Parlamente gekennzeichnet. Die Teilnahme der USPD zielt auf Errungenschaften und Erfolge innerhalb des Parlaments. Der KPD sind die »positiven« Erfolge nebensächlich, ihr Ziel liegt außerhalb des Parlaments. Die USPD verspricht sich von den Beschlüssen des Parlaments einiges oder alles. (Verankerung der Verfassung.) Die KPD verspricht sich von den Beschlüssen nichts. Die USPD sieht in den parlamentarischen Aktionen den Ersatz für revolutionäre Kämpfe, die KPD in ihnen ein Mittel ihrer Herbeiführung. Die USPD bedient sich des Parlaments zur Einwirkung auf die herrschenden Klassen, die KPD zur Einwirkung auf die Massen.

6. In Anwendung dieser Grundsätze wird die KPD über die Beteiligung an Wahlen Beschluß fassen, sobald an sie die Notwendigkeit herantritt.

Parlamentarische Vertreter, die in ihrer Tätigkeit diesen Grundsätzen zuwiderhandeln, sind von ihren Organisationen abzuberufen.

II. Nicht nur die Tätigkeit innerhalb der Parlamente, sondern nach Lage der Verhältnisse auch das Ausscheiden aus den Parlamenten können von bedeutender revolutionierender Wirkung auf das Proletariat und ein revolutionärer Akt sein.

Die Kommunisten in den Parlamenten haben dementsprechend in entscheidenden politischen Konflikten entweder auszuscheiden, oder ihren Ausschluß aus den Parlamenten durch die Bourgeoisie herbeizuführen.

Das Ausscheiden soll in den Augen der gesamten Arbeiterschaft als revolutionäre Aktion erfaßt werden und zur Auslösung der revolutionären Massenaktion führen.

Ihre Tätigkeit ist auf die Herbeiführung solcher Konflikte zu richten.

D: W. Mommsen (Hrsg., 1960), S. 442 f.

3 Görlitzer Programm der Sozialdemokratischen Partei Deutschlands. 14. September 1921 *(Auszug)*

Die Sozialdemokratische Partei Deutschlands ist die Partei des arbeitenden Volkes in Stadt und Land. Sie erstrebt die Zusammenfassung aller körperlich und geistig Schaffenden, die auf den Ertrag eigener Arbeit angewiesen sind, zu gemeinsamen Erkenntnissen und Zielen, zur Kampfgemeinschaft für Demokratie und Sozialismus.

Die kapitalistische Wirtschaft hat den wesentlichen Teil der durch die moderne Technik gewaltig entwickelten Produktionsmittel unter die Herrschaft einer verhältnismäßig kleinen Zahl von Großbesitzern gebracht, sie hat breite Massen der Arbeiter von den Produktionsmitteln getrennt und in besitzlose Proletarier verwandelt. Sie hat die wirtschaftliche Ungleichheit gesteigert und einer kleinen, in Überfluß lebenden Minderheit weite Schichten entgegengestellt, die in Not und Elend verkümmern. Sie hat damit den Klassenkampf für die Befreiung des Proletariats zur geschichtlichen Notwendigkeit und zur sittlichen Forderung gemacht.

DAS SIND DIE FEINDE DER DEMOKRATIE!

HINWEG DAMIT!

DESHALB WÄHLT LISTE

1

SOZIALDEMOKRATEN!

Der Weltkrieg und die ihn abschließenden Friedensdiktate haben diesen Prozeß noch verschärft. Sie haben die Konzentration der Betriebe und des Kapitals beschleunigt, die Kluft zwischen Kapital und Arbeit, Reichtum und Armut erweitert. In Industrie und Bankwesen, in Handel und Verkehr hat eine neue Epoche der Angliederungen und Verschmelzungen, der Kartellierungen und Vertrustungen eingesetzt. Während rücksichtsloses Gewinnstreben eine neue Bourgeoisie von Kriegslieferanten und Spekulanten emporhob, sanken kleine und mittlere Besitzer, Gewerbetreibende, Scharen geistiger Arbeiter, Beamte, Angestellte, Künstler, Schriftsteller, Lehrer, Angehörige aller Art der freien Berufe zu proletarischen Lebensbedingungen hinab. Korrumpierung des öffentlichen Lebens, wachsende Abhängigkeit der bürgerlichen Presse von übermächtigen Wirtschaftsdiktatoren, die auf diese Weise den Staat unter ihre Botmäßigkeit zu bringen versuchen, sind unausbleibliche Folgen.

Die Entwicklung zum Hochkapitalismus hat das Streben nach Beherrschung der Weltwirtschaft durch imperialistische Machterweiterung noch gesteigert. Sie hat ebenso wie die unbefriedigende Lösung der nationalen und wirtschaftlichen Weltprobleme durch die geltenden Friedensverträge die Gefahr neuer blutiger Konflikte heraufbeschworen, die den Zusammenbruch der menschlichen Kultur herbeizuführen drohen.

Zugleich hat der Weltkrieg morsche Herrschaftssysteme hinweggefegt. Politische Umwälzungen haben den Massen die Rechte der Demokratie gegeben, deren sie zu ihrem sozialen Aufstieg bedürfen. Eine gewaltig erstarkte Arbeiterbewegung, groß geworden durch die ruhmvolle opferreiche Arbeit von Generationen, stellt sich dem Kapitalismus als ebenbürtiger Gegner. Mächtiger denn je erhebt sich der Wille, das kapitalistische System zu überwinden und durch internationalen Zusammenschluß des Proletariats, durch Schaffung einer zwischenstaatlichen Rechtsordnung, eines wahren Bundes gleichberechtigter Völker, die Menschheit vor neuer kriegerischer Vernichtung zu schützen. Diesem Willen den Weg zu weisen, den notwendigen Kampf der schaffenden Massen zu einem bewußten und einheitlichen zu gestalten, ist die Aufgabe der Sozialdemokratischen Partei. Die Sozialdemokratische Partei ist entschlossen, zum Schutz der errungenen Freiheit das Letzte einzusetzen. Sie betrachtet die demokratische Republik als die durch die geschichtliche Entwicklung unwiderruflich gegebene Staatsform, jeden Angriff auf sie als ein Attentat auf die Lebensrechte des Volkes.

Die Sozialdemokratische Partei kann sich aber nicht darauf beschränken, die Republik vor den Anschlägen ihrer Feinde zu schützen. Sie kämpft um die Herrschaft des im freien Volksstaat organisierten Volkswillens über die Wirtschaft, um die Erneuerung der Gesellschaft im Geiste sozialistischen Gemeinsinns. Die Überführung der großen konzentrierten Wirtschaftsbetriebe in die Gemeinwirtschaft und darüber hinaus die fortschreitende Umformung der gesamten kapitalistischen Wirtschaft zur sozialistischen, zum Wohle der Gesamtheit betriebenen Wirtschaft erkennt sie als notwendige Mittel, um das schaffende Volk aus den Fesseln der Kapitalherrschaft zu befreien, die Produktionserträge zu steigern, die Menschheit zu höheren Formen wirtschaftlicher und sittlicher Gemeinschaften emporzuführen.

In diesem Sinne erneuert die Sozialdemokratische Partei Deutschlands ihr im Erfurter Programm niedergelegtes Bekenntnis: Sie kämpft nicht für neue Klassenprivilegien und Vorrechte, sondern für die Abschaffung der Klassenherrschaft und der Klassen selbst und für gleiche Rechte und gleiche Pflichten aller, ohne Unterschied des Geschlechts und der Abstammung. Sie führt diesen Kampf in dem Bewußtsein, daß er das Schicksal der Menschheit entscheidet in nationaler wie in internationaler Gemeinschaft, in Reich, Staat und Gemeinde, in Gewerkschaften und Genossenschaften, in Werkstatt und Haus.

D: W. Mommsen (Hrsg., 1960), S. 453–455.

4 Programm der Deutschen Demokratischen Partei. Dezember 1919 (*Auszug*)

I. Staat

1. Innere Politik

Die Deutsche Demokratische Partei steht auf dem Boden der Weimarer Verfassung; zu ihrem Schutz und zu ihrer Durchführung ist sie berufen. Voraussetzung des Erfolges ist die Erziehung des Volkes zur staatsbürgerlichen Gesinnung. Das Verhältnis des Einzelnen zur Gesamtheit bestimmt sich durch den Gedanken der staatsbürgerlichen Pflicht. Sie verleiht den Rechten der Volksgenossen Inhalt wie Begrenzung. Die deutsche Republik muß ein Volksstaat sein und unverbrüchlich zugleich ein Rechtsstaat.

Wir erstreben die Einheit des Reiches, aber unter Berücksichtigung und Erhaltung der Eigenart der deutschen Stämme.

In Gesetzgebung und Verwaltung muß gleiches Recht für alle gelten; die noch bestehenden Zurücksetzungen der Frauen sind zu beseitigen. Die Verwaltung des Reiches muß unter Wahrung des Berufsbeamtentums organisiert werden, aber auch unter starker Beteiligung des Laienelementes. Nach den gleichen Grundsätzen regele sich die Ordnung der Länder und Gemeinden in freier und weitestgehender Selbstverwaltung.

Das Recht ist ein Teil der Volkskultur und muß deshalb volkstümlich ausgestaltet werden. Das uns aufgezwungene Söldnerheer ist baldigst durch ein Milizsystem mit allgemeiner Wehrpflicht zu ersetzen, das geeignet ist zur Verteidigung unserer nationalen Unabhängigkeit.

Säubert das
Reich!
wählt
Deutsche Demokraten!
LISTE 6
HUGO SENSCH
BERLIN SO 16

2. Äußere Politik

Ausgangspunkt und Inhalt der äußeren Politik Deutschlands ist für die nächste Zeit die Revision der Friedensverträge von Versailles und St. Germain. Denn auch in den Beziehungen der Völker zueinander soll nicht Macht und Unterdrückung, sondern Gerechtigkeit und Freiheit walten. Niemals nehmen wir das Diktat der Gewalt als bleibende Rechtsordnung hin. Niemals erkennen wir die Absplitterung deutscher Volksteile vom Vaterland an. Niemals lassen wir vom Selbstbestimmungsrecht der Völker, und wir erstreben, gestützt auf diesen Grundsatz, den Zusammenschluß aller deutschen Stämme.

Deutschlands Anteil an der geistigen Hebung der Menschheit verbürgt ihm den Anspruch auf kolonisatorische Betätigung. Auch den Raub unserer Kolonien fechten wir an.

Ein Hauptziel der deutschen Politik ist die enge Verbindung mit den Auslandsdeutschen und ihr Schutz. Nationale Pflicht ist es, den Volksgenossen unter fremder Herrschaft ihr Volkstum erhalten zu helfen; aber auch die Achtung nationaler Minderheiten in Deutschland betrachten wir als politisches Gebot.

Die letzte Verwirklichung unserer Gedanken kann dauernd nur erzielt werden durch einen Bund aller freien Staaten. Wir treten daher ein für einen Völkerbund, dessen erste Aufgabe das Zusammenwirken der Nationen ist und der zugleich eine internationale Arbeitsgemeinschaft darstellt.

Eine Mächteallianz aber, die dem deutschen Volke die Gleichberechtigung vorenthält, lehnen wir ab, denn sie fördert nur den Völkerhaß und die Völkerverhetzung.

D: W. Mommsen (Hrsg., 1960), S. 509 f.

5 Richtlinien der Deutschen Zentrumspartei. 16. Januar 1922 (*Auszug*)

Die Zentrumspartei ist die christliche Volkspartei, die bewußt zur deutschen Volksgemeinschaft steht und fest entschlossen ist, die Grundsätze des Christentums in Staat und Gesellschaft, in Wirtschaft und Kultur zu verwirklichen. Sie sieht in einer zielklaren christlich-nationalen Politik die sichere Gewähr für die Erneuerung und die Zukunft des deutschen Volkes.

Die Geschlossenheit der deutschen Stämme nach außen und die einheitliche Kraftentfaltung im Innern sind Grundlage der Weltgeltung Deutschlands. Auf diese nationalen Notwendigkeiten, die unbedingt der Parteipolitik überzuordnen sind, muß der politische Wille des ganzen Volkes eingestellt werden. Das Verlangen nach Selbstbehauptung und Selbstbestimmung soll dabei nicht vom eigensüchtigen Machtgedanken, sondern von der sittlichen Idee des Rechtes geleitet sein. Die wahre christliche Völkergemeinschaft gilt der Zentrumspartei als höchstes Ideal der Weltpolitik.

Die Stellung der Zentrumspartei zu den innerstaatlichen Angelegenheiten wird durch die christliche Staatsauffassung und durch den überlieferten Charakter als Verfassungspartei bestimmt. Jeden gewaltsamen Umsturz der verfassungsmäßigen Zustände lehnt sie grundsätzlich ab. Ebenso entschieden, wie sie die Staatsallmacht verwirft, bekämpft sie die Verneinung oder Auflösung des Staatsgedankens. Die Staatsgewalt findet ihre Grenzen im natürlichen Recht und im göttlichen Gesetz; die Unterordnung und Pflichterfüllung dem Staate gegenüber ist eine Forderung des Gewissens.

Die Zentrumspartei bekennt sich zum deutschen Volksstaat, dessen Form durch den Willen des Volkes auf verfassungsmäßigem Wege bestimmt wird. Das Volk muß als Träger der Staatsgewalt mit dem Bewußtsein der Verantwortung für die Staatsgeschicke erfüllt werden. Darum sind die

Bürger aller Volksschichten in weitgehender Selbstverwaltung an den öffentlichen Angelegenheiten zu beteiligen, wobei das Berufsbeamtentum Rückgrat der Verwaltung bleiben muß. Die Vorherrschaft einer Klasse oder Kaste ist mit dem Wesen des Volksstaates unvereinbar. Die verantwortliche Anteilnahme aller Bürger an den Aufgaben des Volksstaates bedingt die politische Gleichberechtigung der Frau und volle Ausweitung der weiblichen Mitarbeit in Gesetzgebung und Verwaltung.

Die Reichseinheit, die begründet ist in der Kulturgemeinschaft und Schicksalverbundenheit der deutschen Stämme, gilt der Zentrumspartei als unverletzlich. Mit ihr steht und fällt die staatliche Lebenskraft des deutschen Volkes. Im Rahmen der Reichseinheit ist das Eigenleben der Länder zu schützen und zu pflegen. Eine starke Zentralgewalt sichert den Stämmen und Ländern Bestand und Lebensentfaltung; der zentralistische Staatsaufbau entspricht nicht dem deutschen Volkscharakter.

Das organische Wachstum der deutschen Volksgemeinschaft beruht auf der Solidarität aller Schichten und Berufsstände. Die Zentrumspartei will die natürlich gegebene Gemeinsamkeit im Geiste christlich-sozialer Lebensauffassung zu einem starken Gemeinschaftsbewußtsein entwickeln und damit dem staatlichen Leben dienstbar machen. Sie lehnt Klassenkampf und Klassenherrschaft grundsätzlich ab, will dagegen die Auswirkung der sozialen Triebkräfte des Berufsgedankens und der Berufsgemeinschaft. Als Grundlage des berufsständischen Aufbaues hat die organisierte Selbsthilfe und die freie Genossenschaft zu gelten.

Die Zentrumspartei will die gesamte Wirtschafts- und Sozialpolitik im gleichen christlich-sozialen Geiste und in engster Verbindung miteinander geführt wissen. Endziel der Wirtschaft muß der Mensch und seine höhere Lebensaufgabe sein. Darum dürfen Menschenwürde und sittlicher Charakter der Arbeit niemals den rein wirtschaftlichen Zwecken geopfert werden. Die Wirtschaftsordnung muß

WÄHLT
ZENTRUM
LISTE 4
BRÜNING
DER FREIHEIT
UND ORDNUNG
LETZTES BOLLWERK
WAHRHEIT FREIHEIT RECHT

vom Gemeinsinn getragen sein und das Gesamtwohl über den Vorteil des Einzelnen stellen. Den politischen, sozialen und kulturellen Gefahren einer Übermacht des Kapitals ist weitschauend vorzubeugen. An alle Träger des Wirtschaftslebens, an Grundbesitz und Kapital, an Kopf- und Handarbeiter richtet sich die Forderung des pflichtmäßigen Dienstes am Gemeinwohl.

Arbeit und Wirtschaft haben den Lebensbedarf des Einzelnen und der Gemeinschaft zu befriedigen, haben jedem Volksgenossen ein menschenwürdiges Dasein zu ermöglichen. Dieses Ziel verlangt neben der zunehmenden Steigerung der Gütererzeugung eine gerechte Güterverteilung, die allen Volksschichten außer dem Lebensnotwendigen die Teilnahme an den Kulturwerten sichert. Die Zentrumspartei hält grundsätzlich am Privateigentum fest und ist bestrebt, die Zahl der Eigentümer ständig zu mehren. Sie erkennt die volkswirtschaftliche Bedeutung der freien Unternehmertätigkeit und der persönlichen Erwerbslust an. Als gleich bedeutsam schätzt sie die Hebung der Arbeitsfreudigkeit und Leistungsfähigkeit der Arbeitnehmer ein. Darum will sie auch diesen Mitverwaltung sichern, Ertragsbeteiligung und Eigentum ermöglichen.

D: W. Mommsen (Hrsg., 1960), S. 486–488.

6 Grundsätze der Deutschen Volkspartei. Oktober 1919 (*Auszug*)

Deutsches Wesen besteht von alters her in dem Streben nach freier Entfaltung des einzelnen und seiner Eigenart im Rahmen der vom Gemeinsinn beherrschten Volksgesamtheit. Deutsches Wesen zu pflegen und ihm Geltung und Achtung in der Welt zu erringen, ist das Bestreben der Deutschen Volkspartei.

Wählt meine Partei

die Deutsche Volkspartei

LEHMANN STEGLITZ

Die Deutsche Volkspartei vertritt daher auf der Grundlage nationaler Staatsgesinnung die Vertiefung und Aussöhnung der liberalen und sozialen Gedanken. Sie ruft alle geistigen und sittlichen Kräfte des deutschen Volkes auf zur Mitarbeit an einer inneren Erneuerung von Volksleben und Staat auf Grund voller Gleichberechtigung, ernster Pflichterfüllung und echter Liebe zum Vaterlande.

I. Vom Staatswesen

1. Staatsgewalt

Eine starke, festgefügte Staatsgewalt – gestützt auf sorgsame Pflege staatsbürgerlichen Pflichtbewußtseins, letzten Endes aber auch auf die unerläßlichen Machtmittel – ist die erste Voraussetzung für eine gedeihliche Entfaltung der deutschen Volkskraft nach außen und innen. Je geringer die Machtmittel des Reiches sind, um so notwendiger ist es, das Pflichtbewußtsein gegen den Staat bis zum Tode, die Manneszucht und Kameradschaft, die Grundpfeiler, auf denen unser deutsches Volksheer aufgebaut war, im deutschen Volke lebendig zu erhalten. Dafür wird die Deutsche Volkspartei allezeit eintreten.

Sie fordert volle politische Gleichberechtigung aller Staatsbürger; sie erblickt aber in der freiwilligen, vertrauensvollen Gefolgschaft, die das Volk seinen selbstgewählten Führern leistet, eine wesentliche Vorbedingung für Deutschlands Freiheit und Aufstieg. Sie wird diese Gesinnung besonders pflegen.

2. Stellung nach außen

Wie für den einzelnen in der Volksgemeinschaft, so verlangt die Deutsche Volkspartei für das deutsche Volk im Kreise der Völker die ihm gebührende Achtung und Freiheit der nationalen und wirtschaftlichen Entwicklung.

Sie erstrebt eine politische und wirtschaftliche Völkerversöhnung, hält diese aber für unmöglich, solange die Ehre des deutschen Volkes von unseren Feinden zertreten, eine Vereinigung aller Deutschen, die von uns gerissen sind oder sich zum Reiche bekennen, einschließlich der österreichischen Deutschen, verhindert und der uns aufgezwungene Gewaltfriede aufrechterhalten wird.

Unsere auswärtige Politik bedarf einer umsichtigen, zielbewußten und sachkundigen Leitung. Der auswärtige Dienst ist umzugestalten; unsere Vertreter im Ausland sind allein nach dem Gesichtspunkt der Tüchtigkeit so auszuwählen, daß sie auf Grund enger Beziehungen zum Auslandsdeutschtum und zu den maßgebenden Kreisen des Auslandes, insbesondere der ausländischen Presse, unsere Politik, unseren Handel und unsere Industrie erfolgreich zu unterstützen vermögen.

An der geistigen und sittlichen Hebung der auf niedriger Kulturstufe stehenden Völker mitzuarbeiten, ist auch das deutsche Volk berechtigt.

3. Staatsform

Die Deutsche Volkspartei wird den Wiederaufbau des Reiches mit allen Mitteln fördern. Daher wird sie im Rahmen ihrer politischen Grundsätze innerhalb der jetzigen Staatsform mitarbeiten.

Die Deutsche Volkspartei fordert den deutschen Einheitsstaat mit weitgehender Selbstverwaltung und Sicherung der Eigenart der einzelnen geschichtlich, kulturell und wirtschaftlich zusammenhängenden Landschaften.

Solange sich aber nicht alle deutschen Länder gleichmäßig dem deutschen Einheitsstaat einfügen, wird die Deutsche Volkspartei sich jedem Versuch einer Zertrümmerung Preußens widersetzen.

Wir fordern die Wiederherstellung der ruhmvollen schwarz-weiß-roten Reichsfarben.

Die Deutsche Volkspartei erblickt in dem durch freien Entschluß des Volkes auf gesetzmäßigem Wege aufzurichtenden Kaisertum, dem Sinnbild deutscher Einheit, die für unser Volk nach Geschichte und Wesensart geeignetste Staatsform.

Verantwortliche Mitarbeit der Volksvertretung an der Regierung, ohne Ausbeutung der jeweiligen Parteimacht, gilt uns als wesentliche Grundlage jeder Verfassung.

D: W. Mommsen (Hrsg., 1960), S. 519–521.

7 Bamberger Programm der Bayerischen Volkspartei. Oktober 1922

Die Gesundung des deutschen Verfassungslebens erwartet sich die Bayerische Volkspartei nur von der Rückkehr zur bundesstaatlichen Form des Reiches und ausgeprägter Staatspersönlichkeit der Einzelstaaten. Sie fordert daher:

1. Die Wiedereinführung eines dem Reichstag gleichberechtigten föderativen Organs nach dem Vorbild des früheren Bundesrates.

2. Anerkennung des Rechts der Einzelstaaten, im Rahmen der Reichseinheit ihre Verfassung und Staatsform nach dem freien Willen des eigenen Volkes zu regeln.

3. Beschränkung der Reichsgesetzgebung auf die Gebiete notwendiger Reichseinheit.

4. Wiederherstellung der vollen Verwaltungshoheit der Einzelstaaten und grundsätzliche Ausführung auch der Reichsaufgaben durch die Staaten.

5. Sicherstellung der eigenen Steuerhoheit der Staaten und Zuweisung ausreichender Einnahmequellen an die Gemeinden.

so war's

so ist's

KEIMEL

1918

1928

DARUM WÄHLT

BAYERISCHE VOLKSPARTEI

6. Anerkennung des Rechts der Einzelstaaten, mit auswärtigen Staaten im Rahmen der Reichspolitik Verträge über ihre wirtschaftlichen und kulturellen Belange abzuschließen und Vertreter im Ausland zu bestellen.

Die Bayerische Volkspartei wird eine Änderung der Reichsverfassung im Sinne dieser Forderungen mit den verfassungsmäßigen Mitteln nachdrücklich betreiben. Sie sieht in solcher föderalistischer Gestaltung seiner Verfassung die Bürgschaft für den Bestand und das Glück des Reiches.

D: W. Mommsen (Hrsg., 1960), S. 506.

8 Richtlinien der Reichspartei des Deutschen Mittelstandes (Wirtschaftspartei). 1926

1. Die Reichspartei als politische Standesvertretung

Die »Reichspartei des deutschen Mittelstandes (Wirtschaftspartei) e. V.« ist die politische Vertretung des gesamten deutschen Mittelstandes. Ihre vornehmste Aufgabe ist die Erhaltung und Stärkung eines gesunden Mittelstandes. Sie erstrebt durch Ausbau der Verfassungen des Reiches und der Länder die allmähliche Abkehr von den entarteten Formen des Parlamentarismus.

2. Begriff des Mittelstandes

Die Partei bekennt, daß die Zugehörigkeit zum Mittelstand sich nicht auf vermögensrechtliche Merkmale, sondern auf Arbeit, Standesbewußtsein und Gesinnung gründet. Zum Mittelstand gehören alle schaffenden Kräfte im Volke, die sich weder zum klassenkämpferischen Proletariat zählen, noch den Gedanken des persönlichkeitsfeindlichen Kapitalismus vertreten, insbesondere die Angehörigen des Handwerks, des Handels, des Gewerbes und der freien Berufe, die Bauern, die Hausbesitzer, die Künstler, die Berufsbeamten in öffentlicher oder privater Stellung, die zur Selbständigkeit strebenden, standesbewußten Angestellten, Gesellen, Gehilfen und Handarbeiter.

3. Schutz des selbständigen Mittelstandes

Die Wohlfahrt des Volkes beruht auf dem freien Schaffen möglichst vieler selbständiger Persönlichkeiten. Raum schaffen, daß Menschen Persönlichkeiten werden können, willig zum Folgen, fähig zum Führen, ist das Hauptziel der Partei.

Die Partei sieht in der wirtschaftlichen und sittlichen Verantwortlichkeit des Einzelnen für sich und die Seinen die stärkste Quelle deutscher Volkskraft. Sie will diese Verantwortung von allen Fesseln befreien und bekämpft daher alle Bestrebungen und Unternehmungen wirtschaftlicher und politischer Art, die geeignet sind, selbständige Mittelstandsexistenzen zu vernichten oder den Aufstieg zum selbständigen Mittelstande zu erschweren.

4. Zusammenschluß des deutschen Mittelstandes

Die Partei will den gesamten geistig und praktisch arbeitenden Mittelstand vereinen und ihm die wirtschaftliche und politische Geltung wiederverschaffen, die ihm nach seiner geschichtlichen und kulturellen Bedeutung gebührt.

Die Partei richtet durch die Vereinigung des praktischen und geistigen Mittelstandes zu einer sichtbaren Macht die alte deutsche Volkskulturgemeinschaft wieder auf. Diese

Kulturgemeinschaft kennt keine politischen Grenzen. Gegenüber der internationalen Verbrüderung des Proletariats und dem internationalen Zusammenwirken des Großkapitals lautet der Ruf der Partei: »Nationaler Zusammenschluß des gesamten deutschen Mittelstandes in Europa!« So entsteht den mißhandelten deutschen Volksgenossen jenseits der Grenzen im reichsdeutschen Mittelstand der ersehnte Nothelfer zum Heile des gesamten deutschen Volkes.

D: W. Mommsen (Hrsg., 1960), S. 543 f.

9 Grundsätze der Deutschnationalen Volkspartei. 1920
(*Auszug*)

Zum dritten Male in unserer stolzen Geschichte hat Deutschland Volkstum, Staat, Wirtschaft und Geistesleben neu aufzubauen.

Das Kaisertum hat uns auf den Gipfel staatlicher Macht geführt. Das deutsche Volk hat seine Kraft glänzend bewährt. Durch feindliche Übermacht und eigene Schuld ist es jäh zusammengebrochen. Darin ruht die erschütternde Tragik seines Geschickes.

Ernst und nüchtern suchen wir den Gründen unseres Elends nachzugehen. Auf dem Mangel an politischer Begabung ruht die schwere Gesamtschuld unseres Volkes, – daher die Neigung zu gefühlsmäßiger, weltbürgerlicher Behandlung der öffentlichen Dinge, die weitgehende Verkennung der in der Seele anderer Völker wirkenden Kräfte. Wir sind von mißgünstigen Nachbarn umgeben, durch keine natürlichen Grenzen geschützt, in fast allen Grenzmarken mit fremden Stämmen vermischt, mit dem Erbteil schwerer innerer Gegensätze belastet. Nur ein fortgesetztes Ringen um die innere Einheit, nur strenge Selbstzucht und willige Un-

Mehr Macht
dem Reichspräsidenten!
Weg mit der
Alleinherrschaft
der Parlamente (Artikel 54)
Wählt Deutschnational

terordnung konnte Bismarcks Werk vor schwerer Gefährdung bewahren. Für diese Aufgabe hat sich unser Volk nicht reif erwiesen. Überschätzung wirtschaftlicher Güter, der Fluch schnellen Reichwerdens unterhöhlte den Unterbau fester sittlicher Werte. Letzten Endes wurde die Revolution die große Verbrecherin, die Sittlichkeit, Staatsordnung und Wirtschaft zertrümmerte und uns der Verachtung der Welt preisgab.

Die Kräfte, die uns groß gemacht, die Fehler, die uns niedergeworfen haben, bestimmen auch die künftige Schicksalslinie unseres Volkes. Nicht würdeloses Werben um fremde Gunst noch der Traum einer internationalen Solidarität der handarbeitenden Stände hilft uns aus der Not. Nur das ruhige Selbstvertrauen eines auch im Unglück stolzen Volkes ermöglicht die ungeheure Kraftanstrengung, für die wir alle Volksgenossen werben. Nur strenges Pflichtgefühl und hingebende Mitarbeit gründen den starken Staat, den unser Volk braucht, wenn es nicht Spielball der Fremden bleiben will. Mit kühnem Glauben an unsere Zukunft, aber auch mit nüchternem Wirklichkeitssinn und starkem Verantwortungsgefühl wollen wir an ihm bauen. Die Kraft entnehmen wir unserer Geschichte. Ihre Überlieferungen sollen immer lebendiger werden. Ihre Gestalten sollen unsere Jugend begeistern.

Sie gibt uns die Ideale, die der ideallose Staat von heute nicht entbehren kann. Millionen deutscher Männer und Frauen haben sich um unser Banner geschart. Sie kommen aus allen Lagern. Täglich wächst ihre Zahl. Die Jugend strömt uns zu. Dem nationalen Gedanken gehört die Zukunft.

Für die gewaltige Aufgabe, die vor ihm liegt, braucht unser Volk höhere Kräfte, als die sittlich verwüstete Welt sie zu geben vermag. Im Ernst des christlichen Gewissens erhält der deutsche Gedanke erst seinen tiefsten sittlichen Gehalt. Auf der unlösbaren tausendjährigen Vermählung beider beruht deutsche Sittlichkeit, ruht jedes wahrhaft deutsche Geistesleben. Nur in lebendigem Christentum findet unser Volk die aufbauenden und erhaltenden Kräfte, deren es in Staat, Schule und Haus bedarf. Je innerlicher unser Volk die Aufgabe erfaßt, in der Hingabe an das Ganze »auch das Leben für die Brüder« zu lassen, um so mehr wird es zu der inneren Versöhnung und zu dem geläuterten sozialen Empfinden gelangen, aus dem letzten Endes die Wiedergeburt erwächst.

Aus dieser Verbindung nationalen und christlichen Geistes ergibt sich unsere Stellung zu den Aufgaben der Wirtschaft. Alle für alle, jeder an seinem Platz, der geistige wie der Handarbeiter, ein kühnes, schaffensfreudiges Unternehmertum und eine hochentwickelte, lebensfrohe Arbeiterschaft, beide bewußte Mitarbeiter am wirtschaftlichen Wiederaufbau der Nation, durch gegenseitiges Vertrauen verbunden, von heißer Vaterlandsliebe getragen, von gemeinsamem Verantwortungsgefühl bestimmt: das ist das große wirtschaftlich-soziale Ziel, das wir verfolgen. Wir wollen ringen nach den Formen, in denen Arbeit und Kapital sich versöhnen; daß wir sie finden, ist die Voraussetzung für Einheit und Zukunft der Nation. Wir wollen werben für das Bewußtsein inniger Interessengemeinschaft, zu der der furchtbare Druck der Zeit und die gemeinsame Sorge um unseren Bestand Arbeitgeber und Arbeitnehmer mehr denn je verknüpft. Wir wollen aufrufen zu der opferwilligen Arbeitsbereitschaft, zu der jeder Volksgenosse dem Vaterland gegenüber verpflichtet ist. Auf unserer inneren Geschlossenheit, auf der warmherzigen, alle Volksgenossen erfassenden brüderlichen Gesinnung ruht Rettung, Heil, Zukunft der deutschen Volksgemeinschaft.

Es ist das schwere Geschick unseres Volkes, daß der nationale Gedanke bei uns nicht als natürliche Frucht einer stetigen Entwicklung durch die Jahrhunderte heranreifte. Aus Scherben und Trümmerhaufen brach er meist nach langem Schlummer hervor, um sich dann als Wurzel großer staatenbildender Kräfte und Ereignisse zu bewähren. In ruhigem Vertrauen harren wir der Zeit, wo die heilige Flamme vaterländischer Begeisterung die müde gewordenen Herzen und trägen Geister entzündet, wo der feurige Idealismus der Jugend sich in männlichen Taten bewährt und in der nationalen Einheit eines geläuterten Volkes unter den alten Reichsfarben schwarz-weiß-rot das Kaiserreich der Zukunft erwächst.

D: W. Mommsen (Hrsg., 1960), S. 533–535.

10 Programm der NSDAP. 24. Februar 1920

Das Programm der Deutschen Arbeiterpartei ist ein Zeitprogramm. Die Führer lehnen es ab, nach Erreichung der im Programm aufgestellten Ziele neue aufzustellen, nur zu dem Zweck, um durch künstlich gesteigerte Unzufriedenheit der Massen das Fortbestehen der Partei zu ermöglichen.

1. Wir fordern den Zusammenschluß aller Deutschen auf Grund des Selbstbestimmungsrechtes der Völker zu einem Großdeutschland.
2. Wir fordern die Gleichberechtigung des deutschen Volkes gegenüber den anderen Nationen, Aufhebung der Friedensverträge von Versailles und St. Germain.
3. Wir fordern Land und Boden (Kolonien) zur Ernährung unseres Volkes und die Ansiedlung unseres Bevölkerungsüberschusses.
4. Staatsbürger kann nur sein, wer Volksgenosse ist. Volksgenosse kann nur sein, wer deutschen Blutes ist, ohne Rücksichtnahme auf Konfession. Kein Jude kann daher Volksgenosse sein.
5. Wer nicht Staatsbürger ist, soll nur als Gast in Deutschland leben können und muß unter Fremdengesetzgebung stehen.

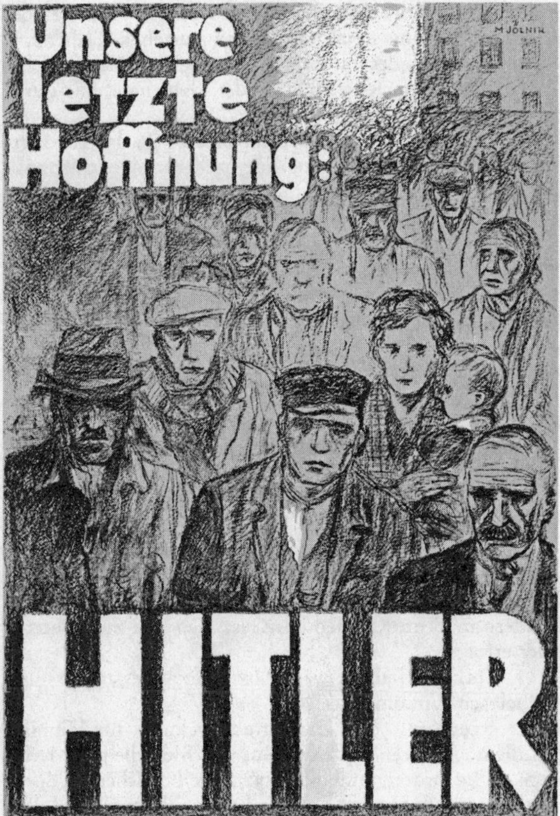

Unsere letzte Hoffnung:

HITLER

6. Das Recht, über Führung und Gesetze des Staates zu bestimmen, darf nur dem Staatsbürger zustehen. Daher fordern wir, daß jedes öffentliche Amt, gleichgültig welcher Art, gleich ob im Reich, Land oder Gemeinde, nur durch Staatsbürger bekleidet werden darf.

Wir bekämpfen die korrumpierende Parlamentswirtschaft einer Stellenbesetzung nur nach Parteigesichtspunkten ohne Rücksichten auf Charakter und Fähigkeiten.

7. Wir fordern, daß sich der Staat verpflichtet, in erster Linie für die Erwerbs- und Lebensmöglichkeiten der Staatsbürger zu sorgen. Wenn es nicht möglich ist, die Gesamtbevölkerung des Staates zu ernähren, so sind die Angehörigen fremder Nationen (Nicht-Staatsbürger) aus dem Reiche auszuweisen.

8. Jede weitere Einwanderung Nichtdeutscher ist zu verhindern. Wir fordern, daß alle Nichtdeutschen, die seit 2. August 1914 in Deutschland eingewandert sind, sofort zum Verlassen des Deutschen Reiches gezwungen werden.

9. Alle Staatsbürger müssen gleiche Rechte und Pflichten besitzen.

10. Erste Pflicht jedes Staatsbürgers muß sein, geistig oder körperlich zu schaffen. Die Tätigkeit des einzelnen darf nicht gegen die Interessen der Allgemeinheit verstoßen, sondern muß im Rahmen des Gesamten und zum Nutzen aller erfolgen.

11. Daher fordern wir: Abschaffung des arbeits- und mühelosen Einkommens.

12. Brechung der Zinsknechtschaft. Im Hinblick auf die ungeheuren Opfer an Gut und Blut, die jeder Krieg vom Volke fordert, muß die persönliche Bereicherung durch den Krieg als Verbrechen am Volke bezeichnet werden. Wir fordern daher restlose Einziehung aller Kriegsgewinne.

13. Wir fordern die Verstaatlichung aller (bisher) bereits vergesellschafteten (Trusts) Betriebe.

14. Wir fordern Gewinnbeteiligung an Großbetrieben.

15. Wir fordern einen großzügigen Ausbau der Altersversorgung.

16. Wir fordern die Schaffung eines gesunden Mittelstandes und seine Erhaltung. Sofortige Kommunalisierung der Groß-Warenhäuser und ihre Vermietung zu billigen Preisen an kleine Gewerbetreibende, schärfste Berücksichtigung aller kleinen Gewerbetreibenden bei Lieferungen an den Staat, die Länder oder Gemeinden.

17. Wir fordern eine unseren nationalen Bedürfnissen angepaßte Bodenreform, Schaffung eines Gesetzes zur unentgeltlichen Enteignung von Boden für gemeinnützige Zwecke. Abschaffung des Bodenzinses und Verhinderung jeder Bodenspekulation.

18. Wir fordern den rücksichtslosen Kampf gegen diejenigen, die durch ihre Tätigkeit das Gemeininteresse schädigen. Gemeine Volksverbrecher, Wucherer, Schieber usw. sind mit dem Tode zu bestrafen, ohne Rücksichtnahme auf Konfession und Rasse.

19. Wir fordern Ersatz für das der materialistischen Weltordnung dienende römische Recht durch ein deutsches Gemeinrecht.

20. Um jedem fähigen und fleißigen Deutschen das Erreichen höherer Bildung und damit das Einrücken in führende Stellungen zu ermöglichen, hat der Staat für einen gründlichen Ausbau unseres gesamten Volksbildungswesens Sorge zu tragen. Die Lehrpläne aller Bildungsanstalten sind den Erfordernissen des praktischen Lebens anzupassen. Das Erfassen des Staatsgedankens muß bereits mit dem Beginn des Verständnisses durch die Schule (Staatsbürgerkunde) erzielt werden. Wir fordern die Ausbildung geistig besonders veranlagter Kinder armer Eltern ohne Rücksicht auf deren Stand oder Beruf auf Staatskosten.

21. Der Staat hat für die Hebung der Volksgesundheit zu sorgen durch den Schutz der Mutter und des Kindes, durch Verbot der Jugendarbeit, durch Herbeiführung der körperlichen Ertüchtigung mittels gesetzlicher Festlegung einer

Turn- und Sportpflicht, durch größte Unterstützung aller sich mit körperlicher Jugendausbildung beschäftigenden Vereine.

22. Wir fordern die Abschaffung der Söldnertruppen und die Bildung eines Volksheeres.

23. Wir fordern den gesetzlichen Kampf gegen die bewußte politische Lüge und ihre Verbreitung durch die Presse. Um die Schaffung einer Deutschen Presse zu ermöglichen, fordern wir, daß:

a) sämtliche Schriftleiter und Mitarbeiter von Zeitungen, die in deutscher Sprache erscheinen, Volksgenossen sein müssen;

b) nichtdeutsche Zeitungen zu ihrem Erscheinen der ausdrücklichen Genehmigung des Staates bedürfen. Sie dürfen nicht in deutscher Sprache gedruckt werden;

c) jede finanzielle Beteiligung an deutschen Zeitungen oder deren Beeinflussung durch Nichtdeutsche gesetzlich verboten wird, und fordern als Strafe für Übertretungen die Schließung eines solchen Zeitungsbetriebes, sowie die sofortige Ausweisung der daran beteiligten Nichtdeutschen aus dem Reich.

Zeitungen, die gegen das Gemeinwohl verstoßen, sind zu verbieten. Wir fordern den gesetzlichen Kampf gegen eine Kunst- und Literaturrichtung, die einen zersetzenden Einfluß auf unser Volksleben ausübt, und die Schließung von Veranstaltungen, die gegen vorstehende Forderungen verstoßen.

24. Wir fordern die Freiheit aller religiösen Bekenntnisse im Staat, soweit sie nicht dessen Bestand gefährden oder gegen das Sittlichkeits- und Moralgefühl der germanischen Rasse verstoßen.

Die Partei als solche vertritt den Standpunkt eines positiven Christentums, ohne sich konfessionell an ein bestimmtes Bekenntnis zu binden. Sie bekämpft den jüdisch-materialistischen Geist in und außer uns und ist überzeugt, daß eine dauernde Genesung unseres Volkes nur erfolgen kann von innen heraus auf der Grundlage: Gemeinnutz vor Eigennutz.

25. Zur Durchführung alles dessen fordern wir die Schaffung einer starken Zentralgewalt des Reiches. Unbedingte Autorität des politischen Zentralparlaments über das gesamte Reich und seine Organisationen im allgemeinen. Die Bildung von Stände- und Berufskammern zur Durchführung der vom Reich erlassenen Rahmengesetze in den einzelnen Bundesstaaten.

Die Führer der Partei versprechen, wenn nötig unter Einsatz des eigenen Lebens, für die Durchführung der vorstehenden Punkte rücksichtslos einzutreten.

D: W. Mommsen (Hrsg., 1960), S. 548–550.

Literaturhinweise

Quellen und zeitgenössische Schriften

Achten, Udo / Krupka, Siegfried (Hrsg.): An alle! Lesen! Weitergeben! Flugblätter der Arbeiterbewegung 1848 bis 1933. Berlin 1982.

Anschütz, Gerhard: Drei Leitgedanken der Weimarer Reichsverfassung. Tübingen 1923.

Benz, Wolfgang / Graml, Hermann (Hrsg.): Biographisches Lexikon zur Weimarer Republik. München 1988.

Bernstein, Eduard: Die deutsche Revolution. Berlin 1921.

Brüning, Heinrich: Memoiren 1918–1934. Stuttgart 1970.

Deutscher Geschichtskalender, Hrsg. von F. Purlitz. Erg.-Bd.: Die deutsche Revolution. Bd. 1. Leipzig [o. J.].

Falter, Jürgen W. [u. a.]: Wahlen und Abstimmungen in der Weimarer Republik. Materialien zum Wahlverhalten 1919–1933. München 1986.

Huber, Ernst Rudolf (Hrsg.): Dokumente zur deutschen Verfassungsgeschichte. Bd. 3. Stuttgart 1966.

Jellinek, Walter: Revolution und Reichsverfassung. Bericht über die Zeit vom 9. November 1918 bis 31. Dezember 1919. In: Jahrbuch des öffentlichen Rechtes der Gegenwart 9 (1920) S. 1–128.

– Entstehung und Ausbau der Weimarer Reichsverfassung. In: Handbuch des Deutschen Staatsrechts. Bd. 1. Hrsg. von Gerhard Anschütz und Richard Thoma. Tübingen 1930. S. 127–138.

Kaufmann, Erich: Gesammelte Schriften. Bd. 1: Autorität und Freiheit. Göttingen 1960.

Kelsen, Hans: Vom Wesen und Wert der Demokratie. Tübingen 1920/29.

Leibholz, Gerhard: Das Wesen der Repräsentation – unter besonderer Berücksichtigung des Repräsentativsystems. Ein Beitrag zur allgemeinen Staats- und Verfassungslehre. Berlin 1929.

– Die Wahlrechtsreform und ihre Grundlagen. In: Veröffentlichungen der Vereinigung der Deutschen Staatsrechtslehrer 7 (1932) S. 159–190.

Linksliberalismus in der Weimarer Republik. Die Führungsgremien der Deutschen Demokratischen Partei und der Deutschen Staatspartei 1918–1933. Eingel. von Lothar Albertin. Bearb. von Konstanze Wegner. Düsseldorf 1980.

Mommsen, Wilhelm (Hrsg.): Deutsche Parteiprogramme. München 1960.

Neumann, Sigmund: Die politischen Parteien in Deutschland. Berlin 1932.

Petzina, Dietmar [u. a.]: Sozialgeschichtliches Arbeitsbuch III. Materialien zur Statistik des Deutschen Reiches 1914–1945. München 1978.

Preuß, Hugo: Nationaler Gegensatz und internationale Gemeinschaft. Rede bei Antritt des Rektorats der Handels-Hochschule Berlin am 19. Oktober 1918. Berlin 1918.

– Staat, Recht und Freiheit. Aus 40 Jahren deutscher Politik und Geschichte. Mit einem Geleitwort von Theodor Heuß. Tübingen 1926. – Nachdr. Hildesheim 1964.

– Reich und Länder. Bruchstücke eines Kommentars zur Verfassung des Deutschen Reiches. Hrsg. von Gerhard Anschütz. Berlin 1928.

Ritter, Gerhard A. / Miller, Susanne (Hrsg.): Die deutsche Revolution 1918–1919. Dokumente. Hamburg 1975.

Schmitt, Carl: Legalität und Legitimität. München 1932.

Smend, Rudolf: Staatsrechtliche Abhandlungen und andere Aufsätze. Berlin 1955.

Thoma, Richard: Der Begriff der modernen Demokratie in seinem Verhältnis zum Staatsbegriff. In: Hauptprobleme der Soziologie. Erinnerungsgabe für Max Weber. Bd. 2. München 1923. S. 39–64.

Triepel, Heinrich: Quellensammlung zum Deutschen Reichsstaatsrecht. 4. Aufl. Tübingen 1926.

– Die Staatsverfassung und die politischen Parteien. Berlin 1928.

Wolff, Theodor: Die Wilhelminische Epoche: Fürst Bülow am Fenster und andere Begegnungen. Hrsg. und eingel. von Bernd Sösemann. Frankfurt a. M. 1989. [Erw. Neuaufl. von: *Der Marsch durch zwei Jahrzehnte*, Amsterdam 1936.]

Überblicks- und Fachliteratur

Albertin, Lothar: Liberalismus und Demokratie am Anfang der Weimarer Republik. Eine vergleichende Analyse der Deutschen Demokratischen Partei und der Deutschen Volkspartei. Düsseldorf 1972.

Apelt, Willibalt: Geschichte der Weimarer Verfassung. München 1946. – 2. Aufl. München [u. a.] 1964.

Berghahn, Volker R.: Der Stahlhelm. Bund der Frontsoldaten 1918–1935. Düsseldorf 1966.

Bracher, Karl Dietrich: Die Auflösung der Weimarer Republik. Eine Studie zum Problem des Machtverfalls in der Demokratie. Villingen 1955. – Königstein i. Ts. 1978.

Bracher, Karl Dietrich [u. a.] (Hrsg.): Die Weimarer Republik 1918–1933. Politik, Wirtschaft, Gesellschaft. Bonn 1987. [Zugleich Düsseldorf 1987.]

Dederke, Karlheinz: Reich und Republik. Deutschland 1917–1933. Stuttgart 1971.

Ehni, Hans-Peter: Bollwerk Preußen? Preußen-Regierung, Reich-Länder-Problem und Sozialdemokratie 1928–1932. Bonn 1975.

Erdmann, Karl Dietrich / Schulze, Hagen (Hrsg.): Weimar. Selbstpreisgabe einer Demokratie. Eine Bilanz heute. Düsseldorf 1980.

Falter, Jürgen W.: Hitlers Wähler. München 1991.

Feldman, Gerald D.: Vom Weltkrieg zur Weltwirtschaftskrise. Studien zur deutschen Wirtschafts- und Sozialgeschichte 1914–1932. Göttingen 1984.

Gessner, Dieter: Agrarverbände in der Weimarer Republik. Wirtschaftliche und soziale Voraussetzungen agrarkonservativer Politik vor 1933. Düsseldorf 1976.

Gusy, Christoph: Weimar – die wehrlose Republik? Verfassungsschutzrecht und Verfassungsschutz in der Weimarer Republik. Tübingen 1991.

– Die Lehre vom Parteienstaat in der Weimarer Republik. Baden-Baden 1993.

– Die Weimarer Reichsverfassung. Tübingen 1997.

Haffner, Sebastian: Die verratene Revolution. Deutschland 1918/19. München 1969.

Hartwich, Hans-Hermann: Arbeitsmarkt, Verbände und Staat 1918–1933. Die öffentliche Bindung unternehmerischer Funktionen in der Weimarer Republik. Berlin 1967.

Heiber, Helmut: Die Republik von Weimar. München 1966.

Heinemann, Ulrich: Die verdrängte Niederlage. Politische Öffentlichkeit und Kriegsschuldfrage in der Weimarer Republik. Göttingen 1983.

Heß, Jürgen C.: »Das ganze Deutschland soll es sein«. Demokratischer Nationalismus in der Weimarer Republik am Beispiel der Deutschen Demokratischen Partei. Stuttgart 1978.

Hömig, Herbert: Das preußische Zentrum in der Weimarer Republik. Mainz 1979.

Hoepke, Klaus-Peter: Die deutsche Rechte und der italienische Faschismus. Ein Beitrag zum Selbstverständnis und zur Politik von Gruppen und Verbänden der deutschen Rechten. Düsseldorf 1968.

Holzbach, Heidrun: Das »System Hugenberg«. Die Organisation bürgerlicher Sammlungspolitik vor dem Aufstieg der NSDAP 1918–1928. Stuttgart 1980.

Huber, Ernst Rudolf: Deutsche Verfassungsgeschichte seit 1789. Bd. 5–7. Stuttgart 1978–84.

Jasper, Gotthard: Die gescheiterte Zähmung. Wege zur Machtergreifung Hitlers 1930–1934. Frankfurt a. M. 1986.

Jung, Otmar: Direkte Demokratie in der Weimarer Republik. Die Fälle »Aufwertung«, »Fürstenenteignung«, »Panzerkreuzerverbot« und »Youngplan«, Frankfurt a. M. [u. a.] 1989.

Kluge, Ulrich: Die deutsche Revolution 1918/19. Staat, Politik und Gesellschaft zwischen Weltkrieg und Kapp-Putsch. Frankfurt a. M. 1985.

König, Rudolf [u. a.] (Hrsg.): Friedrich Ebert und seine Zeit. Bilanz und Perspektiven der Forschung. München 1990.

Kolb, Eberhard: Die Arbeiterräte in der deutschen Innenpolitik 1918 bis 1919. Düsseldorf 1962. – Um ein Vorw. und einen bibliogr. Anh. erw. Ausg. Frankfurt a. M. 1978.

– Die Weimarer Republik. 3. Aufl. München 1993.

– (Hrsg.): Demokratie in der Krise: Parteien im Verfassungssystem der Weimarer Republik. München 1997.

Krüger, Peter: Die Außenpolitik der Republik von Weimar. Darmstadt 1985.

– Versailles. Deutsche Außenpolitik zwischen Revisionismus und Friedenssicherung. München 1986.

Kurz, Achim: Demokratische Diktatur? Auslegung und Handhabung des Artikels 48 der Weimarer Verfassung 1919–1925. Berlin 1992.

Lehnert, Detlef: Sozialdemokratie und Novemberrevolution. Die Neuordnungsdebatte 1918/19 in der politischen Publizistik von SPD und USPD. Frankfurt a. M. 1983.

– Kommunale Politik, Parteiensystem und Interessenkonflikte in Berlin und Wien 1919–1932. Wohnungs-, Verkehrs- und Finanzpolitik im Spannungsfeld von städtischer Selbstverwaltung und Verbandseinflüssen. Berlin 1991.

– Verfassungsdemokratie als Bürgergenossenschaft. Politisches Denken, Öffentliches Recht und Geschichtsdeutungen bei Hugo Preuß. Baden-Baden 1998.

Lehnert, Detlef / Megerle, Klaus (Hrsg.): Politische Identität und nationale Gedenktage. Opladen 1989. – Politische Teilkulturen zwischen Integration und Polarisierung. Ebd. 1990. – Pluralismus als Verfassungs- und Gesellschaftsmodell. Ebd. 1993.

Longerich, Peter: Deutschland 1918–1933: die Weimarer Republik. Hannover 1995.

Matthias, Erich / Morsey, Rudolf: Das Ende der Parteien 1933. Bonn 1960.

Miller, Susanne: Die Bürde der Macht. Die deutsche Sozialdemokratie 1918–1920. Düsseldorf 1978.

Möller, Horst: Parlamentarismus in Preußen 1919–1932. Düsseldorf 1985.

– Weimar. Die unvollendete Demokratie. München 1985.

Mommsen, Hans: Die verspielte Freiheit. Der Weg der Republik von Weimar in den Untergang 1918 bis 1933. Berlin 1990.

Mommsen, Hans [u. a.] (Hrsg.): Industrielles System und politische Entwicklung in der Weimarer Republik. 2 Bde. Düsseldorf 1974.

Morsey, Rudolf: Die Deutsche Zentrumspartei 1917–1923. Düsseldorf 1966.

Neumann, Franz L.: Die Herrschaft des Gesetzes. Eine Untersuchung zum Verhältnis von politischer Theorie und Rechtssystem in der Konkurrenzgesellschaft. Frankfurt a. M. 1980. [Engl. London 1936].

Nowak, Kurt: Evangelische Kirche und Weimarer Republik. Zum politischen Weg des deutschen Protestantismus zwischen 1918 und 1932. Göttingen 1981.

Pelinka, Anton / Welan, Manfried: Demokratie und Verfassung in Österreich. Wien 1971.

Peukert, Detlev J. K.: Die Weimarer Republik. Krisenjahre der Klassischen Moderne. Frankfurt a. M. 1987.

Portner, Erich: Die Verfassungspolitik der Liberalen – 1919 –. Ein Beitrag zur Deutung der Weimarer Reichsverfassung. Bonn 1973.

Potthoff, Heinrich: Das Weimarer Verfassungswerk und die deutsche Linke. In: Archiv für Sozialgeschichte 12 (1972) S. 433–483.

– Freie Gewerkschaften 1918–1933. Der Allgemeine Deutsche Gewerkschaftsbund in der Weimarer Republik. Düsseldorf 1987.

Preller, Ludwig: Sozialpolitik in der Weimarer Republik. Stuttgart 1949. – Unveränd. Nachdr. Kronberg i. Ts. [u. a.] 1978.

Pyta, Wolfram: Gegen Hitler und für die Republik. Die Auseinandersetzung der deutschen Sozialdemokratie mit der NSDAP in der Weimarer Republik. Düsseldorf 1989.

Rohe, Karl: Das Reichsbanner Schwarz Rot Gold. Ein Beitrag zur Geschichte und Struktur der politischen Kampfverbände zur Zeit der Weimarer Republik. Düsseldorf 1966.

– Wahlen und Wählertraditionen in Deutschland. Kulturelle Grundlagen deutscher Parteien und Parteiensysteme im 19. und 20. Jahrhundert. Frankfurt a. M. 1992.

Rosenberg, Arthur: Geschichte der Weimarer Republik. 15. Aufl. Frankfurt a. M. 1973.

Ruppert, Karsten: Im Dienst am Staat von Weimar. Das Zentrum als regierende Partei in der Weimarer Demokratie 1923–1930. Düsseldorf 1992.

Schneider, Michael: Die Christlichen Gewerkschaften 1894–1933. Bonn 1982.

Schönhoven, Klaus: Reformismus und Radikalismus. Gespaltene Arbeiterbewegung im Weimarer Sozialstaat. München 1989.

Schulz, Gerhard: Zwischen Demokratie und Diktatur. Verfassungspolitik und Reichsreform in der Weimarer Republik. Bd. 1: Die Periode der Konsolidierung und der Revision des Bismarckschen Reichsaufbaus 1919–1930. Berlin 1987. – Bd. 2: Deutschland am Vorabend der Großen Krise. Ebd. 1987. – Bd. 3: Von Brüning zu Hitler. Der Wandel des politischen Systems in Deutschland 1930–1933. Ebd. 1992.

Schulze, Hagen: Otto Braun oder Preußens demokratische Sendung. Eine Biographie. Frankfurt a. M. [u. a.] 1977.

– Weimar. Deutschland 1917–1933. Berlin 1982/94.

Sontheimer, Kurt: Antidemokratisches Denken in der Weimarer Republik. Die politischen Ideen des deutschen Nationalismus zwischen 1918 und 1933. München 1962.

Stürmer, Michael: Koalition und Opposition in der Weimarer Republik 1924–1928. Düsseldorf 1967.

– (Hrsg.): Die Weimarer Republik. Königstein i. Ts. 1980.

Tanner, Klaus: Die fromme Verstaatlichung des Gewissens. Zur Auseinandersetzung um die Legitimität der Weimarer Reichsverfassung in Staatsrechtswissenschaft und Theologie der zwanziger Jahre. Göttingen 1989.

Theiner, Peter: Sozialer Liberalismus und deutsche Weltpolitik: Friedrich Naumann im Wilhelminischen Deutschland (1860–1919). Baden-Baden 1983.

Weisbrod, Bernd: Die Schwerindustrie in der Weimarer Republik. Interessenpolitik zwischen Stabilisierung und Krise. Wuppertal 1978.

Winkler, Heinrich August: Mittelstand, Demokratie und Nationalsozialismus. Die politische Entwicklung von Handwerk und Kleinhandel in der Weimarer Republik. Köln 1972.
– Von der Revolution zur Stabilisierung. Arbeiter und Arbeiterbewegung in der Weimarer Republik. Berlin 1984.
– Der Schein der Normalität. Arbeiter und Arbeiterbewegung in der Weimarer Republik. Berlin 1985.
– Der Weg in die Katastrophe. Arbeiter und Arbeiterbewegung in der Weimarer Republik. Berlin 1987.
– Weimar 1918–1933. Die Geschichte der ersten deutschen Demokratie. München 1993.
– (Hrsg.): Die deutsche Staatskrise 1930–1933. Handlungsspielräume und Alternativen. München 1992.

Verzeichnis der Karten und Abbildungen

17 Ansprache des Reichspräsidenten Friedrich Ebert vom Balkon des Weimarer Nationaltheaters am 6. Februar 1919. – Ullstein Bilderdienst, Berlin.

22 Deutsche Kriegsgefangene bei Abbeville (Nordfrankreich), 1918.

28 Aufständische Matrosen vor dem Brandenburger Tor, Berlin, November 1918. – Bildarchiv Preußischer Kulturbesitz, Berlin.

35 Wahlplakat der Sozialdemokratischen Partei Deutschlands, Berlin 1919. – Deutsches Historisches Museum, Berlin.

40 f. Die Länder im Deutschen Reich während der Weimarer Republik. – Nach: K. D. Bracher [u. a.] (Hrsg.): Die Weimarer Republik 1918–1933. Bonn: Bundeszentrale für politische Bildung, 1987. S. 629. – Gezeichnet von Theodor Schwarz, Urbach.

67 Aufruf der SPD zum Generalstreik anläßlich des Kapp-Lüttwitz-Putsches am 13. März 1920.

85 Reichsaußenminister Walther Rathenau. – Archiv Gerstenberg, Wietze.

110 Inflationsgeldscheine. – Archiv für Kunst und Geschichte, Berlin.

124 f. Ergebnisse der Wahlen im Reich 1919–1933. – Nach: Statistisches Jahrbuch für das Deutsche Reich 52 (1933) S. 539.

137 Paul von Hindenburg nach seiner Vereidigung zum Reichspräsidenten am 26. April 1925. Links: General von Seeckt, rechts: Reichswehrminister Geßler. – Ullstein Bilderdienst, Berlin.

147 Standardisierte Massenproduktion: Fließbandarbeit bei den Siemens-Schuckertwerken in Nürnberg, 1925. – SiemensForum, München.

154 Reichsaußenminister Gustav Stresemann mit Sir Austen Chamberlain (links) und Aristide Briand (rechts) während der Konferenz von Locarno am 15. Oktober 1925.

158 Aufmarsch des »Stahlhelm« zu einer Kundgebung in Berlin, 1932.

159 Aufmarsch des »Reichsbanner Schwarz-Rot-Gold«, 1924. – Bildarchiv Preußischer Kulturbesitz, Berlin.

189 Plakat zum Volksbegehren gegen den Young-Plan. Berlin, Oktober 1929. – Aus: Anschläge. Politische Plakate in Deutschland 1900–1970. Hrsg. von Friedrich Arnold. Ebenhausen: Langewiesche-Brandt, 1972. Nr. 96. – Mit freundlicher Genehmigung des Langewiesche-Brandt KG Verlags, Ebenhausen bei München.

207 Arbeitslosenschlange in Berlin während der Weltwirtschaftskrise. – Ullstein Bilderdienst, Berlin.

211 Adolf Hitler während einer Rede im Wahlkampf 1932. – Archiv für Kunst und Geschichte, Berlin.

213 Ernst Thälmann auf einer Massenkundgebung der KPD in Berlin, 1932. – Ullstein Bilderdienst, Berlin.

Die folgenden Plakate entstammen alle dem Band: Anschläge. Politische Plakate in Deutschland 1900–1970. Hrsg. von Friedrich Arnold, Ebenhausen: Langewiesche-Brandt, 1972. Nr. 96. – Mit freundlicher Genehmigung des Langewiesche-Brandt KG Verlags, Ebenhausen bei München.

349 Plakat der KPD (Nr. 112)

353 Plakat der Sozialdemokraten (Nr. 100)

357 Plakat der Deutschen Demokraten (Nr. 88)

361 Plakat der Zentrumspartei (Nr. 119)

363 Plakat der Deutschen Volkspartei (Nr. 101)

367 Plakat der Bayerischen Volkspartei (Nr. 57)

371 Plakat der Deutschnationalen (Nr. 120)

375 Plakat der Nationalsozialisten (Nr. 113)

Namenregister

Adenauer, Konrad (1876–1967), Oberbürgermeister von Köln (1917–1933), Mitglied des preuß. Staatsrates (1920–1933), Zentrum 15, 36, 43

Anschütz, Gerhard (1867–1948), Staatsrechtler, DDP/Staatspartei 102, 103

Barth, Emil (1879–1941), Mitglied des Rates der Volksbeauftragten als Vertreter der Rev. Obleute (1918), USPD 53

Barth, Theodor (1849–1909), Herausgeber des linksliberalen Theorieorgans *Die Nation*, Freisinnige Vereinigung 30

Bauer, Gustav (1870–1944), Reichskanzler (1919/20), SPD 20, 49, 73

Bebel, August (1840–1913), Mitvorsitzender der SPD (1890–1913) 254

Bernstein, Eduard (1850–1932), SPD-Theoretiker (1917–1919 USPD) 30, 250, 254

Bismarck, Otto von (1815–1898), Reichskanzler (1871–1890) 15, 25, 128, 151, 264, 312, 319, 370

Borsig, Ernst von (1869–1933), Industrieller (zuletzt DNVP) 240

Braun, Otto (1872–1955), preuß. Landwirtschaftsminister (1919–1921) bzw. Ministerpräsident (1920–1932), SPD 74, 75, 107, 131, 133, 134, 164, 212, 214, 221, 226

Brauns, Heinrich (1868–1939), Reichsarbeitsminister (1920–1928), Zentrum 131

Bredt, Johann Victor (1879–1940), Reichsjustizminister (1930), Wirtschaftspartei 195

Breitscheid, Rudolf (1874–1944), MdR USPD (1920–1922) bzw. SPD (1922–1933), Mitvorsitzender der Reichstagsfraktion (1928–1933) 29, 30, 86

Briand, Aristide (1862–1932), frz. Außenminister (1925–1932) 153

Brüning, Heinrich (1885–1970), Geschäftsführer des (christlichen) Deutschen Gewerkschaftsbundes (1920–1929), Vorsitzender der Zentrumsfraktion des Reichstags (1929/30), Reichskanzler (1930–1932) 180, 181, 191–198, 202, 204, 208, 209, 213–221, 223, 224, 227, 232, 264, 317, 319, 321

Clémenceau, Georges (1841–1929), frz. Ministerpräsident (1917–1920) 45, 47, 136

Crispien, Artur (1875–1946), Mitvorsitzender der USPD (1919–1922) bzw. der SPD (seit 1922) 253

Cuno, Wilhelm (1876–1933), Direktor der Hapag, Reichskanzler (1922/23) 97, 99, 103–105, 107, 113, 130, 139, 273, 275

Curtius, Julius (1877–1948), Reichswirtschafts- (1926–1929) bzw. Reichsaußenminister (1929–1931), DVP 208

Däumig, Ernst (1866–1922), Vorsitzender der USPD (1919/20) bzw. der KPD (1920/21) 58, 92, 253

Dawes, Charles G. (1865–1951), Vorsitzender der Reparationskommission 1924, Vizepräsident der USA (1925–1929) 49, 98, 126–129, 139, 150, 152, 188, 220, 243

Dombrowski, Erich (1882–1972), stellvertr. Chefredakteur des *Berliner Tageblatts* (1916–1926) 238

Duesterberg, Theodor (1875–1950), zweiter Bundesführer des »Stahlhelm« (1924–1933), DNVP 157, 215

Ebert, Friedrich (1871–1925), Reichspräsident (1919–1925), SPD 10, 12, 19, 20, 24, 25, 27, 38, 48, 49, 59–62, 85, 86, 93, 95, 98–101, 107, 116–118, 122, 130, 132, 241–244, 246–248, 250, 254, 258, 270, 272, 273, 286

Eichhorn, Emil (1863–1925), Berliner Polizeipräsident (1918/19), USPD 32

Einstein, Albert (1879–1955), Physiker 31

Eisner, Kurt (1867–1919), bayer. Ministerpräsident 1918/19, USPD 265

Ehrhardt, Hermann (1881–1971), Putschist 1920, Rechtsterrorist (»Organisation Consul«) 65, 70, 87, 111

Erkelenz, Anton (1878–1945), Verbandssekretär der Hirsch-Dunckerschen Gewerkvereine (1920–1930), DDP (SPD seit 1930) 198

Erzberger, Matthias (1875–1921), Reichsfinanzminister (1919/1920), Zentrum 48, 60, 63–65, 73, 79, 87, 90, 91, 148, 149, 184, 255, 265, 266

Fehrenbach, Konstantin (1852–1926), Reichskanzler (1920/21), Zentrum 25, 60, 82

Fischart, Johannes → Dombrowski, Erich 238

Fischbeck, Otto (1865–1939), preuß. Handelsminister (1918–1921), DDP 167, 240

Frick, Wilhelm (1877–1946), thür. Innen- und Volksbildungsminister (1930/31), NSDAP 201, 232
Frölich, August (1877–1966), thür. Staatsminister (1920–1924) 112

Gerlach, Hellmut von (1866–1935), Chefredakteur der *Welt am Montag* (bis 1931) und der *Weltbühne* (1932) 31, 174, 248, 251, 280, 281
Geßler, Otto (1875–1955), Minister für Wiederaufbau (1919/20), Reichswehrminister (1920–1928), DDP (bis 1927) 73, 85, 100, 115, 131, 174, 177
Goebbels, Joseph (1897–1945), Reichspropagandaleiter der NSDAP (seit 1929) 156, 210, 228, 317
Göring, Hermann (1893–1946), Reichstagspräsident (1932/33), NSDAP 227, 232
Groener, Wilhelm (1867–1939), stellvertr. Chef der OHL 1918, Reichsverkehrs- (1920–1923), Reichswehr- (1928–1932) und Reichsinnenminister (1931/32) 48, 61, 82, 174, 177, 178, 194, 208, 217, 241–243

Haas, Ludwig (1875–1930), MdR DDP (1920–1930) 161
Haase, Hugo (1863–1919), USPD-Vorsitzender 12, 19, 253, 254
Heine, Wolfgang (1861–1944), preuß. Justiz- bzw. Innenminister (1918–1920), SPD 58, 59, 260, 261
Heinze, Rudolf (1865–1928), Reichsjustizminister (1920/21, 1922/1923), DVP 113
Held, Heinrich (1868–1938), bayer. Ministerpräsident (1924–1933), BVP 133
Helfferich, Karl (1872–1924), DNVP-Vorsitzender (1919) 63, 64, 109, 266
Hellpach, Willy (1877–1955), bad. Kultusminister (1922–1925), DDP 134, 291, 292
Herriot, Edouard (1872–1957), frz. Ministerpräsident bzw. Außenminister (1924/25, 1932) 98, 127, 220
Heuss, Theodor (1884–1963), MdR DDP (1924–1928, 1930–1933 Staatspartei) 171, 172, 292
Hilferding, Rudolf (1877–1941), Chefredakteur des USPD-Zentralorgans *Die Freiheit*, Herausgeber des SPD-Theorieorgans *Die Gesellschaft* (1924–1933), Reichsfinanzminister (1923, 1928/1929) 30, 95, 96, 108, 109, 177, 187, 295
Hindenburg, Oskar von (1883–1960), Sohn des Paul v. H. 232
Hindenburg, Paul von (1847–1934), Chef der Obersten Heereslei-

tung 1918/19, Reichspräsident (1925–1934), DNVP 10, 11, 13, 16, 21, 48, 63, 82, 97, 132, 134–138, 155, 158, 162, 165–168, 174, 177, 178, 181, 182, 191, 192, 194–197, 202, 208–210, 212, 214–219, 223, 225, 232, 273, 288, 290–293, 299, 300, 308, 317, 319–321

Hitler, Adolf (1889–1945), »Führer« der NSDAP, Putschist (1923) 9, 10, 13, 14, 98, 111, 115, 116, 119, 123, 135, 155, 156, 181, 182, 198, 202, 207, 210, 212–218, 220, 222, 224, 225, 227–233, 273, 278, 318, 330–333

Hörsing, Otto (1874–1937), Vorsitzender des »Reichsbanners«, SPD 161, 162

Hoffmann, Adolph (1858–1930), preuß. Kultusminister (1918), USPD 33

Höltermann, Karl (1894–1955), stellvertr. Vorsitzender des »Reichsbanners«, SPD 161

Hoover, Herbert C. (1874–1964), Präsident der USA (1929–1933) 205, 206, 208

Hugenberg, Alfred (1865–1951), Konzernchef, DNVP-Vorsitzender (1928–1933) 180, 182–184, 190, 195, 198, 199, 207, 227, 229, 232, 314, 318

Jarres, Karl (1874–1951), Reichsinnenminister (1923–1925), DVP 133, 134, 290, 292

Joos, Joseph (1878–1965), MdR Zentrum (1920–1933), Vorsitzender der kath. Arbeitervereine 184

Kaas, Ludwig (1881–1952), Prälat, Vorsitzender der Zentrumspartei (1928–1933) 180, 184, 185

Kahr, Gustav Ritter von (1862–1934), bayer. Ministerpräsident (1920/21) 111, 112, 115, 116, 118

Kant, Immanuel (1724–1804), Philosoph der Aufklärung 11

Kapp, Wolfgang (1858–1922), Generallandschaftsdirektor, Putschist 1920, DNVP 16, 59, 62, 65, 66, 68, 69, 73–75, 80, 82, 111, 116, 155, 163, 221, 242, 255, 257, 258, 264, 273, 280, 291

Kaufmann, Erich (1880–1972), Staatsrechtler 33

Kautsky, Karl (1854–1938), SPD-Theoretiker (1917–1922 USPD) 29, 30, 254

Kelsen, Hans (1881–1973), Staatsrechtler, österr. Verfassungsautor 1919/20 244, 296, 297

Keynes, John Maynard (1883–1946), engl. Nationalökonom 95, 105, 307

Knilling, Eugen von (1865–1927), bayer. Ministerpräsident (1922–1924), BVP 111

Koch, Erich (1875–1944), Reichsinnen- (1919–1921) bzw. Reichsjustizminister (1928), DDP-Vorsitzender (1924–1930) 74, 115, 167, 177

Kohl, Helmut (1930), Bundeskanzler (1982–1998) 15

Krone, Heinrich (1895–1989), Vorsitzender der Zentrumsjugend 161

Legien, Carl (1861–1920), erster Vorsitzender des ADGB, SPD 19, 53, 56, 71, 72, 75, 241–243

Leibholz, Gerhard (1901–1982), Staatsrechtler, 1930 Staatspartei 297, 298, 324

Leipart, Theodor (1867–1947), Vorsitzender des ADGB (1921–1933), SPD 230

Lemmer, Ernst (1898–1970), Geschäftsführer der Hirsch-Dunckerschen Gewerkvereine (1922–1933), DDP 161

Lenin (eigtl.: Wladimir Iljitsch Uljanow, 1870–1924), als Vorsitzender des Rates der Volkskommissare: Partei- und Staatslenker der Sowjetunion 23, 26, 154, 254

Levi, Paul (1883–1930), KPD-Vorsitzender (1919–1921), SPD (seit 1922) 92

Liebknecht, Karl (1871–1919), Mitbegründer der KPD 1918/19 19, 27, 32, 70

Lloyd George, David (1863–1954), brit. Premierminister (1916–1922) 46

Löbe, Paul (1875–1967), MdR SPD (1920–1933), Reichstagspräsident (1925–1932) 161

Löwenstein, Kurt (1885–1939), Reformpädagoge und Reichsvorsitzender der »Kinderfreunde«, MdR USPD (1920–1922) und SPD (1922–1933) 172

Ludendorff, Erich (1865–1937), stellvertr. Chef der Obersten Heeresleitung (1918), Putschist (1923), MdR Deutsch-Völkische Freiheitspartei / NSDAP (1924–1928) 9, 11, 21, 62, 116, 123, 133, 135, 155, 257, 258, 290, 292

Lüttwitz, Walther Freiherr von (1859–1942), General und Putschist 1920 16, 59, 62, 63, 65, 68–70, 73–75, 80, 82, 111, 116, 155, 163, 221, 242, 257, 258, 264, 273

Luther, Hans (1879–1962), Reichsernährungs- (1922/23) bzw. Reichsfinanzminister (1923/24), Reichskanzler (1925/26), Reichs-

bankpräsident (1930–1933) 98, 130, 131, 137, 138, 148, 149, 154, 166, 192
Luxemburg, Rosa (1870–1919), Mitbegründerin der KPD (1918/1919) 19, 32, 70, 92

MacDonald, Ramsey (1866–1937), brit. Premierminister (1924, 1929, 1931–1935) 127
Marx, Wilhelm (1863–1946), Reichskanzler (1923–1925, 1926–1928), Zentrum 98, 120, 134, 136–138, 162, 166, 168, 184, 209, 290, 291, 300, 301
Max, Prinz von Baden (1867–1929), Reichskanzler (1918) 27
Meinecke, Friedrich (1862–1954), Historiker, DDP/Staatspartei 67
Meissner, Otto (1880–1953), Chef der Kanzlei des Reichspräsidenten (seit 1920) 273
Moldenhauer, Paul (1876–1947), Reichswirtschafts- bzw. Reichsfinanzminister (1929/30), DVP 187
Mosse, Rudolf (1843–1920), Verleger (u. a. des *Berliner Tageblatts*), DDP 31
Müller, Hermann (1876–1931), Reichsaußenminister (1919/20), Reichskanzler (1920, 1928–1930), Mitvorsitzender der SPD (1919–1927) 73, 107, 138, 177, 185, 192–194
Müller, Richard (1880–1943), Organisator der Rev. Obleute (1918/1919), USPD 29
Münzenberg, Willi (1889–1940), Verleger, KPD 176
Mussolini, Benito (1883–1945), ital. Ministerpräsident (1922) und »Duce« der Faschisten 60, 111, 271, 272

Naumann, Friedrich (1860–1919), DDP-Vorsitzender (1919) 51, 171, 238
Noske, Gustav (1868–1946), Reichswehrminister (1919/20), SPD 48, 58, 59, 61–63, 73, 75, 80, 177, 258, 260, 261

Ossietzky, Carl von (1889–1938), Redakteur und Herausgeber der *Weltbühne* (seit 1927) 248

Papen, Franz von (1879–1969), Reichskanzler (1932), zuvor im preuß. Landtag (1920–1928, 1930–1932) 13, 181, 182, 218–221, 223, 225, 227–230, 232, 322
Petersen, Carl (1868–1933), MdR DDP (1920–1924), Partei- und Fraktionsvorsitzender, Erster Bürgermeister in Hamburg (1924–1928, 1931–1933 Staatspartei) 51

Poincaré, Raymond (1860–1934), frz. Staats- (1913–1920) bzw. Ministerpräsident (1922–1924, 1926–1929) 60, 101, 104, 105, 127
Prinz Max von Baden → Max, Prinz von Baden
Preuß, Hugo (1860–1925), Staatsrechtler, Verfassungsautor und Reichsinnenminister (1919), DDP 11, 27, 30, 31, 38, 39, 43, 50–52, 101, 103, 113, 117, 131, 238, 244, 245, 253, 262, 275–278, 280, 281, 286, 287, 293, 294, 296

Quidde, Ludwig (1858–1941), Mitvorsitzender der Deutschen Friedens-Gesellschaft, DDP (bis 1930) 47, 51, 233

Radbruch, Gustav (1878–1949), Reichsjustizminister (1921/22, 1923), SPD 99, 108, 111, 293, 296, 297, 308
Radek, Karl (1885–1939), Deutschlandexperte der KPdSU 250
Rathenau, Walther (1867–1922), Industrieller, Wiederaufbau- (1921) bzw. Reichsaußenminister (1922), DDP 60, 85–87, 91–93, 100, 157, 179, 265, 266, 269, 270
Raumer, Hans von (1870–1965), Reichswirtschaftsminister (1923), DVP 95, 96, 108, 109
Renner, Karl (1870–1950), österr. Staatskanzler (1918–1920), SDAP 244
Reuter, Ernst (1889–1953), Generalsekretär der KPD (1921), Verkehrsstadtrat in Berlin (1926–1931), Oberbürgermeister von Magdeburg (1931–1933), SPD (seit 1922) 324, 326
Röhm, Ernst (1887–1934), Stabschef der SA (seit 1931), NSDAP 123

Schacht, Hjalmar (1877–1970), Reichsbankpräsident (1924–1929), DDP (bis 1926, »Harzburger Front« 1931) 167, 182, 187, 190, 192, 208, 232, 239
Scheidemann, Philipp (1865–1939), Reichsministerpräsident (1919), Oberbürgermeister von Kassel (1920–1925), SPD 9, 20, 27, 47, 49, 59, 107
Schiele, Martin (1870–1939), Reichsinnen- (1925) bzw. Reichsernährungsminister (1927/28, 1930–1932), Präsident des Reichslandbundes, DNVP (bis 1930), dann Landvolkpartei 131, 194, 197
Schiffer, Eugen (1860–1954), Reichsfinanz- (1919) bzw. Reichsjustizminister (1919/20, 1921), DDP 69, 99
Schleicher, Kurt von (1882–1934), Leiter der Wehrmachtsabteilung (1926), dann Chef des Reichswehr-Ministeramtes (1929), Reichs-

wehrminister (1932) und Reichskanzler (1932/33) 13, 181, 182, 191, 217, 219, 229–232
Schmidt, Robert (1864–1943), Reichsernährungs- (1919) bzw. Reichswirtschaftsminister (1919/20, 1921/22, 1929/30), SPD 88, 108, 187
Schmitt, Carl (1888–1985), Staatsrechtler (zuletzt Nähe zu v. Schleicher) 322, 324
Seeckt, Hans von (1866–1936), General, Chef der Heeresleitung (1920–1926), MdR DVP (1930–1932) 65, 73, 115, 116, 118, 120, 121, 208
Seipel, Ignaz (1876–1932), österr. Bundeskanzler (1922–1924, 1926–1929), Vorsitzender der Christlichsozialen (1921–1929) 184, 185
Seldte, Franz (1882–1947), Mitbegründer und Bundesführer des »Stahlhelm« (seit 1918), DVP 157, 158
Severing, Carl (1875–1952), preuß. Innenminister (1920–1926, 1930–1932), Reichsinnenminister (1928–1930), SPD 74, 75, 177, 183
Simons, Walter (1861–1937), Reichsaußenminister (1920/21), Präsident des Reichsgerichts (1922–1929) 82
Sinzheimer, Hugo (1875–1945), Arbeitsrechtler, SPD 252
Smend, Rudolf (1881–1973), Staatsrechtler, DNVP (bis 1930) 321, 324
Sollmann, Wilhelm (1881–1951), Reichsinnenminister (1923), SPD 108, 111, 308
Stalin (eigtl.: Jossif Wissarionowitsch Dschugaschwili, 1879–1953), Generalsekretär des ZK der KPdSU (seit 1922) 154, 310
Stegerwald, Adam (1874–1945), Vorsitzender der christl. Gewerkschaften (1919–1929), preuß. Ministerpräsident 1921, Reichsarbeitsminister (1930–1932), Zentrum 104, 184, 185, 195, 215, 221, 263, 264
Stinnes, Hugo (1870–1924), Industrieller, MdR DVP (1920–1924) 19, 53, 56, 89, 95–97, 100, 118, 126, 222, 240–243
Stolper, Gustav (1888–1947), Nationalökonom, DDP 307
Strasser, Gregor (1892–1934), MdR NSDAP (1924–1933), Organisationsleiter der NSDAP (1932) 229, 230
Strasser, Otto (1897–1974), NSDAP (1925–1930), dann »Schwarze Front« 229
Stresemann, Gustav (1878–1929), Reichskanzler 1923, Reichsaußenminister (1923–1929), DVP-Vorsitzender (1918–1929) 30, 97, 100, 101, 104, 107–109, 112, 113, 115, 118–120, 126, 129–132, 134, 153, 173, 174, 177, 178, 185, 240

Streicher, Julius (1885–1946), Herausgeber des NSDAP-Hetzblatts *Der Stürmer* 156

Thälmann, Ernst (1886–1944), KPD-Vorsitzender (1925–1933) 133, 134, 137, 155, 212, 215, 216, 291, 300
Thoma, Richard (1870–1950), Staatsrechtler, DDP/Staatspartei 294
Thyssen, Fritz (1873–1951), Industrieller, NSDAP (seit 1923) 232
Tirpitz, Alfred von (1849–1930), Großadmiral, MdR DNVP (1924–1928) 62, 240
Treviranus, Gottfried (1891–1971), MdR DNVP (1924–1929), Konservative Volkspartei (1930), Reichsminister für die besetzten Gebiete, Reichsverkehrsminister (1930–1932) 195, 197, 198
Triepel, Heinrich (1868–1946), Staatsrechtler, DNVP (bis 1930) 295, 297
Tucholsky, Kurt (1890–1935), Schriftsteller, Leitung der *Weltbühne* 1926/27 248

Weber, Alfred (1868–1958), Soziologe, DDP 31
Weber, Helene (1881–1962), MdR Zentrum (1919–1920/1924–1930) 170
Weber, Max (1864–1920), Soziologe, DDP 38
Wels, Otto (1873–1939), Mitvorsitzender der SPD (seit 1919) 225, 258
Westarp, Kuno Graf (1864–1945), Vorsitzender der DNVP-Reichstagsfraktion (1920–1929), Parteivorsitzender (1926–1928), 1930: Konservative Volkspartei 173, 182, 195, 197, 198
Wilhelm II. (1859–1941), dt. Kaiser (1888–1918) 9, 11, 19, 69, 103, 163
Wilson, Thomas Woodrow (1856–1924), Präsident der USA (1913–1921) 45, 46, 48
Wirth, Joseph (1879–1956), Reichsfinanzminister (1920/21), Reichskanzler (1921/22), Zentrum 60, 74, 84–86, 91, 97–104, 107, 108, 129, 132, 161, 184, 185, 208, 263, 266, 267, 269, 273, 333
Wissell, Rudolf (1869–1962), Reichswirtschafts- (1919) bzw. Reichsarbeitsminister (1928–1930), SPD 177, 194
Wolff, Theodor (1868–1943), Chefredakteur des *Berliner Tageblatts*, DDP (bis 1926) 31, 136, 172, 238, 239
Wrobel, Ignaz → Tucholsky, Kurt 248

Young, Owen D. (1874–1962), US-Industrieller, Vorsitzender der Pariser Reparationskonferenz (1929) 49, 180, 186–188, 191–193, 208, 314

Zeigner, Erich (1886–1949), sächs. Ministerpräsident (1923), SPD 98, 112–114

Zum Autor

Detlef Lehnert, Jahrgang 1955, Promotion 1981, Habilitation für Politische Wissenschaft und Neue Geschichte in Berlin 1988/89. Heisenberg-Stipendium der Deutschen Forschungsgemeinschaft 1989–94. Zur Zeit Hochschullehrer für Politische Wissenschaft an der Freien Universität Berlin, Schwerpunkt: historische und theoretische Grundlagen der Politik. Die wichtigsten Publikationen siehe Literaturhinweise des vorliegenden Bandes S. 383 f.; außerdem: *Sozialdemokratie zwischen Protestbewegung und Regierungspartei 1848–1983* (1987) und *Kommunale Institutionen zwischen Honoratiorenverwaltung und Massendemokratie (Berlin, London, Paris, Wien 1888–1914)* (1994).